DROIT SÉNÉGALAIS
DES CONTRATS IMMOBILIERS

Cheikh Abdou Wakhab NDIAYE

DROIT SÉNÉGALAIS DES CONTRATS IMMOBILIERS

Deuxième édition

Préface du Professeur Isaac Yankhoba NDIAYE

L'Harmattan Sénégal

Du même auteur chez L'Harmattan-Sénégal

La jurisprudence sénégalaise en matière immobilière, 2020
Droit des sociétés de capitaux, 2019
Droit des entreprises individuelles. Commerçant / Entreprenant / Bail à usage professionnel / Fonds de commerce / Vente commerciale / Commerce électronique, 2018
Le transfert électronique de fonds, Le transfert rapide d'argent et la monnaie électronique, 2018
Droit sénégalais des contrats immobiliers, 1e ed., 2017

10 VDN, Sicap Amitié 3, Lotissement Cité Police, DAKAR

http://www.harmattansenegal.com
senharmattan@gmail.com
senlibrairie@gmail.com

ISBN 978-2-343-20703-2
EAN 9782343207032

Préface

*L'ouvrage du professeur Cheikh Abdou Wakhab NDIAYE (*Droit sénégalais des contrats immobiliers*) est un condensé d'analyses et d'informations sur les contrats relatifs aux immeubles, que ces contrats emportent ou non transfert de propriété.*

Cette ligne de démarcation a permis à l'auteur de mettre en relief la substance qui caractérise l'ensemble des contrats mis en perspective, à travers une législation disparate, marquée par des vicissitudes historiques et des incertitudes contemporaines : le droit civil des contrats, le droit foncier, le droit des biens, le droit des sûretés, le droit des régimes matrimoniaux et des successions, le droit commercial, le droit bancaire, le droit communautaire, le droit de la construction et le droit de l'urbanisme.

A partir d'une présentation classique, le professeur NDIAYE, dans une démarche pédagogique, est parvenu à visiter et à faire (re)découvrir l'essentiel de ce qui, en droit sénégalais devrait être su, ou se faire savoir, sur les contrats relatifs aux immeubles, en passant par la vente dans ses diverses modalités (à tempérament, avec réserve de propriété, en viager, vente d'immeuble à construire, etc.), l'échange, l'apport en société, le bail dans toutes ses déclinaisons (de droit commun, d'habitation, à usage professionnel, à construction, à réhabilitation, avec promesse de vente, emphytéotique, le bail concédé par l'État, etc.), le contrat d'hôtellerie et le contrat de partenariat public-privé .

L'ampleur de l'étude aurait pu fatalement conduire à une méthode cataloguée, une compilation d'informations à l'état brut ; l'ouvrage du professeur NDIAYE ne pouvait souffrir d'une telle analogie : la démarche n'est ni linéaire, ni descriptive ; elle est certes synthétique, mais avec une dynamique réflexive qui révèle les qualités de chercheur de l'auteur.

Toute l'analyse est sous-tendue par une bibliographie fournie et actualisée, accompagnée d'une jurisprudence d'ici et d'ailleurs. C'est d'abord la mise en cohérence de sources hétéroclites par une articulation harmonieuse permettant de trouver le socle commun d'un dispositif d'ensemble ; c'est ensuite la luminosité apportée aux spécificités ténébreuses de la loi sur le domaine national, sur la propriété foncière, sur le domaine de l'Etat ; c'est, enfin, l'orientation critique qui incite à scruter, à s'interroger, à contester, sans oublier d'apporter des réponses.

Sous ce dernier registre, l'auteur prend parfois le parti d'opiner dans des postures tranchées : la Nation, sujet de droit introuvable, mais déjà propriétaire du domaine national, le droit d'usage, « droit d'un autre genre, droit singulier », en parallèle avec le droit réel et le droit personnel, l'option, à contre temps, de la théorie de l'émission pour les contrats par correspondance, ou encore la possibilité de l'exécution forcée des obligations de faire. .

Ce positionnement doctrinal participe de l'enrichissement du droit tout en permettant d'apprécier positivement le profil académique de l'auteur. Mais il aurait certainement été plus digeste après affinement, surtout que les solutions retenues, même si elles ne sont pas nouvelles, continuent encore de surprendre, ou à tout le moins, de se discuter.

Dans une perspective plus formelle, le professeur NDIAYE n'a pas su suffisamment résister à la tentation de céder (en toute conscience ?) au déséquilibre interne de certains thèmes et à la prolixité sur d'autres, notamment sur les vices du consentement, sur le crédit-bail, sur le partenariat ; de même, il pourrait être relevé que le dénouement de certains contrats originaires peut, parfois, se ramener à un transfert de propriété, ou constaté la place marginale réservée à l'accession immobilière.

Cette inclinaison de circonstances a quelque peu allégé l'intensité et la teneur du discours. Mais elle n'affecte en rien la pertinence de l'ensemble qui, de surcroît, prend une physionomie pionnière : le professeur NDIAYE a, en effet, eu la judicieuse et audacieuse initiative d'essayer d'éclairer un peu plus le fouillis législatif et réglementaire que constitue l'environnement des transactions immobilières au Sénégal.

Je persiste finalement à croire que le professeur Cheikh Abdou Wakhab NDIAYE a fait œuvre manifestement utile ; son ouvrage informe et instruit en même temps, et, pour ceux qui s'intéressent à ce droit à la fois complexe et parfois aride, il serait assurément déjà difficile de se départir de ce bréviaire.

Professeur Isaac Yankhoba NDIAYE

AVANT-PROPOS

Qu'il nous soit permis de rendre hommage :

✓ au Professeur Isaac Yankhoba NDIAYE qui nous a fait aimer le droit des contrats et donné l'envie de devenir enseignant ;

✓ à l'ami et directeur de thèse, le Professeur Mayatta Nd. MBAYE ;

Hommage aussi aux ainés qui ont suscité notre intérêt pour le droit foncier :

✓ Abdel Kader BOYE, Rapport sur le régime foncier sénégalais, RSD n° 21, 1977 ;

✓ Abdoulaye DIEYE :

Domanialité nationale et développement : l'exemple du Sénégal, Thèse pour le Doctorat d'État en Droit, Université Cheikh Anta DIOP de Dakar, FSJP, 2003.

La loi sur le domaine national a 45 ans : mérites, manœuvres et malheurs du législateur, Revue EDJA n° 84, 2010.

✓ Abdoulaye SAKHO, La mise en valeur des forets – Actes du séminaire interne sur les problèmes d'application du code forestier, laboratoire de droit rural, département de droit privé, FSJP. UCAD, Dakar, novembre 1994 ;

✓ Amadou Faye, Le transfert de propriété dans la vente de l'immeuble en droit sénégalais, PUSS, Droit sénégalais, n° 8/2009 ;

✓ Amsatou Sow SIDIBE, Domaine national. La loi et le projet de réforme – Revue du CES n°2, février –avril 1997 ;

✓ Boubacar DIALLO, Promesse sous seings privés de vente d'immeuble immatriculé ne vaut ?, Observations sur C.S. Sénégal n° 79 du 16 juillet 2008, Aliou Bathily c/ Abdoul Diallo, Revue Droit et Ville, n° 71, 2011 ;

✓ Doudou NDOYE, Critique des projets de loi de réforme foncière au Sénégal, EDJA n° 85, 2010 ;

✓ Kéba MBAYE, Le droit africain, in Encyclopedia Universalis, volume Afrique ;

✓ Mayatta Ndiaye MBAYE, Les transactions immobilières au Sénégal, in De l'esprit du droit africain, Mélanges en l'honneur de Paul G. POUGOUE, Wolters Kluwers, 2013 ;

✓ Moussa Gueye, Successions et terres du domaine national, Thèse pour le Doctorat d'Etat en Droit, Université Cheikh Anta DIOP de Dakar, FSJP, 2010.

Nous exprimons notre gratitude à :

✓ Monsieur le Doyen de la FSJP/UCAD, pour avoir subventionné la publication de l'ouvrage ;

✓ la SCP NDIAYE, DIAGNE et DIALLO – Notaires associés à Dakar, pour son soutien de toujours ;

✓ tous nos collègues de Dakar, Saint-Louis et Ziguinchor, pour les conseils et l'accompagnement.

à C.M.F.NDIAYE.

INTRODUCTION

1. La terre, un enjeu

1. La question du foncier traverse l'histoire de l'humanité. Conséquence de la sédentarisation de l'Être humain, elle est la source de tant de convoitises qui finissent souvent par générer des conflits[1]. Le continent africain ne fait pas exception. Du milieu du dix-neuvième siècle à nos jours, les terres africaines sont convoitées[2]. Les civilisations négro-africaines sont avant tout des civilisations agraires[3]. Or, « le foncier est un rapport social. La façon dont une société définit les droits de propriété sur la terre et sur les ressources naturelles, dont elle distribue entre les différents acteurs, dont elle les garantit et les administre est révélatrice de la manière dont une société est gérée »[4]. Ainsi, toutes les institutions juridiques traditionnelles portent la marque de l'attachement des Noirs à la terre[5]. Les patrimoines familiaux, la dot dans sa fonction de garantie, les biens successoraux, les contrats, etc. sont intimement liés à la terre.

2. L'importance de la terre dans l'activité économique justifie la particularité des normes juridiques que les peuples d'Afrique noire lui appliquaient.

Dans la conception traditionnelle, la terre est nourricière et ses fruits doivent profiter à tous ceux qui la mettent en valeur[6]. Elle appartient « à une vaste famille dont de nombreux (membres) sont morts, quelques-uns vivants

---

1 A. HARISSOU, La terre, un droit humain, DUNOD, 2011, p. 3 et s. M. GUEYE, Succession et terre du domaine national, Thèse UCAD, 2010, p. 1 et s.

2 D. NDOYE, Critique des projets de loi de réforme foncière au Sénégal, Revue EDJA, n° 85, 2010, p. 63.

3 Gu.-A. KOUASSIGAN, L'homme et la terre – Droits fonciers coutumiers et droit de propriété en Afrique occidentale, ORSTOM 1966, p. 7.

4 Comité foncier et développement de l'Agence française de développement, cité par A. HARISSOU, La terre, un droit humain, précité, p. 3.

5 Gu.-A. KOUASSIGAN, L'homme et la terre – Droits fonciers coutumiers et droit de propriété en Afrique occidental, p. 8.

6 O. KASSE, Problématique de l'actualité des législations foncière et domaniale, Revue trimestrielle de l'Amicale des Inspecteurs des Impôts et Domaines, Edition spéciale, p. 4.

et d'innombrables à naître »[7]. Ainsi, elle ne saurait faire l'objet d'appropriation individuelle[8] au moins pour deux raisons. D'abord parce qu'elle est une divinité (un haut-lieu ou demeurent les puissances qui animent la vie végétale et assurent le renouvellement du cycle des saisons)[9], ensuite parce qu'elle constitue un bien inépuisable, qui n'est pas plus susceptible d'appropriation que ne le sont l'atmosphère ou l'océan[10]. Contrairement au modèle français essentiellement individualiste[11], l'Afrique traditionnelle est basée sur la notion de communauté[12] et ce qu'il est convenu d'appeler « la personnalité juridique » n'y était reconnue qu'aux chefs de famille[13].

---

7 Discours d'un chef coutumier nigérien en 1912 devant le « West African Lands Committee » cité par M. DEBENE, Regard sur le droit foncier sénégalais : Un seul droit pour deux Rêves, RIDC, 1986, p. 79 ; aussi, E. OLAWALE, Nature du droit coutumier africain, Paris, in Présence africaine, p. 183 ; Gu.-A. KOUASSIGAN, L'homme et la terre – Droits fonciers coutumiers et droit de propriété en Afrique occidentale, précité, p. 54 : « la terre appartient à une communauté, le canton, le village ou la famille élargie, mais jamais à un individu à titre privatif et exclusif ».

8 « La propriété est à l'africain ce que le mythe est à l'européen, l'une et l'autre sont des fictions plus ou moins savantes », Michel Bachelet, Titulaires de droits fonciers coutumiers, précité, p. 65.

9 Elle était considérée comme « une divinité génitrice dont la mission est de pourvoir aux besoins des hommes qui l'occupent » ; Gu.-A. KOUASSIGAN, L'homme et la terre – Droits fonciers coutumiers et droit de propriété en Afrique occidentale, précité, p. 9. Ainsi, en tant que héritage des ancêtres, la terre faisait l'objet de culte dans certaines régions. « L'homme est lié à la terre par le même lien qui le lie aux morts », Rapport du 26e congrès des notaires d'Afrique, éd. GRADES, 2016, p.26.

10 Michel Bachelet, Titulaires de droits fonciers coutumiers, in Encyclopédie juridique de l'Afrique, T. 5, Droit des biens, NEA, 1982, p. 65 : « Les Noirs considèrent avec logique que nulle personne, nulle collectivité n'ayant jamais fabriqué de la terre, seules les puissances divines peuvent l'avoir créée, comme le temps ; ainsi les dimensions spatiale et temporelle qui président à l'élaboration des pratiques juridiques au sujet de la terre trouvent leur explication rationnelle ».

11 Le Code civil français tient de la révolution de 1789 les traits essentiels de son idéologie à savoir la laïcité et l'individualisme. Par rapport à l'individualisme, « expression civile de la Déclaration des droits de 1789, le Code civil apparaît comme une triple exaltation de l'égalité, de la liberté, de la volonté de l'homme » ; cf. J. CARBONNIER, Droit civil, PUF 2004, t. 1, n° 73, p. 124. v. Sénégal, Commission de codification du droit des personnes et du droit des obligations, Comité des options sur le Code de la famille, 1966, T. 1, Rapport de la séance du 15 avril 1966, p. 91, propos M. Gabriel ARRIGHI.

12 Rapport du 26e congrès des notaires d'Afrique, éd. GRADES, 2016, p. 29.

13 J. POIRIER, L'originalité des droits coutumiers de l'Afrique noire, Droits de l'antiquité et sociologie juridique – Mélanges Henri LEVY-BRUHL, SIREY 1959, p. 489.

L'individu, en tant que sujet de droit, ne se concevait que comme membre d'une collectivité[14]. L'appartenance au groupe avait traditionnellement une grande importance en matière foncière.

Il faudrait cependant se garder d'en conclure l'absence de droit de propriété. Comme le souligne un auteur « les oppositions d'intérêts, les prétentions contradictoires à propos d'un même objet ou d'un même droit qui surgissent à l'intérieur d'une communauté donnée (...) permettent d'affirmer que la fameuse théorie du communisme primitif, tout au moins dans sa forme systématique, ne donne qu'une vue bien approximative du régime des biens dans les sociétés négro-africaines »[15]. La vérité est que le droit de propriété ne peut découler ici que d'un travail créateur. Ainsi, c'est ce qui existe naturellement sans ce travail créateur qui ne peut faire l'objet de droits exclusifs au profit d'une personne. Si la terre est donc exclue du commerce, il en était autrement de ce qu'elle porte et qui est le fait du travail de l'homme.

3. Dans l'Afrique traditionnelle, la terre était conçue comme un bien lignager[16]. L'accès des hommes à la terre était organisé selon les ethnies auxquelles les clans se rattachaient[17]. Au Sénégal, excepté les Diola de Casamance dont la tradition était égalitaire[18], les autres grands groupes ethniques tels les Wolofs, les Sérères ou les Toucouleurs étaient divisés en catégories inégales[19]. À côté des hommes libres (nobles, paysans), les castés (forgerons, bijoutiers, griots...) et les esclaves avaient des modes d'accès

---

[14] cf. G. KOUASSIGAN, Culture, famille et développement, R.S.D., Juin 1977, n° 21, p. 103.

[15] Gu.-A. KOUASSIGAN, L'homme et la terre – Droits fonciers coutumiers et droit de propriété en Afrique occidentale, précité, p. 9.

[16] M. DEBENE et M. CAVERIVIERE, Le droit foncier sénégalais, Berger- Levrault 1988, p.15. Rapport du 26e congrès des notaires d'Afrique, éd. GRADES, 2016, p. 31 : le lignage peut être défini comme une généalogie unilinéaire inscrite sur le sol, constituant une entité douée d'une relative autonomie à l'intérieur du groupe. Lorsqu'il est matrilinéaire, en cas de succession, les hommes ne sont capables de transmettre et de recevoir qu'en ligne collatérale. Ainsi, le fils ne succède pas son père mais au frère de sa mère, son oncle, et celui-ci ne transmet pas à ses fils mais à ses neveux.

[17] La terre était l'expression d'un groupe. Pour être soumise à l'exploitation d'un individu, elle est d'abord soumise à la souveraineté de la collectivité à laquelle cet individu appartient ; Gu.-A. KOUASSIGAN, L'homme et la terre – Droits fonciers coutumiers et droit de propriété en Afrique occidentale, précité, p. 10 ; M. GUEYE, Succession et terre du domaine national, précité, p. 16.

[18] L. V. THOMAS, L'organisation foncière des Diolas, Annales africaines, 1960, p. 199.

[19] M. DEBENE et M. CAVERIVIERE, Le droit foncier sénégalais, précité, p. 15.

différents à la terre. L'usage que les hommes font de la terre porte ainsi nécessairement la marque du statut juridique de ces derniers. « La force du droit est fonction de la qualité et du rang social de son titulaire »[20].

4. Mais chaque individu qui se voit attribuer une parcelle de terre doit en user conformément aux intérêts supérieurs de la communauté. Parmi ces intérêts, on peut citer :

- ✓ le respect et le maintien de la production et de la fertilité des terres ;
- ✓ la cohésion du groupe familial exploitant ;
- ✓ le respect des devoirs religieux envers la transcendance[21].

5. La réussite de ces trois objectifs était assurée par le « Maître de la terre », « Lamane » chez certains peuples du Sénégal[22]. En Afrique occidentale, le Maître de la terre est la seule autorité compétente en matière foncière[23]. Il l'était sur toutes les questions concernant les terres de la collectivité dont il était lui-même le gardien. Chez les sérères, par exemple, le lamane préside aux distributions et aux arbitrages. Il demeure le responsable des relations avec les ancêtres et de la religion agraire[24].

Le maître de la terre tient ses pouvoirs de sa qualité de descendant du premier occupant. Lorsque le groupement est homogène, c'est-à-dire un village dont tous les habitants, ou la majorité de ceux-ci, sont des descendants des ancêtres fondateurs, c'est le chef de famille qui assure ces fonctions[25] car héritier le plus proche du fondateur de la lignée.

Dans l'hypothèse d'un groupement hétérogène dont l'unité n'est plus ethnique mais géographique ou politique, le premier occupant, qu'il

---

20 Gu.-A. KOUASSIGAN, L'homme et la terre – Droits fonciers coutumiers et droit de propriété en Afrique occidentale, précité, p. 151.

21 R. P. Henry GRAVRAND, L'esprit des lois sur le domaine national et le Code de la famille, in Revue Sénégalaise de Philosophie, n° 7- 8, NEA, 1984, p. 121.

22 R. P. Henry GRAVRAND, L'esprit des lois sur le domaine national et le Code de la famille, in Revue Sénégalaise de Philosophie, précité, p. 119 : « Lam » est un terme pulaaur et sérère qui signifie gouverner.

23 Gu.-A. KOUASSIGAN, L'homme et la terre – Droits fonciers coutumiers et droit de propriété en Afrique occidentale, précité, p. 121 ; R. P. Henry GRAVRAND, L'esprit des lois sur le domaine national et le Code de la famille, in Revue Sénégalaise de Philosophie, précité, p. 119 ; Rapport du 26e congrès des notaires d'Afrique, éd. GRADES, 2016, p. 32.

24 R. P .Henry GRAVRAND, L'esprit des lois sur le domaine national et le Code de la famille, in Revue Sénégalaise de Philosophie, précité, p. 119.

25 Gu.-A. KOUASSIGAN, L'homme et la terre – Droits fonciers coutumiers et droit de propriété en Afrique occidentale, précité, p. 122.

appartienne au peuple dominateur ou au peuple dominé, conserve ses prérogatives de maître de la terre[26].

6. Bien de la communauté, la terre laisse subsister une question : de quelle communauté s'agit-il ? Malgré les particularismes locaux, les divergences de détails qui sont tributaires de la diversité des groupements ethniques qui vivaient en Afrique noire, le régime juridique traditionnel de la terre est un de ces domaines dans lesquels il existe entre les Africains une certaine communauté de conception. D'une manière générale, en Afrique, c'est le droit du premier occupant. Les Africains fondent sur la première occupation les droits qu'ils exercent sur la terre[27]. Les *Lébous* du Sénégal ont pu ainsi avoir des droits sur les terres dites de « *ndakarou* » qu'ils avaient « haché » et occupé[28]. C'est donc la première occupation vacante d'une terre qui constitue le titre juridique[29]. Les villages ainsi fondés portaient le nom de leur fondateur et seuls leurs descendants pouvaient prétendre avoir des droits sur les terres. Le droit sur la terre était donc inaliénable. Chaque génération devait transmettre à la suivante le patrimoine commun. « La terre appartient aux ancêtres, disait un chef Ashanti, et ils me demanderont des comptes quand je les rejoindrai »[30]. La sacralité qui innerve le régime de la terre justifie ainsi son inaliénabilité.

2. La terre, un bien

7. Avec la colonisation, la conception africaine de la terre sera considérée comme incompatible avec toute idée de développement économique. Colonisés en majorité par un pays où on considérait l'individu comme la fin suprême, les peuples de l'Afrique noire allaient assister à un choc des systèmes qui, malheureusement pour eux, finira par un requiem[31] pour leur droit traditionnel. Pour l'Afrique-Occidentale française comme pour l'Afrique-Équatoriale française, la colonisation par la France fera découvrir

---

[26] Gu.-A. KOUASSIGAN, L'homme et la terre – Droits fonciers coutumiers et droit de propriété en Afrique occidentale, précité, p. 125.

[27] Gu.-A. KOUASSIGAN, L'homme et la terre – Droits fonciers coutumiers et droit de propriété en Afrique occidentale, précité, p. 39.

[28] D. NDOYE, Critique des projets de loi de réforme foncière au Sénégal, précité, p.63.

[29] A souligner qu'il arrivait aussi les premiers occupants se soient vu imposer, par les armes, la présence d'étrangers.

[30] Gu.-A. KOUASSIGAN, L'homme et la terre – Droits fonciers coutumiers et droit de propriété en Afrique occidentale, précité, p. 92.

[31] Pour la famille, cf. R. DECOTTIGNIES, Requiem pour la famille africaine, Annales africaines, 1965.

un système dont les règles de droit sont établies en fonction de l'individu, même s'il n'est pas considéré isolément mais dans ses relations avec autrui. Le postulat de départ du droit français est, en effet, l'individu. L'intérêt individuel s'y trouve être la préoccupation majeure des règles de droit[32]. « L'individuel prime le social et cette primauté donnée à l'individu sur l'ordre social dans lequel il se trouve a ses meilleures manifestations dans le régime juridique des biens »[33].

8. A l'exception de l'Algérie, tous les régimes fonciers de l'Afrique sous domination française et de Madagascar, ont progressivement, en matière immobilière, adopté durant la colonisation le système du livre foncier en s'inspirant de la législation prussienne de 1872 et surtout de l'Act Torrens.

Le droit germanique semble être à l'origine du système des livres fonciers. En effet, « au moyen âge, en Allemagne, il existait déjà des registres fonciers dans les villes libres. Ils étaient tenus par immeuble ; les mutations entre vifs et par décès, les partages et les hypothèques devaient y être inscrits d'après les titres ou les jugements. Les tribunaux tenaient les livres et contrôlaient la régularité des actes à inscrire »[34]. La force probante qui manquait à ces inscriptions sera solutionnée par la loi prussienne du 5 mai 1872. Le livre foncier prussien repose sur le cadastre. Il contient la description juridique du sol, le cadastre en est la description matérielle. La loi de 1872 consacre les quatre (4) principes qui sont à la base des livres fonciers : le principe de la publicité, le principe de la force probante, le principe de la légalité et le principe de la spécialité.

---

32 G. CORNU, Droit civil. Introduction au droit, Montchrestien, 13e éd., 2007, n° 289 : « …le respect de la liberté et de la volonté individuelle a valeur de dogme. On a dit que les auteurs du Code civil s'étaient inspirés d'une conception spiritualiste de l'homme. Le sujet de droit est esprit, raison, volonté. Le Code exalte le pouvoir de la volonté de l'homme. Il affirme sa liberté. Le Code civil est un hymne à l'individu. Etre libre et doué de raison, l'individu est la référence de ses valeurs (pour autant qu'il est en possession de ses facultés mentales). Lui faire confiance est une maxime, l'autonomie de la volonté l'un des fondements de l'ordre civil (art. 1134) ».

33 Gu.-A. KOUASSIGAN, L'homme et la terre – Droits fonciers coutumiers et droit de propriété en Afrique occidentale, précité, p. 34.

34 V. GASSE, Les régimes fonciers africains et malgache – Evolution depuis l'indépendance, LGDJ 1971, p. 21.

En ce qui concerne l'Act Torrens, il a été promulgué en 1861 pour l'Australie du sud[35]. C'est le système de la force probante absolue. Dans ce système, toutes les opérations sont concentrées en un seul bureau qui est situé dans la capitale. L'immatriculation est administrative et, ses effets, absolus. Bien plus, les mutations de propriété ou la constitution d'autres droits ont des effets aussi absolus[36]. Ce système s'articule autour de trois principes de base :

- Le principe du rideau qui rend inutile toute investigation relative à l'histoire juridique d'un titre de propriété ;
- Le principe du miroir ou d'incontestabilité du titre qui permet à toute personne de bonne foi de s'y fier ;
- Le principe de l'assurance qui permet de limiter le préjudice subi par une personne dont le droit de propriété se trouve définitivement éteint à la suite de l'inscription, au registre foncier, du titre d'un acquérant de bonne foi qui porte sur le même immeuble[37].

C'est en raison de sa portée non négligeable quant à la sécurisation foncière que le système Torrens a inspiré le système de livre foncier.

9. Le régime du livre foncier a été introduit au Sénégal par un décret du 20 juillet 1900[38]. Cependant, les dispositions de ce décret n'ont pratiquement jamais été appliquées. Le véritable début de l'immatriculation en AOF date du décret du 24 juillet 1906 portant organisation du régime de la propriété dans les colonies et territoires relevant du gouvernement général de l'AOF. Le décret de 1932 est venu modifier ce décret et a instauré définitivement le système de l'immatriculation des terres et des livres fonciers[39]. Il a installé

---

35 Sur l'historique du système Torrens, cf. Rapport du 26e congrès des notaires d'Afrique, éd. GRADES, 2016, p. 51.

36 V. GASSE, Les régimes fonciers africains et malgache – Evolution depuis l'indépendance, précité, p. 24.

37 Voir, Rapport du 26e congrès des notaires d'Afrique, éd. GRADES, 2016, p. 52.

38 En France, nous avons le système de la publicité foncière, sauf pour Alsace Moselle. Ce système consacre le principe de l'enregistrement des actes. Les transferts, constitution ou extinction de droits réels immobiliers dépendent de la seule volonté des parties. Le système de publicité foncière a un effet déclaratif par opposition aux systèmes dits « constitutifs », les systèmes du livre foncier. La différence est ici de nature. Alors que le premier dissocie les effets attachés au transfert de propriété de ceux de sa publication, les seconds tendent à subordonner l'un à l'autre.

39 v. exposé des motifs de la loi n° 2011-07 du 30 mars 2011 portant régime de la Propriété foncière, J.O. n° 6607 du samedi 13 août 2011.

dans les colonies la notion de terre, un bien, mais aussi, de propriété individuelle.

a) L'immatriculation

10. Avec le système du livre foncier, dit encore régime de l'immatriculation, la terre ne devient un bien au sens juridique, n'entre dans le commerce, que si elle est immatriculée. L'immatriculation a pour objet de placer un immeuble sous l'empire du régime foncier. En droit sénégalais, elle est aujourd'hui organisée par la loi n° 2011-07 du 30 mars 2011 portant régime de la Propriété foncière[40]. L'immatriculation est facultative[41]. Elle est obligatoire seulement, pour la validité des conventions constituant, modifiant ou transférant un des droits énumérés à l'article 19 de la loi n° 2011-07 du 30 mars 2011 portant régime de la Propriété foncière[42].

---

40 Le décret de 1932 qui était appliqué au Sénégal malgré l'indépendance en 1960, est aujourd'hui abrogé et remplacé par la loi n° 2011-07 du 30 mars 2011 portant régime de la Propriété foncière (J.O. n° 6607 du samedi 13 août 2011), qui, en réalité, n'en n'a fait que le toilettage. En d'autres termes, elle est le siège d'un « travail d'ordonnancement (…) accompagné d'une toilette (d'un toilettage) du texte ancien pour en supprimer les parties entachées d'anachronisme. Ainsi toutes les références au statut colonial sont supprimées tant au niveau des institutions que des personnes et des biens fonciers. » ; voir exposé des motifs de la loi de 2011. En abrogeant, par son article 96, le décret de 1932, la loi de 2011 interdit désormais toute référence au droit français. Contrairement aux propos de certains auteurs (F. ZEITOUN, Le droit immobilier au Sénégal, CREDILA-L'Harmattan, 2015, p.81), le Code civil ne s'applique plus en droit sénégalais, du moins en matière immobilière. C'est l'article 19 du décret de 1932 qui permettait la survivance du droit français concernant les « immeubles immatriculés et aux droits réels qui s'y rapportent ». Or, outre l'article 96, l'article 18 de la loi de 2011 qui remplace l'article 19 du décret de 1932 dispose « sont applicables aux immeubles et aux droits réels qui s'y rapportent, d'une manière générale, les dispositions des lois et règlements en vigueur ». Par l'absence de la reprise du renvoi au Code civil et d'une règlementation sénégalaise sur certaines questions comme le régime du droit de propriété, le juge sénégalais est invité à combler le vide, à faire œuvre prétorienne. Mais, dans tous les cas, il n'a plus le droit d'appliquer le Code civil. En effet, comme en dispose l'article 2 de la Loi n° 2014-26 du 03 novembre 2014 abrogeant et remplaçant la loi n° 84-19 du 02 février 1984 fixant l'organisation judiciaire (JO n° 6818 du 10 novembre 2014) « les juridictions appliques, pour toutes les matières, la loi et les règlements en vigueur ainsi que, s'il en existe en ces matières, les usages qui ne sont pas contraires à la loi ».

41 Art. 5 de la loi n° 2011-07 du 30 mars 2011 portant régime de la Propriété foncière.

42 Art. 19 de la loi n° 2011-07 du 30 mars 2011 portant régime de la Propriété foncière : Sont notamment susceptibles d'inscription aux livres fonciers :
a) Les droits réels immobiliers suivants :
1) la propriété des biens immeubles ;

1) Les modalités de l'immatriculation

11. Sous réserve des dispositions de l'article 3 al. 2 de la loi n° 64-46 du 17 juin 1964 relative au domaine national, seul l'Etat peut requérir l'immatriculation à son nom des immeubles aux livres fonciers.

Peut également requérir l'immatriculation, le créancier du débiteur remplissant les conditions fixées par l'article 3 alinéa 2 de la loi n° 64-46 du 17 juin 1964 précitée, lorsque le tribunal a ordonné l'accomplissement de cette formalité préalablement à la mise en adjudication.

Dans ce cas, les frais, qui sont toujours à la charge du requérant à l'immatriculation, sont assimilés aux frais de justice faits pour parvenir à la mise en vente.

Sont seuls susceptibles d'immatriculation sur les livres fonciers les fonds de terre bâtis ou non bâtis dépendant du domaine national.

L'immatriculation est définitive. Aucun immeuble immatriculé ne peut être soustrait au régime ainsi adopté pour être placé à nouveau sous l'empire de celui auquel il était soumis antérieurement. Ainsi, pour protéger les droits des tiers, la réquisition d'immatriculation établie dans les formes et conditions fixées par décret n'est acceptée par le Conservateur qu'autant que la régularité en est reconnue par lui[43]. Il s'assure, en conséquence, que les titres produits ou invoqués sont établis dans les formes prescrites par la législation applicable, sans examiner leur valeur intrinsèque.

Si la réquisition émane d'une autorité administrative et que le Conservateur a des objections à formuler sur la régularité des titres produits ou invoqués, il en fait part à l'autorité requérante. Celle-ci peut passer outre, mais dans ce cas, elle doit confirmer la réquisition par écrit et elle substitue ainsi sa propre responsabilité à celle du Conservateur quant aux suites de l'immatriculation.

---

2) l'usufruit des mêmes biens ;
3) les droits d'usage et d'habitation ;
4) l'emphytéose ;
5) le droit de superficie ;
6) les servitudes et services fonciers ;
7) les privilèges et hypothèques.
b) Les actions qui tendent à revendiquer ces droits réels.

[43] L'immatriculation d'un immeuble au livre foncier est précédée d'une vaste publicité et exige l'observation des formalités multiples et minutieuses destinées à sauvegarder les droits des tiers.

L'immatriculation d'un immeuble sur le livre foncier comporte :

1) l'inscription au registre des dépôts d'une mention constatant l'achèvement de la procédure ;

2) l'établissement du titre foncier sur le livre foncier ;

3) la rédaction de bordereaux analytiques pour chacun des droits réels soumis à la publicité et reconnus au cours de la procédure ;

4) la mention sommaire de ces divers droits à la suite du titre foncier ;

5) l'établissement d'une copie du titre foncier à remettre au propriétaire et de certificats d'inscription à délivrer aux titulaires de droits réels.

Le conservateur dresse sur le livre foncier le titre foncier qui comporte, répartis dans les divisions du cadre imprimé, les renseignements suivants :

a) Description de l'immeuble, avec indication de ses consistances, situation et limites ;

b) Mention sommaire des droits réels existants sur l'immeuble et des charges qui le grèvent ;

c) Désignation du propriétaire.

Il annexe à ses archives les pièces produites à l'appui de la réquisition d'immatriculation.

Enfin, il établit sur des formules spéciales :

a) Pour le propriétaire, s'il y a lieu, mais sur demande expresse, pour chacun des copropriétaires indivis d'un immeuble, une copie exacte et complète du titre foncier, une série de duplicata des bordereaux analytiques et une copie du plan ;

b) Pour chacun des titulaires de charges ou de droits réels inscrits, un certificat d'inscription.

Les livres fonciers sont affectés, à raison d'une feuille ouverte par immeuble sous le nom d'immatriculation et à l'inscription ultérieure, en vue de leur conservation, des droits réels soumis à la publicité.

L'ensemble des mentions consignées sur une feuille ouverte des livres fonciers constitue le titre foncier de l'immeuble auquel elles s'appliquent.

Le titre foncier est définitif et inattaquable, il constitue le point de départ unique de tous les droits réels existant sur l'immeuble au moment de l'immatriculation.

12. Toute action tendant à la revendication d'un droit réel non révélé en cours de procédure et ayant pour effet de mettre en cause le droit de propriété même d'un immeuble immatriculé est irrecevable.

Les détenteurs de créances hypothécaires et les bénéficiaires de charges foncières tenues directement du propriétaire qui a poursuivi l'immatriculation peuvent seuls, en se conformant aux dispositions du chapitre II du titre II de la loi de 2011, requérir, même après achèvement de la procédure, l'inscription de leurs droits sur le titre foncier, sous la double réserve de ne point préjudicier à d'autres droits régulièrement inscrits et de ne prendre rang qu'à compter de leur inscription.

Les personnes dont les droits auraient été lésés par suite d'une immatriculation ne peuvent se pourvoir que par voie d'action personnelle en indemnité.

13. En cas de perte par le titulaire d'une copie de titre foncier ou d'un certificat d'inscription, le conservateur ne peut en délivrer un duplicata que sur la base d'un jugement motivé l'ordonnant, rendu après publication d'un avis inséré dans deux numéros consécutifs du Journal officiel.

La requête devant le juge n'est recevable que lorsqu'elle est introduite quarante-cinq jours au moins après la seconde insertion de l'avis de perte sus-indiqué.

La délivrance d'un duplicata rend nulle et de nul effet la copie d'un titre foncier ou d'un certificat d'inscription.

2) Les effets de l'immatriculation

14. L'immatriculation fait entrer l'immeuble dans le commerce juridique. A peine de nullité absolue du contrat, l'immatriculation de tout immeuble est obligatoire pour la validité des conventions constituant ou transférant un des droits protégés par le régime de l'immatriculation foncière[44].

Par ailleurs, l'immatriculation permet la constitution de droits réels sur cet immeuble. On peut définir le droit réel comme « constituant une prérogative qui concerne une chose corporelle, soit de façon directe et immédiate, comme dans la propriété, soit par l'établissement d'un rapport entre deux patrimoines, comme dans les autres droits réels »[45].

---

[44] Art. 380 COCC.

[45] C. LARROUMET, Droit civil – Les biens – Droits réels principaux, Tome II, 5e éd., Economica, 2006, p. 21.

Aux termes des dispositions de l'article 19 de la loi de 2011 portant régime de la propriété foncière, sont notamment susceptibles d'inscription aux livres fonciers, les droits réels immobiliers suivants :

1) la propriété des biens immeubles ;

2) l'usufruit des mêmes biens ;

3) les droits d'usage et d'habitation ;

4) l'emphytéose ;

5) le droit de superficie ;

6) les servitudes et services fonciers ;

7) les privilèges et hypothèques.

b) Les actions qui tendent à revendiquer ces droits réels.

L'utilisation du mot « notamment » par l'article 19 permet de conclure que la liste n'est pas limitative. D'autres droits réels peuvent faire l'objet d'inscription. Il en sera ainsi du droit résultant du bail à construction (**infra n° 686 et s.**) ou du bail à réhabilitation (**infra n° 712 et s**.), etc.

Les droits réels énumérés à l'article 19 de la loi n° 2011-07 du 30 mars 2011 portant régime de la Propriété foncière n'existent, ne se conservent et ne produisent effet à l'égard des tiers qu'autant qu'ils ont été inscrit sur le livre foncier, sans préjudice des droits et actions réciproques des parties pour l'exécution de leurs conventions. L'acquisition du droit réel résulte de la mention au titre foncier du nom du nouveau titulaire du droit[46]. La publicité, en droit sénégalais, est ainsi constitutive du droit[47].

Cette règle est le fondement du régime foncier sénégalais. Elle assure la conservation des avantages acquis de l'immatriculation et garantit la sécurité

46 Art. 381 al. 1 COCC.

47 Les effets de la publicité varient selon les systèmes juridiques. En droit français, la publicité a un effet limité. Sauf exception, l'inscription d'un droit au registre de la conservation des hypothèques à simplement pour conséquence de permettre l'opposabilité du droit réel aux tiers ou du moins à certains d'entre eux. « En aucun cas, la publicité foncière, telle qu'elle est organisée dans le système juridique français, ne permet de faire la preuve d'un droit ». Le système sénégalais se rapproche alors plus du système allemand. En droit allemand, l'inscription d'un droit réel immobilier au registre foncier a un effet constitutif. Aussi bien dans les rapports des parties à l'acte que dans leurs rapports avec les tiers, le droit n'existe tant qu'il n'a pas été inscrit au registre foncier ; C. LARROUMET, Droit civil – Les biens – Droits réels principaux, précité, p. 29. Contrairement à la France qui a un système de la publicité foncière, le Sénégal et l'Allemagne ont un système du livre foncier.

des transactions à venir. Il en résulte qu'un droit réel n'existe que pour autant il a été rendu public et il existe tout le temps qu'il reste inscrit. Celui qui procède à la publicité acquiert de ce fait sur l'immeuble un droit définitif et inattaquable dont l'étendue est déterminée juridiquement et matériellement par les énonciations du titre foncier[48].

Toutes les modifications qui affectent ces droits réels doivent être également publiées aux livres fonciers pour être opposables aux tiers[49].

b) Le cas du domaine national

15. Constitué de terres non immatriculées, le domaine national est régi par la Loi n° 64-46 du 17 juin 1964. Il est constitué de plein droit par toutes les terres non classées dans le domaine public, non immatriculées (au nom des personnes de droit privé ou de droit public) ou dont la propriété n'a pas été transcrite à la conservation des hypothèques à la date d'entrée en vigueur de la loi de 1964. Le domaine national est ainsi le statut de droit commun auquel seront soumises les terres qui ne peuvent être expressément rattachées à une autre catégorie[50].

1) La loi sur le domaine national, pourquoi ?

16. Au lendemain de l'indépendance, alors qu'il n'avait pas senti la nécessité d'abroger le décret de 1932 avec les conséquences qui en découlaient[51], le Sénégal a opéré un revirement ou, du moins, a assoupli sa

[48] Art. 381 al. 2 COCC.

[49] C'est un décret du 8 février 1961 qui a prescrit la rédaction authentique pour les actes destinés à faire l'objet d'une inscription (disposition reprise dans l'article 383 COCC).

[50] En 1964, il constituait 98% des terres du Sénégal. Voir, M. CAVERIVIERE, Incertitudes et devenir du droit foncier sénégalais, In: Revue internationale de droit comparé. Vol. 38 N°1, Janvier-mars 1986. pp. 95-115.

[51] Outre le système de l'immatriculation, le décret de 1932 justifiait l'application du Code civil dans l'Etat indépendant. En effet, aux termes des dispositions de son article 19, « sont applicable aux immeubles immatriculés et aux droits réels qui s'y rapportent, d'une façon générale, les dispositions du Code civil et les lois françaises, et spécialement, lorsque lesdits immeuble et droits réels sont en la possession d'indigènes ayant conservé leur statut, les règles de droit coutumier locale, en tout ce que ces disposition et règles ont de non contraires au présent décret et sauf les modifications ci-après établie ». En autres, les articles 544 à 702 du Code civil restaient alors applicables et appliqués au Sénégal. Il faudra attendre 2011 pour que le législateur sénégalais revienne sur une telle situation. Avec l'article 18 de la loi n° 2011-07 du 30 mars 2011 portant régime de la Propriété foncière, « Sont applicables aux immeubles et aux droits réels qui s'y rapportent,

réglementation en matière foncière. Tout semble être parti d'un discours du Président Senghor prononcé le 1er mai 1964 dans lequel il a condamné le droit de propriété occidental en marquant sa préférence pour une socialisation de la terre, plus conforme à la tradition africaine.

« *De quoi s'agit-il ? Il s'agit très simplement de revenir du droit romain au droit négro-africain, de la conception bourgeoise de la propriété foncière à la conception socialiste qui est celle de l'Afrique noire traditionnelle.*

Les conceptions négro-africaines ont été contaminées par le droit écrit qui a introduit la notion romaine de la propriété individuelle, caractérisée par le droit d'usage (usus) et plus encore par la possibilité d'aliénation (abusus). Non seulement les textes français permettaient aux détenteurs coutumiers de faire immatriculer leurs terres sous certaines conditions (en fait 1% des terres du Sénégal seulement était immatriculé), mais les conceptions romaines ont altéré la nature traditionnelle des tenues foncières. Une mentalité de propriétaire, de riche, s'est peu à peu développée chez les exploitants comme chez certains maîtres du sol qui ont pris l'initiative de la mise en valeur. Les jugements des tribunaux coutumiers sous l'influence des fonctionnaires coloniaux qui les présidaient, ont accentué cette tendance.

Les inconvénients de cette situation, c'est l'anarchie et le frein à l'urbanisation des villes, la possibilité d'immatriculation ayant donné lieu à de grandes spéculations. Chaque fois qu'une opération d'urbanisme avait lieu, de pseudo-titulaires de droits coutumiers, en réalité 9 fois sur 10 des spéculateurs professionnels, faisaient valoir leurs droits et exigeaient de substantielles indemnités d'où la longueur et le coût accru des investissements.

A la campagne, la sclérose du système traditionnel interdit toute opération de remembrement, par-là, la mise en valeur des terres, le développement socialiste de la production rurale par les coopératives en est compris »[52].

Dans le respect des droits acquis, il fallait alors à l'État réformer le système. Ainsi, par la loi de 1964, les terres déjà immatriculées ou placées sous le régime du Code civil demeurent sous leur régime et un délai accordé aux occupants des terres non immatriculées qui ont réalisé une mise en valeur pour déposer leur réquisition. Toutes les autres terres étaient incorporées

d'une manière générale, les dispositions des lois et règlements en vigueur » (**supra n° 10**).

52 V. GASSE, Les régimes fonciers africains et malgache – Evolution depuis l'indépendance, précité, p. 38.

d'office au domaine national. Mais, loin pour l'État d'en devenir propriétaire, il allait juste reprendre les fonctions traditionnelles de « maître de la terre », de « lamane » pour les adapter aux exigences du développement (**supra n° 5 ; infra n° 79**).

Cette volonté politique cachait mal d'autres objectifs.

17. Légataire d'un « conflit colonial » entre le droit d'inspiration métropolitaine, droit dominant, et les traditions africaines, droit dominé[53], le législateur sénégalais, comme ses homologues africains nouvellement indépendants, s'était assigné la mission d'offrir au nouvel État un droit uniformisé[54] et moderne. Il fallait rompre la hiérarchisation instaurée entre les individus à partir des droits qui leur étaient applicables[55], regrouper dans un texte unique les réglementations éparses[56] et mettre en place un droit de l'avenir[57]. Ainsi comme a pu en témoigner un auteur, « la première vertu de la loi sur le domaine national, c'est d'avoir mis fin à la situation confuse et complexe qui régnait en matière foncière à l'accession du Sénégal à l'indépendance »[58]. Il fallait, en effet, mettre fin à la juxtaposition des régimes juridiques applicables (régime du Code civil, régime de l'immatriculation, régime coutumier). Par une rationalisation de la démarche coloniale, le législateur posait une unification des régimes fonciers et, par la-même, apportait une réponse à la question de savoir s'il fallait ou non maintenir le régime coutumier.

Outre l'unification des régimes fonciers, la loi de 1964 témoigne d'un « art de nationaliser sans payer »[59].

---

[53] R. DEGNI-SEGUI, Codification et uniformisation du droit, Encyclopédie juridique de l'Afrique, NEA 1982, p. 453. Pour l'auteur, le conflit entre le droit d'inspiration coloniale et les droits traditionnels, y compris les droits islamisés, loin de devoir être qualifié de situation dualiste, est un « conflit colonial » qui sera résolu aux dépens du droit traditionnel qui demeure une législation d'exception.

[54] A. DIEYE, La loi sur le domaine national a 45 ans : mérites, manœuvres et malheurs du législateur, Revue EDJA n° 84, 2010, p. 9.

[55] G. A. KOUASSIGAN, Quelle est ma loi ? Tradition et modernisme dans le droit privé de la famille en Afrique noire francophone, éd. A. PEDONE, 1974, p. 100.

[56] G. ARRIGHI, Tradition adaptée au monde moderne : le Code de Procédure du Sénégal, Penant, 1965, p. 155.

[57] R. DEGNI-SEGUI, Codification et uniformisation du droit, précité, p. 459.

[58] A. DIEYE, La loi sur le domaine national a 45 ans : mérites, manœuvres et malheurs du législateur, précité, p. 11.

[59] A. DIEYE, La loi sur le domaine national a 45 ans : mérites, manœuvres et malheurs du législateur, précité, p. 20.

18. Pour un État qui n'avait pas la maîtrise du sol, qui n'avait pas l'exclusivité de l'immatriculation et donc les moyens de sécuriser et de stabiliser les populations, la loi de 1964 apparaissait comme un second souffle. Elle devait permettre de « libérer les plus vastes surfaces possibles de l'emprise des particuliers, d'élargir les limites des espaces placés, directement ou non, sous l'autorité de l'Etat sans avoir à payer le coût de la libération du sol »[60]. Toute atteinte à la propriété, même coutumière, devant être précédée du paiement d'une juste et préalable indemnité[61], le législateur déplace le problème de la propriété exercée sur le sol vers celui de la simple détention trouvant ainsi la solution pour donner à l'État la maîtrise de la ressource foncière sans en faire juridiquement le propriétaire. Cette construction originale sera qualifiée, à tort ou à raison, de « lit de la seconde injustice historique »[62] dont le peuple est victime. En effet, la loi de 1964 abroge le décret n° 55-580 du 20 mai 1955[63].

Devant l'échec du décret de 1932[64], la France avait fini par prendre acte que la plupart des indigènes n'avaient pas adopté le régime de

---

60 A. DIEYE, La loi sur le domaine national a 45 ans : mérites, manœuvres et malheurs du législateur, précité, p. 20.

61 Art. 12 de la Constitution sénégalaise du 26 août 1960 « la propriété individuelle ou collective est garantie par la présente constitution ; il ne peut y être atteinte que dans le cas de nécessité publique légalement constatée sous réserve d'une juste et préalable indemnité ». D'après la Cour Suprême, saisie en mars 1962 du projet de loi pour avis, « l'article 12 vise non seulement les droits de propriété dont l'existence est constatée par un titre écrit mais aussi, dans la mesure où ils existent, les droits de propriété coutumière c'est-à-dire les droits reconnus par la coutume et notamment ceux qui, jusqu'en 1957, permettaient à leurs titulaires de requérir l'immatriculation après avoir obtenu un certificat administratif » ; cf. A. DIEYE, La loi sur le domaine national a 45 ans : mérites, manœuvres et malheurs du législateur, précité, p. 21. Cette objection, souligne M. DIEYE, a amené les autorités à proposer une nouvelle rédaction de l'article 12 dans la Constitution de 1963. Le nouvel article ne vise plus les droits de propriété collective.

62 D. NDOYE, Critique des projets de loi de réforme foncière au Sénégal, précité, p. 65. La première injustice étant, pour l'auteur, l'arrêté du 11 novembre 1865 par lequel FAIDHERBE, Gouverneur du Sénégal, déclarait « sans maître, les terres du Sénégal ».

63 D. NDOYE, Critique des projets de loi de réforme foncière au Sénégal, précité, p. 65.

64 Au Sénégal, « pour une superficie de 19 700 000 ha au moment de l'indépendance, en 1960, la superficie des terres immatriculées étaient de 200 000 ha, soit 3% de la superficie utile évaluée à 6 800 000 ha, révélant une cadence moyenne d'immatriculation de 3 300 ha par an » ; V. GASSE, Les régimes fonciers africains et malgache – Evolution depuis l'indépendance, précité, p. 35.

l'immatriculation parce qu'ils avaient conscience de la prévalence de leurs droits coutumiers consubstantiels à leur mode de vie, à leur culture[65]. Il fallait alors corriger ces erreurs, «détruire la présomption de propriété dont jouit l'Etat sur les terres vacantes sans maître, car il résulte de ces règles un malaise psychologique peu propice à la participation des populations d'Outre-Mer au vaste programme de mise en valeur agricole que le Gouvernement (français) se propose d'entreprendre »[66]. Ainsi, l'article 3 du décret de 1955 de préciser : « En Afrique occidentale française et équatoriale française sont confirmés les droits coutumiers exercés collectivement ou individuellement sur les terres non appropriées selon les règles du Code civil ou du régime de l'immatriculation. Nul individu, nulle collectivité ne peut être contraint de céder ces droits si ce n'est pour cause d'utilité publique et moyennant une juste indemnisation ». Les décrets du 20 mai 1955 et 10 juillet 1956 instaurèrent un livret foncier. Ce dernier devait être délivré après une procédure publique et contradictoire par les autorités administratives aux Africains qui posséderaient sur le sol une emprise évidente et permanente matérialisée soit par des constructions, soit par une certaine mise en valeur, emportant droit de disposer, surtout dans les régions urbaines et de riches cultures. Le livret était opposable aux tiers et avait force probante absolue[67].

Ces droits coutumiers qui ont pu échapper à l'impérialisme[68] n'ont pas su résister aux indépendances[69]. Le phénomène des indépendances a, en effet, sonné le glas de la tradition sénégalaise sur l'autel du modernisme[70].

2) La loi sur le domaine national, comment ?

19. Le domaine national est innervé par quatre (4) grands principes :

1. la gratuité de l'accès à la terre ;
2. l'absence de propriété de la terre ;

---

65 Pinet LAPAPRADE, Lettre du 8 août 1863 cité par D. NDOYE, Critique des projets de loi de réforme foncière au Sénégal, précité, p. 64.

66 Exposé des motifs du décret n° 55-580 du 20 mai 1955, cité par D. NDOYE, Critique des projets de loi de réforme foncière au Sénégal, précité, p. 64.

67 V. GASSE, Les régimes fonciers africains et malgache – Évolution depuis l'indépendance, précité, p. 33.

68 DJ. T. NIANE, La vitalité de la civilisation noire, Éthiopiques, janvier 1977, n° 9, p. 58.

69 En droit de la famille, le législateur a fait « infiniment plus que les colonisateurs en quelques décennies et l'Islam en plusieurs siècles »; R. DECOTTIGNIES, Prière à Thémis pour l'Afrique, R.S.D, 1967, n° 1, p. 258.

70 R. DECOTTIGNIES, Requiem pour la famille africaine, Annales africaines, 1965.

3. des conditions d'affectation et de désaffectation strictement règlementées ;

4. l'administration des terres dans la grande majorité par les collectivités locales[71].

20. Dans sa philosophie générale, c'est une loi du présent mais aussi de l'avenir.

L'article 4 de la loi n° 64-46 sur le domaine national répartit les terres du domaine national en quatre zones selon leurs vocations respectives :

Les zones urbaines : Les zones urbaines sont constituées par les terres du domaine national situées sur le territoire des communes. Elles peuvent être immatriculées au nom de l'Etat et affectées aux communes en tant que de besoin, notamment pour servir d'assiette à des projets d'équipements collectifs[72].

Les zones classées : Les zones classées sont constituées par les zones à vocation forestière ou les zones de protection. Cependant, les zones à vocation forestière sont désormais classées par le Code forestier dans le domaine de l'État pour ce qui est du droit de les exploiter[73].

---

71 A. DIEYE, La loi sur le domaine national a 45 ans : mérites, manœuvres et malheurs du législateur, précité, p. 9.

72 Art. 301 de la loi n° 2013-10 du 28 décembre 2013 portant Code général des Collectivités locales. Les communautés rurales de Sébikotane et de Sangalkam, créées par les lois n° 83-48 du 18 février 1983 et n° 83-1130 du 20 octobre 1983, sont sorties du périmètre des zones urbaines de Dakar, v. B. SENE et A. TRAORE, Recueil de textes fonciers et domaniaux, 2e éd., 2019, p. 27. Aujourd'hui encore, ces terres permettent l'extension de beaucoup de communes comme celle de Rufisque.

73 Loi 98-03 du 08 janvier 1998 portant Code forestier et le décret 98-164 du 20 février 1998. Le domaine forestier de l'État est constitué par l'ensemble des zones classées comprenant les forêts classées, les réserves sylvo-pastorales[73], les périmètres de reboisement et de restauration, les parcs nationaux, les réserves naturelles intégrales[73] et les réserves spéciales[73].
L'État a, sur le domaine forestier, le monopole des droits d'exploitation. En dehors de son domaine forestier, ces droits sont transférés aux collectivités locales.
Des parties du domaine forestier peuvent être incorporées au domaine privé de l'État après immatriculation en son nom.
Outre le droit d'usage que le particulier peut solliciter sur les terres du domaine national, le Code forestier lui reconnait un droit d'usage concernant les forêts[73] du domaine forestier de l'État (c'est une sorte de servitude). C'est un droit qui accorde aussi des prérogatives limitées. Il permet seulement :
✓ le ramassage du bois mort et de la paille ;

Les zones de terroirs : Le terroir est constitué par un ensemble homogène de terres du domaine national nécessaires au développement de la population du ou des villages qui y sont implantés, y ayant des intérêts ruraux communs.

✓ la récolte de fruits, de plantes alimentaires ou médicinales, de gommes, de résines et de miel ;
✓ le parcours du bétail, l'émondage et l'ébranchage des espèces fourragères ;
✓ le bois de service destiné à la réparation des habitations.

Aux termes de l'article L45 du Code forestier, quiconque, sans autorisation, défriche ou cultive à l'intérieur du domaine forestier est puni d'une amende de 50.000 à 500.000 Fcfa et d'un emprisonnement de 1 mois à 2 ans. Est puni des mêmes peines quiconque occupe irrégulièrement (donc sans autorisation) la même zone. De même, toute personne, qu'elle soit ou non propriétaire ou éleveur, qui fait paître ou passer des animaux domestiques dans les parties du domaine forestier non ouvertes au parcours est condamnée à une amende de 20.000 à 200.000 Fcfa et d'une peine d'emprisonnement de 1 mois à 2 ans ou de l'une de ces deux peines seulement (Art. L51 Code forestier). Les animaux trouvés en pâturage ou en passage irrégulier dans ce domaine peuvent être mis en fourrière et leur confiscation peut être ordonnée.

Le droit d'usage concernant les forêts n'est pas un droit réel. L'article L10 *in fine* du Code forestier précise qu'il n'entraine aucun droit de disposer des lieux. En outre, les produits obtenus grâce à ce droit sont strictement limités aux besoins personnels et familiaux des usagers. Ils ne peuvent, en aucun cas, donner lieu à une transaction commerciale, à un échange ou à une cession. Mieux, ces produits ne peuvent circuler que dans le cadre du terroir d'habitation du bénéficiaire sauf autorisation du Service des Eaux et forêts.

Le particulier, propriétaire des plantations organisées par l'article L2 *in fine* du Code forestier (« *si des formations forestières ont été régulièrement implantées sur le domaine national sous forme de plantations individuelles en plein, d'alignement et d'abris, elles sont la propriété des personnes privées, physiques ou morales, qui les ont réalisées, à l'exclusion de toute appropriation du terrain du domaine national* ») peut collecter, couper ou transformer le bois de sa plantation en charbon dans le respect du plan d'aménagement. En dehors du périmètre défini par son droit, l'exploitation commerciale de toute ressource forestière du domaine est assujettie au paiement préalable de taxes et redevances[73]. Le particulier qui veut ainsi exploiter le domaine forestier à des fins commerciales devra solliciter un permis d'exploitation. Le permis est délivré par le service des Eaux et forêts après autorisation préalables du maire si la forêt en question relève de la collectivité locale. Il est interdit de le rétrocéder (art. L39 Code forestier).

Concernant les infractions en matière forestière, elles sont constatées par des PV établis par les agents des Eaux et forêts et les officiers de police judiciaire. Toutefois, les chefs de service régional des Eaux et forêts sont autorisés à transiger au nom de l'Etat, avant ou après le jugement, même définitif, lorsque l'infraction est de nature à entrainer un préjudice inférieur ou égal à 500.000 Fcfa (art. L26 Code forestier).

Nb : Les cas de responsabilités sont prévus par les articles L35 et s. du Code forestier.

Il comprend, autant que possible, les terres de culture, de jachère et de parcours et les boisements régulièrement utilisés par le ou les villages qu'il couvre, ainsi que des terres en friche jugées nécessaires à son extension[74].

Les zones pionnières : Les zones pionnières correspondent aux autres terres.

Cette classification répond à un souci de rentabilisation de l'exploitation de l'espace foncier[75]. Selon CAVERIVIERE et DEBENE[76], cette classification en zone obéit même à deux logiques : d'une part, la création d'un outil de travail par la mise à la disposition des paysans des zones de terroir, et d'autre part, la volonté de constituer une réserve foncière en vue de faciliter l'urbanisation (zone urbaine), d'assurer la protection de l'environnement (zone classée) et de créer des projets de développement (zone pionnière)[77].

3) La loi sur le domaine national, aujourd'hui

21. Les impératifs de développement durable[78] ont motivé à bien des égards la loi de 1964. Mais celle-ci est aujourd'hui inadaptée : « la grande

74 Art. 1 et 2 du décret n° 64-573 du 30 juillet 1964 fixant les conditions d'application de la loi n° 64-46 du 17 juin 1964 relative au domaine national.

75 V. exposé des motifs de la loi n°64-46, précitée.

76 M. DEBENE et M. CAVERIVIERE, Le droit foncier sénégalais, Berger- Levrault 1988, p.81 et s.

77 A. DIEYE, La loi sur le domaine national a 45 ans : mérites, manœuvres et malheurs du législateur, précité, p. 18 : c'est dire qu'il y a eu appropriation, par le législateur de 1964, du contenu de la notion de développement durable, une notion récente certes, mais dont le contenu semble avoir été pris en compte à travers le découpage du domaine national en différentes zones et surtout la création des zones classées ».

78 Un développement qui prend en compte les besoins présents et futurs ; V., Le Rapport Brundtland, officiellement intitulé Notre avenir à tous (Our Common Future), qui est une publication rédigée en 1987 par la Commission mondiale sur l'environnement et le développement de l'Organisation des Nations Unies. Utilisé comme base au Sommet de la Terre de 1992, le rapport a popularisé l'expression de « développement durable » et a notamment apporté la définition communément admise du concept : « le développement qui répond aux besoins du présent sans compromettre la capacité des générations futures à répondre à leurs propres besoins. »

dame a vieilli »[79]. La réforme s'impose[80]. Cependant, « un manque de vision ou une précipitation inutile dans un processus de réforme foncière ne peut donner naissance qu'à un droit inapplicable »[81] parce qu'inadapté.

Le législateur semble être conscient de cela. En effet, comme en dispose l'article 22 de la Loi n° 2004-16 portant loi d'orientation agro-sylvo-pastorale, « la définition d'une politique foncière et la réforme de la loi sur le domaine national constituent des leviers indispensables pour le développement agro-sylvo-pastoral et pour la modernisation de l'agriculture. » Ainsi, l'article 23 de ladite loi dispose qu' « une nouvelle politique foncière sera définie et une loi de réforme foncière sera soumise à l'Assemblée nationale dans un délai de deux ans à compter de la promulgation de la présente loi ». La politique foncière, dans cette loi, devrait reposer sur les principes suivants : « la protection des droits d'exploitation des acteurs ruraux et des droits fonciers des communautés rurales, la cessibilité encadrée de la terre pour permettre une mobilité foncière favorisant la création d'exploitations plus viables, la transmissibilité successorale des terres pour encourager l'investissement durable dans l'exploitation familiale, l'utilisation de la terre comme garantie pour l'obtention du crédit »[82]. Malheureusement, alors qu'elle devait intervenir deux (2) ans après la promulgation de la loi de 2004 (donc en 2006), jusqu'au jour d'aujourd'hui la loi n'a pas vu le jour.

---

79 S. TRAORE, Communication introductive in « analyse des pratiques foncières et perspectives de réformes : 40e anniversaire de la loi sur le domaine national, UGB, SJP, 17 et 18 JUIN 2004.

80 D'après K. MBAYE, L'expérience sénégalaise de la réforme du droit, In: Revue internationale de droit comparé. Vol. 22 N°1, Janvier-mars 1970. pp. 35-42, « S'il est vrai que le droit est le reflet de la vie d'une société, s'il est vrai qu'il est sécrété par la philosophie et les aspirations d'un peuple, et s'il est vrai que « vie » et « aspirations » évoluent sans paliers comme la durée bergsonienne, il est inévitable que d'un moment à l'autre l'ensemble du droit objectif, qui ne se renouvelle que par bonds, se trouve en parfaite inadéquation avec son objet. Voilà ce qui explique que les différents édifices juridiques du vieux monde, merveilles des temps passés, aient aujourd'hui, malgré la vénération qu'ils imposent, une allure un peu vieillotte et, à certains égards, se révèlent inaptes à servir de cadre aux rapports humains et aux rapports d'affaires qui s'établissent dans cette deuxième moitié du XXe siècle. »
C'est pourquoi, partout, leur restauration s'est fait sentir comme une nécessité ».

81 A. DIEYE, Domanialité nationale et développement : l'exemple du Sénégal, Thèse pour le Doctorat d'Etat en Droit, Université Cheikh Anta DIOP de Dakar, FSJP, 2003, p.260.

82 Art. 22 al. 2 de la Loi n° 2004-16.

3. L'objet des contrats immobiliers

22. Les contrats immobiliers sont des conventions portant sur des immeubles mais pas n'importe lesquels. En droit sénégalais, les transactions immobilières ne peuvent porter que sur des immeubles immatriculés. Comme en dispose l'article 380 COCC, l'immatriculation de tout immeuble est obligatoire pour la validité des conventions constituant ou transférant un droit réel immobilier. La violation d'une telle règle est sanctionnée par la nullité absolue.

Le domaine des contrats spéciaux immobiliers se limite ainsi aux immeubles immatriculés de l'État et à ceux des particuliers. Le domaine de l'État est organisé par la loi 76-66 du 2 juillet 1976 portant Code du domaine de l'État alors que le domaine des particuliers résulte de la loi n° 2011-07 du 30 mars 2011 portant régime de la Propriété foncière. Ces textes sont cependant à combiner avec d'autres normes comme le Code des obligations civiles et commerciales[83], le Code de la construction, le Code de la famille, etc.

4. Le plan

Dans le cadre de ce travail, seront abordés les contrats translatifs de propriété et les contrats relatifs à la remise d'un immeuble sans transfert de la propriété.

---

[83] Aux termes de l'article 258 COCC, les règles concernant les contrats portant sur les immeubles immatriculés, les baux à usage d'habitation ou à usage professionnel, ne tolèrent pas une convention contraire.

TITRE 1

LES CONTRATS TRANSLATIFS DE PROPRIÉTÉ IMMOBILIÈRE

23. Malgré l'absence de définition, les contrats translatifs de propriété peuvent être définis à partir de leurs effets. Ce sont des conventions qui ont pour effet de transférer la propriété d'une chose corporelle ou incorporelle d'un patrimoine à un autre. Le dénominateur commun de ces contrats est alors le transfert de propriété ; c'est l'élément qualificateur. Ainsi, sont exclus, les actes transférant des droits autres que la propriété (ex usufruit, servitude…). Le transfert de propriété peut être entre vifs ou à cause de mort. Il peut être à titre gratuit ou à titre onéreux. Mais seuls les contrats translatifs de propriété à titre onéreux vont retenir l'attention dans le cadre de cette étude.

CHAPITRE 1

LE DROIT COMMUN DE LA VENTE D'IMMEUBLE

24. La vente est le contrat par lequel le vendeur s'engage à transférer la propriété d'une chose corporelle ou incorporelle à l'acquéreur, moyennant un prix fixé en argent. Elle met alors en relation deux parties. Une qui s'oblige à livrer une chose et, une autre, à payer une somme d'argent. La vente n'est pas à confondre avec toutes les situations impliquant le paiement d'un prix[84].

Outre les conditions générales de validité applicables à tous les contrats, le contrat de vente d'immeuble obéit à des conditions spécifiques pour produire ses effets.

SECTION 1 : QUI PEUT ÊTRE VENDEUR ?

25. Contrat translatif de propriété, la vente immobilière n'est parfaite que si le vendeur avait le droit de propriété. La précision n'a rien de superfétatoire. En matière mobilière, l'acquéreur de la chose d'autrui en devient propriétaire lorsqu'il l'a reçue de bonne foi[85].

26. Le Sénégal ayant opté pour le système du Livre foncier, l'acquisition d'un droit réel portant sur un immeuble résulte de la mention au titre foncier du nom du nouveau titulaire du droit[86]. Un droit réel n'existe que s'il est inscrit au Livre foncier et il existe tout le temps qu'il reste inscrit[87]. Cette règle est le fondement du régime. Ainsi, le titulaire du droit réel immobilier est la personne dont le nom est inscrit sur le titre foncier. Cette personne peut être l'État ou un particulier.

PARAGRAPHE 1 : L'ÉTAT

27. Aux termes de la loi 76-66 du 2 juillet 1976 portant Code du domaine de l'État, le domaine foncier de l'État est constitué d'un domaine public et

---

84 Le langage contemporain tend à installer une certaine confusion ex : vente de billet de loterie alors qu'il s'agit d'un contrat de pari, vente de titre de transport alors qu'il s'agit d'un contrat de transport. Ce sont simplement des abus terminologiques.

85 Art. 262 COCC.

86 Art. 381 COCC.

87 Art. 20 de la loi n° 2011-07 du 30 mars 2011 portant régime de la Propriété foncière

d'un domaine privé. Le dénominateur commun à ces deux domaines est qu'ils sont constitués de biens appartenant à l'État. Tout de même, ils se distinguent de par leur régime juridique car les biens du domaine privé peuvent faire l'objet d'une appropriation privée alors que le domaine public est constitué de biens qui, en raison de leur nature ou de la destination qui leur est donnée, ne sont pas susceptibles d'appropriation privée[88].

28. Le domaine privé de l'État se compose de biens meubles et immeubles[89]. Entrent notamment dans le domaine privé immobilier[90] :

✓ les biens immobiliers acquis par l'État à titre gratuit ou onéreux selon les modes du droit commun. Les dons et legs faits à l'État sont acceptés par décret[91] ;
✓ les immeubles acquis par l'État par voie d'expropriation ;
✓ les immeubles immatriculés au nom de l'État ;
✓ les immeubles préemptés par l'État ;
✓ les immeubles dont la confiscation est prononcée au profit de l'État. En application des dispositions des articles 30, 31 et 32 du Code pénal, les biens des personnes condamnées pour un crime ou délit prévu aux articles 56, 57, 58, 59, 79, 80, 82, 152, 153, 158, 160 et 161 du même Code peuvent être confisqués au profit de l'État suivant les modalités fixées par lesdits articles 30, 31 et 32 ;
✓ les immeubles abandonnés. La prescription ne pouvant, en aucun cas, constituer un mode d'acquisition de droits réels sur des immeubles immatriculés ou de libération des charges grevant les mêmes immeubles, l'usucapion n'est pas reconnue en droit sénégalais. Ainsi, un immeuble immatriculé abandonné pendant trente années consécutives par ses propriétaires ou occupants légitimes est considéré comme vacant et incorporé au domaine de l'État dans les formes et conditions fixées par décret[92].

---

88 Des atténuations sont cependant apportées avec le régime juridique des contrats de partenariat public-privé (**infra n° 729**).

89 Entre aussi dans le domaine privé de l'État, les biens et droits mobiliers et immobiliers acquis par l'État à titre gratuit ou onéreux selon les modes du droit commun ; les immeubles acquis par l'État par voie d'expropriation ; les immeubles du domaine national immatriculés au nom de l'État ; les biens vacants et sans maître etc.

90 Art. 21 de la loi 76-66 du 2 juillet 1976 portant Code du domaine de l'État.

91 Art. 26 de la loi 76-66 du 2 juillet 1976 portant Code du domaine de l'État.

92 Art. 33 Loi n° 2011-07 du 30 mars 2011 portant régime de la Propriété foncière. Le droit sénégalais ne connait pas la prescription acquisitive au profit du

✓ après immatriculation, le cas échéant, les portions du domaine public déclassées ;

✓ les biens vacants et sans maître.

29. Le domaine privé immobilier se divise en domaine affecté et domaine non affecté.

Le domaine privé affecté comprend les immeubles mis gratuitement à la disposition des services de l'État pour leur permettre d'assurer leur fonctionnement. C'est le cas notamment des bâtiments administratifs, des écoles, des hôpitaux. On a aussi les immeubles affectés aux établissements publics à caractère administratif tel les Universités, la RTS, le COUD, le théâtre SORANO et le Grand théâtre.

Le domaine privé non affecté comprend les immeubles à usage exclusif d'habitation attribués à des particuliers qui les occupent à titre gratuit ou onéreux (c'est par exemple les logements de fonctions), les terrains bâtis ou non bâtis, qui vont être mis à la disposition des particuliers. En effet, ce sont ces immeubles qui peuvent faire l'objet vente.

A. La vente aux personnes privées

30. La vente des immeubles du domaine privé non affecté de l'Etat a lieu de gré à gré ou par voie d'adjudication, celle-ci étant réalisée aux enchères publiques ou par le procédé combiné des enchères verbales et des soumissions cachetées[93] avec obligation de mise en valeur et aux conditions fixées. Dans tous les cas, la vente doit être autorisée par une loi.

---

possesseur. La possession d'un droit réel est le fait de se comporter comme le véritable titulaire de ce droit, alors qu'il se peut qu'on ne le soit pas ; C. LARROUMET, Droit civil – Les biens – Droits réels principaux, précité, p. 41. Que le possesseur soit de mauvaise foi (exemple un usurpateur), ou de bonne foi (par exemple il pense être le véritable titulaire du droit qu'il a acquis), l'écoulement d'un délai, aussi long soit-t-il, ne lui accorde pas véritablement le titre contrairement au droit français. Avec l'article 2262 du Code civil, *Toutes les actions, tant réelles que personnelles, sont prescrites par trente ans, sans que celui qui allègue cette prescription soit obligé d'en rapporter un titre ou qu'on puisse lui opposer l'exception déduite de la mauvaise foi.* Le possesseur de bonne foi d'un immeuble pourra, si d'autres conditions sont remplies, acquérir le droit possédé dans un temps moins long. *Celui qui acquiert de bonne foi et par juste titre un immeuble en prescrit la propriété par dix ans si le véritable propriétaire habite dans le ressort de la cour d'appel dans l'étendue de laquelle l'immeuble est situé ; et par vingt ans, s'il est domicilié hors dudit ressort (article 2265 Code civil).*

93 Dans ce cas, la vente est effectuée par le gouverneur de la région où les immeubles sont situés, assistés du receveur de l'Enregistrement, des Domaines et du Timbre

Exemples :

Loi n° 87-11 du 24 février 1987 autorisant la vente de terrains domaniaux destinés à l'habitation situés en zones urbaines. Cette loi autorisait la vente par l'État aux attributaires ou occupants des terrains domaniaux destinés à l'habitation situés dans les centres urbains et compris dans les zones dotées d'un plan d'urbanisme approuvé ou résultant d'un lotissement approuvé par l'Administration. Il s'agissait :

- des terrains domaniaux attribués ou occupés en vertu de titres administratifs d'occupation provisoires qualifiés de « permis d'occuper », « autorisation d'occupation », « autorisation d'occuper », visés par l'article 59 du Code du domaine de l'État à l'exclusion des terrains ayant fait l'objet d'une demande de constat de mise en valeur en vue d'obtenir l'attribution définitive dans les formes et conditions fixées par le décret n° 81-557 du 21 mai 1981 portant application du Code du domaine de l'État ;
- des terrains domaniaux attribués par voie de bail ordinaire, de bail emphytéotique ou ayant fait l'objet d'une concession du droit de superficie, dans les conditions fixées par les articles 38, 39 et 40 du Code du domaine de l'État ;
- ces terrains domaniaux doivent être compris dans les zones dotées d'un plan d'urbanisme ou dans un lotissement approuvés par l'autorité administrative.

Le prix de cession devait être fixé par arrêté du ministre chargé des Domaines. En outre, la vente des terrains nus était placée sous la condition résolutoire de construire, dans un délai de trois (3) ans à compter de la date de l'approbation de l'acte, un immeuble à usage d'habitation conforme à la réglementation en matière d'habitat du secteur.

Outre la loi n° 87-11, il y a la loi n° 94-64 du 22 août 1994 autorisant la vente de terrains domaniaux à usage industriel ou commercial et qui concernait :

---

ou de son délégué. Elle a lieu conformément aux dispositions de la loi qui l'a autorisé. Elle fait l'objet d'un procès-verbal dressé séance tenante en six (6) exemplaires et signé par le gouverneur, le receveur de l'Enregistrement, des Domaines et du Timbre ou de son délégué et les adjudicataires. Pour être définitif, le procès-verbal d'adjudication doit être approuvé par le Ministre chargé des domaines. Il a tous les effets d'un acte authentique et fait foi jusqu'à inscription de faux. (Art. 34 du décret n 81 557 du 21 mai 1981 portant application du Code du domaine de l'Etat).

- les terrains domaniaux attribués par voie de permis ou d'autorisation d'occuper, de bail ordinaire, de bail emphytéotique ou ayant fait l'objet d'une concession du droit de superficie dans les conditions fixées par les articles 38, 39 et 40 du Code du domaine de l'État ;
- les terrains domaniaux à bâtir réservés à l'industrie ou au commerce.

On peut aussi citer la loi n° 95-12 du 22 avril 1995 autorisant la vente du domaine privé immobilier bâti de l'État à usage d'hôtels ou de réceptifs touristique et de ses dépendances.

Des efforts considérables sont posés par l'Etat dans le but de faciliter l'acquisition de la propriété pour les particuliers. D'une part, il y a la loi n° 2011-06 du 30 mars 2011 portant transformation des permis d'habiter et titres similaires en titres fonciers[94] et, d'autre part, la loi n° 2017-31 du 15 juillet 2017 autorisant la cession définitive et à titre gratuit de terrains domaniaux à usage d'habitation qui abroge et remplace la première[95].

Retour sur la loi n° 2011-06 du 30 mars 2011. Cette loi, même si elle est aujourd'hui abrogée, mérite des réflexions pour la bonne compréhension de la loi n° 2017-31 du 15 juillet 2017.

L'exposé des motifs de la loi retient l'attention. *Dans le cadre de la législation coloniale sur le Domaine privé urbain, divers textes ont institué le régime du permis d'habiter et des titres connexes (permis d'occuper, autorisation d'occupation et autorisation d'occuper) qui s'analyse à l'origine comme une autorisation administrative donnée à un chef de famille, lui accordant le droit d'habiter une parcelle du Domaine. Ce régime a prévalu au Sénégal jusqu'à l'avènement de la loi n° 76-66 du 02 juillet 1976 portant Code du Domaine de l'État qui est à l'origine d'une situation juridique complexe.*

En effet, en vertu des dispositions combinées des articles 59 et 60 de ce texte, et des articles 38 et suivants du décret 81-557 du 21 mai 1981 pris pour son application, les titres d'occupation qualifiés de « permis d'habiter », « autorisation d'occupation », « autorisation d'occuper » accordés antérieurement à leur entrée en vigueur devaient être transformés en baux emphytéotiques dans le délai de deux ans à compter de cette date[96].

[94] J.O. n° 6598 du samedi 25 juin 2011.

[95] J.O. N° 7033 du lundi 07 août 2017.

[96] Cette mesure concerne :

La mesure de transformation en titres fonciers ou en baux emphytéotiques des « permis d'habiter », des « autorisations d'occupation » et des « autorisations d'occuper » n'ayant été sollicitée par aucune des parties, il s'en est suivi une situation juridique inextricable qui a eu pour conséquence de transformer les bénéficiaires des titres annulés en véritables occupants sans titres.

Pour tenir compte de cette situation paradoxale et de sa forte connotation sociologique, l'administration a continué à accueillir favorablement les demandes de « mutations » et de délivrance de « duplicata » de permis d'occuper ou d'habiter. Il devenait alors urgent de réformer cette réglementation dans la double perspective d'assurer aux textes de loi les conditions de leur pleine applicabilité et de conférer une plus grande sécurité juridique aux détenteurs de ces titres.

La mise en œuvre du processus nécessite l'abrogation des dispositions de la loi n°87-11 du 24 février 1987 et de son décret d'application[97] *relatives à l'autorisation d'occuper ainsi que celles du Code du domaine de l'État relatives aux modalités de transformation des terrains dit « du Tound » en titres fonciers*[98].

---

a) A Dakar, les titres délivrés dans les lotissements de Médina, Bopp et Hann-Jardin dont les bénéficiaires n'ont ni réalisé la mise en valeur exigée ni déposé dans le délai imparti (2ans) une demande d'attribution définitive;

b) Dans les régions autres que Dakar, les titres d'occupation délivrés et pour lesquels la mise en valeur n'a pas été réalisée, ou dont les bénéficiaires n'ont pas sollicité le constat de mise en valeur dans le délai imparti en vue d'une attribution définitive.

Quant aux titres d'occupation des lotissements de la zone A1, de Pikine et de Guédiawaye, exclusifs de tout droit de propriété, ils devaient pour leur part être retiré à compter de la date d'entrée en vigueur du décret 81-557 du 21 mai 1981 portant application du Code du Domaine de l'Etat et transformés, sans délai, en baux emphytéotiques après leur retrait pour ceux qui ont respecté les obligations qui leur étaient imposées.

97 Décret n°88-826 du 14 juin 1988 abrogeant et remplaçant certaines dispositions du décret n° 87-271 du 03 mars 1987 portant application de la loi n° 87-11 du 24 février 1987 autorisant la vente de terrains domaniaux destinés à l'habitation situés en zones urbaines.

98 En effet, en application des dispositions de l'article 60 du code du Domaine de l'Etat, les terrains dits de « Tound » à Dakar Plateau qui étaient régulièrement « affectés » conformément aux dispositions de l'arrêté du 4 mars 1926 prescrivant le lotissement desdits terrains, seront attribués définitivement en pleine propriété et gratuitement par arrêté du Ministre chargé des Domaines aux bénéficiaires de l'affectation qui en feront la demande.

Le problème est que le législateur procède à l'abrogation d'une norme[99] qui, il y a vingt (20) ans, abrogeait d'autres normes. Aux termes de l'article 47 du décret n° 81-557 du 21 mai 1981 portant application du Code du domaine de l'État en ce qui concerne le domaine privé, « *Sont abrogés toutes dispositions contraires au présent décret et notamment, l'arrêté du 4 mars 1926 prescrivant le lotissement des terrains de Tound à Dakar, l'arrêté n° 723/AD du 16 mars 1937 fixant les conditions d'aliénation, d'amodiation et d'exploitation des terres domaniales ainsi que leur affectation à des services publics, l'arrêté n° 2495 du 18 décembre 1937 ayant le même objet que le précédent et applicable dans l'ancienne circonscription de Dakar et dépendances, l'arrêté n°4716/MEDT du 10 juin 1958 créant une Commission de Contrôle des Opérations Immobilières et l'arrêté n° 7304/MAR/DID du 10 juillet 1972 fixant les conditions d'attribution et d'occupation des parcelles du lotissement de Dagoudane Pikine, titre foncier n° 3892/DG* ». Mieux, les terrains dits de « tound » de Dakar qui n'ont pas fait l'objet de demande d'affectation dans le délai de deux (2) ans comme y invitait la loi en 1976[100] sont déjà « récupérés par l'Etat sans formalités ni frais »[101].

En réalité, les titres détenus par les tiers accèdent de nouveau à la vie juridique, en vue cette fois-ci avec la loi de 2011 de les transformer en titres fonciers.

Les titres ouverts à la transformation sont :

- Les permis d'habiter, les permis d'occuper, les autorisations d'occuper, délivrés par l'administration coloniale en vertu :
    - de l'arrêté du 04 mars 1926 prescrivant l'allotissement des terrains de « Tound » à Dakar,
    - l'arrêté n° 1487 bis du 24 novembre 1934 ;
    - l'arrêté n° 723/AD du 16 mars 1937 ;

La plupart des détenteurs de ces parcelles n'ayant pas déféré à la formalité, celles-ci étaient occupées sans droits ni titres, créant ainsi une insécurité juridique en plein centre de Dakar.

[99] Art. 6 de la n° 2011-06 « sont abrogées toutes dispositions contraires à celles de la présente loi et notamment celles relatives à l'autorisation d'occuper contenues dans la loi n° 87-11 du 24 février 1987 et du décret n° 88-826 du 14 juin 1988 pris en application de ladite loi, ainsi que celles visées à l'article 60 du Code du Domaine de l'Etat relatives aux modalités de transformation des terrains dits « du Tound » en titres fonciers. »

[100] Voir exposé des motifs de la loi n° 2011-06.

[101] Art. 45 du décret n° 87-557 du 21 mai 1981 portant application du Code du domaine de l'État.

- l'arrêté n°4707/SDE du 28 septembre 1949 ;
- l'arrêté n° 2352/SDE du 23 avril 1955 ;
- l'arrêté n° 7304/MFAE du 10 juillet 1972.

- les permis et autorisations d'occuper délivrés par l'administration des Domaines sur le domaine privé de l'Etat postérieurement à la loi de 1976 sur le domaine de l'État ;
- les permis d'habiter ou d'occuper, les autorisations d'occuper, les actes administratifs établis par les autorités administratives (gouverneurs ou préfets) ou locales (maires) à la condition exclusive que ces titres portent sur des parcelles de terrains issues de lotissements régulièrement réalisés sur une assiette foncière, situées dans une zone dotée d'un plan d'urbanisme approuvé, et dépendant du domaine privé de l'État.

En ce qui concerne la procédure de la transformation en titre définitif, elle est initiée par l'administration des domaines qui, dans ce cas, opère d'office la mutation des titres litigieux recensés au niveau des registres détenus par le service. Elle peut aussi être initiée par le titulaire du titre provisoire qui saisit l'administration des domaines sur la base d'un dossier comprenant un extrait de plan parcellaire certifié conforme par le service du cadastre et l'original dudit titre. Elle peut enfin être initiée par le notaire qui requiert au moment du dépôt au bureau des domaines compétent de l'acte relatif à une transaction portant sur un titre provisoire, la transformation dudit titre provisoire en titre foncier.

C'est sur la base d'un arrêté du ministre chargé des domaines que le chef du bureau de la conservation de la propriété et des droits fonciers procède aux formalités relatives à la mutation et à la création subséquentes du nouveau titre foncier correspondant[102].

La cession par le détenteur d'un titre définitif résultant d'une application de la loi de n° 2011-06 n'est soumise à aucune clause restrictive. Toutefois, lorsqu'elle intervient dans l'intervalle des cinq (5) années consécutives à la transformation du titre provisoire en titre définitif, le vendeur est tenu d'acquitter en même temps que la taxe de plus-value normalement due, les droits d'enregistrement et les frais de formalités foncières initialement éludés. A cet effet, l'administration procède à l'évaluation du terrain objet du titre provisoire et mentionne sur l'acte administratif support de l'opération, la

[102] v. décret 2012-1270 portant application de la loi 2011-06 du 30 mars 2011.

valeur d'acquisition calculée sur la base du barème de cession des terrains domaniaux fixé par l'arrêté[103].

L'initiative de la réforme est salvatrice car permettant « de conférer une plus grande sécurité juridique aux détenteurs de ces titres »[104]. Cependant, l'étude de la loi fait douter de la pertinence de la réforme[105].

Aux termes de l'article premier de la loi, c'est en application des dispositions des articles 41 et 42 de la loi n°76 - 66 du 2 juillet 1976 portant code du Domaine de l'État, que la transformation gratuite et sans formalités préalables en titres fonciers des permis d'habiter et titres similaires est autorisée. En effet, la loi n° 76-66 du 02 juillet 1976 portant Code du Domaine de l'Etat a limitativement énuméré les modalités d'occupation des dépendances du domaine privé immobilier non affecté consistant en terrains à mettre en valeur. Elle ne reconnait que les autorisations d'occuper à titre précaire et révocable, de baux ordinaires, de baux emphytéotiques, de concessions du droit de superficie et de ventes (art 36 de la loi de 1976). Cependant, l'essentiel de ces titres sont exclus de la loi sur la transformation des permis d'occuper. Sont en effet exclus (art. 3 du décret d'application de la loi de 2011) :

- Les baux emphytéotiques, les baux ordinaires et les droits de superficie concédés sur le domaine privé de l'État ;
- Les autorisations d'occuper à titre précaire et révocable ou les concessions de voiries, délivrées sur le domaine public de l'État ;
- Les titres d'occupation, quelle que soit leur appellation (baux, autorisations d'occuper, permis d'habiter) délivrés par les maires sur des sites n'ayant pas fait l'objet de lotissements régulièrement autorisés et non dotés d'un plan d'urbanisme approuvé ;
- Les titres d'occupation, quelle que soit leur dénomination, délivrés par les sociétés nationales exerçant dans le domaine de la promotion immobilière notamment la SICAP et la SNHLM ;
- Les délibérations des conseils ruraux portant affectation des terrains sur le domaine national.

---

[103] Art. 7 du décret 2012-1270 portant application de la loi 2011-06 du 30 mars 2011.

[104] Exposé des motifs de la loi n° 2011-06 précitée.

[105] D. NDOYE, Critique des projets de loi de réforme foncière au Sénégal, EDJA n° 85, 2010, p.63 et s.

La loi n° 2017-31 du 15 juillet 2017 autorisant la cession définitive et à titre gratuit de terrains domaniaux à usage d'habitation. Il ressort de l'exposé des motifs de la loi n° 2017-31 que les objectifs visés à travers la loi n° 2011-06 n'ont pas été atteints à cause des prix de vente des terrains domaniaux objet de ces droits d'usage à temps, jugés assez exorbitants par une bonne frange des populations[106]. Pour la cession gratuite des terrains objets des titres précaires, l'échec de la réforme de 2011 est justifié par le fait que « depuis son entrée en vigueur, le nombre de demandes de transformation de permis d'habiter et titres similaires en titres fonciers reste extrêmement faible. Cette situation s'explique par une appropriation insuffisante de la loi par les détenteurs desdits titres et, probablement, par les frais à acquitter pour la délivrance des extraits de plans parcellaires »[107].

C'est dans ce contexte qu'a été adoptée la loi de 2017 pour « des mesures plus hardies et plus accessibles aux populations concernées, avec la double ambition de faciliter davantage l'accès à la pleine propriété foncière aux populations et d'assurer aux textes de loi les conditions d'une pleine application ».

Loi n°2017-31 du 15 juillet 2017 autorisant la cession définitive et à titre gratuit de terrains domaniaux à usage d'habitation

Exposé des motifs

Depuis l'adoption de la loi n° 76-66 du 02 juillet 1976 portant Code du Domaine de l'Etat, le législateur a essayé d'atténuer les contraintes en matière de transfert de la propriété d'un terrain relevant du domaine privé de l'Etat, en permettant à des particuliers de disposer de titres privés. C'est l'objet des lois :

- n°87-11 du 24 février 1987 autorisant la vente de terrains domaniaux destinés à l'habitation situés en zones urbaines ;

- n°2011-06 du 30 mars 2011 autorisant la transformation des permis d'habiter et titres similaires en titres fonciers.

L'adoption de la loi n°87-11 du 24 février 1987 constitue une étape décisive du programme du Gouvernement tendant à favoriser l'accès des sénégalais, particulièrement ceux ayant des revenus modestes, à la propriété foncière. Les

[106] Exposé des motifs de la loi n° 2017-31 du 15 juillet 2017 autorisant la cession définitive et à titre gratuit de terrains domaniaux à usage d'habitation, précité.

[107] Exposé des motifs de la loi n° 2017-31 du 15 juillet 2017 autorisant la cession définitive et à titre gratuit de terrains domaniaux à usage d'habitation, précité.

motivations de cette loi tiennent au fait qu'aussi bien le bail que la concession du droit de superficie n'avaient pas apporté la sécurité et les garanties juridiques auxquelles les bénéficiaires étaient en droit de s'attendre, en raison notamment de la superposition de droits qu'ils consacraient sur un même terrain.

Le constat est qu'aujourd'hui, les objectifs visés à travers ce texte n'ont pas été atteints, fondamentalement à cause des prix de vente des terrains domaniaux objet de ces droits d'usage à temps, jugés assez exorbitants par une bonne frange des populations.

La loi n°2011-06 du 30 mars 2011 portant transformation des permis d'habiter et titres similaires en titres fonciers a, quant à elle, voulu combler les insuffisances du Code du Domaine de l'Etat en instituant la cession gratuite des terrains objets de ces titres précaires. Cependant, depuis son entrée en vigueur, le nombre de demandes de transformation de permis d'habiter et titres similaires en titres fonciers reste extrêmement faible. Cette situation s'explique par une appropriation insuffisante de la loi par les détenteurs desdits titres et, probablement, par les frais à acquitter pour la délivrance des extraits de plans parcellaires.

Devant ce constat, il paraît urgent d'envisager des mesures plus hardies et plus accessibles aux populations concernées, avec la double ambition de faciliter davantage l'accès à la pleine propriété foncière aux populations et d'assurer aux textes de loi les conditions d'une pleine application.

A cet effet, il y'a lieu de réexaminer la législation domaniale relative à la cession en toute propriété des terrains domaniaux à usage d'habitation.

Le présent projet de loi vise ainsi à conférer un caractère hautement social à la cession des terrains domaniaux à usage d'habitation, en instituant sa gratuité.

En substance, il a pour objet d'autoriser :

- d'une part, la cession, à titre gratuit, des terrains domaniaux à usage d'habitation situés dans les zones dotées d'un plan d'urbanisme approuvé ou résultant d'un lotissement approuvé par l'administration ;

- d'autre part, la transformation gratuite des permis d'habiter et titres similaires en titres fonciers.

Les terrains concernés par la cession gratuite sont ceux qui sont attribués par voie de bail ordinaire, de bail emphytéotique ou ayant fait l'objet d'une concession du droit de superficie, dans les conditions fixées par les articles 38, 39 et 40 du Code du Domaine de l'Etat.

La transformation en titres fonciers quant à elle, vise les terrains faisant l'objet de « permis d'habiter », des « autorisations d'occupation » et des « autorisations d'occuper ».

Afin de ne pas entraver la mobilisation des immeubles concernés dans le circuit de l'activité économique nationale, il est proposé de ne pas insérer dans le texte de loi, ni une clause d'inaliénabilité ni une disposition prévoyant le rappel, dès la première transaction suivant la cession initiale, des frais engagés par l'Etat.

La mise en œuvre des mesures prévues par le présent projet nécessite l'abrogation des dispositions des lois n° 87-11 du 24 février 1987 et n° 2011-06 du 30 mars 2011 précitées, ainsi que celles de leurs décrets d'application respectifs.

Telle est l'économie du présent projet de loi.

L'Assemblée nationale a adopté, en sa séance du vendredi 30 juin 2017, selon la procédure d'urgence,

Le Président de la République promulgue la loi dont la teneur suit :

Article premier.- Est autorisée, en application des dispositions des articles 41 et 42 de la loi n° 76-66 du 02 juillet 1976 portant Code du Domaine de l'Etat, la cession à titre gratuit, aux attributaires, des terrains domaniaux à usage d'habitation individuelle situés dans les zones dotées d'un plan d'urbanisme approuvé ou résultant d'un lotissement approuvé par l'Administration, ainsi que la transformation gratuite, sans formalités préalables, en titres fonciers des permis d'habiter et titres assimilés, délivrés sur les terrains domaniaux destinés à l'habitation.

Art. 2. - Les terrains visés à l'article premier sont :

- les terrains domaniaux attribués par voie de bail ordinaire, de bail emphytéotique ou ayant fait l'objet d'une concession du droit de superficie, et mis en valeur conformément à l'obligation contenue dans le titre d'occupation ;

- les terrains domaniaux à usage d'habitation ayant fait l'objet de permis d'habiter, permis d'occuper, autorisation d'occupation ou autorisation d'occuper.

Art. 3. - La cession desdits terrains et leur mutation subséquente sont exonérées de tous droits et taxes.

Art. 4. - Nonobstant les dispositions des articles 1 et 3 de la présente loi, les sommes versées à l'Etat au titre de procédures de cession définitive en cours, restent acquises au Trésor public.

Art. 5. - Les modalités particulières d'application de la présente loi seront précisées par un décret.

Art. 6. - Sont abrogées toutes les dispositions contraires à celles de la présente loi et notamment :

- la loi n°87-11 du 24 février 1987 ;
- la loi n°2011-06 du 30 mars 2011 portant transformation des permis d'habiter et titres similaires en titres fonciers ;
- le décret n° 88-826 du 14 juin 1988 pris pour l'application de la loi n° 87-11 susvisée ;
- le décret n° 2012-1270 du 08 novembre 2012 portant application de la loi n° 2011-06 du 30 mars 2011 pris pour l'application de la loi n° 2011-06 susvisée.

La présente loi sera exécutée comme loi de l'Etat.

Fait à Dakar, le 15 juillet 2017.

31. La forme de la vente des immeubles de l'Etat : Les actes intéressant le domaine de l'Etat sont dressés par le Service des domaines. Ces actes sont des actes administratifs et authentiques[108].

32. Les autres personnes concernées par le régime de l'autorisation législative : Les biens immobiliers des communes, des communautés rurales et des établissements publics, autres que ceux constituant une dépendance du domaine public, ainsi que les biens immobiliers appartenant aux sociétés d'économie mixtes soumises au contrôle de l'État et aux personnes morales de droit privé bénéficiant du concours financier de la puissance publique et soumise au contrôle de l'État, sont administrés selon le même régime juridique que les biens de même nature appartenant à l'État. Toutefois, la vente des immeubles appartenant aux établissements publics à caractère industriel ou commercial ainsi que ceux appartenant aux sociétés d'économie mixte et aux personnes morales de droit privé précédemment citées, est autorisée par décret. A leur demande, cette vente peut être effectuée par le Service des domaines dans les formes des ventes des immeubles de l'État[109].

---

[108] Art. 56 du Code du domaine de l'Etat.

[109] Art. 58 du Code du domaine de l'Etat.

B. La vente aux collectivités locales

33. Au même titre que l'État, les collectivités locales ont un domaine public et un domaine privé composé de biens meubles et immeubles acquis à titre onéreux ou gratuit[110].

34. L'État peut transférer à une collectivité locale la gestion d'une partie de son domaine public. Il peut également cogérer avec une collectivité locale ou lui affecter ou céder, à titre onéreux ou gratuit, des biens de son domaine privé se trouvant dans le ressort territorial de celle-ci. En effet, afin de permettre aux collectivités locales[111] d'exécuter leurs missions et d'abriter des agences décentralisées ou des équipements collectifs, la loi de 2013 sur les collectivités locales autorise l'État à leur céder tout ou parties de ses biens meubles ou immeubles relevant de son domaine privé[112].

35. La cession par l'État des biens immeubles notamment des immeubles bâtis ou non bâtis aux collectivités locales pour leur permettre d'exécuter leurs missions et d'abriter des agences décentralisées ou des équipements collectifs, peut être opérée, soit à l'initiative des collectivités locales, soit à l'initiative de l'État.

36. L'État peut aussi passer avec ces collectivités des conventions portant sur l'utilisation desdits biens.

En vue de la réalisation d'opération d'urbanisme ou de construction et de projets industriels ou touristiques, de l'exploitation d'un service public, d'une source d'énergie ou d'une richesse naturelle, de l'exécution de programmes ruraux de mise en valeur ou de réalisation d'opérations conformes au plan de développement, l'État peut transférer à des personnes morales de droit public soit d'un droit au bail, soit d'un droit de superficie, soit d'un droit de propriété constitué sur son domaine privé. Le transfert est réalisé dans les formes et conditions fixées par la loi, s'il concerne la propriété d'un immeuble, ou par décret dans les autres cas[113].

37. Dans le but de faciliter aux collectivités locales l'accès à la pleine propriété immobilière, l'Etat peut aussi immatriculer en son nom des terres du

---

[110] Art. 13 de loi n° 2013-10 du 28 décembre 2013 portant Code général des Collectivités locales.

[111] Aux termes de l'article 1re de loi n° 2013-10, les collectivités locales sont : le département et la commune. Elles sont dotées de la personnalité morale et de l'autonomie financière.

[112] Art. 294 de la Loi n° 2013-10.

[113] Art. 51 du Code du domaine de l'Etat.

domaine national, les reverser dans son domaine privé avant de les affecter à une collectivité locale. Les collectivités locales peuvent donc disposer d'un patrimoine foncier propre et éventuellement le donner en bail ou le vendre à des investisseurs privés ou même à des particuliers.

38. Pour des motifs d'intérêt général, l'État se réserve le droit de reprendre tout ou partie des biens cédés à charge d'en rembourser les impenses conformément aux lois et règlements.

39. Les règles relatives au classement, au déclassement, au transfert, à l'affectation, à la désaffectation et à l'aliénation du domaine d'une collectivité locale sont fixées par la loi.

PARAGRAPHE 2 : LES PERSONNES PRIVÉES

40. Comme pour les autres contrats organisés par le COCC, le contrat de vente par un particulier doit se conformer aux conditions de validité appliquées à tous les contrats (consentement, objet, cause, capacité). Il sera cependant question ici d'insister plus sur les conditions faisant la particularité du contrat de vente d'immeuble.

A. La liberté de vendre ou d'acheter

41. Accord de volontés générateur d'obligations, le contrat est gouverné par les parties. Elles sont libres de contracter ou de ne pas contracter, libres de donner tout contenu à leur contrat[114]. Le contrat de vente est alors gouverné par la liberté de vendre ou d'acheter. Cette liberté n'est toutefois qu'un principe.

B. Les limites au principe de la liberté contractuelle

42. Ces limites découlent de la loi ou d'une convention. Au nom de l'intérêt général, le législateur intervient souvent pour prohiber certaines ventes ou imposer certaines cessions. Des actes de volonté privée viennent aussi restreindre la liberté de vendre dans son principe même ou dans ses modalités.

1. Restriction au droit de vendre ou d'acheter.

43. « Toute personne peut contracter, si elle n'en est déclarée incapable par la loi »[115]. La capacité est l'aptitude à être titulaire de droits et à les exercer. En principe, toutes les personnes sont capables. Il s'agit de la capacité de jouissance et de la capacité d'exercice. La capacité est le principe, l'incapacité l'exception.

---

[114] Art. 42 COCC.
[115] Art. 57 COCC

a. Incapacité générale.

44. La liberté contractuelle suppose que la personne qui s'engage puisse apprécier l'étendue de son engagement. En droit, certaines personnes sont considérées comme ne pouvant pas apprécier la valeur réelle de leur engagement et sont, pour cette raison, exclues du commerce juridique, donc ne peuvent contracter.

45. L'incapacité de protection se limite à une incapacité d'exercice mais non de jouissance (l'incapacité de jouissance, c'est l'inaptitude à être sujet de droit et d'obligations). La personne incapable reste un sujet de droit mais ne pourra tout de même pas exercer seule ses droits. Sont frappées d'une incapacité d'exercice les personnes auxquelles la loi enlève l'aptitude à participer au commerce juridique pour les protéger contre leur inexpérience ou la défaillance de leurs facultés intellectuelles (art. 273 CF). Il en va ainsi par exemple du mineur, c'est-à-dire la personne âgée de moins de 18 ans. Mais, il peut aussi s'agir d'un majeur incapable parce que ses facultés mentales ou physiques sont altérées et nécessitent un régime de protection qui peut être selon les cas la curatelle, la tutelle ou la sauvegarde de justice. Les contrats conclus par ces personnes sont sanctionnés par la nullité relative.

L'incapable ne peut donc pas être seule partie à un contrat de vente d'immeuble. En effet, ne pouvant être qualifiée « d'acte de la vie courante », la vente immobilière, compte tenu de son importance, échappe aux actes permis aux incapables.

> *Article 274 Code de la famille : Actes permis aux incapables*
>
> *Les incapables peuvent néanmoins accomplir, suivant les dispositions du présent Code, les actes relatifs à leur état ou à l'adoption d'un régime matrimonial.*
>
> *Ils peuvent faire des libéralités ou en bénéficier suivant les dispositions du livre VIII.*
>
> *Ils engagent leurs services, choisissent une profession ou adhèrent à un groupement en se conformant aux dispositions qui régissent chacune de ces matières.*
>
> *Ils accomplissent seuls, et en dehors des règles de protection légale ci-après déterminées, les actes de la vie courante et les actes nécessaires à la conservation de leurs biens et de leurs droits.*

46. La validité du contrat de vente nécessitera alors que le majeur en curatelle soit assisté de son curateur et, le mineur ou le majeur en tutelle représenté par l'administrateur légal ou leur tuteur. L'acte passé contrairement à ces règles de protection sera frappé de nullité relative suivant les dispositions des articles 86 du Code des Obligations civiles et commerciales. Toutefois, le mineur ne peut faire prononcer une telle nullité que s'il est lésé. Le vice de minorité, à lui seul, ne suffit pas pour justifier l'annulation. Le mineur est restitué non parce que mineur, mais parce que lésé. Ainsi, pour les actes qui auraient dû être faits par son représentant, le mineur, qui les a conclus seul, en plus de sa minorité, devra démontrer que l'opération lui est pécuniairement désavantageuse.

Le silence ou la déclaration mensongère de majorité n'écarte pas la protection du mineur. S'il s'est borné à ne pas révéler son âge mais s'est contenté d'affirmer mensongèrement sa majorité, une telle omission ne fait pas obstacle à sa restitution. En effet, la simple déclaration de capacité ne constitue pas la faute permettant le maintien du contrat[116]. (Possibilité d'engager la responsabilité du notaire**, infra n° 195**).

C'est donc seul le mineur de mauvaise foi qui sera sanctionné. Le mineur qui se livre à des manœuvres frauduleuses en vue de dissimuler son incapacité perd la faculté d'agir en rescision du contrat. Lorsque la nullité résulte de la faute de l'une des parties, celle-ci ne peut demander l'annulation du contrat[117].

Les tiers qui ont contracté loyalement avec le mineur, qui n'ont pas cherché à tirer profit de l'inexpérience due à son âge, sont donc protégés.

La lésion n'est cependant pas nécessaire pour l'annulation des actes irréguliers en la forme.

47. Dès avant la majorité, le mineur peut exceptionnellement être capable. C'est l'hypothèse du mineur émancipé. Le mineur est émancipé de plein droit par le mariage (il doit être âgé d'au moins 16 ans[118]). Par son émancipation, il devient capable comme un majeur pour tous les actes de la vie civile. Il pourra alors contracter valablement seul.

b. Les incapacités spéciales

Dans le but de protéger l'intérêt général ou de protéger le cocontractant, la loi limite la liberté de commerce de certaines personnes.

---

116 Art. 95 al. 2 COCC.

117 Art. 95 al. 1 COCC.

118 Art. 111 CF : Le mariage ne peut être contracté qu'entre un homme âgé de plus de 18 ans et une femme âgée de plus de 16 ans sauf dispense d'âge accordée pour motif grave par le Président du tribunal régional après enquête.

1) Le monopole de certaines ventes.

48. Les personnes privées qui peuvent vendre ou acheter peuvent être des personnes physiques mais aussi des personnes morales. Cependant, dans certaines situations, la loi exige qu'elles aient la qualité de commerçant avec les obligations qui en découlent. Le commerçant est celui qui fait de l'accomplissement d'actes de commerce par nature sa profession[119].

49. L'achat de biens immeubles en vue de leur revente est qualifié d'acte de commerce par nature[120]. Sa pratique à titre de profession ne peut alors être effectuée que par un commerçant. La profession suppose l'exercice habituel d'une activité qui procure des bénéfices et permet de satisfaire aux besoins de celui qui l'exerce[121]. Il n'est pas nécessaire que la profession soit notoire ou principale[122]. L'achat de biens immeubles en vue de leur revente à titre de profession secondaire justifie la qualification de commerçant pour son auteur. Celui qui, à côté de sa profession civile principale, se livre, même clandestinement, au commerce pour en tirer des moyens d'existence mérite la qualification de commerçant[123].

Les personnes morales sont commerçantes par leur forme ou par leur objet[124]. La société dont l'objet social consiste à acheter pour les revendre des biens immeubles sera alors commerciale. Sont commerciales à raison de leur forme et quel que soit leur objet, les sociétés en nom collectif, les sociétés en commandite simple, les sociétés à responsabilité limitée, les sociétés anonymes et les sociétés par actions simplifiées.

---

[119] Art. 2 AUDCG. De la définition apportée par l'article 2 de l'Acte uniforme, l'acquisition de la qualité de commerçant est subordonnée à trois conditions :
- ✓ l'exercice d'actes de commerce par nature ;
- ✓ l'exercice de ces actes à titre de profession ;
- ✓ la capacité d'exercer le commerce.

[120] Art. 3 AUDCG.

[121] CA Paris, 30 avril 1906, DP 1907, V, 9 ; 13 janvier 1976, JCP 1977, II, 18576.

[122] J. HAMEL, G. LAGARDE et A. JAUFFRET, Droit commercial, 2e éd., tome 1, 1re volume, Dalloz 1980, p. 532 ; La profession commerciale peut, en effet, constituer la profession principale de la personne, ou sa profession secondaire. Elle est la profession principale lorsqu'elle procure la plus grande partie des ressources nécessaires aux besoins de l'existence. Pour retenir la profession secondaire comme commerciale, elle doit être indépendante de la profession principale non commerciale et contribuer à fournir les ressources nécessaires à l'existence de celui qui l'exerce.

[123] J. MESTRES et autres, Droit commercial, Droit interne et aspect de droit international, 29e éd., LGDJ 2012, p. 218.

[124] Art. 6 AUDSCGIE

50. Des termes de l'article 3 AUDCG, il faut trois conditions pour que l'acte de commerce soit réalisé. Il faut un achat. Ce terme doit être pris dans son sens large ; il doit comprendre, outre le contrat de vente, tout acte à titre onéreux par lequel le futur vendeur devient propriétaire de la chose à revendre[125]. Ensuite l'achat doit porter sur un bien immeuble (ou meuble). L'article 3 AUDCG se référant aux immeubles sans autres précisions, les trois catégories d'immeubles sont concernées[126]. Outre l'achat d'un immeuble à revendre en l'état, les opérations consistant à acheter un terrain, à le diviser en parcelles et à vendre celles-ci après avoir réalisé les équipements de voirie et d'assainissement nécessaires conformément à la réglementation de l'urbanisme, constituent une activité de nature commerciale[127]. Par contre, l'achat de terrains et leur revente après construction ne sont pas un acte de commerce[128].

La dernière condition exigée par l'article 3 AUDCG est l'intention. Celui qui achète doit être motivé par une intention de revente. Les motifs de l'acheteur sont donc pris en compte. Il faut que l'intention existe au moment de l'achat même s'il n'est pas indispensable que la revente soit réellement effectuée. Il n'est pas non plus nécessaire que l'achat précède la revente. La preuve de l'intention incombe à celui qui invoque le caractère commercial de l'acte. Il pourra prouver par tous les moyens.

2) La vente entre époux.

51. Aux termes de l'article 272 COCC, la vente entre époux est nulle sauf si elle est autorisée par la loi ou les usages. Cette nullité qui semble pouvoir être écartée est toutefois posée en règle par le Code de la famille. Contrairement à la législation en vigueur dans certains pays, la vente entre époux est interdite par ledit Code[129].

> Droit français. L'article 1595 du Code civil admettait la vente entre époux dans trois situations :
>
> *1° Celui où l'un des deux époux cède des biens à l'autre, séparé judiciairement d'avec lui, en paiement de ses droits ;*

[125] J. HAMEL, G. LAGARDE et A. JAUFFRET, Droit commercial, précité, p.229.

[126] La loi distingue trois catégories de biens immobiliers. Les biens sont immeubles par leur nature, par leur destination ou par l'objet auquel ils s'appliquent.

[127] Droit français, Rouen, 22 nov. 1996, JCP E 1996, pan. 461.

[128] Droit français, Cass. Com., 10 avr. 1975, Gaz. Pal. 1975, 2, 436 ; Cass. Com., 13 nov. 2007, n° 06-17.823.

[129] Art. 377 al. 1 CF.

2° Celui où la cession que le mari fait à sa femme, même non séparée, a une cause légitime, telle que le remploi de ses immeubles aliénés, ou de deniers à elle appartenant, si ces immeubles ou deniers ne tombent pas en communauté ;

3° Celui où la femme cède des biens à son mari en paiement d'une somme qu'elle lui aurait promise en dot, et lorsqu'il y a exclusion de communauté ;

Sauf, dans ces trois cas, les droits des héritiers des parties contractantes, s'il y a avantage indirect.

Cette prohibition qui semblait trouver sa justification dans la volonté d'éviter que ce ne soit un moyen pour les époux de tourner le fonctionnement du régime matrimonial[130] *sera abrogée en 1985*[131].

52. L'interdiction de la vente entre époux témoigne d'une volonté législative d'éviter qu'ils puissent, par ce mécanisme, contourner les dispositions légales impératives d'organisation de leurs rapports pécuniaires[132]. Néanmoins, la dation en paiement reste possible. Reprenant l'article 1595, 1° du Code civil (abrogé), l'article 377 al. 2 CF dispose que la dation en paiement d'un bien est autorisée, pour règlement du solde entre époux, après une séparation de biens judiciaire. L'hypothèse est donc celle d'une séparation de biens à la suite de laquelle l'un des époux est débiteur envers l'autre, et que le payement de cette dette est fait sous la forme de la vente de certains biens. Mais est-ce que la dation en paiement est une vente ?

53. La dation en paiement est un contrat translatif de propriété[133]. C'est un mode d'extinction de l'obligation qui permet au débiteur de se libérer par autre chose que ce qu'il devait. Le créancier est indirectement satisfait, car il n'obtient pas la chose prévue au contrat, mais une chose réputée équivalente par les parties. La force obligatoire qui fonde les contrats rend alors obligatoire un accord des parties[134].

---

[130] A. BENABENT, Droit des contrats spéciaux civils et commerciaux, 10e éd., LGDJ, 2013, p. 50.

[131] Loi n°85-1372 du 23 décembre 1985 - art. 35 (V) JORF 26 décembre 1985 entrée en vigueur le 1er juillet 1986.

[132] S. GUINCHARD, Droit patrimonial de la famille au Sénégal (Régimes matrimoniaux – Libéralités – Successions), LGDJ, NEA, 1980, p. 129.

[133] Art. 372 COCC.

[134] Art. 212 COCC.

Dans la dation en paiement, le débiteur doit payer une dette au même titre que l'acheteur dans le contrat de vente. C'est peut-être ce qui justifie que l'article 377 l'analyse comme une exception à l'interdiction de la vente entre époux. En effet, la dation en paiement peut être assimilée à une vente si deux conditions se trouvent réunies : la dette porte sur une somme d'argent et la dation porte sur un droit réel. Dans cette hypothèse, les mêmes éléments se trouvent réunis comme dans une vente.

La séparation des biens judiciaire entraine nécessairement un règlement de comptes entre époux pouvant placer l'un en situation de débiteur. Ce sera alors le solde qui sera payé par dation en paiement. Elle devra alors, sous peine de nullité, intervenir après le jugement de séparation. Si elle est conclue après le jugement de séparation, mais avant la liquidation, elle nous paraît nulle également.

54. La sanction de la violation de l'interdiction doit être la nullité absolue. En effet, malgré l'absence de précision de l'article 377 sur la nature de cette nullité, l'intérêt protégé le justifie. C'est dans un souci de protection de l'intérêt de la famille que le législateur encadre les rapports pécuniaires entre les conjoints[135]. Les époux ont certes des biens personnels mais, concernant leurs rapports patrimoniaux, la communauté de vie entraine une communauté d'intérêt et leurs biens sont avant tout affectés aux besoins de la famille.

L'annulation du contrat est, en principe, sans conséquence à l'égard des créanciers ayant inscrit des droits sur l'immeuble ultérieurement à la vente. Cependant, ces créanciers ne pourraient bénéficier de cette protection qu'à la double condition qu'ils soient de bonne foi et aient publié leurs titres avant l'acte introductif d'instance[136].

3) La vente par un époux

55. La vente par un conjoint d'un bien lui appartenant nécessite, pour sa validité, de vérifier le régime matrimonial choisi. En droit sénégalais, les futurs époux ont le choix entre trois régimes matrimoniaux[137] :

- La séparation des biens;
- Le régime dotal;

---

[135] S. GUINCHARD, Droit patrimonial de la famille au Sénégal (Régimes matrimoniaux – Libéralités – Successions), précité, p. 15.

[136] Art. 30 de la loi n° 2011-07 du 30 mars 2011 portant régime de la Propriété foncière.

[137] Art. 368 CF.

• Le régime communautaire de participation aux meubles et acquêts.

56. Dans l'hypothèse d'un choix pour le régime communautaire, les actes de disposition ne peuvent être effectués que d'un commun accord[138]. S'il est permis à chaque époux de pouvoir acquérir seul et sans le consentement du conjoint toute espèce de biens[139], leur commune volonté est exigée pour toute vente. Le consentement des deux époux est impératif pour tous les actes de disposition emportant aliénation totale ou partielle, à titre onéreux ou gratuit, d'immeubles[140]. Cette règle demeure jusqu'à la fin du régime. En effet, à la dissolution du régime résultant du décès, du divorce ou de la séparation de corps, il est procédé à la liquidation des droits des époux ou de leurs ayants cause. Et, tant que cette liquidation n'est pas effectuée, un conjoint seul ne pourra passer des actes de dispositions sur lesdits immeubles[141]. Ainsi, « le notaire à qui la loi a confié, en sa qualité d'officier public et dans un intérêt public de sécurité juridique, outre la mission d'authentificateur et de conseil, celle de donner aux parties le but qu'elles poursuivent, est tenu de fournir un acte valable ne contenant que des conventions permises et produisant les résultats que celles-ci attendent ; que n'ayant pas vérifié ou du moins ne s'étant pas assuré que l'immeuble acquis (…) ne pouvait être vendu avant la liquidation de la communauté des biens, engage sa responsabilité professionnelle et demeure responsable du préjudice que les parties litigantes pourraient subir du fait des conséquences de ses agissements »[142].

---

[138] Par l'adoption du régime communautaire, les époux se donnent le pouvoir réciproque et irrévocable d'accomplir sur leurs biens tous actes d'administration. Chacun des époux gère seul ses biens, sans distinction selon leur nature, leur origine ou leurs conditions d'acquisition. Les actes que l'un des époux fait seul sont opposables à l'autre et emportent de plein droit solidarité des deux époux. Les dettes antérieures au mariage s'exécutent dans les mêmes conditions et avec la même solidarité. Cependant, il en est autrement pour les actes de disposition.

[139] Art. 392 al. 1 CF.

[140] Art. 391 al. 1 CF.

[141] Art. 393 al. 1 CF. Sont exclus de la liquidation les immeubles immatriculés dont chacun des époux était propriétaire avant le mariage, ceux qui leur sont advenus personnellement pendant le mariage, par succession ou libéralités, les biens qui par leur nature ou leur destination ont un caractère personnel, les droits exclusivement attachés à la personne (art. 393 al. 2 CF).

[142] CA Dakar, 15 décembre 2011, A. M. THIAW c/ A. SY, J. THIAKANE, Maître M. DIENG Tanor et Conservateur de la propriété foncière, arrêt n° 728, Bulletin des arrêts rendus par la Cour d'Appel de Dakar en matière civile et commerciale, 2013, vol. 1, p. 134.

57. Une dérogation est cependant apportée concernant l'exigence d'un consentement des conjoints. La femme mariée a une libre disposition de ses biens réservés.

Les biens réservés sont « les biens acquis par la femme dans l'exercice d'une profession séparée de celle du mari »[143]. Ce sont les gains et salaires, les économies sur ces produits et les biens acquis à l'aide de ceux des deux premières sources[144]. Mais encore faudrait-il que la femme les obtienne dans l'exercice d'une profession. L'absence de précision de l'article 371 CF permet de conclure que la nature de ladite profession importe peu. Qu'elle soit civile ou commerciale, l'important est que la femme en tire l'essentiel de ses revenus. La femme peut exercer une profession libérale, être fonctionnaire, employée de maison, etc.

En outre, cette profession doit être séparée de celle du mari. La séparation doit s'entendre comme la possibilité de pouvoir distinguer les gains de la femme de ceux du mari. « On admettra que la femme exerce une profession séparée de celle du mari, dès lors que les revenus qu'elle en tire sont distincts de ceux de son époux, même si la profession est semblable ou exercée en commun »[145]. En effet, l'article 371 reste inspiré par le souci d'assurer aux femmes une plus grande autonomie dans leur vie professionnelle.

Sous tous les régimes, la femme a une libre disposition de ses biens réservés. Elle les administre et en dispose suivant les règles de la séparation des biens[146].

> *Dans le régime de la séparation des biens, chacun des époux conserve l'administration, la puissance et la libre disposition de ses biens personnels. Excepté la contribution aux charges du ménage[147], chacun à des pouvoirs quasi absolus sur ses biens[148].*

Si dans le régime de séparation des biens et dans le régime dotal les biens personnels de la femme (à l'exception des biens dotaux, **infra n° 93**) sont

---

143 Art. 371 al. 2 CF.

144 S. GUINCHARD, Droit patrimonial de la famille au Sénégal (Régimes matrimoniaux – Libéralités – Successions), précité, p. 101.

145 S. GUINCHARD, Droit patrimonial de la famille au Sénégal (Régimes matrimoniaux – Libéralités – Successions), précité, p. 100.

146 Art. 371 al. 2 CF.

147 Aux termes de l'article 375 CF, sous tous les régimes, les époux s'engagent entre eux et à l'égard des tiers à pourvoir à l'entretien du ménage et à l'éducation des enfants communs. Ces charges pèsent à titre principal sur le mari.

148 Art. 380 CF.

laissés à sa libre disposition quelle que soit leur origine, le mécanisme des biens réservés trouve tout son sens dans le régime communautaire. Elle pourra en disposer sans avoir, au préalable, à requérir le consentement de son mari.

L'origine et la consistance des biens réservés sont établies à l'égard du mari et des tiers par écrit, sauf impossibilité matérielle ou morale[149] de se procurer une telle preuve.

4) L'incapacité d'acheter des mandataires et administrateurs

58. Les personnes qui ont reçu mandat pour vendre un bien pour le compte d'autrui ne peuvent se porter acquéreur de ces biens. La violation d'une telle règle est sanctionnée par la nullité relative car c'est une interdiction visant à protéger les intérêts du propriétaire de la chose vendue. Ainsi, seul ce dernier peut invoquer la nullité dans le délai de deux ans à compter du jour de la formation du contrat. Il peut cependant y renoncer. L'acte entaché de nullité relative peut être confirmé expressément ou tacitement par la personne qui pouvait en demander l'annulation.

La confirmation fait disparaître rétroactivement le vice originaire, sans préjudice du droit des tiers. La confirmation doit avoir lieu en connaissance de cause et après la cessation de vice.

59. Les administrateurs. Les administrateurs des biens de l'État, des collectivités publiques ou des établissements publics, ne peuvent être acheteurs, sous quelque forme que ce soit, ni par eux-mêmes ni par personne interposée, des biens confiés à leur administration ou leur gestion. La même règle s'applique aux administrateurs de biens d'autrui[150].

60. Les mandataires. Les mandataires ne peuvent se rendre acquéreurs par adjudication des biens qu'ils sont chargés de vendre. La personne qui a reçu mandat pour vendre ne peut donc pas se porter acquéreur des mêmes biens. La loi veut ainsi épargner au mandant un conflit d'intérêt qui pourrait lui être préjudiciable. Elle interdit alors au mandataire de faire personnellement la contrepartie lorsqu'il est chargé de vendre ou d'acheter[151].

---

[149] Sur l'impossibilité morale, cf. A. A. DIOUF, Etude critique de l'impossibilité morale dans la preuve des actes juridiques en Afrique noire francophone, R.I.D.C. 2-2013.

[150] Art. 273 COCC.

[151] Art. 463 al. 2 COCC.

61. Les officiers publics. Au même titre que les mandataires, il est interdit aux officiers publics de se porter acquéreur des biens vendus par leur ministère[152].

62. Les tuteurs. Le tuteur et le subrogé tuteur ne peuvent ni acheter les biens du mineurs, ni accepter la cession d'aucun droit contre le pupille.

63. Le fondement de l'interdiction doit aussi justifier l'extension aux proches des personnes susvisées. Une telle extension se trouve déjà en droit des sociétés. En effet, lié à la société par un contrat de mandat[153], les dirigeants ne peuvent contracter, sous quelque forme que ce soit, des emprunts auprès de la société, se faire consentir par elle un découvert en compte-courant ou autrement, ainsi que faire cautionner ou avaliser par elle leurs engagements envers les tiers. Cette interdiction s'applique également à leurs conjoints, ascendants et descendants ainsi qu'à toute personne interposée.

2. Restriction au droit de ne pas vendre

64. Le principe de la libre conservation de ses biens est écarté dans certains cas prévus par la loi pour des impératifs supérieurs.

a. L'expropriation

65. Le droit de propriété accorde à son titulaire les pouvoirs les plus absolus sur le bien. Il a l'usus, le fructus et l'abusus. Ce droit à valeur constitutionnelle[154] ne peut souffrir que des impératifs de l'intérêt général[155].

---

[152] Art. 273 COCC.

[153] J. MESTRE, La société est bien encore un contrat..., Mélanges Ch. Mouly, Litec, 1998, t. II, p. 131. v. également M. JEANTIN, Droit des obligations et droit des sociétés, Mélanges Louis Boyer, 1996, p. 318; B. SAINTOURENS, La flexibilité du droit des sociétés, RTD com. 1987 p. 457 et du même auteur, La simplification du droit français des sociétés, Journ. Société de législation comparée, t. 16, 1994, p. 91. Comme le souligne Renee KADDOUCH, « la pratique des affaires est le théâtre d'un important mouvement de contractualisation, tant par la voie statutaire que extra-statutaire » ; R. KADDOUCH, Le droit de vote de l'associé, Thèse, Aix Marseille, 2001, p. 6. Le dirigeant de société est considéré comme « un mandataire spécial d'intérêt commun » ; v. S. ASENCIO, Le dirigeant de société, un mandataire « spécial » d'intérêt commun, Revue des sociétés, 2000, p. 683.

[154] Art. 15 de la Constitution de la République du Sénégal du 22 janvier 2001 ; aussi art. 17 de la Déclaration universelle des droits de l'Homme : « Toute personne, aussi bien seule qu'en collectivité, a droit à la propriété. Nul ne peut être arbitrairement privé de sa propriété ».

[155] L'expropriation pour cause « d'utilité privée », en d'autres termes, l'expropriation d'une propriété privée en faveur d'une autre personne privée est impensable. Ainsi, un empiètement de quelques centimètres ne générant aucun préjudice

En effet, il ne peut y être porté atteinte que dans le cas de nécessité publique légalement constatée, sous réserve d'une juste et préalable indemnité. L'État peut, dans un but d'utilité publique et sous réserve d'une juste et préalable indemnité, contraindre toute personne à lui céder la propriété d'un immeuble ou un droit réel immobilier[156]. Après une enquête rendue publique par tous moyens de publicité habituels durant laquelle toute personne intéressée peut formuler des observations, l'utilité publique est prononcée par décret. Ainsi, peuvent notamment être expropriés pour cause d'utilité publique, les droits réels immobiliers nécessaires :

- ✓ à tous travaux publics ;
- ✓ à l'installation, au fonctionnement et à l'accomplissement de l'objet des services de l'État et des autres personnes morales publiques, des sociétés d'économie mixte contrôlées par l'État, des entreprises prioritaires ou conventionnées, des représentations diplomatiques ou consulaires et des organismes internationaux ainsi qu'au logement du personnel de ces services, sociétés, entreprises, représentations ou organismes ;
- ✓ à la salubrité publique ;
- ✓ à la sécurité intérieure et la défense nationale ;
- ✓ au reboisement et à la conservation des forêts et des sols ;
- ✓ à la recherche et à l'exploitation des substances minérales ;
- ✓ au captage, à l'extraction, à la production, au transport et à la distribution de l'eau, de l'énergie électrique, des gaz combustibles ou des hydrocarbures ;
- ✓ à l'exécution des plans de développement et des programmes d'aménagement.

Si ce n'est pas fait dans le décret portant déclaration d'utilité publique, un ou plusieurs décrets constituant acte de cessibilité désignent les immeubles et droits réels immobiliers auxquels l'expropriation est applicable.

66. L'acte de cessibilité est inscrit sur les registres de la conservation foncière et notifié au titulaire du droit réel qu'il vise.

---

objectif doit donner lieu à la remise en état du fonds l'ayant subi par la démolition de l'ouvrage.

[156] Art. 1 de la loi n°76-67 du 02 juillet 1976 relative à l'expropriation pour cause d'utilité publique et aux autres opérations foncières d'utilité publique. Sur la conformité à la constitution des articles 1re, 2, 14 et 20 de ladite loi, voir Conseil constitutionnel, Affaires n° 3-C-96 et 4-C-96 du 3 juin 1996.

L'inscription à la Conservation foncière emporte interdiction de toute modification de nature à augmenter la valeur du droit. En outre, sous peine de nullité de la convention, les immeubles ne sauraient, pour le futur, être aliénés ou grevés de charges.

Dans les quinze (15) jours suivant la notification, le titulaire du droit réel est tenu de faire connaitre les titulaires de droits personnels ou réels de toute nature sur l'immeuble. Faute pour lui de satisfaire une telle exigence, il reste seul chargé envers ces derniers des immeubles que ceux-ci pourraient réclamer.

67. Passé le délai de quinze (15) jours et au plus tard avant l'expiration d'un nouveau délai d'un (1) an, les intéressés sont invités par le service de l'État chargé de suivre la procédure à comparaitre en personne ou par mandataire devant une commission de conciliation dont la composition est fixée par décret.

Les indemnités d'expropriation sont évaluées sur la base de la valeur vénale, la valeur marchande ou le rendement du bien. En vertu de l'article 20 de la loi 76-67 du 02juillet 1976 sur l'expropriation pour cause d'utilité publique, « l'indemnité est fixée d'après la consistance des biens à la date du procès-verbal de constat d'état des lieux… » Selon ce texte, l'indemnité est évaluée sur le fondement exclusif de la consistance des biens à la date du procès-verbal de constat de l'état des lieux.

La cession amiable est constatée par un procès-verbal signé par le président, les membres de la commission et les intéressés. Le juge en donne acte et prononce l'expropriation moyennant payement, devant lui, de l'indemnité convenue. À défaut d'accord amiable, l'expropriation est prononcée et les indemnités fixées par le juge des expropriations. Il prononce l'expropriation moyennant consignation d'une indemnité provisoire.

L'ordonnance d'expropriation ne peut être attaquée que par la voie du recours pour excès de pourvoir devant la Cour Suprême[157]. Cependant, dans

[157] Art. 12 de la loi n°76-67 du 02 juillet 1976 relatif à l'expropriation pour cause d'utilité publique et aux autres opérations foncières d'utilité publique. « L'article 12 de la loi n° 76-67 du 2 juillet 1976 relative à l'expropriation pour cause d'utilité publique prévoit que l'ordonnance d'expropriation ne peut être attaquée que par la voie du recours pour excès de pouvoir devant la Cour suprême. Le juge n'est pas tenu par la qualification que les parties donnent à leur recours. Dès lors, est recevable le recours pour excès de pouvoir intenté contre une ordonnance d'expropriation, alors même que le demandeur avait qualifié celui-ci de pourvoi en cassation » ; Cs., ch. civ. com., arrêt n° 16 du 23 mars 2012, Etat du Sénégal c/

l'hypothèse du défaut d'accord entre les parties, le juge fixe l'indemnité définitive par ordonnance non sujette à opposition mais susceptible d'appel dans les formes et délais applicables aux ordonnances de référé[158].

68. Les créanciers de l'exproprié détenteurs de droits réels inscrits exercent ces droits sur l'indemnité d'expropriation[159]. Ladite indemnité sera répartie conformément aux prescriptions en matière de distribution. La purge des droits inscrits résulte de l'inscription de l'acte constatant l'accord amiable ou de la décision prononçant définitivement l'expropriation, à moins de recours à la procédure de distribution auquel cas elle résulte de la décision du juge.

Il résulte de l'article 31 de la loi n° 76-67 du 2 juillet 1976 relative à l'expropriation pour cause d'utilité publique que « si les immeubles expropriés à la suite d'une déclaration d'utilité publique ne reçoivent pas dans un délai de cinq ans à compter du procès-verbal d'accord amiable ou de l'ordonnance d'expropriation, la destination prévue par cette déclaration, ou si l'expropriant déclare avant l'expiration de ce délai renoncer à leur donner cette destination, les anciens propriétaires ou leurs ayants cause à titre universel peuvent en demander la rétrocession… »

b. La saisie des biens d'un débiteur défaillant

Elle est organisée par l'Acte uniforme portant organisation des procédures simplifiées de recouvrement et des voies d'exécution.

c. La cession forcée d'actifs

Elle est organisée dans le cadre de l'Acte uniforme portant organisation des procédures collectives d'apurement passif.

M. M. C. JOURDAN, disponible sur www.juricaf.org. L'article 13 de la même loi aménage une seule exception à cette compétence de principe en retenant celle de la Cour d'Appel pour les litiges nés de la fixation du montant de l'indemnité définitive d'expropriation. Cependant, « encourt la cassation pour violation des dispositions des articles 12 alinéa 3 et 13 de la loi n° 76-67 du 2 juillet 1976 relative à l'expropriation pour cause d'utilité publique et aux autres opérations foncières d'utilité publique, l'arrêt d'une Cour d'Appel qui statue en matière d'expropriation sur un litige autre que celui né de la fixation de l'indemnité définitive d'expropriation », Cs., ch. civ. com., arrêt n° 2 du 9 février 2012, Les Héritiers de A. SEMBÈNE c/ État du Sénégal, disponible sur www.juricaf.org.

158 Art. 13 de la loi n°76-67 du 02 juillet 1976 relatif à l'expropriation pour cause d'utilité publique et aux autres opérations foncières d'utilité publique.

159 Art. 32 de la loi n° 2011-07 du 30 mars 2011 portant régime de la Propriété foncière.

3. Restriction au libre-choix du cocontractant

69. La personne qui souhaite vendre peut se voir imposer un cocontractant soit par une règle légale qui poursuit un intérêt public, soit par l'effet d'un engagement contractuel précédemment accepté.

a. L'attribution préférentielle par voie de partage.

70. L'attribution préférentielle est une modalité du partage en droit des successions. C'est une dérogation aux rigueurs parfois excessives qui président au partage judiciaire. Elle est marquée principalement par le souci d'assurer à l'un des cohéritiers le maintien de ses conditions de vie en lui permettant de conserver son lieu d'habitation. En effet, nonobstant l'opposition d'un ou plusieurs de ses copartageants, le conjoint survivant ou tout autre héritier peut demander l'attribution, par voie de partage, de l'immeuble ou partie d'immeuble lui servant effectivement d'habitation[160].

71. La loi accorde le droit à l'attribution préférentielle lorsque deux conditions, l'une de droit et l'autre de fait, se trouvent réunies[161]. Pour ce qui concerne la condition de droit, il faut avoir la qualité de conjoint survivant ou d'héritiers. La condition de droit appelle certaines observations. Comme le souligne un auteur, en visant spécialement le conjoint survivant, le législateur entend lui permettre de solliciter l'attribution préférentielle même s'il a renoncé à la succession[162]. Les légalitaires universels ou à titre universel, en cela qu'ils n'ont pas la qualité d'héritier doivent aussi être exclus. La même règle devra être appliquée aux institués contractuels. Le dénominateur commun pour ces deux catégories de successeur est qu'elles résultent de la volonté du défunt dans un testament, pour la première et, pour la deuxième, d'un accord de volonté. Or, l'héritier est une qualité qui résulte de la dévolution successorale selon la volonté du législateur.

Pour que le local d'habitation puisse faire l'objet d'une mesure d'attribution préférentielle, il faut qu'il serve effectivement d'habitation au demandeur. L'effectivité de l'habitation s'apprécie au jour du décès. Les juges du fond doivent rechercher si les preuves apportées établissent que

---

160 Art. 476 CF.

161 Ces conditions sont cumulatives ; CA Dakar, chambre civile et commerciale, 22 février 2010, Héritiers de O. GUEYE c/ Héritiers de L. Nd. NDOYE, arrêt n° 197, Bulletin des arrêts rendus par la Cour d'Appel de Dakar en matière civile et commerciale, 2011, vol. n° 1, p. 118.

162 S. GUINCHARD, Droit patrimonial de la famille au Sénégal (Régimes matrimoniaux – Libéralités – Successions), précité, p. 626.

l'occupation effective du demandeur se situait au jour du décès[163]. Mais, l'occupation doit-elle exister tant au moment de l'ouverture de la succession qu'au moment où le juge statuera sur la demande ? Cela ne semble pas être exigé par l'article 476 CF. En outre, le fait pour un demandeur d'avoir effectivement habité la villa moins de deux mois après le décès de son conjoint n'est pas un motif propre à justifier l'attribution préférentielle à son profit[164].

Si le demandeur n'habite qu'une partie de l'immeuble, seule celle-ci pourra lui être attribuée, à la condition qu'elle soit détachable du surplus[165].

72. La demande d'attribution préférentielle est portée devant le président du tribunal qui statue dans les formes et conditions prévues à l'article 547 du Code de Procédure civile. L'immeuble faisant l'objet de l'attribution est estimé à sa valeur au jour du partage. À défaut d'accord entre les parties, l'estimation est faite par experts choisis par les parties ou désignés par le président du tribunal.

Le président du tribunal pourra accorder, pour le paiement de la moitié de la soulte, des délais qui ne pourront être supérieurs à cinq ans. Sauf convention contraire, le surplus de la soulte devra être payé immédiatement. La partie de la soulte dont le paiement sera ainsi différé produira intérêt au taux légal.

Au cas de vente de la totalité du bien attribué, la fraction de la soulte restant due deviendra immédiatement exigible. Au cas de vente partielle, le produit de ces ventes sera versé aux copartageants et imputé sur la fraction de la soulte restant due.

b. Le pacte de réméré.

73. Le pacte de réméré est une sorte de droit de repentir pour le vendeur. C'est une stipulation contractuelle par laquelle le vendeur se réserve le droit de reprendre, sous certaines conditions, la chose vendue. La délivrance faite, l'acquéreur est propriétaire de la chose sous condition résolutoire de l'exercice du réméré.

---

163 C.Cass., chambre civile et commerciale, 20 mars 1996, L. F. FALL c/ B. MBAYE, arrêt n° 67, Recueil des arrêts de la Cour de cassation, année 1993-1998, Éditions GIRAF, 2001, p. 243.

164 C.Cass., chambre civile et commerciale, 20 mars 1996, M. GEMMA DE SOUZA c/ H. DIOP et autres, arrêt n° 68, Recueil des arrêts de la Cour de cassation, année 1993-1998, Editions GIRAF, 2001, p. 244.

165 Art. 476 al. 2 CF.

La vente à réméré est un véritable mode de financement. Elle permet à une personne, d'une part de se procurer les fonds dont elle a besoin en vendant sa chose et, d'autre part, de conserver l'espoir de récupérer l'objet ainsi aliéné.

Pour exercer le réméré, le vendeur, ou ses héritiers, doit rembourser le prix de la vente. De plus, il doit désintéresser l'acquéreur des frais du contrat, des réparations nécessaires et des impenses utiles jusqu'à concurrence de la plus-value créée. En contrepartie des obligations du vendeur, l'acquéreur est tenu de restituer la chose. Il a cependant le droit de la retenir jusqu'au remboursement intégral de ce qui lui est dû.

La vente à réméré se distingue ainsi d'une vente assortie d'une promesse de rétrocession souscrite par l'acquéreur. Alors que dans la première situation le vendeur est juste tenu de rembourser le prix augmenté des diverses sommes précitées, la rétrocession pourrait être promise pour un prix différent de la vente.

Lorsque le droit de réméré appartient conjointement à plusieurs personnes, le réméré doit s'exercer pour le tout. À défaut d'entente entre les bénéficiaires du pacte de rachat, le droit de l'acquéreur devient définitif. Celui-ci doit également s'exercer pour le tout, lorsque plusieurs personnes peuvent se voir opposer le réméré.

La vente à réméré peut porter sur un bien indivis. Dans ce cas, le vendeur peut exercer son droit jusqu'au partage définitif. Pour cela, il devra être mis en cause par le propriétaire qui demande le partage

En cela qu'il porte gravement atteinte à la liberté contractuelle, la validité du pacte est limitée dans le temps. Les parties ne peuvent stipuler la faculté de rachat pour un délai supérieur à trois ans. Faute par le vendeur d'avoir exercé son action de réméré dans le terme prescrit, l'acquéreur demeure propriétaire irrévocable.

Le terme fixé par le contrat peut être prolongé par le juge et ne sera considéré définitif qu'en vertu d'un jugement.

La vente à réméré fonctionne comme une condition résolutoire. La vente initiale est rétroactivement anéantie de sorte que le vendeur à réméré peut exercer son droit à l'encontre des ayants cause de l'acquéreur qui ont eu connaissance de l'existence du pacte de rachat. En effet, l'action du vendeur ne peut prospérer que si son droit de reprise a été réservé expressément aux contrats d'aliénation et ne produit effet, à l'égard des tiers, qu'à dater du jour où cette réserve a fait l'objet d'une inscription au Livre foncier[166].

c. Le droit de préemption

74. Le droit de préemption donne à une personne la faculté de se porter acquéreur d'un bien de préférence à toute autre (**infra n° 128**).

SECTION 2 : L'OBJET DE LA VENTE

75. Naturellement, la vente immobilière doit porter sur un immeuble, mais pas n'importe lequel. En principe elle porte sur les immeubles immatriculés. Cependant, pour des raisons d'intérêt général, certains immeubles immatriculés en restent exclus.

PARAGRAPHE 1 : LES IMMEUBLES IMMATRICULÉS

76. Le système foncier sénégalais est hybride. L'essentiel des immeubles ne sont pas immatriculés. Ces immeubles sont ainsi exclus du commerce juridique car ne sont pas qualifiés de biens.

A. L'exclusion des immeubles qui ne sont pas immatriculés

77. Dans le périmètre des immeubles qui ne sont pas immatriculés, on retrouve ceux du domaine national et ceux du domaine public de l'État.

1. Les immeubles du domaine national

78. Aux termes de l'article 1er de la loi n°64-46 du 17 juin 1964 relative au domaine national, le domaine national est constitué de plein droit par toutes les terres non classées dans le domaine public, non immatriculées (au nom des personnes de droit privé ou de public) ou dont la propriété n'a pas été transcrite à la conservation des hypothèques à la date d'entrée en vigueur de la loi. Le domaine national est ainsi le statut de droit commun auquel seront soumises les terres qui ne peuvent être expressément rattachées à une autre catégorie.

79. Selon J. CHABAS, le domaine national est « détenu par l'État qui, bien que les textes ne le disent pas ouvertement, en est en réalité propriétaire car tel est bien l'esprit de la loi qui, d'une part, réserve les droits de ceux qui pourraient se réclamer d'un droit de propriété non encore juridiquement établi lorsqu'ils se manifestent par une emprise légitime et, d'autre part, déclare que seul l'État pourra faire immatriculer à son nom les biens faisant partie du

---

[166] Art. 26 de la loi n° 2011-07 du 30 mars 2011 portant régime de la Propriété foncière.

domaine national »[167]. L'opinion de J. CHABAS n'est cependant pas partagée par tous les auteurs. En effet, pour certains comme V. GASSE, l'État n'est pas propriétaire des terres du domaine national, il reprend juste les fonctions traditionnelles de « maîtres de la terre » (les lamanes de la tradition sénégalaise) pour les adapter aux nécessités du développement[168]. Cette dernière opinion nous semble plus conforme à la lettre et à l'esprit de la loi[169] qui considèrent que « l'État détient les terres du domaine national » en ce sens que la détention n'est pas la propriété. Comme le souligne M. Nd. MBAYE, l'Etat « jouit d'une simple détention » sur le domaine national et « même si dans le langage courant, détention, possession et propriété sont des synonymes, le droit des biens, lui, opère une distinction entre les trois notions »[170].

Le théâtre national Daniel Sorano est ouvert à tous et pourtant la place que chacun y occupe est dite « sienne ». Ladite place est alors une place détenue mais non appropriée. Une telle image caractérise le domaine national.

Le domaine national est la propriété de toute la Nation[171]. Il n'est donc pas constitué de « biens » mais de choses non appropriées[172]. Il est vrai que la nation n'a pas la personnalité juridique. D'aucuns pourraient alors penser incohérent qu'elle puisse être un propriétaire. Toutefois, l'évolution du droit ne va-t-elle pas vers la reconnaissance d'entités sans personnalité juridique dotées de patrimoines ? (le patrimoine de l'humanité, le patrimoine de la famille…).

---

[167] J. CHABAS, La propriété foncière en Afrique noire, Jurisclasseur civil Annexes 1957, fasc. 17, p.54

[168] V. GASSE, Les régimes fonciers africains et malgaches : évolution depuis l'indépendance, précité, p.39.

[169] Art. 2 de la loi n°64-46 du 17 juillet 1964.

[170] La possession peut se définir comme le fait pour une personne d'effectuer des actes matériels sur une chose, correspondant aux prérogatives d'un droit réel, comme si elle était titulaire de ce droit, alors qu'elle ne l'est pas forcément. La détention est un droit que l'on a sur la chose d'autrui que l'on entre ses mains pour un temps limité et déterminé, la chose devant être restituée. Quant au droit de propriété, c'est le droit de jouir et de disposer de la chose de la manière la plus absolue dans les limites fixées par les lois et règlements. M. Nd. MBAYE, Les transactions immobilières au Sénégal, in De l'esprit du droit africain, Mélanges en l'honneur de Paul G. POUGOUE, Wolters Kluwers, 2013, p. 541 et s.

[171] A.S.SIDIBE, Domaine national, la loi et le projet de réforme, In La Revue du Conseil Economique et Social N° 2, Février-Avril 1997, p. 55-65

[172] M. CAVERIVIERE, Incertitudes et devenir du droit foncier sénégalais, précité, p. 95.

Le régime juridique du domaine national témoigne d'une rupture avec le modèle français de référence juridique. Dans la volonté du Président Senghor, il traduit un « socialisme africain » qui répond aux impératifs de développement (en effet le socialisme sénégalais se veut communautaire). Détenu par l'État pour le compte de tous, le domaine national serait ainsi la traduction juridique de l'idée selon laquelle l'espace foncier est confié par les dieux aux hommes qui vont tirer leur subsistance de sa mise en valeur. La loi sur le domaine national est donc une adaptation moderne du droit coutumier. L'Etat, simple détenteur des terres, doit jouer le rôle d'arbitre dans la relation entre la communauté, représentée par le conseil rural aujourd'hui la commune, et le paysan comme le faisait dans le passé le « lamane ».

80. N'étant pas propriétaire du domaine national, l'État ne peut pas s'en servir comme il l'entend, a fortiori l'utilisateur du domaine national. Les terres du domaine national sont inaliénables[173] . Mieux, toute personne qui se fait remettre de l'argent pour la mise à la disposition ou l'affectation d'une terre relevant du domaine national se rend coupable du délit visé à l'article 423 du Code pénal[174]. Il est cependant à noter que l'inaliénabilité des terrains du domaine national ne s'étend pas aux impenses édifiées sur lesdits terrains[175].

81. Pour l'utilisation des terres du domaine national, concernant les terres à vocation agricole situées dans les zones urbaines, un permis d'exploiter est délivré de plein droit aux domiciliées du territoire de la commune qui exploitaient personnellement à des fins agricoles ces terres à la date d'entrée en vigueur de la loi de 1964 et qui n'ont pas cessé leurs activités depuis cette date. Le permis peut aussi être accordé à toute personne de nationalité sénégalaise domiciliée dans la commune qui en fait la demande et s'engage à exploiter personnellement à des fins agricoles la parcelle de terre considérée. Dans les régions de Dakar, Thiès et Saint-Louis, le permis est accordé par le Gouverneur. Par contre, il est de la compétence du préfet dans les autres régions.

Le permis d'exploiter est personnel et ne peut faire l'objet de transaction à titre onéreux ou gratuit. Il devient caduc au décès du bénéficiaire ou en cas

[173] CA Dakar, 28 février 2011, El. K. GAYE c/ A. BA, arrêt n° 180, Bulletin des arrêts rendus par la Cour d'Appel de Dakar en matière civile et commerciale, 2013, vol. 1, p.124.

[174] CA corr. Dakar n° 225 du 19 avril 1971, MP contre FALL, éd. EDJA

[175] CA Dakar, 24 mai 2012, K. ZEITOUNE c/ J. P. GOURGUES, arrêt n° 113, Bulletin des arrêts rendus par la Cour d'Appel de Dakar en matière civile et commerciale, 2013, vol. 1, p.130.

d'immatriculation au nom de l'État des terrains qu'il concerne. Le Gouverneur ou le Préfet, selon le cas, peut retirer le permis à la demande du bénéficiaire mais aussi lorsque ce dernier cesse d'avoir sa résidence principale dans la commune ou n'exploite plus personnellement la terre.

> La réaffectation d'une terre, pour quelque motif que ce soit (caducité ou retrait), fait obligation au nouvel affectataire de verser à son prédécesseur ou à ses héritiers une indemnité égale à la valeur des améliorations apportées à l'immeuble et, le cas échéant, des récoltes pendantes, estimées au jour où la nouvelle affectation est prononcée.

82. Dans les zones de terroir, l'utilisateur n'a sur le domaine national qu'« un droit d'usage »[176]. Il se voit affecter une parcelle qu'il occupe à charge de la mettre en valeur.

83. Le droit d'usage, un droit *intuitu personae* : Le droit d'usage est attaché à la personne de son titulaire et par voie de conséquence souffre d'une indisponibilité largement entendue. En effet, *intuitu personae*, il ne peut être cédé, transmis ou donné en garantie. En cas de décès de l'affectataire, ses héritiers doivent adresser une demande au président du Conseil rural, dans le délai de six mois à compter du décès, pour obtenir la réaffectation à leur profit de tout ou partie des terres affectées à leur auteur dans les limites de leur capacité d'exploitation et sous réserve de ne pas aboutir à la constitution de parcelles trop petites pour être susceptibles d'exploitation rentable[177].

L'octroi du droit d'usage sur les terres de culture se fait sous la triple condition que le demandeur soit membre de la communauté rurale, s'engage à exploiter le terrain personnellement ou avec l'aide de sa famille et assure sa mise en valeur. Le défaut de l'une des conditions ou les besoins d'intérêt général justifient que la communauté puisse, à tout moment, désaffecter le terrain[178].

---

[176] Art. 19 du Décret n° 64-573 du 30 juin 1964 fixant les conditions d'applications de la loi de 1964 précité.

[177] M. GUEYE, Succession et terre du domaine national, Thèse, précité.

[178] « Encourt l'annulation la délibération par laquelle un Conseil rural a prononcé une désaffectation d'office de l'attributaire d'un terrain à usage agricole, pour cession illégale d'un terrain appartenant à autrui, le motif retenu ne constituant pas un cas de désaffectation d'office prévu par le texte susvisé », Cs, ch. civ. et com., arrêt n° 39 du 23 novembre 2010, A. SYLLA c/ Conseil rural de Sangalkam et Etat du Sénégal, disponible sur www.juricaf.org. L'article 9 décret n° 72-1288 du 27 octobre 1972 relatif aux conditions d'affectation et de désaffectation des terres du domaine national comprises dans les communautés rurales prévoit, en son

L'exclusion des personnes qui ne résident pas à l'intérieur du périmètre de la communauté rurale par rapport à l'affectation des terres constitue un élément de blocage des investissements surtout dans des zones telles que la vallée du fleuve Sénégal où la mise en valeur des barrages offre des possibilités de productions sans commune mesure.

Outre cette exclusion, l'imprécision de la notion de « mise en valeur » suscite l'interrogation et installe l'insécurité : jusqu'à quel seuil d'investissement, la mise en valeur est considérée comme suffisante ? Quels en sont les critères d'appréciation ? Les différentes hypothèses dans lesquelles la mise en valeur serait acceptable n'étant pas précisées, il se pose un problème de sécurité pour l'exploitant.

Aux termes de l'article 10 du décret n° 72-1288 du 27 octobre 1972, « un arrêté du préfet fixe, si besoin en est, pour chaque communauté rurale les conditions de mise en valeur minimales ». Cependant, ceci ne semble jamais avoir été fait. La défaillance nous semble ainsi résulter de la maladresse de la rédaction de l'article car l'expression « si besoin en est » fait que le préfet ne se sent pas obligé de la définir. D'ailleurs, à propos de cette défaillance, le Pr S. TRAORE dira, qu'« aucune collectivité locale ne l'a jamais exigé d'aucun préfet. Aucun ministre n'a donné d'injonction au préfet pour cela. A qui la faute ? A la loi, au préfet, au conseil rural, au ministre? »[179]

Par ailleurs, ériger le conseil rural (aujourd'hui la commune) en siège du pouvoir d'affectation et de désaffectation des terres répond certes à un souci de faire participer les populations à la gestion de leur localité. Mais, d'un autre

---

troisièmement, une désaffectation d'office si l'affectataire cesse d'exploiter personnellement ou avec l'aide de sa famille. Dans ce cas, la procédure préalable de mise en demeure prévue au deuxièmement n'est pas exigée.
Fait une fausse interprétation de l'article 9-3°, le représentant de l'État qui, pour refuser l'approbation de la délibération du Conseil rural exige que les affectataires concernés soient préalablement mis en demeure avant toute désaffectation d'office, alors qu'il résulte du dossier que les terres désaffectées sont inexploitées depuis plus d'une dizaine d'années ; Cs, ch. civ. et com., arrêt n° 24 du 12 aout 2010, A. DIACK c/ Etat du Sénégal, disponible sur www.juricaf.org. « Une délibération par laquelle un conseil rural affecte le même terrain à une autre personne vaut décision implicite de désaffectation à l'égard du requérant, précédent attributaire, qui, pour cette raison, a intérêt à agir », Cs, ch. civ. et com., arrêt n° 04 du 27 janvier 2009, C. A. K. CISSOKHO c/ Conseil rural de Sindia État du Sénégal, disponible sur www.juricaf.org.

179 S. TRAORE, Communication introductive in « analyse des pratiques foncières et perspectives de réformes : 40e anniversaire de la loi sur le domaine national, UGB, SJP, 17 et 18 JUIN 2004.

côté, cela peut être source d'abus et entraîner la constitution de lobbies de privilégiés, notamment les hommes politiques et leur entourage[180]. Le critère politique étant la base de l'élection des conseillers, on risque d'assister à un transfert des divergences politiques dans la gestion des communautés rurales causant des blocages dans les affectations de terre.

84. Le droit d'usage, un droit réel ? Selon le Pr A. S. SIDIBE, le droit d'usage est un droit réel. « Il confère à son titulaire un pouvoir immédiat et direct sur une chose, en l'occurrence la terre, qui est la propriété de la nation »[181]. La position du Pr SIDIBE semble être partagée par le Pr A. SAKHO[182]. Elle est cependant critiquable. Est-ce qu'on peut transmettre plus que ce qu'on a ? La réponse est naturellement NON. Or, dans le cadre du domaine national, l'État qui accorde « le droit d'usage » n'a pas un droit réel. En outre, le caractère *intuitu personae* du droit d'usage sur le domaine national ne saurait être concilié avec les règles gouvernant les droits réels. Le droit d'usage sur le domaine national « ne présente pas la caractéristique d'une valeur économique »[183]. En droit sénégalais, souligne l'article 380 du COCC, « *À peine de nullité absolue du contrat, l'immatriculation de tout immeuble est obligatoire pour la validité des conventions constituant ou transférant un des droits protégés par le régime de l'immatriculation foncière.* » Le régime des droits réels ne peut ainsi s'appliquer que sur des immeubles immatriculés. Le droit d'usage accordé sur le domaine national est donc un droit d'un autre genre, un droit singulier.

Le droit d'usage sur le domaine national n'est pas un droit réel mais permet une utilisation de ce domaine et permet ainsi d'encadrer l'utilisation des terres qui le composent. Aux termes de l'article 423 du Code pénal **:** « *Quiconque aura cultivé ou occupé d'une manière quelconque un terrain dont autrui pouvait disposer, soit en vertu d'un titre foncier, soit en vertu d'une décision*

[180] L'histoire récente du Sénégal nous en offre des exemples à Mbane, à Diass et à Sangalkam.

[181] A. S. SIDIBE, Domaine national. La loi et le projet de réforme – Revue du CES n°2, février –avril 1997, p.7.

[182] A. SAKHO, La mise en valeur des forets – Actes du séminaire interne sur les problèmes d'application du code forestier, laboratoire de droit rural, département de droit privé, FSJP. UCAD, Dakar, novembre 1994.

[183] A. SAKHO, La mise en valeur des forets – Actes du séminaire interne sur les problèmes d'application du code forestier, laboratoire de droit rural, département de droit privé, FSJP. UCAD, Dakar, novembre 1994, p.7.

administrative ou judiciaire, sera puni d'un emprisonnement de six mois à trois ans et d'une amende qui ne saurait être inférieure à 50.000 francs.

(Loi n° 66-16 du 1er février 1966)

Sera puni des mêmes peines quiconque aura occupé sans droit une terre faisant partie du domaine national ou immatriculée au nom de l'État ou d'une collectivité publique ou aura conclu ou tenté de conclure une convention ayant pour objet une telle terre. »

85. Les conséquences de la nature particulière du droit de l'usager du domaine : La nature du droit d'usage de l'occupant exclut toutes transactions liées au sol. Ne disposant que « d'une autorisation d'exploiter le sol »[184], l'occupant ne peut effectuer des actes de disposition[185]. Un tel état de fait se concilie peu avec l'intention du législateur de 1964 qui, dans l'exposé des motifs, soulignait clairement l'impératif d'adapter les règles et les usages traditionnels aux exigences du développement d'où la nécessité de « libérer les paysans des servitudes ancestrales, leur assurer une plus grande sécurité, les encourager à participer efficacement à la construction nationale ».

Les terres du domaine national peuvent cependant entrer dans le commerce juridique par l'immatriculation qui va les intégrer dans le domaine privé de l'État. En effet, l'État est le seul habilité à faire immatriculer des terres des zones terroirs et des zones pionnières pour la réalisation de projets d'intérêt public[186]. Ainsi au niveau de ces terres, considérées comme réserves foncières (zones classées, zones pionnières et urbaines non affectées), la procédure administrative est réduite au minimum puisque l'État a la possibilité d'immatriculer sans aucune formalité préalable.

2. Les immeubles du domaine public de l'État

86. Le domaine public comprend les immeubles, immatriculés ou non, naturels ou artificiels, affectés à l'usage ou à la défense de tous ainsi que les biens constituant ou recelant une richesse nationale (eau, substances

---

[184] K. MBAYE, Le régime des terres au Sénégal, in Le droit de la terre en Afrique, Paris 1971, p.153.

[185] Article 380 du COCC et 423 Code pénal.

[186] Art. 13 de la loi de 1964 précitée.

minérales, hydrocarbures...). Il est alors subdivisé en domaine public naturel[187] et domaine public artificiel[188].

[187] Il est constitué du domaine public maritime, du domaine public fluvial, le sous-sol et l'espace aérien. Le domaine public maritime est constitué par les mers intérieures[187], les rivages de la mer ainsi que la zone des cents (100) mètres. Également appelée zone des cents pas géométriques, la zone des cents (100) mètres est une bande de terre qui sépare la zone comprise entre l'étendue maritime et le continent ou l'arrière-pays[187].
En ce qui concerne le domaine public fluvial, il regroupe les cours d'eau navigables ou flottables, les cours d'eau non navigables ni flottables, les lacs, étangs et mares permanentes, les eaux de surface et les nappes aquifères souterraines.
Si l'État n'est pas propriétaire de toutes les terres, il a incorporé dans son patrimoine la totalité du sous-sol. Par son domaine public, l'État est donc le seul et unique propriétaire du tréfoncier. L'objectif législatif traduit alors un effort pour assurer la protection des richesses du sous-sol. De même, la rareté de l'eau en milieu sahélien semble avoir justifié son appropriation par l'État. Ainsi, outre le Code du domaine de l'État, le Code de l'eau considère que même les ressources hydrauliques qui regroupent toutes les eaux et les ouvrages qui permettent de les exploiter font partie intégrante du domaine public. Ainsi, toute exploitation de nos ressource en eau quels que soient le but visé, la forme et les moyens utilisés nécessite une autorisation préalable des Ministres chargés de l'Hydraulique et de l'Assainissement. Toute personne désirant exécuter un ouvrage de captage des eaux souterraines par puits, forages, galeries drainantes devant débiter plus de 5 mètres cubes par heure ou équiper un ouvrage de captage existant ou puiser dans une nappe classées en Zone I doit adresser une demande d'autorisation aux Ministres chargés de l'Hydraulique et de l'Assainissement. La même obligation pèse aussi sur ceux qui veulent réaliser dans le lit ou au-dessus d'un cours d'eau un ouvrage de captage fixé ou mobile. Sauf pour les personnes morales de droit public, l'autorisation est personnelle et ne peut donc être transmise ou cédée à des tiers autres que les héritiers du bénéficiaire (à moins d'une autorisation pour cela). Par contre, l'autorisation de faire usage des eaux accordée spécialement et explicitement en vue d'une exploitation agricole ou d'élevage, d'une exploitation industrielle ou touristique est un droit réel qui reste attaché à cette exploitation en quelques mains qu'elle passe. Par ailleurs, des concessions d'utilisation peuvent être accordées lorsque les installations présentent un caractère d'intérêt général. De même, il peut être accordé des concessions de service public par exemple pour l'exploitation des eaux minérales.

[188] Sont du domaine public artificiel, tout ce qui est créé par l'Homme, appartient à l'État et répond à un souci de service public. Il comprend le domaine public de la circulation, le domaine public monumental, défense nationale et le domaine public mobilier. On y trouve alors, les emprises des routes, les chemins de fer, les gares routières et les voies de communication de toute nature avec les dépendances nécessaires à leur exploitation, es ports maritimes et fluviaux, les aérodromes et aéroports, les conduites d'eau et d'égouts, les lignes électriques, les lignes téléphoniques, les ouvrages militaires de défense terrestre, maritime ou aérienne

87. L'utilité des biens du domaine public justifie leur protection. Ainsi ces biens sont inaliénables et imprescriptibles[189]. Néanmoins, l'inaliénabilité est à tempérer. En effet, l'État peut les déclasser. Le déclassement consiste à faire sortir le bien du domaine public. Avec cet acte[190], les immeubles immatriculés entrent dans le domaine privé, et ceux non immatriculés dans le domaine national. L'immeuble déclassé incorporé au domaine national peut faire l'objet d'une réquisition d'immatriculation au nom de l'État sans formalités préalables. Seules peuvent faire l'objet d'un déclassement les dépendances du domaine public artificiel, la zone de cent mètres de large en bordure du rivage de la mer, la zone de vingt-cinq mètres de large en bordure des rives des cours d'eau navigables ou flottables, lacs, étangs et mares permanents et la zone de dix mètres de large en bordure des rives des cours d'eau non navigables ni flottables.

Il ressort des articles 11 et 13 du code du domaine de l'État que l'autorisation d'occuper le domaine public est un titre précaire et révocable que l'autorité administrative peut, à tout moment, remettre en cause pour un motif légitime.

Le non-paiement de la redevance due au titre de l'occupation constitue un motif légitime de résiliation. Ainsi, l'arrêté de résiliation qui, entre autres, est fondé sur le défaut de paiement par la requérante des redevances domaniales auxquelles elle est assujettie, est légalement justifié.

Les conditions de résiliation de l'autorisation d'occuper doivent être distinguées de celles du recouvrement des redevances impayées au titre de cette occupation. Dès lors est mal fondé le moyen qui reproche au ministre de l'Économie et des Finances d'avoir résilié une autorisation d'occuper sans notification préalable d'un titre de perception en vue du recouvrement des redevances[191].

---

avec leurs dépendances, les objets d'art et collections affectés aux musées nationaux, les halles et marchés.

[189] Il est cependant à noter une atténuation avec le régime juridique des contrats de partenariat public-privé (**infra n° 729**).

[190] Si un arrêté du Ministre chargé des domaines suffit pour classer un immeuble dans le domaine public, l'acte de déclassement est pris par décret du Président de la République.

[191] Cs., ch. civ. et com., arrêt n° 6 du 10 février 2011, Mme DERIBE Née N. WADE c/ État du Sénégal, disponible sur www.juricaf.org.

B. Les immeubles retenus

88. Le domaine des contrats spéciaux immobiliers se limite aux immeubles immatriculés de l'État et à ceux des particuliers. En effet, en droit sénégalais, malgré le fait qu'il considère l'immatriculation comme facultative, le législateur l'exige pour la validité des conventions constituant, modifiant ou transférant un droit réel[192]. La violation d'une telle règle est sanctionnée par la nullité absolue[193]. Un immeuble ne devient un bien que s'il est immatriculé. Néanmoins, seul l'État est autorisé à requérir l'immatriculation des immeubles aux livres fonciers (**supra n° 10 ; n° 18 ; n° 85**).

89. Sont seuls susceptibles d'immatriculation sur les livres fonciers, les fonds de terre bâtis ou non bâtis. C'est d'ailleurs ce qui justifie l'exclusion de la propriété en volume car fondée sur l'existence d'une propriété immobilière sans rapport avec le sol. La copropriété ne peut avoir pour assise qu'un immeuble bâti ou un groupe d'immeubles bâtis[194]. Chaque copropriétaire à un droit réel sur un lot composé d'une partie privative et d'une quote-part des parties communes. Le périmètre privatif est constitué des parties des bâtiments et des terrains réservées à l'usage exclusif d'un copropriétaire déterminé. Il est la propriété exclusive de chaque copropriétaire.

Sont communes, les parties des bâtiments et des terrains affectées à l'usage et à l'utilité de tous les copropriétaires ou de plusieurs d'entre eux. Dans le silence ou la contradiction des titres, sont réputées parties communes :

- ✓ Le sol, les cours, les parcs et jardins, les voies d'accès ;
- ✓ Le gros œuvre des bâtiments, les éléments d'équipements communs y compris les parties des canalisations y afférents qui traversent les locaux privatifs ;
- ✓ Les coffres, gaines ;
- ✓ Les locaux des services communs ;
- ✓ Les passages et corridors, notamment.

Les parties communes et les droits qui leur sont accessoires[195] ne peuvent faire l'objet, séparément des parties privatives, d'une action en partage ni

---

[192] Art. 5 de la Loi 2011.

[193] Art. 380 COCC.

[194] Art. 1 de la loi n° 88-04 du 16 juin 1988 portant statut de la copropriété des immeubles bâtis.

[195] Dans le silence ou la contradiction des titres, sont réputés droits accessoires aux parties communes :

d'une licitation forcée. La vente devra alors porter sur le lot dans son ensemble[196]. Cependant le vendeur devra présenter au notaire un certificat du syndicat[197] ayant moins d'un mois de date, attestant qu'il est libre de toute obligation à l'égard du syndicat. Dans le cas contraire, avis de la mutation devra être donné au syndic[198] de l'immeuble par lettre recommandée avec avis de réception à la diligence de l'acquéreur. Dans les huit jours suivant la réception de cet avis, le syndic peut former au domicile élu, par acte extrajudiciaire, opposition au versement des fonds pour obtenir le paiement des oppositions. Sous peine de nullité, il devra énoncer le montant et les causes de la créance et élire domicile dans le ressort du tribunal de la situation de l'immeuble. Il n'est cependant tenu compte que des créances effectivement liquides et exigibles du syndicat à la date de la mutation[199]. Aucun paiement ou transfert amiable ou judiciaire de tout ou partie du prix ne sera opposable au syndic ayant fait opposition dans ledit délai[200].

Avant l'établissement de l'acte de vente, le syndic adresse au notaire chargé de recevoir l'acte, à la demande de ce dernier ou à celle du propriétaire qui cède son droit, un état daté qui, en vue de l'information des parties,

---

- ✓ Le droit de surélever un bâtiment affecté à l'usage commun ou comportant plusieurs locaux qui constituent des parties privatives différentes ou d'en affouiller le sol ;
- ✓ Le droit d'édifier des bâtiments nouveaux dans des cours, parcs ou jardins constituant des parties communes ;
- ✓ Le droit d'affouiller de tel cours, parcs ou jardins ;
- ✓ Le droit de mitoyenneté afférent aux parties communes.

196 Comme, par hypothèse, il n'est pas possible de provoquer le partage dans la copropriété, la solution réside plus de la vente ou cession de lot.

197 Le syndicat représente la collectivité des copropriétaires. Il a la personnalité morale. Art. 14 de la loi n° 88-04 du 16 juin 1988 portant statut de la copropriété des immeubles bâtis. Le syndicat est responsable des dommages causés aux copropriétaires ou aux tiers par le défaut d'entretien des parties communes sans préjudice de toutes actions récursoires. Ces décisions sont prises en assemblée générale des copropriétaires et leur exécution est confiée au syndic nommé par l'assemblée générale et placé éventuellement sous le contrôle d'un conseil syndical.

198 Le syndic de copropriété est une personne physique ou morale chargée de la représentation du syndicat de copropriété et de l'administration des parties communes d'une copropriété.

199 Art. 5 du décret n° 2002-160 du 15 février 2002 portant application de la loi n° 88-04 du 16 juin 1988 portant statut de la copropriété des immeubles bâtis.

200 Art. 20 de la loi n° 88-04 du 16 juin 1988 portant statut de la copropriété des immeubles bâtis.

indique, d'une manière même approximative et sous réserve de l'apurement des comptes :

a) Les sommes qui correspondent à la participation du cédant :

- aux charges dont le montant n'est pas encore liquidé ou devenu exigible à l'encontre du syndicat;

- à celles qui résultent d'une décision antérieurement prise par l'assemblée générale mais non encore exécutée ;

b) Éventuellement, le solde des versements effectués par le cédant à titre d'avance ou de provision.

90. En plus de justifier que le droit de la propriété immobilière soit un droit de la « propriété foncière », l'immatriculation des immeubles bâtis ou non bâtis produit certaines conséquences.

L'immatriculation d'un immeuble au livre foncier est précédée d'une vaste publicité et exige l'observation des formalités multiples et minutieuses destinées à sauvegarder les droits des tiers. Il est donc normal qu'une fois l'immatriculation opérée, il ne soit plus possible de revenir sur la situation de l'immeuble, tant sur ses limites que sur le droit de propriété consacré. L'immatriculation d'un immeuble est définitive et inattaquable. Ainsi aucun immeuble immatriculé ne peut être soustrait au régime ainsi adopté pour être placé à nouveau sous l'empire de celui auquel il était soumis antérieurement.

Les personnes dont les droits auraient été lésés par suite d'une immatriculation ne peuvent se pourvoir que par voie d'action personnelle en indemnité[201]. Par ailleurs, toute action tendant à la revendication d'un droit réel non révélé en cours de procédure et ayant pour effet de mettre en cause le droit de propriété d'un immeuble immatriculé est irrecevable.

91. Tout immeuble immatriculé au livre foncier est désigné par le numéro du titre foncier qui le concerne. Le titre foncier est l'ensemble des mentions consignées sur une feuille ouverte des livres fonciers pour l'immeuble auquel elles s'appliquent.

PARAGRAPHE 2 : LES IMMEUBLES IMMATRICULÉS EXCLUS

92. Certains immeubles immatriculés sont en dehors du commerce juridique. Ce sont les biens immeubles soumis au régime dotal. Le régime dotal est l'un des trois régimes matrimoniaux au Sénégal. Malgré l'allusion à

[201] Art. 44 Loi 2011

la dot, ce régime n'a aucun rapport avec cette institution traditionnelle[202] organisée par le Code de la famille[203]. C'est un régime qui se singularise par les biens qui le composent.

93. Dans le régime dotal, la femme à deux séries de biens. D'une part, il y a les biens dotaux. Ce sont les biens soumis au régime dotal. Entrent dans cette catégorie, les biens donnés à la femme, à l'occasion de son mariage, par des personnes autres que son mari. La dot en est donc exclue[204]. Elle est une propriété exclusive de la femme qui en a la libre disposition[205].

D'autre part, il y a les biens paraphernaux. Les biens composant cette catégorie sont soumis au régime de la séparation des biens. La femme administre elle-même ces biens et en perçoit les fruits.

94. Le régime dotal ne s'applique qu'à des immeubles immatriculés, à des valeurs mobilières déposées dans une banque à un compte spécial dit «compte dotal» et à des animaux constituant un cheptel et leur croît. Sont également soumis à ce régime, les biens acquis en échange ou en remploi ou sous-emploi d'un bien figurant dans l'état descriptif. En effet, le régime dotal, en plus d'exiger pour son application que les époux l'aient expressément choisi au moment du mariage, impose un état descriptif signé du donateur, de l'épouse donataire et du mari établi en triple exemplaire dont l'un remis à l'épouse, l'autre au mari et le dernier joint à l'acte de mariage.

95. Les biens soumis au régime dotal sont remis au mari. Sauf preuve contraire, la célébration du mariage vaut quittance de la remise de ces biens entre les mains de ce dernier. Il les administre pendant le mariage en bon père

---

202 Dans la tradition sénégalaise, le mariage s'accompagnait du versement d'une dot. La dot était représentée par le « *can* ». Il se donnait habituellement en bétail même si l'on pouvait donner des esclaves, des pièces de tissu, de l'or, etc ; cf. M. NIANG, L'évolution de la « dot » au Sénégal de la tradition à la modernité, Penant 1974, p. 297. Avec l'Islam, le « *can* » s'est additionné au « alalifarata » pour donner la dot. La dot est une notion polysémique. Mais, avec G. KOUASSIGAN, nous pensons qu'elle jouait plusieurs fonctions. Elle était une condition de validité du mariage et un mode de preuve ; cf., G. KOUASSIGAN, Quelle est ma loi ? Tradition et modernisme dans le droit privé de la famille en Afrique Noire francophone, Pédone, 1974, p. 215.

203 Avec le Code de la famille, les futurs époux peuvent convenir que la fixation d'une somme d'argent, ou la détermination de biens à remettre en partie ou en totalité par le futur époux à la future épouse, et représentant la dot, sera une condition de fond du mariage. Cette dot qui est désormais la propriété exclusive de la femme est mentionnée dans l'acte de mariage sous le contrôle de l'officier de l'état civil.

204 Art. 384 al. 1 CF.

205 Art. 132 al. 2 CF.

de famille. Le mari est donc le mandataire légal de la femme. Sa responsabilité relèvera alors des règles du mandat[206]. Si sa mauvaise administration met en péril lesdits biens, la femme, en sa qualité de propriétaire, peut demander en justice la séparation des biens.

96. Concernant les actes de disposition, les immeubles soumis au régime dotal sont frappés d'inaliénabilité. Ils ne peuvent être aliénés ou hypothéqués ni par le mari, ni par la femme, ni par les deux conjointement. Par rapport à la sanction, c'est la nullité absolue du contrat. En effet, pour ce qui est du mari d'une part il n'est pas propriétaire et, d'autre part, il a juste reçu mandat pour administrer. Par ailleurs, l'intérêt protégé par la prohibition fonde amplement cette nullité.

Malgré l'absence de personnalité juridique, sans conteste, le groupement familial constitue une réalité[207]. Des « biens des membres de la famille sont affectés d'une manière plus ou moins marquée à la protection du groupe familial »[208]. Dans les régimes matrimoniaux, même si on reconnait aux époux la propriété de biens, ils sont avant tout affectés aux besoins de la famille[209]. Par les revenus qu'ils procurent, ces biens doivent fournir à la famille les ressources dont elle a besoin. L'intérêt de la famille qui justifie alors l'affectation des biens dotaux[210] fonde ainsi la nullité absolue des actes de disposition.

---

[206] Art. 465 COCC : « Le mandataire répond de l'inexécution totale ou partielle de l'exécution défectueuse ou tardive du mandat.
Lorsque le mandat est gratuit, la responsabilité du mandataire est appréciée en tenant compte de la diligence qu'il apporte à ses propres affaires. »

[207] R. THERY, Trois conceptions de la famille dans notre droit, D. 1963, chron., p. 47 et s.

[208] H. MAZEAUD, Cours de droit civil approfondi, Paris, Les Cours de Droit, 1947-1948, p. 61.

[209] S. GUINCHARD, Droit patrimonial de la famille au Sénégal (Régimes matrimoniaux – Libéralités – Successions), précité, p. 15.

[210] L'affectation est aussi présente dans les autres régimes. Dans le régime communautaire, certes pendant le mariage les biens des époux sont gérés selon les règles de la séparation, cependant chacun d'eux pourra faire seul les actes d'administration sur les biens de son conjoint. Mieux, certains actes d'aliénation requièrent leur consentement conjoint. Concernant le régime de la séparation, l'affectation se limite à la contribution aux charge du ménage organisée par l'article 375 CF.

Afin de protéger les tiers, l'application du régime dotal à un immeuble doit être mentionnée au registre foncier[211]. La vigilance est donc attendue de leur part.

97. L'intérêt de la famille qui justifie l'inaliénation fonde aussi les quelques autorisations accordées par le législateur[212]. Ces immeubles peuvent être aliénés à titre onéreux, avec le consentement du mari, si l'intérêt de la famille ou la bonne administration du patrimoine de la femme l'exige. Le consentement du mari peut tout de même être écarté. L'un ou l'autre des époux saisit le juge par simple requête aux fins de se faire habiliter à passer l'acte envisagé. Aux termes de l'article 373 du Code de la famille, un époux peut être autorisé par justice à passer seul un acte pour lequel le concours ou le consentement du conjoint est nécessaire si le refus de celui-ci n'est pas justifié par l'intérêt de la famille.

Le juge peut autoriser la vente en exigeant du mari qu'il soit justifié du remploi à bref délai. Le défaut de remploi engage la seule responsabilité du mari. Il devra alors restituer la valeur des biens en cas de dissolution du régime.

SECTION 3 : LE PRIX

98. L'existence d'un prix dans le contrat de vente est un élément indispensable à sa qualification. C'est l'occasion pour qualifier l'opération et la distinguer de notions voisines.

99. Le prix est une condition de validité de tous les contrats à titre onéreux[213]. C'est la conception large du prix qui renvoie à la contrepartie, à l'équivalent, financier ou non. Ainsi, dans ces contrats, le prix apparaît comme la cause de l'obligation d'une partie et, si le contrat est synallagmatique, comme l'objet de l'obligation de l'autre. La définition juridique traditionnellement donnée du prix est tout de même dans son sens restreint. C'est plutôt un prix en rapport avec la monnaie. C'est « une somme exprimée en monnaie courante que demande un vendeur en échange de sa

---

211 Art. 386 CF.

212 La femme peut, avec le consentement du mari, donner ces immeubles pour l'établissement des enfants communs.

213 M. THIOYE, Recherche sur la conception du prix dans les contrats, Thèse Toulouse I, 2000, p. 142.

prestation »[214]. Le prix serait alors une obligation de somme d'argent[215]. Cette conception du prix permet alors de distinguer la vente de l'échange ou de la donation et, alliée au transfert de propriété, la vente du bail, etc.[216]

Contrairement à la conception large, avec la conception restrictive, la détermination du prix est exigée à titre d'élément de formation dans certains contrats. Dans le droit commun de la vente, le prix de vente doit être déterminé ou déterminable[217].

100. Le prix est dit déterminé si son chiffrage, c'est-à-dire la précision de son quantum, est immédiat au jour du contrat. Déterminer le prix dès la formation du contrat suppose que les parties à celui-ci s'expriment concrètement sur ce point dans leur accord. Par contre, le prix déterminable est un prix qui n'est pas chiffré mais fixé en référence à des éléments qui le rendent déterminable au jour où il devra être payé.

La modernisation et l'amplification des contrats qui, de plus en plus, reposent sur la durée, ont fait admettre à côté du prix déterminé, celui qui est seulement déterminable[218] désignant le cas où le contrat renferme une stipulation qui permet de déterminer le prix ultérieurement de manière objective. Les parties peuvent, par exemple, déterminer le prix d'après les éléments tenant au cours général des marchandises c'est-à-dire en application du prix du marché. La règle du prix sur le marché leur sera aussi applicable en cas de silence dans la détermination si l'opération a pour objet des choses que le vendeur vend habituellement[219]. En outre, les parties peuvent insérer dans le contrat une clause de prix tarif à dire de tiers[220]. Le tiers ou expert est un mandataire commun des deux parties qui, en leur nom et pour leur compte,

---

[214] Dictionnaire permanent de Droit des affaires, étude « Prix », 15 juillet 1997, n° 6 et 7, p. 1283.

[215] H. L et J. MAZEAUD, par M. de JUGLART, Leçons de droit civil, Principaux contrats : vente et échange, 7e éd., Montchrestien, 1987, n° 860, p. 135 : « le prix consiste nécessairement et uniquement dans une somme d'argent… ».

[216] M. THIOYE, Recherche sur la conception du prix dans les contrats, Thèse précitée, p. 136.

[217] Art. 269 al. 1 COCC.

[218] Art. 269 COCC.

[219] Art. 271 COCC : Lorsque, dans une vente ayant pour objet des choses que le vendeur vend habituellement, il n'a été prévu ni le prix ni le moyen de le déterminer et qu'il n'existe aucune taxation, les parties sont présumées s'en être référées au prix moyen pratiqué sur la place où doit s'exécuter la délivrance ou sur la place la plus voisine.

[220] Art. 270 COCC.

devra parfaire la vente en déterminant le prix ; il ne pourra être révoqué que par leur consentement mutuel[221].

Le contrat étant considéré comme un pari sur l'avenir, le souci de son adaptation aux circonstances changeantes pousse les parties à y insérer des clauses de prix révisable telles celles dites d'échelle mobile. C'est une clause par laquelle les parties prévoient la révision automatique du prix en fonction de la variation d'un ou de plusieurs indices convenus comme, par exemple, le cours d'une marchandise ou d'un service. Les parties peuvent soumettre à l'indexation tout ou partie seulement du prix initial. Elles peuvent aussi décomposer le prix et affecter chaque élément d'un indice particulier.

Le prix déterminable n'est cependant pas pris en compte dans la vente immobilière. Il doit, impérativement, être fixé dans le contrat. Cependant, les parties retrouvent leur liberté par rapport à la détermination de son montant même si, du reste, c'est une liberté encadrée.

PARAGRAPHE 1 : L'EXIGENCE D'UN PRIX DÉTERMINÉ

101. Dans le cadre de la vente immobilière, le prix doit être strictement indiqué dans le contrat[222]. Les « mobiles juridiques »[223] d'une telle exigence résident dans le fait que cela permet d'éviter une ambiguïté qui naîtrait d'un défaut de fixation initiale du quantum de l'obligation pécuniaire. En outre, ça donne tout son sens au caractère commutatif du contrat de vente[224]. « Le contrat qui exige un nouvel accord des parties pour déterminer le prix ne (remplirait) plus sa fonction sociale d'instrument indispensable des prévisions individuelles, conformément au principe de sécurité juridique, puisque les termes essentiels ne sont pas fixés »[225]. « L'incertitude sur le prix ferait naître une incertitude sur le consentement… »[226] La « méticulosité » apportée par l'article 385 peut aussi trouver justification dans l'ordre public de direction.

---

[221] Le tiers est désigné dans le contrat ou choisi ultérieurement par les parties. Si les parties ne s'accordent pas pour la désignation du tiers ou si celui-ci ne peut remplir sa mission, le prix sera fixé par le juge saisi par la plus diligente des parties.

[222] Art. 385 al. 1 COCC.

[223] M. THIOYE, Recherche sur la conception du prix dans les contrats, Thèse précitée, p. 35.

[224] M. THIOYE, Recherche sur la conception du prix dans les contrats, Thèse précitée, p. 35.

[225] J. GHESTIN et M. BILLIAU, Le prix dans les contrats de longue durée, LGDJ, 1990, p.12.

[226] GRENIER, Discussion devant le corps législatif, in Recueil complet des travaux préparatoires du code civil, par P.-A FENET, 1827 – 1829, tome XIV, p. 185.

102. Dans un contexte de lutte contre les capitaux sauvages qui se sont investis dans le secteur immobilier occasionnant une hausse des prix et entrainant une expulsion des nationaux de leur habitation et de leur lieu de travail[227], le législateur avait instauré un régime d'autorisation préalable en matière de transaction immobilière[228]. Avec la Loi n° 77-85 du 10 aout 1977, une autorisation préalable est obligatoire pour toutes les transactions ayant pour objet le transfert de propriété, exclusion faite de celles dont le prix de cession augmenté des charges est inférieur à 10.000.000 FCFA.

Les lourdeurs dans l'instruction des demandes d'autorisation préalable occasionnant le rallongement des délais de transfert de propriété auront cependant raison de la loi de 1977[229]. L'abrogation de la loi de 1977 n'est donc pas justifiée par un changement dans les motifs qui la fondaient. En effet, aujourd'hui, plus qu'hier, ces motifs sont d'actualité. Avoir un logement reste un chemin de croix. Le législateur semble même être conscient de cela dans la loi n° 2013-04 du 8 juillet 2013[230] mais préfère accorder la primeur à la vitalité du monde des affaires.

Comme le souligne l'exposé des motifs de la loi de 2013, c'est plus les impératifs du monde des affaires qui justifient l'abrogation de la loi. « Au regard du Doing Business, la suppression de l'autorisation de transaction permettra de réduire le nombre de procédures et les délais sur l'indicateur « Transfert de propriété » sur lequel le Sénégal est classé 173e sur 185 pays » dans le rapport Doing Business 2013. Ainsi, « les exigences d'une économie moderne, caractérisée par la nécessité de rendre notre pays attractif aux investissements extérieurs, militent suffisamment en faveur de l'amélioration de l'environnement des affaires et de la compétitivité »[231].

Une loi peut-elle juste être motivée par des considérations économiques surtout dans un domaine aussi social que celui du foncier ?

La déclaration préalable qui s'est substituée à l'autorisation préalable (depuis la loi n° 2013-04 du 8 juillet 2013) a pour champ d'application toutes les transactions concernant un bien immeuble ou un droit réel immobilier et

---

227 Exposé des motifs Loi n° 2013-04 du 8 juillet 2013 abrogeant la Loi n° 77-85 du 10 aout 1977 soumettant à autorisation préalable certaines transactions immobilières et instituant un régime de déclaration préalable aux transactions portant sur un immeuble ou un droit réel immobilier.

228 Loi n° 77-85 du 10 aout 1977.

229 Exposé des motifs Loi n° 2013-04 du 8 juillet 2013.

230 Exposé des motifs Loi n° 2013-04 du 8 juillet 2013.

231 Exposé des motifs Loi n° 2013-04 du 8 juillet 2013.

ayant pour objet : la cession à titre onéreux, l'échange avec ou sans soulte, le partage et l'apport en société.

La déclaration est déposée auprès de la Direction de l'Enregistrement, des Domaines et du Timbre, avant le dépôt de l'acte qui constate la transaction. Dans la pratique, il revient au notaire, dans une transaction entre particuliers, de procéder à une telle déclaration. En effet, il ne pourra procéder à la réquisition pour la mutation au Livre foncier qu'après le respect de la formalité de déclaration. Comme en dispose l'article 5 de la loi de 2013, la réquisition d'inscription de la mutation au Livre foncier est accompagnée, obligatoirement, d'une copie de la déclaration, mentionnant le numéro et la date de la décharge. Le défaut de déclaration ou l'absence de preuve de son accomplissement doit donc être considéré comme un motif de rejet de la demande de mutation.

103. Outre la lutte contre la spéculation foncière, la détermination du prix répond aux exigences de la fiscalité immobilière, plus particulièrement à la taxe de plus-value immobilière[232]. La plus-value est la différence entre, d'une part, la somme ou contre-valeur moyennant laquelle l'immeuble ou le droit réel immobilier est aliéné, ou l'estimation pour laquelle il fait l'objet dans un apport en société pur et simple ou à titre onéreux et, d'autre part, son prix ou sa valeur d'acquisition[233].

La taxe de plus-value immobilière est liquidée et payée au moment même et à l'occasion des formalités d'enregistrement des actes d'aliénation ou des déclarations de mutation. Elle est due par le vendeur. En effet, nonobstant toutes conventions contraires, la taxe est à la charge de celui qui bénéficie de la plus-value[234]. Sont cependant exemptés de la taxe :

- ✓ le produit de l'aliénation des immeubles de l'État, des établissements publics à caractère administratif, des sociétés nationales, des sociétés à

[232] Art. 556 CGI.

[233] Art. 557 CGI : « la valeur d'acquisition est la somme ou contre-valeur déboursé par le cédant pour obtenir la propriété de l'immeuble ou du droit réel immobilier. Elle comprend les frais de délivrance de titres ou d'actes, lesquels sont fixés forfaitairement à 20% du prix d'acquisition ou de l'estimation de la valeur d'acquisition de l'immeuble ou du droit réel immobilier et des ouvrages qu'il comporte à l'époque de l'acquisition.

[234] Art. 559 CGI. A noter que si la taxe n'est pas réglée en même temps que les droits de mutation, la formalité de l'enregistrement est refusée, sauf le cas des acquisitions faites par l'Etat, les communes et les communautés rurales et urbaines.

participation publique ayant pour objet l'amélioration de l'habitat, des collectivités et organismes publics ou privés dont les acquisitions sont exonérées de doit d'enregistrement ;

✓ les plus-values réalisées sur les immeubles inscrits à l'actif du bilan des entreprises soumises à l'impôt sur les sociétés ou à l'impôt sur le revenu[235].

104. En considération de toutes ces exigences, le prix est obligatoirement fixé dans le contrat et tout accord de quelque nature qu'il soit, tendant à en exiger un supplément, est nul[236]. En outre, il doit être réel.

105. Le prix est fictif lorsqu'il a été convenu que le vendeur n'en demanderait jamais le paiement[237]. En outre, est inopposable à l'administration des impôts, toute convention ayant pour but de dissimuler une partie du prix de vente d'un immeuble[238]. La dissimulation du prix réel se prouve par tous moyens[239].

Mais le prix peut-il être disproportionné par rapport à la valeur de la chose ?

PARAGRAPHE 2 : L'ABSENCE DE PRISE EN COMPTE DE LA LÉSION

106. La disproportion n'est pas une cause de nullité du contrat. Cependant, ce principe souffre d'exceptions.

A. Le principe.

107. La lésion pose le débat sur la nécessité ou non d'avoir une équivalence des prestations dans le contrat au moment de sa formation. En d'autres termes, le contrat doit-il être équilibré par rapport aux prestations des parties ? En effet, la lésion est un déséquilibre des prestations au moment de la formation du contrat. Par exemple un acheteur paye un prix de loin supérieur à la valeur du produit acheté. La lésion suppose alors un déséquilibre pécuniaire au

---

[235] Art. 562 CGI.

[236] Art. 385 al. 2 COCC. La nullité qui résulte de l'article 385 COCC est une nullité absolue du contrat compte tenu des intérêts en jeu. Aux termes de l'article 268 COCC, « Il n'y a pas de vente s'il n'y a pas de prix fixé… »

[237] Art. 268 COCC.

[238] Art. 623 CGI. L'inopposabilité s'étend aussi à la dissimulation en cas de cession de fonds de commerce ou de clientèle, de droit au bail, ou du bénéfice d'une promesse de bail sur tout ou partie d'un immeuble et tout ou partie de la soulte d'un échange ou d'un partage comprenant des biens immeubles, un fonds de commerce ou une clientèle. A noter que la personne encourt aussi d'autres sanctions cf. titre IV CGI.

[239] Art 385 *in fine* COCC.

moment de la conclusion du contrat. Il y a, pour une des parties, une inégalité de valeur concomitante à la formation du contrat entre le sacrifice consenti et l'avantage reçu. La lésion ne se conçoit que dans les contrats à titre onéreux et commutatif. L'aléa chasse la lésion. Dans les contrats aléatoires, chaque partie accepte le risque d'un déséquilibre des prestations à l'issue de l'exécution du contrat.

108. En droit sénégalais, la lésion n'est pas une cause d'annulation du contrat portant sur des immeubles. Les actions en nullité pour lésion du quart ou des sept douzièmes sont irrecevables sur immeubles immatriculés[240].

La lésion n'est pas une cause d'annulation du contrat sauf de manière exceptionnelle. Aux termes de l'article 75 COCC, la lésion n'entraîne la nullité ou rescision du contrat qu'en vertu d'une disposition expresse de la loi. La lésion n'est pas un vice du consentement mais une cause particulière de nullité.

B. La prise en compte exceptionnelle de la lésion

109. La lésion est prise en compte pour les actes passés contrairement aux règles de protection des mineurs. En effet, comme en dispose l'article 275 CF, le mineur pourra solliciter la nullité s'il est lésé (**supra n° 46**).

110. Outre cette hypothèse où il sanctionne la lésion *stricto sensu,* le législateur contrôle l'équilibre des prestations dans certains contrats en empruntant l'idée de lésion. Il n'y a pas de vente si le prix qui a été stipulé apparaît comme dérisoire[241]. Le prix dérisoire s'oppose au prix sérieux[242]. « C'est un prix qui présente avec la chose une disproportion telle qu'on ne peut pas le considérer comme contrepartie de cette chose »[243]. C'est un prix « inexistant (zéro frac) ou ridiculement bas ». Au prix dérisoire, est assimilé le prix dit « vil »[244]. Cependant, comme le souligne un auteur, « en rigueur des termes, il faudrait bien distinguer ces deux notions »[245]. Le prix est dérisoire lorsqu'il « est trop faible, trop minime pour être sérieux (…) quantitativement

---

240 Art. 31 de la loi de 2011 portant régime de la Propriété foncière.

241 Art. 268 al. 2 COCC.

242 M. THIOYE, Recherche sur la conception du prix dans les contrats, Thèse précitée, p. 648.

243 F. COLLART-DUTILLEUL et P. DELEBECQUE, Les contrats civils et commerciaux, 3e éd., Précis Dalloz 1996, p.138.

244 A. BENABENT, Droit des contrats spéciaux civils et commerciaux, précité, p. 32.

245 M. THIOYE, Recherche sur la conception du prix dans les contrats, Thèse précitée, p. 648.

insignifiant et juridiquement insuffisant »[246]. Par contre, en cela que le vocable « vil » trouverait son étymologie dans le mot latin « *vilis* », le contraire de « cher » ou « estimables », le prix vil n'installe pas une opposition entre prix non sérieux et prix inexistant. Ici, le prix existe mais est juste manifestement inférieur à la valeur de la chose.

« En dépit de ces nuances terminologiques certaines, les prix dérisoire et vil sont tous les deux logés à la même enseigne, celle du prix non sérieux »[247] et méritent pour cela la même sanction. Le défaut de prix, tout comme l'absence d'équivalence de prix sérieux, doit entrainer la nullité absolue de la vente[248].

Le prix sérieux peut toutefois être insuffisant. L'insuffisance du prix s'apprécie à l'aune de sa valeur vénale.

La valeur vénale d'un bien peut être définie comme *la valeur marchande, le prix auquel ce bien pourrait être vendu ou acheté dans des conditions normales d'offre et de demande.* Elle est égale à la valeur que donne un acquéreur rationnel à un bien, à un moment précis.

111. En cas d'insuffisance du prix, l'administration fiscale va effectuer un redressement contradictoire. Elle procède à la rectification dans le respect de la procédure contradictoire, par notification de redressement ou par procès-verbal[249]. C'est à l'administration d'apporter les preuves de l'insuffisance des prix exprimés ou des évaluations fournies dans les actes ou déclarations.

Par ailleurs, l'administration fiscale peut exercer son droit de préemption. Le droit de préemption donne à une personne la faculté de se porter acquéreur d'un bien de préférence à toute autre[250].

Aux termes de l'article 674 CGI, dans le délai de six (6) mois à compter du jour de l'enregistrement de l'acte ou de la déclaration, l'administration de l'enregistrement peut exercer, au profit du Trésor, un droit de préemption sur les immeubles, droits immobiliers, fonds de commerce ou de clientèle, droit au bail ou au bénéfice d'une promesse de bail portant sur tout ou partie d'un immeuble, dont elle estime le prix de vente insuffisant, en versant aux ayants droit, le montant de ce prix majoré d'un dixième. Le délai de six (6) mois est

---

[246] Vocabulaire juridique, V° Dérisoire.

[247] M. THIOYE, Recherche sur la conception du prix dans les contrats, Thèse précitée, p. 649.

[248] Rouen, 3/9/1985, Gaz. Pal. 1986. 287.

[249] Art. 606 et s. CGI.

[250] Art. 318 al. 1 COCC.

réduit à trois (3) mois, lorsque l'acte ou la déclaration a été enregistré dans un service des impôts de la région de Dakar, et concerne un bien situé dans le ressort de ce service.

La décision d'exercer le droit de préemption appartient au Directeur chargé des domaines. Elle est notifiée par acte extra-judiciaire à l'acquéreur. En cela que l'exercice du droit de préemption a pour effet de substituer l'État à l'acquéreur évincé, l'acquisition se trouve rétroactivement exonérée des droits de mutation qui sont en conséquence restitués.

Par dérogation au Code du domaine de l'État, les immeubles préemptés peuvent être vendus sans formalités préalables.

SECTION 4 : LE PROCESSUS DE LA VENTE

112. Le processus de la vente suit le droit commun de la formation des contrats. La conclusion du contrat peut être instantanée ou être le résultat d'un long processus. Au schéma simple de la rencontre des consentements, peut être ajoutée une succession de plusieurs étapes avant que la vente ne soit définitivement conclue ; c'est la période précontractuelle.

PARAGRAPHE 1 : LA PHASE PRÉCONTRACTUELLE DE VENTE

113. La période précontractuelle peut avoir pour support un contrat ou être libre. Si la première situation concerne l'hypothèse des avant-contrats, la deuxième nous installe dans les pourparlers.

Les pourparlers

114. Les pourparlers renvoient à une période de négociation pour la conclusion du contrat final. Une partie invite l'autre à négocier le contenu du contrat à conclure. Cependant, c'est une simple invitation qui n'est pas à confondre avec l'offre (**infra n° 145**).

Dans le cadre des pourparlers, c'est une simple invitation à la discussion. Cette invitation trouve son terrain de prédilection dans les contrats de gré à gré.

Le contrat de gré à gré est l'expression de la liberté des parties. C'est un contrat où elles peuvent négocier librement les clauses (les parties ont la possibilité de marchander). Il s'oppose au contrat d'adhésion dont la particularité réside dans le fait qu'il soit rédigé à l'avance par l'une des parties, et qui le propose à l'adhésion de ses contractants qui n'ont que la liberté d'accepter ou de refuser le contenu global de la proposition.

115. Les pourparlers peuvent intervenir en exécution d'accords préalables en ce sens, autrement dit, avoir des fondations conventionnelles. Dans ce cas, ils traduisent l'exécution d'une obligation contractuelle de négocier parce que des accords ont été antérieurement conclus en ce sens. Il en sera ainsi lorsqu'il existe par exemple une clause de renégociation stipulée dans des contrats liant déjà les parties à la négociation.

116. Dans tous les cas de figure, les parties ne sont pas tenues de finir les pourparlers par la conclusion du contrat définitif. Le contrat est réputé conclu dès qu'elles se sont mises d'accord sur les points essentiels, notamment sur la nature et l'objet des prestations promises[251]. Cependant, la vente immobilière étant un contrat solennel, l'acte par lequel les parties s'engagent, l'une à céder, l'autre à acquérir un droit sur l'immeuble, est une promesse synallagmatique de vente. Elle oblige l'une et l'autre partie à parfaire le contrat (**infra n° 139**).

117. En cas d'échec des pourparlers, le principe est l'absence de responsabilité. Chacun peut mettre fin librement aux pourparlers. Pièce essentielle du bon fonctionnement d'une économie de marché, la liberté contractuelle suppose qu'on puisse mener des pourparlers parallèles, comparer diverses propositions, choisir les plus avantageuses et donc rompre avec ceux qui ont émis celles qui le sont moins[252]. Une liberté n'étant, cependant, jamais absolue, les pourparlers peuvent déclencher le jeu des règles de la responsabilité civile extracontractuelle[253]. Aux termes de l'article 118 COCC, est responsable celui qui par sa faute cause un dommage à autrui. L'abus du droit de rupture, comme tout abus, est donc répréhensible.

Commet une faute par abus de droit celui qui use de son droit dans la seule intention de nuire à autrui, ou qui en fait un usage contraire à sa destination[254]. Chacun de ceux qui participent aux pourparlers engage alors sa responsabilité lorsque la rupture dont elle prend l'initiative est teintée par la mauvaise foi. Il en va ainsi lorsque l'auteur de la rupture est animé par l'intention de nuire à son partenaire. Ce sera le cas lorsqu'on prend l'initiative de la négociation sans intention sérieuse de contracter, par exemple, à seule fin de dissuader le partenaire de négocier avec autrui.

---

[251] Art. 79 al. 2 COCC.

[252] Droit français, Com. 26 nov. 2003, Bull. civ. IV, n° 186 ; D. 2004.869, note A.-S. Dupre-Dallemagne.

[253] Contrairement à JHERING (R. von JHERING, Œuvres choisies : t. 2, trad. O. de MEULENAERE, 1893, p. 23) qui considérait que l'entrée en pourparlers valait conclusion tacite d'un contrat obligeant les parties à un minimum de bonne foi, avant la conclusion d'un contrat, la responsabilité ne peut qu'être extracontractuelle.

[254] Art. 122 COCC.

Le dommage à réparer pourra consister en une perte d'argent (les frais engagés), de temps mais aussi à un préjudice moral (atteinte à la renommée professionnelle en cas de rupture accompagnée d'allusion ou d'allégations diffamantes). Les dommages et intérêts ne peuvent cependant pas avoir pour objet de compenser la perte de bénéfices attendus du contrat non conclu[255].

Celui qui utilise sans autorisation une information confidentielle obtenue à l'occasion des négociations engage sa responsabilité extracontractuelle[256].

Les avant-contrats

118. Le contrat de vente peut être précédé d'une promesse ou d'un pacte de préférence.

1. La promesse

119. Si la variété des promesses invite à une étude de leur physionomie, leur objet justifie que leur forme soit discutée.

a) La physionomie de la promesse en matière de vente

120. Il sera question ici de voir la promesse de vente et la promesse d'achat.

1) La promesse de vente

121. La promesse de vente est unilatérale ou synallagmatique[257]. Si dans la première situation elle est créatrice d'un droit d'option, dans la deuxième, elle oblige à la perfection du contrat.

122. La promesse génératrice d'un droit d'option. Elle renvoie à la promesse unilatérale de vente qui est le contrat par lequel une partie (le promettant) consent à l'autre (le bénéficiaire), qui accepte, la faculté d'acheter un bien à un certain prix, en levant l'option qui lui est offerte dans un certain délai[258].

---

[255] Droit français, Com. 26 nov. 2003, RTD civ. 2004.80, obs. J. Mestre et B. Fages : « en l'absence d'accord ferme et définitif, le préjudice subi par la société Alain Manoukian n'incluait que les frais occasionnés par la négociation et les études préalables auxquelles elle avait fait procéder et non les gains qu'elle pouvait, en cas de conclusion du contrat, espérer tirer de l'exploitation du fonds de commerce ni même la perte de chance d'obtenir ces gains ».

[256] Art. 118 COCC.

[257] Art. 321 COCC.

[258] Art. 83 COCC.

La promesse unilatérale de vente est un contrat qui suppose l'acceptation par le bénéficiaire de l'engagement du promettant[259]. Le droit d'option dont le promettant investit le bénéficiaire naît de la rencontre de leurs volontés respectives. En effet, c'est lorsque toutes les conditions nécessaires à la formation de la vente sont fixées dans le contrat que la promesse engage le vendeur et fait naître l'option au profit de l'acquéreur[260]. Le contrat est donc unilatéral car seul le promettant est tenu[261]. Le bénéficiaire de l'offre n'assume aucune obligation d'acheter, alors que le promettant est tenu de l'obligation de vendre. C'est ainsi un contrat préparatoire pourvu de plusieurs atouts. Le bénéficiaire peut accepter sans la crainte d'être contraint de conclure le contrat définitif si, après qu'il en a fait l'étude, celui-ci ne lui apparaît finalement pas aussi intéressant qu'il le pensait. S'il ne lève pas l'option, la promesse va simplement devenir caduque. D'autre part, dans la mesure où la promesse unilatérale n'a pas pour effet de transférer la propriété du bien sur lequel elle porte, le promettant recouvre sa pleine liberté de vendre si le bénéficiaire ne lève pas l'option dans le délai convenu.

123. La promesse peut être assortie d'une indemnité d'immobilisation. Celle-ci peut être définie comme la somme d'argent que le bénéficiaire s'engage à payer au promettant s'il ne lève pas l'option qui lui est offerte au terme du délai convenu. L'indemnité d'immobilisation constitue la contrepartie de l'exclusivité que le promettant a accordée au bénéficiaire.

L'indemnité d'immobilisation doit être distinguée du dédit avec lequel elle est fréquemment confondue en pratique. Le dédit est la somme d'argent dont le versement permet à un contractant de se délier unilatéralement d'un engagement[262]. La présence d'une clause de dédit donne au contrat un caractère conditionnel.

Si la stipulation d'une clause de dédit est assurément concevable à la charge du promettant, dans la mesure où elle lui offre la possibilité de renier l'engagement de vendre qu'il a unilatéralement contracté[263], elle ne saurait concerner le bénéficiaire qui ne lève pas l'option : ce dernier, puisqu'il ne s'est pas obligé à acquérir, n'a pas à se délier d'un tel engagement.

---

[259] Cass. 3e civ. 8 mai 1969, 2 arrêts, JCP 1969. II. 16006, note P. L. ; 12 juill. 1976, D. 1976.657, note Poulnais.

[260] Art. 325 COCC.

[261] Art. 324 COCC.

[262] Art. 329 al. 1 COCC.

[263] Cass. 3e civ. 16 déc. 1970, Bull. civ. III, no 716.

124. La promesse synallagmatique de vente. Elle est celle par laquelle les deux parties sont d'accord, le vendeur pour vendre et l'acheteur pour acheter une chose déterminée pour un prix fixé[264]. Contrairement à la promesse unilatérale, nous avons ici un contrat synallagmatique. Chacune des parties supporte une obligation résultant du contrat. Il a cependant été jugé en droit français que « l'échange d'une promesse unilatérale d'achat et d'une promesse unilatérale de vente réalise une promesse synallagmatique de vente valant vente définitive dès lors que les deux promesses réciproques ont le même objet et qu'elles sont stipulées dans les mêmes termes »[265].

2) La promesse d'achat

125. La promesse d'achat est une convention par laquelle une personne s'engage à acheter une chose si le vendeur consent à la vendre[266]. Elle est liée par l'acceptation du vendeur si toutes les conditions de la vente sont fixées dans le contrat. Sa validité reste alors tributaire d'un accord sur la chose à acheter et le prix.

La promesse d'achat est donc un contrat unilatéral qui ne génère d'obligations qu'à la charge du promettant. Il supporte l'obligation de maintenir son engagement aussi longtemps que dure le temps pour lequel la promesse a été faite. En l'absence de délai fixé, il devra respecter un délai raisonnable à apprécier par le juge.

126. La nature contractuelle de la relation installe le vendeur est dans l'interdiction de vendre le bien à un autre acquéreur. En cas de violation de cette obligation, le contrat devra être annulé si le tiers est de mauvaise foi et le vendeur lié au promettant. En effet, même si son offre était adressée à un tiers, elle devient une information objective détachée de sa personne. L'extériorisation de sa volonté de vendre doit suffire pour le lier au promettant.

127. Aux termes des dispositions de l'article 328 COCC, la vente est conclue lorsque le vendeur fait connaître son adhésion à vendre la chose. Le promettant, à partir de ce moment, supportera les obligations appliquées à l'acheteur. Il se verra obligé d'acquérir le bien au prix fixé dans la promesse. Le contrat pourra cependant être avec stipulation de dédit.

---

264 Art. 332 COCC.
265 Cass. com. 22 nov. 2005, RTDciv. 2006. 302, obs. J. Mestre et B. Fages.
266 Art. 327 COCC.

2. Le pacte de préférence

128. Le pacte de préférence est un contrat par lequel une personne s'engage envers une autre, qui accepte, à ne pas conclure avec des tiers un contrat déterminé avant de lui en avoir proposé la conclusion aux mêmes conditions[267]. Il accorde ainsi au bénéficiaire un droit de priorité pour toute vente éventuelle. C'est un droit de préemption d'origine conventionnelle[268] **(supra n° 74)**

Le promettant ne s'engage pas à conclure le contrat mais s'oblige à ne pas vendre le bien à un tiers sans l'avoir préalablement proposé au bénéficiaire. Ainsi, sauf pour ce qui concerne l'objet, les conditions du contrat peuvent ne pas être fixées.

3. La forme des avant-contrats

129. Le débat s'est posé par rapport à la vente immobilière sur la question des actes qui devaient être passés devant notaire. De façon plus précise, la question était de savoir si, outre le contrat définitif de vente d'immeuble, les avant-contrats devaient être passés devant notaire. Au début, la jurisprudence considérait que « … tant la promesse de vente que le contrat définitif ayant pour objet la vente d'un immeuble immatriculé au livre foncier doivent être établis obligatoirement par un notaire »[269]. Mais un revirement jurisprudentiel semble être opéré. Depuis 2012, la jurisprudence considère qu'« aucune forme particulière n'est exigée pour la validité de la promesse synallagmatique de

---

[267] Aux termes des dispositions de l'article 1123 du Code civil, « le pacte de préférence est le contrat par lequel une partie s'engage à proposer prioritairement à son bénéficiaire de traiter avec lui pour le cas où elle déciderait de contracter ».

[268] Art. 319 COCC.

[269] CS, 2ème civ. et com., 04 juin 1993, Arrêt n° 107, EDJA n° 24, janv. - mars 1995, note A. Cissé ; Cs, ch. civ. et com., 16 janvier 2008, arrêt n° 21, Youssou Seck c/SNR, Bull n° 16. Dans le même sens, Cs., ch. civ. et com., 05 déc. 2007, arrêt n° 121, Amadou Lamine Kébé c/Mayoro Mbaye, Bull n° 15, année judiciaire 2006-2007 : « … tant la promesse de vente que le contrat définitif ayant pour objet la vente d'un immeuble immatriculé au livre foncier doivent être établis obligatoirement par un notaire ». V., A. Faye, « Le transfert de propriété dans la vente de l'immeuble en droit sénégalais », PUSS, Droit sénégalais, n° 8/2009. V. aussi B. DIALLO, Promesse sous seings privés de vente d'immeuble immatriculé ne vaut ?, Observations sur C.S. Sénégal n° 79 du 16 juillet 2008, Aliou Bathily c/ Abdoul Diallo, Revue Droit et Ville, n° 71, 2011, p. 175-197.

contrat ou avant contrat qu'il faut distinguer du contrat »[270]. Désormais, seul le contrat définitif de vente immobilière doit être sous la forme d'un acte authentique.

130. La vente immobilière peut donc être précédée d'un avant contrat sous seing privé. Compte tenu de l'objectif qui justifie l'intervention du notaire dans les transactions immobilières, la pertinence de cette solution fait débat[271]. Tout de même, elle ne peut pas porter atteinte à la sécurité juridique recherchée. L'intervention du notaire n'est pas totalement écartée. Pour parfaire leur vente, les parties devront le saisir. En effet, comme en dispose l'article 47 de la loi de 2011 portant régime de la propriété foncière, en vue de l'inscription, la convention doit être constatée par acte authentique.

Par ailleurs, l'acquéreur bénéficie d'un délai de réflexion[272]. Tout acte sous seing privé ayant pour objet l'acquisition ou la construction d'un immeuble neuf d'habitation, la souscription de parts donnant vocation à l'attribution en jouissance ou en propriété d'immeubles neufs d'habitation, les contrats préliminaires de vente d'immeubles à construire ou de location-accession à la propriété immobilière, ne devient définitif qu'au terme d'un délai de sept jours pendant lequel l'acquéreur non professionnel a la faculté de se rétracter, chaque fois que la loi ne lui donne pas un délai plus long pour exercer cette faculté[273]. L'acte est adressé par lettre recommandée avec demande d'avis de réception à l'acquéreur. Le délai commence à courir à compter de la réception de cette lettre par l'acquéreur. En outre, ce dernier pourra exercer sa faculté de rétractation dans les 7 jours par lettre recommandée avec demande d'avis de réception.

131. Pouvant être sous seing privé, les avant-contrats peuvent aussi être consensuels. Dans une telle situation le risque résidera cependant dans leur efficacité. En effet, aux termes de l'article 14 COCC, *il doit être passé acte devant notaire ou sous signatures privées de toute convention dont l'objet excède 20.000 francs.* Cet article qui pose la règle de la préconstitution de la preuve écrite peut ainsi constituer un frein à l'exécution de l'avant-contrat en

---

[270] CS, ch. Réunies, arrêt n° 11 du 19 juin 2012, CBAO c/La SET ; CA Dakar, 11 avril 2011, A. WADE c/ El. K. SECK, arrêt n° 296, Bulletin des arrêts rendus par la Cour d'Appel de Dakar en matière civile et commerciale, 2013, vol. 1, p.127.

[271] cf. M. ND. MBAYE, Les transactions immobilières au Sénégal, in De l'esprit du droit africain, Mélanges POUGOUE P. G., précité.

[272] Lorsque le contrat définitif est précédé d'un contrat préliminaire, le délai de réflexion ne s'applique qu'au contrat préliminaire.

[273] Art. L137 Code la construction.

cas de contestation de la part de l'une des parties. Toutefois, il reçoit exception toutes les fois qu'il n'a pas été possible au créancier de se procurer ou de produire une preuve écrite de la convention ; c'est l'hypothèse de l'impossibilité matérielle ou morale de se préconstituer un écrit[274]. Outre ces situations d'impossibilité, les témoignages et présomptions sont également recevables, lorsqu'il existe un commencement de preuve par écrit.

On appelle commencement de preuve par écrit tout écrit qui rend vraisemblable le fait allégué et qui émane de celui auquel on l'oppose, de son auteur ou de son représentant. Sont assimilées au commencement de preuve par écrit les déclarations faites au cours d'une comparution personnelle ordonnée par le juge.

132. Le cas de la représentation. En principe, on s'engage en son propre nom pour soi-même. Le consentement émane des parties aux contrats et les engage. Il est toutefois possible de s'engager pour ses héritiers et ayants cause. Par ailleurs, une partie au contrat peut ne pas vouloir ou ne pas pouvoir être présente lors de la conclusion du contrat. Dans ce cas, une autre personne pourra contracter en son nom par la technique de la représentation. C'est le mécanisme par lequel une personne, le représentant, agit en lieu et place d'une autre, le représenté. Le représentant va conclure un contrat pour le compte du représenté. Le représentant peut être habilité à agir au nom du représenté, soit par un contrat (c'est la représentation d'origine conventionnelle, exemple du contrat de mandat[275]), soit par la loi (la représentation légale : c'est le cas du tuteur), soit par une décision judiciaire (un époux habilité en justice pour représenter son conjoint qui est hors d'état de manifester sa volonté).

133. Avec la représentation, on consent par personnes interposées, mais tout se passe comme si le représenté avait lui-même accompli l'acte. Physiquement c'est le représentant qui est là mais juridiquement il est transparent c'est le représenté qui est présent. Il y a deux hypothèses de représentation. D'une part, nous avons la représentation parfaite où le représentant fait savoir au cocontractant qu'il agit au nom et pour le compte d'autrui. Dans ce cas, les effets de l'acte passé par lui se produisent directement sur la tête du représenté. D'autre part, le représentant ne révèle pas qu'il agit au nom d'autrui, c'est l'hypothèse de la représentation

[274] Sur la question, voir A. A. DIOUF, Etude critique de l'impossibilité morale dans la preuve des actes juridiques en Afrique noire francophone, R.I.D.C. 2-2013.

[275] Le mandat est un contrat par lequel le mandant donne au mandataire le pouvoir de faire en ses lieu et place un ou plusieurs actes juridiques. Il est gratuit ou salarié.

imparfaite. Le représentant sera alors personnellement engagé par le contrat mais devra ensuite en transmettre la charge et les bénéfices au représenté.

134. Le représentant doit justifier de ses pouvoirs. En d'autres termes, il doit être investi d'un pouvoir de représentation et agir dans les limites de ce pouvoir. Lorsqu'il contracte sans pouvoir au nom d'un tiers, celui-ci n'est lié que par la ratification du contrat[276]. Si la ratification est refusée, le représentant sera tenu de réparer le préjudice résultant de l'inopposabilité du contrat[277].

La remise d'une procuration écrite au mandataire fait preuve du mandat entre les parties et à l'égard des tiers[278]. Cependant, il ne peut, sans un pouvoir spécial, passer des actes de disposition ou agir en justice[279]. Le mandat doit préciser la nature juridique des actes à entreprendre[280].

Fait une exacte application de l'article 460 alinéa 2 du COCC, l'arrêt qui a relevé que la procuration notariée par laquelle une partie a donné pouvoir à une autre, à titre d'exemples, de donner en garantie tout bien, de régir et administrer activement et passivement tous biens présents et à venir du constituant, notamment en ce qui concerne un titre foncier déterminé, est un

---

276 Art. 55 al. 1 COCC.

277 Art. 56 COCC.

278 Art. 461 COCC.

279 Art. 460 al. 2 COCC. CA Dakar, 13 février 2012, M. KAMA c/ Héritiers P. B. KAMA, arrêt n° 41, Bulletin des arrêts rendus par la Cour d'Appel de Dakar en matière civile et commerciale, 2013, vol. 1, p.108 ; Cs, Ch. civ. com., arrêt n° 66 du 18 juillet 2012, B. SECK c/ S. S. LY et A. SAMBA, disponible sur www.juricaf.org : « Selon l'article 460 alinéa 2 du COCC, le mandataire ne peut, sans pouvoir spécial, passer des actes de disposition sous réserve des actes conservatoires ou interruptifs de délai. Méconnaît le sens et la portée dudit texte, une Cour d'Appel qui a ordonné au notaire d'accomplir les formalités relatives à la vente d'un titre foncier, en l'absence du pouvoir spécial du vendeur de faire des actes de disposition sur ce titre ». voir, pour le droit commercial, art. 178 al. 3 AUDCG : « l'intermédiaire ne peut, sans un pouvoir spécial, engager une procédure judiciaire, transiger, compromettre, souscrire des engagements de change, aliéner ou grever des immeubles, ni consentir de donation. ».

280 C. Cass., chambre civile et commerciale, 17 mai 1995, D. TALL et autres c/ Héritiers M. MAR et autres, arrêt n° 67, Recueil des arrêts de la Cour de cassation, année 1993-1998, Editions GIRAF, 2001, p. 202 : une procuration reçue pour recueillir la succession du défunt et recevoir, au nom des héritiers, toutes sommes en valeur, ne peut permettre au mandataire de consentir une transaction éteignant l'action des héritiers car la transaction est un acte de disposition dans son principe.

mandat spécial l'habilitant à faire des actes de disposition sur ledit immeuble[281].

En droit français, la Cour de cassation, depuis 2005, considère que l'absence de pouvoir du mandataire est sanctionnée par la nullité relative du contrat qu'il a conclu. (Cass. civ., 1re, 2 nov. 2005, Bull. civ. I, n 395).

Le mandat sans précision sur le nom du mandataire oblige le porteur de la procuration à se désigner. Le blanc-seing ne vaut procuration générale donnée au porteur que si la signature est reconnue ou vérifiée.

Lorsque la convention l'y autorise ou lorsque ses qualités personnelles n'ont pas déterminé le choix du mandant, le mandataire peut se substituer un tiers dans l'exécution du mandat. Il répond alors du soin avec lequel il doit choisir le sous-mandataire et des instructions qu'il lui a données.

Le mandataire qui s'est indûment substitué un tiers répond des actes de celui-ci.

Dans tous les cas, le mandant peut agir directement contre la personne que le mandataire s'est substitué.

Les engagements souscrits par un mandataire dont les pouvoirs sont expirés sont opposables au mandant, lorsque les tiers ont contracté sur la foi de l'apparence. Ceux-ci peuvent mettre en cause, s'il y a lieu, la responsabilité solidaire du mandataire et du mandant[282]. Par ailleurs, le mandant qui ne prouve pas un dépassement de pouvoir du mandataire lui ayant causé un préjudice est seul engagé envers les tiers et ne peut être admis à réclamer des dommages et intérêts vis-à-vis de celui-ci. Même en cas de dépassement de pouvoir du mandataire, il est seul engagé envers le tiers à moins que ce dernier soit de mauvaise foi[283].

135. La représentation permet ainsi à une personne de conclure au nom d'une autre. Mais, cette personne, le représentant, doit-elle être capable ? Aux termes de l'article 52 COCC, « il n'est pas nécessaire que le représentant ait

[281] C. cass., ch. civ. et com., arrêt n° 61 du 18 février 2004, T. MBOUP c/ I. GUEYE, disponible surwww.juricaf.org.

[282] Art. 472 COCC.

[283] CA Dakar, chambre civile et commerciale, 27 avril 2009, Sieurs Hussein c/ SGBS, arrêt n° 298, Bulletin des arrêts rendus par la Cour d'Appel de Dakar en matière civile et commerciale, 2011, vol. n°1, p. 50 ; CA Dakar, 06 avril 2012, A. LAM c/ M. M. DIOP, arrêt n° 114, Bulletin des arrêts rendus par la Cour d'Appel de Dakar en matière civile et commerciale, 2013, vol. 1, p.98.

la capacité de passer l'acte pour lequel il a pouvoir ; il suffit qu'il soit capable de représenter autrui ». C'est dans la personne du représenté que s'apprécie la capacité à contracter.

> *En droit français l'article 1990 Code civil : « Un mineur non émancipé peut être choisi pour mandataire ; mais le mandant n'aura d'action contre lui que d'après les règles générales relatives aux obligations des mineurs ».*
>
> *Sur le fondement de cet article, il a été jugé que le vendeur par correspondance de biens de faible valeur destinés aux enfants peut invoquer, en cas de commande passée par un mineur, un mandat apparent, tacite et oral des parents de celui-ci. TI Nîmes, 29 juin 1982.*

136. Par rapport à la forme de l'acte donnant pouvoir au représentant, l'article 49 *in fine* dispose que *lorsque la loi exige, pour la conclusion d'un contrat, des formes particulières, le pouvoir de passer ce contrat doit être donné au représentant dans la même forme*. Ainsi, en matière de vente immobilière, même si désormais la promesse peut être sous seing privé, la procuration pour vendre ou acheter doit être un acte authentique.

137. Pour une étude des intermédiaires en matière de transaction immobilière (courtier, commissionnaire, agent commercial), v. C. A. W. NDIAYE, Droit des entreprises individuelles (droit commercial général), L'Harmattan, 2020.

4. Les effets de la violation des avant-contrats

138. Il peut arriver que l'avant-contrat ne soit pas respecté. Par rapport aux conséquences de la violation, le COCC apporte certaines précisions.

a) **La violation d'une promesse**

139.- Si malgré sa promesse, le promettant a vendu la chose à un tiers, le bénéficiaire peut lui réclamer des dommages et intérêts. La compensation pécuniaire est donc préférée à la justice privée. Le débiteur, en lieu et place d'une responsabilité sur sa personne[284], est plutôt responsable sur l'universalité de ses biens. Cependant, celui dont les droits ont été violés peut ne pas souhaiter se placer sur le terrain de la responsabilité civile. Il peut préférer recevoir la prestation attendue de son cocontractant : le respect par ce

[284] Dans l'ancien droit romain, le lien était strictement personnel, le créancier pouvait, en cas d'inexécution, s'emparer de la personne physique de son débiteur et, selon les époques, le mettre à mort, l'incarcérer ou le vendre comme esclave.

dernier des stipulations de la promesse. Se pose alors la question d'une possibilité d'exécution forcée de l'obligation du promettant.

Le bénéficiaire de la promesse peut poursuivre l'annulation du contrat contre le tiers acquéreur s'il établit la mauvaise foi de ce dernier au moment de l'acquisition[285]. Qu'entendre par « tiers de mauvaise foi » ? Pour le droit français, la nullité de la vente suppose que l'acquéreur ait contracté dans des conditions frauduleuses, la fraude impliquant la connaissance à la fois de la clause et de l'intention du bénéficiaire de s'en prévaloir[286]. La volonté de protéger le tiers de bonne foi peut-elle justifier une telle solution ? En effet, la preuve que le tiers connaissait l'intention du bénéficiaire nous semble difficile à apporter. Sans connaître cette intention, est-il de bonne foi, le tiers au courant de l'existence du pacte et qui, malgré cela, accepte de contracter avec le promettant ?

La volonté de protéger le tiers doit être conjuguée avec celle de protéger le bénéficiaire de la promesse, car dans les deux situations, c'est la sécurité juridique qui se trouve convoquée. Ainsi, le tiers qui avait l'information ne mérite pas une protection et doit être considéré comme de mauvaise foi s'il passe outre et contracte avec le promettant. Mais est-ce que le bénéficiaire de la promesse pourra se substituer à lui ?

Sur le fondement des articles 322 et 323 du COCC, dans le cadre d'une promesse synallagmatique, les parties sont définitivement engagées. Ainsi, la promesse vaut vente si aucune formalité n'est exigée. Dans le cas contraire, elle oblige les parties à parfaire le contrat en accomplissant les formalités nécessaires à sa formation[287]. Dans cette hypothèse, le retard dans la formalisation de la vente, par exemple en matière immobilière, peut justifier une astreinte par jour de retard[288] car c'est un élément du transfert de la propriété qui s'analyse en une obligation de donner.

Partant de ces considérations, l'annulation du contrat avec le tiers remet les parties dans la situation résultant de la promesse. En d'autres termes, l'obligation pour le vendeur de s'exécuter au risque d'une exécution forcée en justice et, pour l'acheteur, de payer le prix.

---

[285] Art. 326 COCC.

[286] Cass. civ. 3e, 26 octobre 1982, Bull. civ. III, n° 208, p. 154.

[287] Art.323 COCC.

[288] Cs, ch. civ. et com., arrêt n° 56 du 19 mars 2008, S. BALACOUNE c/ B. NDIAYE et L. LAHLO, disponible sur www.juricaf.org.

140. Dans le cadre de la promesse unilatérale, le promettant se trouve supporter une obligation de vendre[289]. La vente est conclue au moment où l'acquéreur lève l'option. Elle ne dépend donc pas de la volonté du vendeur. Le promettant a donné son consentement pour la conclusion d'un contrat dont la conclusion dépend de la seule volonté du bénéficiaire de la promesse. Ainsi, si le contrat avec un tiers est annulé du fait de sa mauvaise foi, aucune impossibilité ne se présente pour empêcher une exécution, par le vendeur, de son obligation de donner.

b)La violation d'un pacte de préférence

141. En droit sénégalais, le pacte de préférence est soumis aux règles des promesses de vente. L'assimilation n'est cependant pas totale. En effet, outre le fait que toutes les promesses ne soient pas soumises aux mêmes règles par rapport à leurs conditions et effets, le pacte de préférence n'a pas la même nature juridique. Il n'est ni une vente, ni une promesse de vente, encore moins une promesse conditionnelle de vente. Le renvoi de l'article 319 COCC doit donc être apprécié beaucoup plus par rapport aux effets de la violation des promesses de vente.

142. Aux termes des dispositions de l'article 326 COCC sur la violation d'une promesse de vente, si malgré sa promesse, le promettant a vendu la chose à un tiers, le bénéficiaire peut lui réclamer des dommages et intérêts ; il ne peut poursuivre l'annulation du contrat contre le tiers acquéreur que s'il établit la mauvaise foi de ce dernier au moment de l'acquisition. Et l'article 320 COCC semble permettre l'exécution du pacte de préférence violé par le promettant. En effet, la déclaration du promettant, étant une offre, devient une information objective détachée de sa personne. Même si elle a été adressée à un autre, son extériorisation doit suffire pour attendre une acceptation du bénéficiaire de la promesse. En d'autres termes, le contrat avec le tiers étant annulé, la déclaration du promettant, offre de contracter, doit être considérée comme devant pouvoir le lier à l'égard du bénéficiaire. En disposant que « le promettant est tenu de faire connaître au bénéficiaire sa décision d'aliéner et les conditions du contrat qu'il projette de passer avec un tiers », l'article 320 ne mérite pas une lecture restrictive. Dans son esprit, il exige de la part du promettant le respect de la parole donnée. Son interprétation doit alors être innervée par une telle considération. Le législateur exige du promettant qui veut contracter de respecter la limitation à la liberté de choisir son

[289] Art. 324 COCC.

cocontractant qu'il s'était lui-même imposé. Or, en contractant avec un tiers, sans conteste, le promettant manifeste cette volonté d'entrer en relation contractuelle. Ainsi, lui faire respecter sa parole par une possibilité donnée au bénéficiaire de pouvoir saisir l'offre nous paraît en parfaite cohérence avec l'esprit du législateur, mais aussi avec les règles qui gouvernent le droit des contrats.

En droit français, pour la Cour de cassation, « « le bénéficiaire d'un pacte de préférence est en droit d'exiger l'annulation du contrat passé avec un tiers en méconnaissance de ses droits et d'obtenir sa substitution à l'acquéreur »[290]. La solution est aujourd'hui consacrée en droit français avec l'article 1123 du Code civil[291].

PARAGRAPHE 2 : LE CONTRAT DÉFINITIF DE VENTE

143. Le contrat de vente résulte de la rencontre des volontés des parties. Pour des raisons de sécurité juridique, c'est un contrat solennel. Il doit être passé devant notaire[292] et contenir impérativement certaines mentions.

A. La rencontre de volontés

144. Comme tout contrat, la rencontre des volontés se traduit par une offre de vente suivie d'une acceptation d'acheter.

1. **L'offre**

145. L'offre est une proposition de contracter, une manifestation unilatérale de volonté, c'est-à-dire un comportement par lequel une personne (l'offrant ou pollicitant) exprime sa volonté à l'attention des tiers pour conclure un contrat. L'offre doit, en principe, être expresse. Elle peut toutefois être tacite. C'est-à-dire la volonté n'est pas formellement exprimée mais peut être sous-entendue. C'est une offre qu'on peut déduire d'un comportement qui, en vertu des usages, manifeste une intention de contracter (exemple la reconduction tacite d'un contrat).

---

[290] Cass. ch. mixte, 26 mai 2006, n° 03-19.376.

[291] « Lorsqu'un contrat est conclu avec un tiers en violation d'un pacte de préférence, le bénéficiaire peut obtenir la réparation du préjudice subi. Lorsque le tiers connaissait l'existence du pacte et l'intention du bénéficiaire de s'en prévaloir, ce dernier peut également agir en nullité ou demander au juge de le substituer au tiers dans le contrat conclu ».

[292] Cette exigence n'est pas une nouveauté. Pendant la période coloniale, elle résultait du décret du 24 juillet 1906 et conforté par celui de 1932.

146. L'offre suppose que soit exprimée une volonté suffisamment ferme et précise pour qu'une simple acceptation suffise à former le contrat envisagé[293]. L'offre obéit alors à des conditions de validité.

La précision de l'offre : L'offre lie le pollicitant dès lors qu'elle précise les éléments principaux du contrat. Dans l'offre, l'objet du contrat projeté doit être suffisamment précisé et déterminé. En d'autres termes, l'offre doit contenir tous les éléments essentiels du contrat de vente. Il en est ainsi de la nature et de l'objet des prestations promises.

En doit commercial, une offre est suffisamment précise lorsqu'elle désigne l'objet et le prix, c'est-à-dire « lorsqu'elle désigne les marchandises et, expressément ou implicitement, fixe la quantité et le prix ou donne les indications permettant de les déterminer ». art. 241 al. 2 AUDCG.

La fermeté de l'offre : la fermeté de l'offre implique que l'offrant ait l'intention d'être engagé en cas d'acceptation. En effet, il y a des offres sans engagement. C'est l'hypothèse des offres avec réserve expresse. Il n'y aura pas offre ferme lorsque la proposition comporte des réserves, par exemple la mention « *après confirmation* ». L'offre doit alors indiquer la volonté de son auteur d'être lié en cas d'acceptation.

En droit commercial, l'article 241 al 3 et 4 AUDCG dispose : Une proposition de conclure un contrat, adressée à une ou plusieurs personnes déterminées, constitue une offre si elle est suffisamment précise et si elle indique la volonté de son auteur d'être lié en cas d'acceptation.

Une proposition adressée à des personnes indéterminées est considérée seulement comme une invitation à contracter, à moins que la personne qui a fait la proposition n'ait clairement indiqué le contraire.

147. Les effets de l'offre. Sauf volonté contraire, l'offre lie le pollicitant dès lors qu'elle précise les éléments principaux du contrat proposé. Dès qu'elle rencontre une acceptation, le contrat est formé. La formation du contrat est laissée à la merci du destinataire de l'offre. Cela est d'autant plus vrai que le législateur sénégalais accorde une force obligatoire à l'offre avant son acceptation. En effet, « l'offre lie le pollicitant » (Art. 80 al. 1 COCC) et ce

[293] Art. 80 COCC. Sauf dans les contrats réels et dans les contrats solennels.

dernier ne peut y revenir qu'à la condition de l'absence d'une acceptation ; c'est la rétractation.

148. La rétractation ne peut intervenir avant l'expiration d'un délai expressément fixé par le pollicitant ou résultant des circonstances. Le délai résultant des circonstances renvoie à la notion de délai raisonnable. La durée du délai raisonnable relève de l'appréciation souveraine des juges du fond et doit tenir compte des circonstances et de la nature du contrat.

> *Bien que l'offre mentionnât « réponse immédiate souhaitée », le délai de cinq semaines dans lequel est intervenue l'acceptation n'était pas déraisonnable dans la mesure où le contrat proposé portait sur l'acquisition d'un immeuble et que l'acquéreur, une société anonyme devait consulter son conseil d'administration pour obtenir le consentement à l'acquisition.*
>
> *France. Cass. civ. 3e, 25 mai 2005, JCP G 2005, I, 172, n 1, obs. P. GROSSER*

149. Outre la rétractation, l'incapacité ultérieure ou le décès du pollicitant rendent l'offre caduque. La caducité sanctionne un acte valablement formé (ce qui la distingue de la nullité) mais qui perd ensuite une des conditions nécessaires à sa validité. L'acte disparait alors à compter de l'apparition du vice. Mais encore faudrait-il qu'elle ne soit pas déjà acceptée.

2. **L'acceptation**

150. L'acceptation est la réponse positive donnée à l'offre. C'est un « OUI » donné par la personne qui reçoit l'offre. Elle consiste en un agrément pur et simple de l'offre. Elle doit être, à tous points, identique à l'offre, sinon il s'agira d'une contre-offre, d'une nouvelle offre, attendant une nouvelle acceptation.

> *ARTICLE 245 AUDCG- La réponse à une offre qui se veut acceptation de cette offre, mais qui contient des additions, des limitations ou d'autres modifications, vaut rejet de l'offre et constitue une contre-proposition.*
>
> *Toutefois, la réponse qui se veut acceptation mais qui contient des éléments complémentaires ou différents n'altérant pas substantiellement les termes de l'offre, constitue une acceptation, à moins que l'auteur de l'offre, sans retard indu, n'exprime son désaccord sur ces éléments. S'il ne le fait pas, les termes du contrat sont ceux de l'offre avec les modifications énoncées dans l'acceptation.*

151. À moins que le pollicitant ait exigé une forme déterminée d'acceptation, l'acceptation peut être tacite. La volonté tacite suppose une visibilité, un signe, qui facilitent l'interprétation. (Le fait de faire une approbation par la tête ou les mains par exemple ou d'exécuter le contrat).

> *« ... L'acceptation d'un contrat, si elle peut être tacite, ne peut résulter que d'actes démontrant avec évidence l'intention de la partie d'accepter le contrat proposé ». Cass. 2e civ. 21 janv. 1981, Bull. civ. II, n° 14.*

Le questionnement s'installe cependant devant un comportement purement passif, sans signe extérieur tangible, en d'autres termes, devant le silence de l'acceptant. La réponse de principe est que le silence n'a aucune valeur juridique. Le silence est une absence de manifestation de volonté.

> *« ... En droit, le silence de celui que l'on prétend obliger ne peut suffire, en l'absence de toute autre circonstance, pour faire preuve contre lui de l'obligation alléguée » ; Cass. civ. 25 mai 1870, DP 1870. 1. 257, S. 1870. 1. 341.*

Tout de moins, aux termes de l'article 81 al. 3 COCC, « le silence vaut acceptation lorsque les relations d'affaires existant entre les parties les dispensent de toute autre manifestation de volonté ».

> *En outre, une valeur juridique est reconnue au silence lorsqu'il existe des relations antérieures entre les parties. Cette hypothèse nous installe dans la tacite reconduction du contrat. La tacite reconduction ne peut être envisagée si l'un des contractants a manifesté sa volonté de s'y opposer puisqu'elle repose sur une présomption de volonté des parties (Cass. civ., 1re, 20 fév. 1996, n° 94-14737). En outre, pour qu'un nouveau contrat soit reconnu, il faut vérifier que les prestations essentielles se sont poursuivies après la rupture du contrat dans les conditions identiques (cass. com. 11 avril 2012, n° 10-20505). Les parties doivent continuer à agir comme si le contrat existait encore. Le nouveau contrat aura le même contenu que le contrat précédent (cass. com. 11 avril 2012, n° 10-20505).*

152. L'acceptation pure et simple forme le contrat à l'endroit et à l'instant même où elle se joint à l'offre. C'est donc au moment et au lieu où l'acceptation rencontre l'offre que le contrat est formé. La question de la date et du lieu de formation du contrat ne pose pas de problème lorsque l'offrant et l'acceptant sont en présence l'un de l'autre. Elle soulève, en revanche, une difficulté lorsque le contrat est conclu par correspondance.

Victime d'une mauvaise qualification de la part du législateur sénégalais[294], le contrat par correspondance tire sa particularité dans la localisation géographique de l'offrant et de l'acceptant : c'est un contrat conclu entre deux ou plusieurs personnes qui ne sont pas sur le même lieu. Sa spécificité ne pouvait ainsi manquer de soulever des interrogations. Quand est-ce que le contrat a été conclu ? Où est-ce que le contrat a été conclu ?

Trouver réponse à ces questions est un impératif en cela que si celle du « Quand » renseigne sur la date de signature du contrat, le « Où » renvoie au lieu de formation du contrat. Or, en droit des contrats, la date et le lieu de formation du contrat jouent un rôle prépondérant. C'est la date de conclusion du contrat qui constitue la genèse des obligations des parties et commande la loi applicable au contrat au cas de promulgation d'une nouvelle loi au cours de la période de formation[295].

Par ailleurs, le lieu de formation a des incidences sur la compétence territoriale[296] mais aussi joue un rôle important en droit international privé. Dans ce domaine, en vertu de la maxime *locus regit actum,* la règle traditionnelle est que la forme des actes juridiques est régie par la loi du lieu de conclusion du contrat à défaut de choix exprimé par les parties[297]. Le COCC consacre une solution malheureusement inadaptée.

153. La solution du COCC : Certains auteurs, comme J. P. TOSI, considèrent que le COCC « ne livre pas une solution sûre »[298]. Ils voient en l'article 82 COCC le siège à la fois de la théorie de l'émission et de celle de l'acceptation.

---

[294] Art. 82 COCC. L'absence ayant une définition particulière en droit, des absents ne peuvent entrer en relation contractuelle. Aux termes de l'article 16 CF, « L'absent est la personne dont le manque de nouvelles rend l'existence incertaine ».

[295] A noter que la loi compétente est, en principe, celle en vigueur au moment où le contrat est conclu.

[296] Par exemple, aux termes de l'article 34 al 4 CPC : « Les contestations relatives à des fournitures, travaux, locations, louages d'ouvrage ou d'industrie, peuvent être portées devant le juge du lieu où la convention a été contractée ou exécutée, lorsqu'une des parties est domiciliée dans ce lieu ».

[297] La Convention de Rome du 17 juin 1980 sur la loi applicable aux obligations contractuelles énonce, dans son article 9 que : « un contrat conclu entre des personnes qui se trouvent dans un même pays est valable quant à la forme s'il satisfait aux conditions de forme de la loi qui le régit au fond en vertu de la présente convention ou dans la loi du pays dans lequel il a été conclu ».

[298] J. P. TOSI, Le droit des obligations au Sénégal, LGDJ Paris - NEA, 1981, p. 66, n° 143.

Pour l'auteur de « Le droit des obligations au Sénégal », d'une première lecture de l'article 82, le COCC consacre la théorie de l'émission. Il considère que, dans une confusion du moment et du lieu de la formation du contrat, l'article 82 milite pour le système de l'émission. Cependant, « une analyse plus soignée » conduit à une deuxième interprétation. L'indication « comme entre personnes présentes », c'est-à-dire (art. 79 COCC) par « l'échange » des consentements, installe la théorie de la réception car, souligne-t-il, entre présents, acceptation et réception de l'acceptation se font simultanément. Même s'il considère que « cette deuxième interprétation surprend (...) car, inspirée par l'idée que c'est la déclaration de volonté, la volonté exprimée, qui lie plus que la volonté elle-même, elle s'harmonise mal avec l'économie générale du COCC, qui privilégie nettement la volonté interne sur la volonté externe (exemple net : art. 60 al. 2 COCC) »[299], l'auteur conclut sur un critère dualiste.

La théorie, quoique charmante, n'en demeure pas moins une « complication inutile »[300]. L'argumentaire, en plus d'être trop simpliste, souffre d'une tare congénitale. L'auteur fonde son argumentation sur la rencontre de volontés entre personnes présentes. Or, cette indication du législateur renvoie non pas au moment et au lieu de cette rencontre mais seulement au « comment » de la rencontre.

Dans les contrats entre personnes présentes, le débat ne se pose pas entre théorie de l'émission et théorie de l'acceptation car les parties sont dans le même lieu ; la simultanéité entre acceptation et réception de l'acceptation gouverne aussi émission et réception d'où le manque d'intérêt de tout débat sur le lieu de la conclusion du contrat.

En considérant que « ...le contrat (par correspondance) se forme comme entre personnes présentes »[301], le législateur sénégalais instaure un dénominateur commun relativement au « comment » de la formation du contrat. Le contrat naissant de la rencontre d'une offre et d'une acceptation, entre présents ou par correspondance, cette règle est maintenue. Ainsi, la

---

[299] J. P. TOSI, Le droit des obligations au Sénégal, précité, p. 66, n° 142.

[300] F. TERRE, P. SIMLER et Y. LEQUETTE, Droit civil, Les obligations, Dalloz, 9e éd., 2005, p. 174 : répondant à une partie de la doctrine française ayant probablement inspiré J. P. TOSI, les auteurs considèrent que ces « propositions(...) apparaissent comme des complications inutiles, surtout si l'on considère le faible enjeu pratique de la seconde question » , c'est-à-dire celle du lieu de la formation.

[301] Art. 82 COCC.

validité du contrat par correspondance est tributaire d'un échange de consentements sur toutes les stipulations du contrat[302].

Considérer que le contrat par correspondance se forme comme un contrat entre présents peut ainsi s'analyser comme un raccourci rédactionnel[303] pour exiger que le premier respecte les conditions de validité du second[304]. Une telle attitude est compréhensible en cela que le contrat par correspondance est une inclinaison du contrat entre présents. En effet, le contrat par correspondance se singularise seulement par l'interrogation qu'il soulève concernant le moment et le lieu de sa conclusion.

Loin de poser une double solution, le COOC considère, dans son « art de mal légiférer »[305], que le contrat par correspondance se forme « au moment et au lieu de l'acceptation[306] ». Le droit commun des contrats milite ainsi en faveur de la théorie de l'émission[307]. La théorie de l'émission, par opposition à celle de la réception, considère que le contrat est conclu aux moment et lieu où l'acceptant a émis sa volonté, a exprimé son « Oui » de contracter. Il n'est

---

302 Art. 79 COCC : « Les parties doivent échanger leurs consentements sur toutes les stipulations du contrat ». A noter que l'article s'intitule : « contrat entre présents ». Le consentement peut cependant être donné en bloc. En effet, « on admet que le contrat, étant un bloc, peut être voulu en bloc…Il suffit que le consentement se porte, avec un minimum de précision sur le principe du contrat à conclure. J'achète telle chose pour tel prix : le contrat est conclu. » ; Voir, J. CARBONNIER, Droit civil, Les biens – Les obligations, PUF 2004, vol. II, p. 1978, n° 949.

303 A noter que le renvoi opéré par l'article 82 n'est pas une exclusivité du COCC. La même formule est utilisée dans l'article 16 du CF : « L'absent est la personne dont le manque de nouvelles rend l'existence incertaine. Le disparu est la personne dont l'absence s'est produite dans des circonstances mettant sa vie en danger, sans que son corps ait pu être retrouvé.

304 Cette position semble être partagée par J. P. TOSI qui considère que, « d'une analyse plus soignée de l'article 82(….) l'indication (…) comme entre personnes présentes, c'est-à-dire par « l'échange » de consentements (…), vu qu'il s'agit d'un contrat entre présents, ne peut viser que la rencontre des volontés, leur connaissance réciproque » ; cf. J. P. TOSI, Le droit des obligations au Sénégal, précité, p. 66, n° 142.

305 L'expression est empruntée à I. Y. NDIAYE, L'art de mal légiférer, RASDP, Juillet-Décembre 1995, p. 53. L'auteur y traduit « l'embarras de l'interprète face au contenu, dans la forme et dans le fond, de certains textes » sénégalais.

306 Art. 82 al. 1 COCC.

307 La même position est partagée par certains auteurs. Voir, G. RIVES, Théorie générale des obligations en droit sénégalais, RSD 1971, p. 17. A noter que cette conception n'est pas partagée par d'autres. Voir, P. BOUREL, La formation du contrat en droit sénégalais : réflexions sur la modernité du code des obligations civiles et commerciales, RSD, septembre 1969, p. 48.

pas pris en compte la réception de la réponse positive par le pollicitant. Ainsi, ce dernier peut ne pas encore être au courant de l'existence du contrat car l'acceptation ne lui étant pas encore parvenue ; tout de même il serait lié. La même solution est adoptée lorsque l'offre est acceptée de manière tacite[308] même s'il peut être curieux de constater que l'alinéa 2 de l'article 82 commence par « cependant » alors qu'il n'apporte ni idée contraire à l'alinéa 1e, ni une vraie limite.

Le régime juridique de la vente à l'essai offre un exemple qui atteste de la volonté du législateur sénégalais pour la théorie de l'émission[309]. Mieux, les travaux de la commission de codification présentent la solution de l'article 82 comme « aussi nette que possible en se référant à la jurisprudence la plus récente »[310]. Or, cette jurisprudence qui, à bien des égards, était celle française, avait, durant cette période une tendance pour la théorie de l'émission.

En droit français, la Cour de cassation commençait, depuis 1932, à avoir une préférence pour la théorie de l'émission. En effet, rompant avec la tradition qui considérait la localisation du consentement comme étant une question de fait abandonnée comme telle au pouvoir souverain des juges du fond[311], la chambre des requêtes avait nettement pris position en faveur du système de l'émission et décidé que « la formation de la promesse est réalisée, et le contrat rendu parfait par l'acceptation des propositions qui sont faites dès l'instant où cette acceptation a lieu »[312]. La Cour de cassation s'est nettement prononcée, à nouveau, en faveur du système de l'émission en considérant que « faute de stipulation contraire, le contrat est parfait non pas à la réception de l'acceptation mais par l'émission de celle-ci »[313].

154. Une solution inadaptée : La théorie de l'émission installe le pollicitant dans une situation d'insécurité[314]. Il risque de voir sa responsabilité

308 Art. 82 al. 2 COCC.

309 Art. 341 et s. COCC.

310 v. Les travaux de la Commission de codification du droit des personnes et du droit des obligations, séance du mardi 2/8 novembre 1961, p. 4 et 40 et s., cité par J. P. TOSI, Le droit des obligations au Sénégal, précité, p. 66.

311 Cass. req. 6 août 1867, DP 1868. 1. 35, S. 1867. 1. 400 ; 1er déc. 1875, DP 1877. 1. 451 ; Cass. civ. 16 nov. 1910, DP 1912. 1. 49 ; Cass. req. 29 janv. 1923, DP 1923. 1. 176, S. 1923. 1. 168.

312 Cass. req. 21 mars 1932, voir, H. CAPITANT, Les grands arrêts de la jurisprudence civile, Dalloz-sirey, 5e éd., 1970, p. 264.

313 Cass. com. 7 janv. 1981, Bull. civ. IV, no 14, RTD civ. 1981. 849, obs. F. Chabas.

314 La sécurité renvoie ici à la sécurité juridique qu'il ne faut pas confondre avec la sécurité matérielle (protection contre les accidents, les vols, les agressions). Elle

contractuelle[315] engagée pour une obligation dont il n'est pas informé. Cette insécurité se concilie peu, voire pas, avec la matrice du droit civil. En effet, ce droit est considéré comme un droit de la protection. Cependant elle est compréhensible en cela que le COCC organisait aussi le droit commercial même si aujourd'hui ce dernier milite pour la théorie de la réception.

Aux termes de l'article 244 AUDCG, l'acceptation d'une offre prend effet au moment où l'expression de l'acquiescement parvient à l'auteur de l'offre. Cependant, si en vertu des dispositions de l'offre, des pratiques établies entre les parties ou des usages, le destinataire peut, sans notification à l'auteur de l'offre, exprimer qu'il acquiesce en accomplissant un acte, l'acceptation prend effet au moment où cet acte est accompli.

Il ne faut pas que le consentement existe seulement, encore faudrait-il qu'il soit valablement exprimé.

3. **Une rencontre de volontés intègres**

155. Le consentement exprimé doit être intègre. L'intégrité du consentement suppose qu'il ne soit pas vicié. En droit sénégalais il y a trois vices de consentement (art. 61 COCC) : l'erreur, le dol et la violence sanctionnés par la nullité relative du contrat.

a) **L'erreur**

156. Avec l'erreur, je me suis trompé. L'erreur est une mauvaise appréciation de la réalité qui atrophie le consentement à sa racine intellective. Elle suppose une discordance entre la croyance du contractant et la réalité des choses. Les parties se sont bien mises d'accord, mais le consentement de l'une d'entre elles a été déterminé par une erreur.

Aux termes de l'article 62 COCC, l'essentiel est que la volonté de l'un des contractants soit déterminée par erreur. Ainsi, il semble importer peu que l'erreur porte sur l'objet du contrat (exemple : les qualités substantielles de

---

suppose la possibilité, pour la personne, de prévoir les conséquences de ses actes. Voir, B. TEYSSIE, L'impératif de sécurité juridique, Le monde du droit, écrits rédigés en l'honneur de Jacques FOYER, Economica 2008, pp. 985-1005.

315 C'est une responsabilité pour manquement à une obligation contractuelle. A noter qu'au Sénégal, aux termes de l'article 119 COCC, la faute qui est le fondement de la responsabilité civile, connait une définition unitaire : c'« est un manquement à une obligation préexistante de quelque nature qu'elle soit ».

l'immeuble), sur son étendue[316] ou sur le cocontractant[317]. Certaines erreurs doivent tout de même être exclues comme vice de consentement.

157. En l'absence d'accord de volonté, c'est-à-dire que les parties ne s'étant tout simplement pas comprises, la sanction n'est pas la nullité relative, mais bien la nullité absolue puisqu'il y a absence de consentement. C'est ce que la doctrine désigne souvent sous le terme d'**erreur-obstacle.** (Exemple l'une des parties a cru vendre un bien, et l'autre prendre en location, il y a alors erreur sur la nature du contrat).

158. En outre, lorsque l'erreur porte sur la valeur de la prestation elle ne peut être considérée comme vice de consentement car s'apparentant à la lésion. L'erreur sur les motifs (ou sur les mobiles), c'est-à-dire sur les raisons personnelles de contracter est aussi une erreur indifférente de même que l'erreur de calcul lorsque c'est juste une erreur matérielle ; il suffira de le rectifier. Dans ce cadre, entre ce qui est écrit en chiffre et ce qui est écrit en lettre, la préférence devra être accordée à l'écriture en lettre car plus proche de la volonté des parties.

159. L'erreur vice du consentement doit être dans le champ contractuel, c'est-à-dire il faut que l'autre partie ait pu connaître le motif qui a déterminé son contractant (art 62 al. 2 COCC). Cela ne signifie nullement que l'erreur doit être partagée par les deux parties. L'autre partie doit juste savoir les qualités recherchées par celui qui invoque l'erreur. Il n'est pas besoin qu'elle connaisse effectivement ce motif, il suffit qu'elle n'ait pu l'ignorer compte tenu des circonstances. Ainsi, pour les qualités normalement substantielles dans un type de contrat déterminé, l'autre contractant sera présumé savoir que celles-ci étaient recherchées (exemple le fait pour une voiture de rouler).

160. Outre le fait d'être dans le champ contractuel, l'erreur doit être excusable. L'erreur inexcusable est une erreur grossière qu'un minimum de vigilance aurait permis d'éviter. C'est une erreur que l'auteur pouvait éviter. La loi ne protège pas ceux qui manquent de diligence ou de vigilance. Le demandeur qui a les moyens pour s'informer ne peut alors soulever son erreur.

> *En droit français, la qualité de professionnel est aussi prise en compte. Exemple une erreur sur la conversion du franc en euro par un marchand de biens. Cass. civ. 3e, 4 juillet 2007, D. 2007, 2847,*

---

[316] L'acceptation d'un aléa sur une qualité de la prestation exclut l'erreur relative à cette qualité.

[317] L'erreur sur les qualités essentielles du cocontractant n'est une cause de nullité que dans les contrats conclus en considération de la personne.

note N. RIAS. Toutefois, cette qualité ne rend pas nécessairement inexcusable l'erreur : « ayant retenu souverainement que M. X. se trouvait sous la dépendance psychologique de M. Y..., la cour d'appel a pu en déduire que la qualité de professionnel de M. X... ne rendait pas inexcusable l'erreur qu'il avait commise » Cass. com., 29 avril 2002, RTD civ, 2002, 500, obs. J. MESTRE.

La Cour de cassation française cependant, dans une formule générale, considère que l'erreur de droit peut entraîner l'annulation du contrat même si elle est inexcusable : Cass. civ., 3e, 20 oct 2010, RDC 2011/2, 412, obs. Y. M. LAITHIER.

b) ***Le dol***

161. Avec l'erreur je me suis trompé ; avec le dol, on m'a trompé. Le dol est un consentement abusé, c'est une tromperie provoquée par des manœuvres que l'un des contractants a pratiquées à l'encontre de l'autre pour l'amener à donner son consentement. Il résulte alors du comportement du cocontractant de la victime. Des conditions sont toutefois requises pour caractériser le dol.

162. L'élément matériel du dol ou l'existence de manœuvres. Les manœuvres sont des actes positifs de tromperie, des artifices, des mises en scène. L'autre contractant a posé des actes dont la finalité est d'induire la victime en erreur.

À côté du dol, acte positif, le mensonge est considéré comme une « manœuvre ». En effet, le simple mensonge, ne fut-il appuyé d'aucune mise en scène, peut constituer un dol. Mais les petits mensonges ne sont pas concernés. Le mensonge doit être d'une certaine gravité. On distingue ainsi le *bonus dolus* (bon dol) et le *malus dolus* (mauvais dol). L'exagération sans excès est en effet admise par exemple en matière de publicité.

Par rapport à la publicité, sur le bonus dolus, la jurisprudence française a évolué. La publicité n'est plus assimilée aux vantardises d'un camelot. La publicité informative vise directement à déterminer le consentement du public. Aussi la jurisprudence reconnaît une valeur contractuelle aux informations données, alors même que leur auteur lui dénierait toute valeur : il leur suffit d'être précises et détaillées.

Trib. Comm. Paris, 28 nov. 1977, Gaz. Pal. 1977.2, Somm. 398, RTD civ. 1978.150, obs. Cornu.

La réticence dolosive est aussi considérée comme un dol.

Il y a réticence dolosive lorsque le contractant garde le silence sur un fait qu'il sait pouvoir intéresser son cocontractant. Il y a une rétention d'information dans le but de conduire l'autre à contracter.

Depuis 1954, la jurisprudence française admet la réticence comme un dol. « Le dol peut être constitué par le silence d'une partie dissimulant à son cocontractant un fait qui, s'il avait été connu de lui, l'aurait empêché de contracter ; mais le silence ainsi gardé doit être relatif à une circonstance ou un fait que le cocontractant était excusable de ne pas connaître.

Cass. soc., 1er avril 1954 bull. civ., Sect. Soc.

A noter, qu'aujourd'hui, en droit français l'obligation générale d'information en matière de droit de la consommation a enlevé une part considérable à la théorie de la réticence même si elle subsiste encore dans les contrats entre non professionnels ou ceux portant sur des œuvres d'art, des immeubles, etc. en l'absence d'obligations spécifiques.

L'information doit être pertinente et être possédée par le cocontractant ou tout au moins qu'il ne pouvait légitimement l'ignorer. Par ailleurs, le cocontractant (celui qui se déclare victime) ne doit pas avoir pu connaître l'information par lui-même (exemple s'il est un professionnel en la matière).

Il y a dol également lorsque les manœuvres exercées par un tiers contre l'une des parties ont été connues de l'autre. Les manœuvres du représentant du contractant ou celles de son complice peuvent donc justifier la qualification de dol.

163. L'élément intentionnel. L'article 63 COCC considère le dol comme une tromperie. Cela suppose chez l'auteur une intention d'induire en erreur.

Prive sa décision de base légale, la cour d'appel qui prononce la nullité d'une convention pour dol « sans faire apparaître le caractère intentionnel de la réticence ». Cass. civ. 1re, 7 mars 1979

Les juges déduisent cependant, le plus souvent, la volonté de tromper de la connaissance de l'information et de son caractère déterminant ; Cass. civ., 3e, 11 mai 2005, RTD civ. 2005, obs J. MESTRE.

164. Le dol, comme l'erreur, ne se présume pas. La personne qui entend s'en prévaloir doit démontrer son existence par tous moyens[318].

c) La violence

165. La violence peut se définir comme le fait d'extorquer à une personne son consentement par le moyen de la crainte qu'on lui inspire. Avec la violence, on a un consentement contraint. La personne a donné son consentement non pas parce qu'elle le veut mais parce qu'on l'y a forcé. La violence vicie le consentement lorsqu'elle inspire à un contractant une crainte telle que cette personne donne malgré elle son consentement. Le vice ne réside pas dans la violence en elle-même mais dans la crainte que la violence inspire. Le consentement de la victime est donc éclairé (contrairement à l'erreur et au dol) mais n'était pas libre. Il appartient aux juges du fond d'apprécier le fait constitutif de violence.

La violence peut être physique (coups, séquestration, etc.) ou morale (menace, chantage, pression psychologique, etc.). Avec la violence morale, le contractant est contraint à conclure un contrat parce qu'il est menacé ou poussé à bout.

> *Il y a violence lorsqu'une vieille femme avait été retenue de force dans sa chambre jusqu'à ce qu'elle décide à donner tous ses biens. (Colmar, 30 janv. 1970 JCP 1971, II, note Y. LOUSSAOUARN).*

Violence économique : En droit français, la Cour de cassation considère que l'exploitation d'une dépendance économique pouvait constituer une violence[319].

La violence économique est retenue « lorsqu'une partie abuse de la situation de faiblesse de l'autre pour lui faire prendre, sous l'empire d'un état de nécessité ou de dépendance, un engagement qu'elle n'aurait pas contracté en l'absence de cette contrainte ». En outre, dans le Code français de la consommation, aux termes de l'art. L. 122-9, 5°, le délit d'abus de faiblesse prévu à l'article L. 122-8 est constitué lorsque « la transaction a été conclue dans une situation d'urgence ayant mis la victime de l'infraction dans l'impossibilité de consulter un ou plusieurs professionnels qualifiés, tiers au contrat ».

---

[318] CA de Dakar, arrêt n° 15 16 janvier 1970, in Code des obligations civiles et commerciales annoté, éd. EDJA, 1991, p. 48.

[319] Cass. 30 mai 2000 ; Cass. civ. 1re ; 3 avril 2002, Bull. civ. I n° 108, Larousse-Bordas.

La réforme du droit des contrats a entériné ces positions. Il résulte du nouveau article 1143 du Code civil qu' « il y a également violence lorsqu'une partie, abusant de l'état de dépendance dans lequel se trouve son cocontractant à son égard, obtient de lui un engagement qu'il n'aurait pas souscrit en l'absence d'une telle contrainte et en tire un avantage manifestement excessif ». La cohérence de cette évolution invite la réflexion chez le juge sénégalais. En effet, le cas posé par l'article 1143 atteste d'un consentement extorqué et se présente comme une déclinaison, dans des circonstances particulières, de l'expression d'une volonté justifiée par la crainte. Une relecture de l'article 64 COCC devrait alors permettre sa prise en compte.

166.- Par rapport à l'objet de la violence, l'article 64 ne fait pas de spécification. Il opte pour une formulation générale devant permettre de permet de retenir que la violence puisse porter sur la personne mais aussi biens. En outre, concernant la personne, la violence doit être retenue lorsque la menace est dirigée contre un proche de celle-ci. De même, cette formulation justifie, comme en droit français, que l'auteur de la violence ne soit pas obligatoirement le cocontractant. La violence peut être exercée par un tiers au contrat.

167. La violence vice du consentement doit être illégitime. En effet, l'article 64 COCC dispose que la menace d'user légitimement d'un droit ne peut être qualifiée de violence ; c'est une violence légitime.

> *L'employé indélicat qui signe une reconnaissance de la somme qu'il a détournée sous la menace d'une plainte au pénal ne subit qu'une contrainte légitime.*
>
> *Com. 30 jan. 1974, D. 74, 382.*

Mais encore faudrait qu'il n'y ait pas abus de droit. L'article 122 du COCC dispose que l'abus de droit est le fait d'user de son droit dans la seule intention de nuire à autrui ou d'en faire un usage contraire à sa destination. Il y aura abus si la personne cherche à nuire ou si le droit a été détourné de son but. La personne qui, menaçant d'exercer son droit, cherche en réalité à atteindre plus que son droit sera coupable violence (exemple celui qui menace son débiteur de procès pour lui extorquer des engagements excessifs).

La seule crainte révérencielle envers ses parents ne suffit pas pour asseoir la violence.

B. Un contrat passé devant notaire

167. A peine de nullité absolue, le contrat doit être passé par devant un notaire territorialement compétent[320]. L'article 383 COCC organise ainsi la compétence territoriale et la compétence organique en matière de vente d'immeuble.

168. Les notaires sont des officiers publics institués pour recevoir les actes et contrats auxquels les parties veulent donner ou doivent donner le caractère de l'authenticité attaché aux actes de l'autorité publique pour en assurer la date, en conserver le dépôt; en délivrer des grosses, expéditions et extraits. En matière immobilière, la rédaction du contrat doit se faire à leur niveau. Ainsi, lorsque les parties avaient fait un avant-contrat par acte sous seing privé, elles ne pourront pas le déposer au rang des minutes du notaire car leur contrat n'est pas passé devant lui.

Le dépôt au rang des minutes est le procédé par lequel un acte sous seing privé est remis au notaire pour qu'il le garde dans ses minutes afin d'en éviter la destruction ou la disparition. Si ce dépôt s'accompagne de la reconnaissance par les parties signataires de la convention du caractère original de celles-ci et de leurs signatures alors il permet d'authentifier, dans ce cas, la convention sous seing privé.

169. Le concours d'un notaire pour l'établissement d'un acte de vente n'est cependant requis que lorsque l'objet de la transaction est un immeuble immatriculé au sens de l'article 383 COCC. Est donc valable la cession des peines et soins édifiés sur une parcelle de terrain à usage d'habitation dont le titre foncier appartient à l'État par son attributaire par acte sous seing privé[321].

Le contrat de vente d'immeuble doit être reçu en la forme notariée. Mais encore faudrait-il que le notaire qui le reçoit soit territorialement compétent.

170. Les notaires ont le monopole des fonctions notariales et l'obligation d'assurer le service public notarial dans toutes les régions qui relèvent du ressort de la cour d'appel dans lequel est situé leur office. En matière

---

[320] Art. 383 COCC. « Viole ce texte l'arrêt qui relève que même s'il y a absence d'un écrit, le parties ont procédé directement à la vente par un accord de volonté, paiement de prix et remise de la chose et retient qu'il y a vente entre les parties et que tous les héritiers ayant acquiescé sont malvenus à la contester », Cs., ch. civ. et com., arrêt n° 70 du 18 juillet 2012, M. C. DIOUF c/ A. NDIAYE, disponible sur www.juricaf.org.

[321] CA Dakar, chambre civile et commerciale, 06 août 2010, Nd. A. DIAGNE c/ L. J. FERRAMOSCA, arrêt n° 629, Bulletin des arrêts rendus par la Cour d'Appel de Dakar en matière civile et commerciale, 2011, vol. n° 1, p. 114.

immobilière, le notaire compétent est l'un de ceux dans le ressort duquel se trouve le lieu de situation de l'immeuble. Toutefois, les notaires titulaires de charge dans la région de Dakar sont seuls compétents dans ladite circonscription territoriale et ils ne peuvent instrumenter dans les autres régions.

180. Même s'il remplit la condition liée à la compétence territoriale, le notaire ne peut recevoir d'acte dans lequel ses parents ou alliés en lignes directe ou collatérale jusqu'au degré d'oncle ou de neveu inclusivement sont parties ou qui contiennent des dispositions en leur faveur. Dans ce cas et s'il n'existe pas d'autres notaires dans le ressort, les intéressés pourront s'adresser à un notaire d'un autre ressort.

181. L'obligation d'intervention du notaire procède d'un « interventionnisme » préventif du législateur[322]. Une politique foncière efficiente étant un facteur de stabilité socio-économique et de promotion d'un développement durable, les transactions immobilières, sous peine de nullité, se font devant notaire. C'est dans un souci d'organisation de la publicité foncière et donc de la sécurité juridique que la loi subordonne l'inscription à la Conservation de la propriété et des droits fonciers à l'intervention du notaire dans l'établissement de la convention pour une mise à la disposition du public de toutes les informations relatives à la propriété immobilière.

Le notaire renforce la sécurité juridique en cela qu'il a l'obligation de conseiller ses clients quel que soit l'acte qu'on lui demande de recevoir et quelle que soit l'étendue de son intervention. Il doit s'assurer de la validité et de l'efficacité des actes qu'il rédige[323].

Préalablement à la rédaction du contrat de vente, le notaire, pour protéger les parties des surprises désagréables, effectue un certain nombre d'actes pour leur faire éviter des erreurs et anomalies afin de minimiser au maximum les

---

[322] La prévention est en effet définie par le dictionnaire étymologique et historique du français Larousse (éd. Larousse Bordas 1998, p. 615) comme toute action consistant à devancer ou à s'opposer à une situation future et probable. Le but recherché fondamentalement reste l'évitement du contentieux en matière de droits réels immobiliers.

[323] Art. 1 al. 3 et 4 du décret n°2002/1032 du 15 octobre 2002 harmonisé fixant le statut des notaires. Le notaire qui est chargé de rédiger une vente qu'il sait illicite au regard de l'article 1596 du code civil, doit refuser d'instrumenter; sans quoi il s'expose à voir sa responsabilité civile engagée par le mandataire dont l'acquisition a été annulée, pour manquement au devoir de conseil (Cass. 1re civ. 10 janv. 1995, Bull. civ. I, no 24, RD imm. 1996. 245, obs. D. Tomasin).

risques et purger dès le départ le contrat de ses tares congénitales[324]. Il joue ainsi un véritable rôle de conseil[325]. Par ailleurs, l'acte notarié présente deux vertus essentielles susceptibles de renforcer la sécurisation de l'opération de vente ; c'est une preuve irréfutable et un titre exécutoire.

Dressé en vertu d'une concession de service public, l'acte notarié fait foi de son origine, de son contenu et de sa date jusqu'à inscription de faux. L'acte authentique fait pleine foi à l'égard de tous et jusqu'à inscription de faux de ce que l'officier a fait ou constaté personnellement conformément à ses fonctions[326]. Pour le surplus l'acte fait foi seulement jusqu'à preuve contraire[327]. C'est dire que l'acte notarié, notamment en matière immobilière, assure une certitude de ne pas être contesté par des contractants de mauvaise foi. C'est en ce sens qu'il a une efficacité remarquable.

Le notaire, par l'authentification, donne aux actes reçus par lui ou conclus devant lui date certaine, valeur probante supérieure à tout autre écrit[328].

Ensuite, au-delà de sa force probante quasi-incontestable, l'acte notarié a force exécutoire puisque celui qui s'en prévaut n'a pas à chercher une décision de justice pour contraindre le débiteur récalcitrant à s'exécuter : c'est un acte qui se suffit à lui-même. Ils sont exécutoires sur toute l'étendue du territoire national.

---

[324] CA de Dakar, arrêt n° 73 du 30 janvier 2009, Moustapha THIAM c/ Haby BA, Bull. des arrêts rendus par la Cour d'Appel de Dakar en matière civile et commerciale, 2011, vol. n° 1, p. 303 : « le formalisme rigoureux exigé en matière immobilière s'explique en grande partie par le besoin de sécuriser les transactions immobilières ».

[325] Art. 45 et 57 du code de déontologie des notaires approuvé par arrêté n°9821 du 25 octobre 2000, V. également CA de Dakar, arrêt n° 255 du 10 avril 2009, Me Moustapha THIAM c/ Société PES, Bulletin des arrêts rendus par la Cour d'Appel de Dakar en matière civile et commerciale, 2011, vol. n° 1, p. 308 : « commet une faute engageant sa responsabilité civile, le notaire qui ne fournit pas de conseils dictées par des informations reçues, fait preuve de négligence dans la garde des actes reçus en dépôt et, de surcroît, use d'un temps anormalement long pour accomplir la mission confiée par son client. Le préjudice tant moral que matériel résultant d'une telle faute mérite réparation ».

[326] « A légalement justifié sa décision, la Cour d'appel qui a considéré qu'en cas de contestation de la véracité d'un acte notarié notamment lorsque l'auteur de l'acte prétend n'en avoir pas eu connaissance, seul une action en inscription de faux peut aboutir à son annulation », Cs., ch. civ. et com., arrêt n° 70 du 4 juillet 2007, M. SIDIBÉ c/ M. DIENG, T. NDIAYE et A. KONÉ, disponible sur www.juricaf.org.

[327] Art. 18 COCC.

[328] Tous les actes notariés font foi en justice des stipulations qu'ils renferment, entre les parties contractantes et leurs héritiers ou ayants cause.

L'intervention du notaire résulte ainsi d'une exigence légale et contribue fondamentalement à la sécurisation des opérations portant sur des immeubles[329]. Cependant, l'acte notarié qui produit ces effets est celui rédigé en conformité avec les exigences législatives.

C. Un contrat devant contenir certaines mentions

182. L'acte passé devant le notaire n'est qualifié d'acte authentique que s'il se conforme aux exigences fixées par rapport à son contenu.

1. Les exigences par rapport au contenu de l'acte

183. Dans son contenu, l'acte notarié doit contenir certaines mentions. Il y a des mentions communes à tous les actes notariés et d'autres spécifiques aux transactions immobilières.

a. Les mentions communes à tous les actes notariés[330]

184. Tout acte notarié doit énoncer le nom et le lieu d'établissement du notaire qui le reçoit, les noms et domiciles des témoins, le lieu, l'année, le mois et le jour où l'acte est passé[331]. Il doit être établi de façon lisible et indélébile sur un papier d'une qualité offrant toute garantie de conservation. Les signatures et paraphes qui y sont apposés doivent être indélébiles.

185. En ce qui concerne les parties, l'acte doit contenir leurs noms, prénoms et domiciles et de tous les signataires. Il est écrit en un seul et même contexte, sans blancs, sauf toutefois ceux qui constituent les intervalles normaux séparant paragraphes et alinéas et ceux nécessités par l'utilisation des procédés de reproduction. Dans ce dernier cas, les blancs sont barrés.

186. Les abréviations sont autorisées dans la mesure où leur signification est précisée au moins une fois dans l'acte, les sommes sont énoncées en lettres à moins qu'elles ne constituent le terme ou le résultat d'une opération ou qu'elles ne soient répétées.

---

[329] « Il n'est plus à démontrer la surprise et la souffrance de ceux qui, après avoir acheté de bonne foi un bien immobilier, se retrouve évincés au profit d'un acquéreur plus diligent », Rapport du 26e congrès des notaires d'Afrique, éd. GRADES, 2016, p. 70. En effet, beaucoup de sénégalais qui ignorent encore les dispositions relatives aux transactions immobilières achètent des terrains par acte sous seing privé ou même devant témoin de la part de vendeur peu scrupuleux car vendant le même bien à plusieurs personnes.

[330] Art. 58 et s. du décret n°2002/1032 du 15 octobre 2002 harmonisé fixant le statut des notaires.

[331] Le notaire est le garant de l'identité des parties ; art. 58 de la loi de 2011 portant régime de la propriété foncière.

Il ne peut y avoir ni surcharge, ni interligne, ni usage de blancs, ni addition dans le corps de l'acte ; les mots et les chiffres surchargés, interlignés ou ajoutés sont nuls. Le nombre des blancs barrés, des lignes, des mots et des nombres rayés est mentionné à la fin de l'acte. Cette mention est paraphée par le notaire et les autres signataires de l'acte.

187. Les actes sont signés par les parties, les témoins et le notaire. Quand les parties ou l'une d'elles déclarent ne pouvoir ou ne savoir signer, il est fait application des dispositions de l'article 20 du Code des Obligations civiles et commerciales[332].

En pareil cas, il doit être fait mention à la fin de l'acte de la signature des parties ou de leur déclaration qu'elles ne peuvent ou ne savent signer, de la signature des témoins et de celle du notaire.

188. Toutes les fois qu'une personne ne parlant pas le français, langue dans laquelle l'acte est dressé, est partie ou témoin, le notaire doit être assisté d'un interprète assermenté.

L'interprète, s'il n'est pas assermenté, prête serment devant le notaire de traduire fidèlement le contenu de l'acte et de l'expliquer. Mention de cette formalité doit être portée dans l'acte à peine de nullité. L'interprète signe l'acte comme témoin additionnel.

Les parents ou alliés, soit des contractants, soit du notaire, en ligne directe à tous les degrés, ou en ligne collatérale jusqu'au degré d'oncle ou de neveu inclusivement, ne peuvent remplir les fonctions d'interprète dans les cas prévus par le présent article.

Ne peuvent de même être pris comme interprètes d'un testament par acte public, les légataires à quelque titre que ce soit, ni leurs parents ou alliés jusqu'au degré de cousin germain inclusivement.

189. Les pièces annexées à l'acte doivent être revêtues d'une mention constatant cette annexe et signée du notaire.

---

[332] « La partie illettrée doit se faire assister de deux témoins lettrés qui certifient dans l'écrit son identité et sa présence : ils attestent en outre que la nature et les effets de l'acte lui ont été précisés ». C. cass., ch. civ. et com., arrêt n° 140 du 20 octobre 2004, B. SALL c/ S.G.B.S, disponible sur www.juricaf.org : « Il appartient à la partie ne sachant pas signer de faire la déclaration au Notaire pour bénéficier de la présence du témoin certificateur. En cas de contestation, la charge de la preuve de la réalité de la déclaration incombe au déclarant ».

Les procurations sont annexées à l'acte à moins qu'elles ne soient déposées aux minutes du notaire rédacteur de l'acte. Dans ce cas, il est fait mention dans l'acte du dépôt de la procuration au rang des minutes.

190. La date à laquelle l'acte est reçu doit être écrite en lettres.

191. L'acte porte mention qu'il a été lu par les parties ou que la lecture leur en a été donnée.

192. Chaque page de texte est numérotée, le nombre de pages est indiqué à la fin de l'acte. En outre, chaque page est paraphée par le notaire et les signataires de l'acte, sous peine de nullité des pages non paraphées.

b. Les mentions spécifiques aux actes portant sur des immeubles

193. En matière immobilière, en plus des mentions précitées, il doit être énoncé :

1) l'énonciation conforme aux actes de l'état civil, pour les individus, des prénoms, nom, profession et domicile ou aux actes constitutifs, pour les sociétés et autres institutions jouissant de la personnalité civile, des noms ou raison sociale, nature et siège des parties contractantes ;

2) l'indication de la capacité des contractants et de la qualité en laquelle ils agissent appuyées des déclarations précises en ce qui concerne l'état civil ;

3) la désignation par le numéro du titre foncier de l'immeuble que doit affecter l'inscription ;

4) la situation, la contenance des immeubles et l'état des droits et charges dont ils sont grevés ;

5) Une copie de la déclaration préalable de la transaction mentionnant le numéro et la date de la décharge.

2. La sanction de l'acte irrégulier

194. L'acte qui n'est pas conforme à ces exigences ne peut pas être qualifié d'acte authentique. En effet, l'acte authentique est celui qui a été reçu par un officier public compétent instrumentant dans les formes requises par la loi. Ainsi, l'acte qui ne remplit pas ces conditions vaut comme acte sous seings privés s'il a été signé par les parties[333]. Il ne pourra alors pas fonder une inscription au livre foncier.

195. Avant de déférer à la demande d'inscription, le conservateur procède à la vérification des pièces déposées[334]. La régularité des actes consiste dans

---

333 Art. 17 COCC.

334 Art. 57 de la loi de 2011 portant régime de la propriété foncière.

l'observation rigoureuse, en ce qui concerne leur forme extérieure, des dispositions légales et réglementaires en vigueur à l'exclusion de celles qui se rapportent à la valeur intrinsèque de la convention.

Si la vérification révèle l'absence ou l'insuffisance de l'un des éléments essentiels exigés pour la validité de l'inscription, le conservateur refuse la formalité et restitue au requérant les pièces déposées, revêtues d'un visa *ne varietur* en y joignant une déclaration écrite, dont il conserve minute et par laquelle il fait connaître les causes de son refus.

Ayant l'obligation de s'assurer de la validité et de l'efficacité des actes qu'il rédige[335], le notaire pourra voir ainsi sa responsabilité civile engagée.

SECTION 5 : LES OBLIGATIONS DES PARTIES AU CONTRAT

196. Contrat synallagmatique, la vente fait supporter des obligations aux deux parties. Vendeur et acheteur supportent des obligations au moment de l'exécution du contrat.

PARAGRAPHE 1 : LES OBLIGATIONS DU VENDEUR

197. Le vendeur supporte trois obligations : l'obligation de transfert de la propriété, l'obligation de délivrance et celle de garantie à l'acquéreur.

A. L'obligation de transférer la propriété

198. Le vendeur d'un immeuble doit transférer la propriété à l'acquéreur. Cependant, l'exécution de cette obligation peut être retardée.

1. Le transfert de la propriété

199. Le COCC, contrairement au Code civil[336], détache le transfert de propriété de la chose de l'échange de consentement.

> Aux termes de l'ancien article 1138 du Code civil[337], « *L'obligation de livrer la chose est parfaite par le seul consentement des parties contractantes. Elle rend le créancier propriétaire et met la chose à ses risques dès l'instant où elle a dû être livrée, encore que la tradition n'en*

[335] Art. 1 al. 4 du décret n°2002/1032 du 15 octobre 2002 harmonisé fixant le statut des notaires. Sur la responsabilité du notaire, C. A. W. NDIAYE, La jurisprudence sénégalaise en matière immobilière, L'Harmattan, 2020.

[336] C. LARROUMET, Droit civil – Les biens – Droits réels principaux, précité, p.214 : en droit français, le principe est celui du transfert immédiat de la propriété mobilière ou immobilière. « La propriété est transférée en vertu des seules volontés de l'aliénateur et de l'acquéreur et avant toute remise ou livraison de la chose ».

[337] Cf. nouvel art. 1196 du Code civil.

ait point été faite, à moins que le débiteur ne soit en demeure de la livrer ; auquel cas la chose reste aux risques de ce dernier. » En complément, l'article 1583 du code considère que la vente *est parfaite entre les parties, et la propriété est acquise de droit à l'acheteur à l'égard du vendeur, dès qu'on est convenu de la chose et du prix, quoique la chose n'ait pas encore été livrée ni le prix payé.*

En droit sénégalais, le législateur crée une troisième obligation pour le vendeur. La formation de la vente n'y est pas immédiatement translative de propriété. Le vendeur a une obligation de transférer la propriété qui se réalise dans l'exécution de l'obligation à délivrance comme en dispose les articles 276 al 2 COCC et 277 AUDCG.

200. La délivrance suppose le transfert de la chose entre les mains de l'acheteur ou son représentant. A la date convenue, la chose doit être à sa disposition. La délivrance implique la mise à disposition non seulement de l'objet principal vendu mais également de ses accessoires (matériels et juridiques). La délivrance peut résulter d'une simple remise de titre ou documents. A noter que ce régime ne s'applique pas aux immeubles où c'est la mention au titre foncier du nom du titulaire qui opère transfert des droits réels. Ainsi, si l'objet de la vente est un immeuble, la délivrance est faite lorsque les formalités de publicité exigées par les dispositions particulières à la propriété foncière ont été satisfaites et que le titre foncier est établi au nom de l'acquéreur[338]. C'est l'inscription au livre foncier qui produit seule un effet translatif de propriété, à l'exclusion du contrat en exécution duquel un accord de transfert doit intervenir. « Il y a une dissociation entre, d'une part, le contrat générateur de l'obligation de transférer la propriété et, d'autre part, (…) l'inscription au livre foncier » qui matérialise ledit transfert[339]. Le vendeur devra ainsi mettre la copie du titre foncier ou le certificat d'inscription à la disposition de l'acquéreur afin qu'on procède à la mutation du droit[340].

L'acheteur peut être une personne ou plusieurs personnes. Dans cette dernière situation, on peut avoir des copropriétaires mais aussi la situation des acheteurs suite à **un placement tontinier**.

---

[338] Art. 277 al. 2 COCC. La même solution est retrouvée en droit allemand ; voir C. LARROUMET, Droit civil – Les biens – Droits réels principaux, précité, p.213.

[339] C. LARROUMET, Droit civil – Les biens – Droits réels principaux, précité, p.214.

[340] Art. 386 al. 1 COCC.

On distingue les « placements tontiniers » des « associations tontinières », qui sont des sortes de sociétés mutuelles ayant cours en Afrique[341]. Juridiquement, le placement tontinier, dite aussi « clause d'accroissement » ou, plus justement, « clause relative à la condition de survie », est une clause insérée dans le contrat par lequel plusieurs personnes achètent un même bien, meuble ou immeuble, en commun. Elle prévoit que ce bien reviendra en pleine propriété au dernier des survivants, après le décès de tous les autres coacquéreurs.

Ce n'est pas une copropriété qui est ainsi organisée car chaque acheteur est supposé seul propriétaire du bien sous la condition qu'il soit le seul survivant. Par conséquent, lorsque tous les coacheteurs sont décédés sauf un, le survivant est réputé avoir été seul propriétaire du bien depuis le jour de l'acquisition et ses coacquéreurs, décédés avant lui, sont supposés n'avoir jamais rien possédé. Pour R. SAVATIER[342], l'acquisition doit être faite, non pas indivisément, mais au nom du survivant, le mécanisme fondé exclusivement sur la condition, qui éteint rétroactivement les droits du prémourant, étant exclusif de toute indivision. « Des deux acquéreurs, l'un est propriétaire de l'immeuble tout entier et l'autre ne l'est pas du tout : seulement, jusqu'au décès du prémourant, on ne sait pas lequel est propriétaire et lequel ne l'est pas ; contrairement à ce qui se passe dans une indivision, les droits des intéressés s'excluent l'un l'autre (sauf en ce qui concerne la jouissance) ; l'indivision suppose, au contraire par essence, des droits concurrents, parallèles et de même nature, mais non incompatibles ni contradictoires »[343]. Ce que va confirmer la Cour de cassation française[344].

---

341 Les participants à la tontine s'engagent à verser une somme prédéterminée à une fréquence donnée. Pour chaque tour de versement, un des participants est désigné pour être le bénéficiaire des fonds des autres participants ou des biens achetés. Deux modes de désignation du bénéficiaire existent : soit par tirage au sort avant chaque versement, soit par tirage au sort au début du cycle qui détermine l'ordre de passage des participants. Pour le premier bénéficiaire, la tontine s'apparente à un crédit ; pour le dernier participant, elle s'apparente à une épargne. voir, A. KANE, Tontines, caisses de solidarité et banques ambulants. Univers des pratiques financières informelles en Afrique et en milieu immigré africain en France, L'Harmattan 2010.

342 RTD civ. 1928, 458 et 1971, 400.

343 M. DAGOT, L'acquisition faite au profit du survivant des acquéreurs, JCP 1972, I, 2442, n° 8.

344 Cass. civ., 1ère ch., 27 mai 1986, Bull. civ. I, n° 140 ; D. 1987, p. 139 note M. DAGOT.

201. Les modalités de l'inscription à la conservation foncière. Aux termes des articles 57 et suivants de la loi de 2011 portant régime de la propriété foncière, avant de déférer à la demande d'inscription, le conservateur procède à la vérification des pièces déposées, et s'assure :

1) de l'identité des parties ;

2) de leur capacité ;

3) de l'inscription au titre foncier du droit du disposant ;

4) de la disponibilité de l'immeuble ;

5) de la régularité de l'acte au point de vue de sa forme extérieure.

L'identité des parties est garantie par l'intervention du magistrat ou de l'officier ministériel ou public rédacteur.

La capacité des parties est établie :

1) par les déclarations à insérer dans les actes, en exécution de l'article 48 de la loi de 2011 portant régime de la propriété foncière[345] ;

2) par la production des justifications relatives aux autorisations légales nécessaires dans certains cas déterminés.

202. L'inscription au titre foncier du droit du disposant ne doit être infirmée par aucune inscription ultérieure alors même que cette dernière ne figurerait pas encore sur la copie du titre.

L'immeuble est tenu pour disponible s'il n'existe aucune mention inscrite dans le cadre spécial du titre foncier affecté aux charges de cette nature ou si toutes les mentions précédemment inscrites ont été radiées.

203. Le Conservateur ne peut rejeter la demande, ni retarder l'exécution d'une formalité régulièrement requise, ni enfin refuser la délivrance des copies de titres fonciers et certificats d'inscription aux personnes qui y ont droit, sous peine de dommage intérêts. A cet effet, un procès-verbal constatant le refus

[345] Les actes dressés pour la constatation d'une convention doivent contenir, outre les éléments essentiels des contrats :
1) l'énonciation conforme aux actes de l'état-civil, pour les individus, des prénoms, nom, profession et domicile ou aux actes constitutifs, pour les sociétés et autres institutions jouissant de la personnalité civile, des noms ou raison sociale, nature et siège des parties contractantes ;
2) l'indication de la capacité des contractants et de la qualité en laquelle ils agissent appuyées des déclarations précises en ce qui concerne l'état civil ;
3) la désignation par le numéro du titre foncier de l'immeuble que doit affecter l'inscription.

ou le retardement est dressé immédiatement à la diligence des requérants par un huissier.

204. Dans le cas où, par suite de l'irrégularité de la demande ou de l'insuffisance des titres, le Conservateur refuse l'immatriculation d'un immeuble ou l'inscription d'un droit réel, sa décision est susceptible de recours devant le président du tribunal de grande instance territorialement compétent.

205. Le Conservateur est responsable du préjudice résultant :

1) De l'omission sur ses registres des inscriptions régulièrement requises en ses bureaux ;

2) De l'omission sur les copies, des inscriptions portées sur le titre, (sauf l'hypothèque prévue à l'article 66 de la loi de 2011 portant régime de la propriété foncière) ;

3) Du défaut de mention, à savoir :

a) sur les titres fonciers, des inscriptions affectant directement la propriété;

b) dans les états et certificats d'une ou plusieurs inscriptions existantes à moins qu'il ne soit exactement conforme aux réquisitions des parties ou que le défaut de mention ne provienne de désignations insuffisantes qui ne pourraient lui être imputées.

Les erreurs, et les omissions engagent la responsabilité du conservateur qui les a commises, dans la mesure du préjudice qu'elles ont pu causer aux intéressés.

206. L'immeuble à l'égard duquel ont été omis ou inexactement reportés, dans les copies de titres ou dans les certificats d'inscription un ou plusieurs des droits inscrits qui doivent y figurer légalement, n'en demeure pas affranchi ou libéré, sauf la responsabilité du conservateur, s'il y a lieu.

207. Lorsque des omissions ou des erreurs ont été commises dans la rédaction du titre foncier ou des inscriptions, les parties intéressées peuvent en demander la rectification. Le conservateur peut également effectuer d'office et sous sa responsabilité la rectification des irrégularités provenant de son chef.

Dans tous les cas, les premières inscriptions doivent être laissées intactes et les corrections sont inscrites à la date courante.

208. Si le conservateur refuse de procéder aux rectifications requises ou si les parties n'acceptent pas les rectifications opérées, le tribunal, saisi par simple requête, statue en chambre du Conseil.

Si l'omission ou l'erreur est reconnue par le tribunal ou par le conservateur, celui-ci fait immédiatement sommation aux détenteurs des copies de titres et certificats d'inscription d'avoir à effectuer dans un délai de trois jours, le dépôt desdits certificats et copies.

209. Puisqu'en droit sénégalais c'est la délivrance qui transfère en principe la propriété, en cas d'inexécution non fautive, c'est aux dépens du vendeur. En effet, c'est le transfert de propriété qui entraîne le transfert des risques à l'acheteur.

2. Le transfert retardé de la propriété

210. Le transfert de la propriété est retardé suite à une volonté unilatérale du vendeur ou par l'effet d'une convention signée avec l'acheteur.

a) Le transfert de propriété retardé suite à une volonté du vendeur

211. Le transfert de propriété reste tributaire du paiement du prix par l'acheteur. Si l'acheteur ne paie pas le prix, le vendeur n'est pas tenu de délivrer la chose ; c'est l'exception d'inexécution.

L'exception d'inexécution est une forme de justice privée prévue par l'article 104 du COCC. C'est une sanction de l'inexécution contractuelle pour laquelle il n'est pas besoin de saisir le juge, on se fait justice soi-même de la manière la plus simple en refusant d'exécuter sa propre prestation tant que son cocontractant n'aura pas exécuté la sienne[346].

212. Dans cette situation, le contrat est paralysé dans son exécution, mais il n'est pas rompu. Il est simplement suspendu. La durée de cette suspension va dépendre de la patience du créancier et de la résistance du débiteur. Mais, en tout état de cause, il s'agit d'une situation provisoire car tôt ou tard il faudra que les parties dépassent cette situation. Soit elles décident de s'exécuter toutes deux et le contrat continu son cours normal, soit elles s'acheminent vers la rupture et c'est le problème de la résolution du contrat[347]. En effet, lorsque

---

[346] « Justifie sa décision une Cour d'appel qui a jugé que l'article 423 du code pénal n'est pas applicable au prévenu, propriétaire et vendeur d'un immeuble qu'il occupe, tant que l'intégralité du prix de vente n'a pas été, comme prévu au protocole d'accord entre les parties, intégralement payé », Cs., ch. civ. et com., arrêt n° 75 du 1re avril 2010, M. MBOUP c/ M. GAYE, disponible sur www.juricaf.org.

[347] « Dans les contrats (synallagmatique), lorsque l'une des parties manque gravement à ses obligations en refusant de les exécuter, en tout ou en partie, l'autre peut, en dehors des dommages et intérêts qui lui sont dûs, demander en justice soit l'exécution forcée, soit la réduction de ses propres obligations, soit la résolution

l'une des parties manque gravement à ses obligations en refusant de les exécuter, en tout ou en partie, l'autre peut, en dehors des dommages et intérêts qui lui sont dus, demander en justice soit l'exécution forcée, soit la réduction de ses propres obligations, soit la résolution du contrat, soit sa résiliation[348].

b) Le transfert de propriété retardé suite à une convention entre les parties

213. Les parties à un contrat de vente ont la faculté de retarder le moment du transfert de la propriété. En effet, la vente peut être à tempérament avec clause de réserve de propriété.

214. La vente à tempérament est un contrat de vente dans lequel malgré la délivrance immédiate de la chose, les parties stipulent que le prix sera payable en plusieurs fractions à intervalles réguliers[349]. La vente à tempérament est avec ou sans réserve de propriété[350]. Dans la vente à tempérament avec clause de réserve de propriété le transfert de propriété des biens vendus ne se réalisera que lorsque le prix aura été intégralement payé. Cette clause n'a cependant pas une portée absolue. La clause de réserve de propriété ne peut être opposée aux tiers de bonne foi. Le tiers ne saurait être qualifié de bonne foi si la réserve à fait l'objet de publicité au livre foncier.

L'acheteur a toujours le droit de se libérer en payant la totalité du prix qui reste dû, sauf si des effets de commerce ont été émis pour son règlement.

215. Lorsqu'il y a vente à tempérament, si l'acheteur ne s'acquitte pas d'une échéance, le vendeur peut, à son choix, poursuivre le recouvrement de l'arriéré ou demander la résolution. Le juge, en prononçant la résolution, peut en subordonner les effets au paiement intégral de l'arriéré dans un délai déterminé, indépendamment du paiement des prestations restant dues.

En cas de résolution du contrat, le vendeur peut réclamer un loyer équitable et une indemnité pour l'usure de la chose. Toute convention par laquelle l'acheteur s'engagerait à verser une somme plus importante est nulle[351]. Par ailleurs, toute clause de résolution de plein droit du contrat pour non-paiement

---

du contrat, soit sa résiliation », art. 105 al. 1 COCC. A noter que la rupture amiable du contrat exclut les dommages et intérêts pour rupture abusive, cf. CA Dakar, 9 mars 2012, A. SOW c/ F. BARDE, arrêt n° 92, Bulletin des arrêts rendus par la Cour d'Appel de Dakar en matière civile et commerciale, 2013, vol. 1, p.95.

348 Art. 105 al. 1 COCC.

349 Art. 354 COCC

350 Art. 359 COCC.

351 Art. 357 COCC.

d'une ou plusieurs échéances est réputée non écrite. Est toutefois applicable toute clause de cette nature contenue dans un contrat passé :

- par l'État ;
- par une collectivité publique autre que l'État ;
- par une entreprise de construction immobilière.

Dans ce dernier cas, la convention doit être conforme à un contrat-type approuvé par décret.

B. L'obligation de garantie

216. Dans le droit commun de la vente, le vendeur doit garantie contre l'éviction et contre les vices cachés de la chose vendue[352]. Cependant, en matière immobilière, l'action en garantie d'éviction est irrecevable[353].

217. Concernant la garantie contre les vices cachés, le vendeur doit assurer à son acheteur une possession utile. Les vices cachés constituent un défaut de conformité. Mais ici c'est du point de vue fonctionnel. C'est l'inaptitude de la chose à remplir l'usage attendu. La chose ne peut satisfaire son usage normal. Les vices cachés sont les défauts de la chose vendue qui ne se révèlent pas à son examen et qui sont susceptibles d'empêcher l'acheteur d'en faire l'usage auquel il la destinait. Ce sont des défauts qui génèrent chez l'acheteur une erreur vice du consentement. Le vendeur est garant de ces vices alors même qu'il ne les aurait pas connus[354].

Seul l'acheteur diligent est protégé. Sont exclus de la garantie, les vices apparents dont un acheteur diligent aurait pu se convaincre jusqu'au moment de la délivrance, en procédant à un examen attentif de la chose. Toutefois la diligence s'appréciera en considération de la qualité et des connaissances techniques de chacune des parties contractantes[355]. L'occasion de prendre en compte la distinction professionnel-profane s'installe alors.

Pour être couvert, le vice doit être caché mais aussi nuisible, c'est-à-dire rendre l'objet impropre à son usage ou en diminuer l'utilité. Le vice doit être

---

352 Art. 287 COCC.

353 Art. 288 *in fine* COCC ; C.Cass., chambre civile et commerciale, 2 fév. 1994, Monsieur et Madame VERNIZZI c/ Elimane KANE, arrêt n° 48, Recueil des arrêts de la Cour de cassation, année 1993-1998, Editions GIRAF, 2001, p. 154 : en conséquence, une Cour d'appel ne serait pas fondé à accueillir une demande tendant à obtenir le remboursement des frais occasionnés par la démolition et la reconstruction des cuves à eau sur un terrain jouxtant celui acquis.

354 Art. 295 COCC.

355 Art. 296 in fine COCC.

d'une suffisante gravité pour rendre la chose impropre à son usage normal ou pour en diminuer l'utilité à tel point qu'elle n'aurait pas été acquise au prix convenu.

En cas de vice caché, l'acheteur a le choix entre rendre la chose et s'en faire restituer le prix, ou la garder moyennant restitution d'une partie du prix fixé soit à l'amiable, soit à dire d'expert, soit par le juge si les parties ne se sont point entendues. Par rapport à la restitution, si le vendeur ignorait le vice de la chose, il doit restituer le prix et rembourser les frais et coûts du contrat. S'il connaissait le vice de la chose, il est, en outre, tenu de réparer le dommage résultant de la vente.

218. La convention des parties peut fixer l'étendue et la durée de la garantie du vendeur. Elle peut même la supprimer entièrement. Toutefois, l'exonération complète de garantie est nulle si le vendeur connaissait l'existence du vice caché au moment où la vente a été conclue.

219. L'action résultant du vice caché doit être intentée dans un bref délai. Il est tenu compte pour en fixer la durée de la nature du vice et des usages du lieu où la vente a été faite.

PARAGRAPHE 2 : LES OBLIGATIONS DE L'ACHETEUR

220. L'acheteur à deux obligations. Il s'oblige à payer le prix et à prendre livraison de la chose vendue. La deuxième obligation n'est cependant concevable que dans la vente mobilière. Dans la vente immobilière, il devient automatiquement propriétaire par l'inscription de son nom sur le livre foncier.

221. L'acquéreur doit le prix et les frais du contrat. Les frais du contrat et de l'inscription au titre foncier sont, sauf convention contraire, à sa charge[356].

Le prix exprimé dans le contrat est présumé convenu hors taxes.

A. Les modalités du paiement

222. Sauf convention ou usage contraire, le prix est payé chez l'acquéreur ou devant le notaire. Tout versement fait sans stipulation particulière par l'acheteur avant la livraison de la chose est considéré comme un acompte sur le prix.

223. Le prix est payé en une fois ou échelonné. En effet, dans l'hypothèse d'une vente à tempérament, les parties conviennent que le prix sera payable en plusieurs fractions à intervalles réguliers (**supra n° 214 et s.**). Outre cette

[356] Art. 387 COCC.

situation, le paiement du prix fait l'objet d'une modulation dans **le contrat de viager**.

224. Le contrat de viager est un contrat à titre gratuit ou à titre onéreux. Il permet la cession d'un capital ou d'un bien à une ou plusieurs personnes dénommées le ou les débirentiers qui s'engagent à verser à des termes périodiques à une ou plusieurs autres personnes appelées crédirentiers des sommes appelées rentes viagères ou arrérages, pendant toute la vie du (des) crédirentier(s) ou pendant toute la vie d'une ou plusieurs personnes choisies par le ou les crédirentiers sans contrepartie lorsque le contrat est à titre gratuit[357].

La vente d'immeuble moyennant rente viagère est ainsi le contrat par lequel en contrepartie de l'aliénation d'un immeuble à son profit l'acquéreur dénommé le débirentier s'engage à payer périodiquement à son vendeur, dénommé le crédirentier, pendant la durée de sa vie ou de celle d'un tiers des arrérages représentant tout ou partie du prix de vente de l'immeuble.

225. La constitution de rente viagère est l'engagement que prend une personne, le débirentier, de verser une rente annuelle payable pendant la vie du créancier, le crédirentier[358]. Si la rente est constituée au profit d'un vendeur unique, on dit que c'est sur une seule tête. Une rente peut aussi être constituée pour être payée jusqu'au décès de la dernière personne vivante ; on parlera alors de rente constituée sur « plusieurs têtes »[359]. Un couple peut décider que la rente versée en contrepartie de la vente d'un immeuble leur appartenant doit être payée jusqu'au décès de l'époux (ou de l'épouse) survivant(e). Lorsqu'elle est constituée sur la tête de plusieurs personnes, sauf convention contraire, c'est à la totalité de la rente. Bien que cela soit très rare, la rente peut également être constituée sur la tête d'un tiers. Dans ce cas, elle ne sera due au crédirentier que durant la vie de ce tiers.

226. La rente est une partie du prix de vente de l'immeuble. Le montant de la vente est fixé au contrat mais se divise en deux parties : le bouquet versé à la conclusion de la vente et la rente versée jusqu'au décès du vendeur. L'organisation du paiement du prix constitue ainsi le siège des avantages de la vente d'immeuble moyennant rente viagère. Elle permet au vendeur ou crédirentier de profiter de revenus supplémentaires à un moment de sa vie où,

---

[357] B. Le Court, Guide des viagers, guide juridique et pratique, Edition du Puit Fleuri, 2006.

[358] Art. 746 COCC.

[359] Art. 747 COCC.

le plus souvent, l'essentiel de ceux-ci est constitué de retraites ou pensions ; c'est une sorte de retraite complémentaire. Pour l'acheteur ou débirentier, les raisons économiques seront bien entendu très différentes. Pour lui, il s'agira essentiellement d'un « placement épargne » avec, en prime, l'espoir d'une « bonne affaire ».

Le montant du bouquet est librement débattu entre les parties mais un montant plus élevé doit être prévu lorsque le crédirentier est très âgé. Mais, dans tous les cas, le prix doit être sérieux. La vente peut être annulée si la valeur vénale de l'immeuble aurait pu rapporter des intérêts au moins égaux au taux de la rente[360]. Il convient, pour apprécier la vileté du prix de comparer les revenus de la propriété et des intérêts du capital qu'elle représente avec la valeur des prestations fournies[361]. La vente devra alors être annulée si la rente est inférieure à l'intérêt du capital représentant la valeur des biens vendus[362].

227. Intimement liée à la vie du créancier, la vente d'immeuble moyennant rente viagère est un contrat aléatoire[363]. Au même titre que le jeu, le pari, l'assurance, le contrat de vente d'immeuble en viager obéit à des règles particulières, figurant, sous le titre « des contrats aléatoires », aux articles 744 et suivants du COCC.

C'est la rente viagère, « mode de paiement par tempérament »[364], qui confère au contrat un caractère aléatoire. L'aléa se trouve dans le restant à vivre du créancier. Si le vendeur vit longtemps, la vente en viager comporte une chance de gain pour lui et un risque de perte pour l'acquéreur. La solution est inverse si le vendeur décède rapidement. C'est cet aléa qui constitue l'élément essentiel de la validité du contrat.

Le contrat est nul si la rente est constituée sur la tête d'une personne atteinte d'une maladie dont elle meurt dans les trois mois[365]. Par ailleurs, le contrat ne devrait contenir une clause visant à limiter dans le temps le paiement de la

---

[360] Droit français, Cass. 1re civ., 4 juill. 1995, no 93-16 913, *RDI* 1996. 228, obs. J.-C. Groslière et C. Saint-Alary-Houin.

[361] Droit français, Cass. 1re civ., 4 juill. 1995, Bull. I, n° 304, p. 212.

[362] Droit français, Cass. 1re civ., 5 févr. 1977, Bull. civ. III, n° 70, p. 55.

[363] Art. 746 COCC. Un contrat est aléatoire « quand l'avantage que les parties en retireront n'est pas appréciable lors de la formation du contrat parce qu'il dépend d'un évènement incertain » ; Droit français, Cass. com., 10 juin 1960 : S.1961, p. 42, note Auteserre.

[364] MM. MALAURIE et AYNES, Les contrats spéciaux, édition 2004, n° 990.

[365] Art. 748 COCC.

rente[366]. En effet, dans un contrat de rente viagère, la cause n'est pas la « contre prestation » comme dans un contrat de vente, mais l'aléa. Les critères de justesse de l'aléa sont à la fois le taux de la rente et la durée de vie du crédirentier.

228. La vente peut être un « viager libre » ou un « viager occupé ». Il y a viager libre, lorsque l'acquéreur aura la libre disposition de l'immeuble pour l'occuper ou le louer. La situation sera différente si le vendeur se réserve la jouissance du bien sa vie durant. On parlera alors de viager occupé[367]. L'acquéreur ne prend possession de l'immeuble qu'après que le vendeur ait quitté. Il s'agit d'une vente viagère avec constitution d'un droit d'usage et d'habitation. Elle permet au vendeur d'utiliser la chose vendue jusqu'à son décès, tout en s'assurant les rentes viagères. A noter que la fin de l'occupation du logement par le crédirentier ne signifie en aucune manière la fin du paiement de la rente

Le droit d'usage et d'habitation est un droit réel immobilier[368] qui n'est pas à confondre avec le droit du locataire qui est un droit personnel[369]. Il n'est non plus à confondre avec l'usufruit[370]. Les droits d'usage et d'habitation se règlent par le titre qui les a établis et reçoivent, d'après ses dispositions, plus ou moins d'étendue.

Lorsque la vente a porté sur un immeuble dont le crédirentier s'est réservé la jouissance, l'appréciation de l'aléa et du caractère sérieux du prix de vente pourra être effectuée par comparaison entre le montant de la rente et les revenus calculés à partir de la valeur vénale au jour de la vente de l'immeuble

---

366 Art. 746 COCC.

367 Dans ce cas de figure, l'appréciation de l'aléa et du caractère sérieux du prix se fait par comparaison entre le montant de la rente et l'intérêt que procurerait le capital représenté par la propriété grevée de cette réserve ; Droit français, Cass. 3e civ., 16 juill. 1998, JCP 98, IV, 3127.

368 Art. 19 de la loi de 2011 portant régime de la propriété foncière.

369 Malgré les controverses, la majorité de la doctrine et la jurisprudence (française) s'en tiennent à la conception traditionnelle de la nature du droit du preneur selon laquelle celui-ci est titulaire d'un droit personnel contre le bailleur ; C. LARROUMET, Droit civil – Les biens – Droits réels principaux, précité, p. 258.

370 Même s'ils ont la même finalité, les fonctions du droit d'usage et d'habitation sont plus réduites. L'usage est, en principe, limité au seul *usus*, le *fructus* ne pouvant être exercé que d'une façon limitée. En outre, à la différence de l'usufruit qui peut parfois trouver sa source dans la loi, l'usage et l'habitation sont essentiellement constitués par acte juridique.

grevé. L'appréciation des revenus du bien devra s'effectuer *in concreto* en tenant compte des circonstances particulières de chaque espèce[371].

229. Le défaut de paiement des arrérages échus autorise le crédirentier à demander la résolution du contrat, en gardant les versements déjà faits[372]. Cette précision apportée par l'article 749 ne se retrouve dans le droit français que par l'entremise de la Cour de cassation.

En France, comme en dispose l'article 1978 du Code civil, dans la vente consentie moyennant rente viagère « le seul défaut de paiement des arrérages de la rente n'autorise point celui en faveur de qui elle est constituée à demander le remboursement du capital, ou à rentrer dans le fonds par lui aliéné : il n'a que le droit de saisir et de faire vendre les biens de son débiteur et de faire ordonner ou consentir, sur le produit de la vente, l'emploi d'une somme suffisante pour le service des arrérages.».

Contrairement à l'article 749 COCC, en droit positif français, dans le contrat de vente en viager, le vendeur, crédirentier, est privé du droit d'obtenir la résolution. Il n'a d'autres ressources que de poursuivre l'exécution forcée. Des travaux préparatoires du Code civil, il ressort que PORTALIS considérait que le non-paiement des arrérages constituait « une légère infraction au contrat et ne (devait) pas servir de prétexte pour le résoudre »[373] . Selon DUVEYRIEZ, présentant au corps législatif le vœu du tribunat sur la loi relative aux contrats aléatoires, il serait avantageux, pour le crédirentier, d'être privé de l'action en résolution ; la loi le soustrairait alors à « l'embarras de chercher un autre emploi ou au danger de perdre sa dernière ressource, en laissant son capital oisif, en le consommant par parties, en le confiant au hasard, non encore éprouvé, d'un nouveau placement »[374]. En outre, « une partie une fois entamée, le hasard ne saurait retourner sur ses pas »[375].

---

[371] Droit français, Cass. 3e civ., 4 juill. 2007, no 06-14, 122, Bull. civ. III, no 125, D. 2007.2101.

[372] Art. 749 COCC.

[373] Cité par M. ARLIE, La résolution du contrat de rente viagère, RTDC 1997, 855, note 18.

[374] Cité par M. de QUENAUDON, Jurisclasseur civil, art. 1977 à 1983, n° 33.

[375] J. CARBONNIER, obs. sous 1 ère Civ. , 8 février 1960, *Bull.*, n° 85, RTDC 1960, 497. La doctrine française n'est cependant unanime sur la question. Une doctrine quasiment unanime condamne tant la règle que son explication. voir RIPERT et BOULANGER, Tome III, Les contrats civils, n° 2462 ; MAZEAUD par de JUGLART, Tome II, 4ème édition, n° 1092 ; MM. MALAURIE et AYNES, Les contrats spéciaux, 1ère édition, n° 1003 ; A. BENABENT, Les contrats spéciaux

Cependant, malgré les dispositions de l'article 1978 du Code civil, il n'est pas interdit d'insérer dans les actes une clause visant la résolution de la vente en cas de non-paiement ainsi qu'il est prévu en droit commun des obligations[376].

230. L'article 749 COCC n'exclut pas la possibilité pour le vendeur de solliciter une exécution forcée du contrat. Comme en droit français, le vendeur a « le droit de saisir et de faire vendre les biens de son débiteur et de faire ordonner ou consentir, sur le produit de la vente, l'emploi d'une somme pour le service des arrérages »[377]. Une clause résolutoire de plein droit peut aussi être stipulée dans le contrat.

231. Le débirentier ne peut se libérer du paiement de la rente, en versant ou en remboursant un capital, même s'il renonce à la répétition des arrérages

civils et commerciaux, 7ème édition, n° 982, M. HUET, Les principaux contrats spéciaux, n° 11548 ; etc.

376 C'est moins de vingt ans après le code civil que la Cour de cassation française a reconnu la licéité de la clause résolutoire insérée dans un contrat de rente viagère, écartant l'application de l'article 1978 : « l'article 1978 du code civil, se bornant à déclarer que le seul défaut de paiement des arrérages de rente viagère n'autorise pas le créancier de la rente à faire résilier le contrat, mais ne contenant aucune prohibition aux parties contractantes de stipuler cette résiliation dans le cas (...) de non-paiement des arrérages, une telle stipulation n'ayant d'ailleurs rien de contraire aux bonnes mœurs ni aux lois d'ordre public, l'arrêt attaqué, en ordonnant, dans l'espèce, l'exécution de la clause résolutoire opposée au contrat de vente (...) n'a aucunement violé ledit article 1978, et a fait, au contraire, une juste application de l'article 1134 du même code » ; Civ. 26 mars 1817, S. 1817, I, 300. Cette jurisprudence, qui reconnaît aux dispositions de l'article 1978 un caractère supplétif de la volonté des parties, ne s'est jamais démentie, la Cour de cassation exigeant seulement, lorsque le moyen pris d'un grief de la violation de ce texte lui est soumis, qu'elles y aient dérogé par une clause stipulant, sans équivoque, la faculté pour le crédirentier, de faire prononcer la résolution du contrat en cas de non-paiement de la rente ; Civ. 23 août 1843, S. 1843, I, 892 ; Civ. 2 décembre 1856, D.P. 1856, I, 443. Sous peine de requalification par le juge, la stipulation d'une résolution conventionnelle doit être claire ; l'emploi des termes « *si bon semble au crédirentier* » est ainsi déconseillé. Cass. 1re civ., 10 oct. 1995, *JurisData* no 1995-002452, in *JCl.* Not. Form., Vente d'immeuble, Fasc. 490, Etude D. Montoux. La Cour de cassation a été conduite à juger expressément que, quels qu'en soient les termes, qu'elle constitue une clause résolutoire de plein droit ou une clause autorisant seulement une résolution judiciaire, la clause résolutoire insérée au contrat de rente viagère fait échapper ce contrat à l'article 1978 et ouvre une option au crédirentier, comme celle que le droit commun de l'article 1184 ouvre au créancier d'une obligation inexécutée ; 3ème Civ. , 10 novembre 1992, *Bull.*, n° 294, JCP 1993, II, n° 22136.

377 Art. 1978 Code civil.

antérieurs[378]. L'article 750 du COCC n'est cependant pas d'ordre public[379]. Les parties gardent la possibilité de permettre à l'acquéreur de racheter la rente. Cependant, lorsque le débirentier veut user de cette possibilité, il convient de se placer au moment où est né le litige relatif au calcul de la rente et à l'évaluation du capital représentatif[380].

A l'extinction du contrat, la rente est acquise aux héritiers du crédirentier dans la proportion du nombre de jours où celui-ci a vécu[381].

B. La sanction de la défaillance de l'acheteur

232. Lorsque l'acheteur est défaillant, le vendeur peut ne pas exécuter son obligation de transférer la propriété (**supra n° 199**).

233. En cas de paiement partiel fait antérieurement à la délivrance, la somme versée en acompte produira, trois mois après son versement, et jusqu'au jour de la délivrance ou de la résolution du contrat, intérêt au taux légal au profit de l'acquéreur.

234. L'acheteur supporte une obligation personnelle de faire portant sur une somme d'argent. En cas de défaillance, le vendeur pourra, en justice, le forcer à s'exécuter. Par ailleurs, l'acheteur doit l'intérêt du prix de la vente jusqu'au paiement du capital dans les trois cas suivants:

- ✓ S'il en a été ainsi convenu ;
- ✓ Si la chose vendue et délivrée produit des fruits ou autres revenus ;
- ✓ Si l'acheteur a été sommé de payer.

Dans ce dernier cas, l'intérêt court du jour de la sommation. Cependant, si elle est faite après l'expiration d'un délai de paiement productif d'intérêts accordé à l'acheteur, les intérêts légaux courront du jour de l'expiration du délai de paiement[382].

Comme il a été souligné ailleurs dans les mêmes conditions[383], il convient de souligner que l'article 309 est un texte supplétif de volonté, et que, par

---

[378] Art. 750 al. 2 COCC.

[379] Art. 258 COCC.

[380] Droit français, Cass. 1re civ., 2 juill. 1962, Bull. civ. I, n° 330, p. 291.

[381] Art. 751 COCC.

[382] Art. 309 COCC.

[383] CA Aix-en-Provence, 26 oct. 1970, D. 1971. 370, à propos de l'article 1652 CC qui, avec un contenu identique à l'article 309, disposait « *L'acheteur doit l'intérêt du prix de la vente jusqu'au paiement du capital, dans les trois cas suivants :*
S'il a été ainsi convenu lors de la vente ;
Si la chose vendue et livrée produit des fruits ou autres revenus ;
Si l'acheteur a été sommé de payer.

conséquent, le vendeur peut renoncer à son application, pourvu que ce soit de manière certaine.

235. Concernant la preuve du paiement, elle incombe à l'acheteur. Celui qui se prétend libéré doit prouver que l'obligation est inexistante ou éteinte[384]. Cependant il bénéficie d'une liberté de preuve. En d'autres termes, la preuve peut être apportée par tous les moyens. En effet, la preuve du paiement obéit, sauf dispositions contraires de la loi, aux règles du droit commun de la preuve[385]. Pour la jurisprudence, c'est un fait juridique qui doit suivre le régime juridique de la preuve en ce domaine[386].

L'acheteur qui ne conteste pas la créance à lui réclamée mais soutient s'être libéré entre les mains d'un tiers sans établir le paiement allégué et la qualité de mandataire du tiers, reste obligé au paiement entre les mains du créancier ou de son mandataire[387].

SECTION 6 : LES CONSÉQUENCES D'UN RETOUR SUR LA VENTE

236. Il peut arriver que les parties reviennent sur le contrat déjà formé parce qu'une de ses conditions de validité n'a pas été respectée ou parce qu'elles l'avaient prévu. Elles peuvent aussi y revenir par la résolution du contrat. Un tel retour sur le contrat produit nécessairement des conséquences à l'égard des créanciers de l'acquéreur.

237. Conformément au régime de l'immatriculation foncière, sont irrecevables ou inopposables aux tiers, ou doivent être réservés expressément au contrat et publiées au titre foncier, les actions susceptibles d'enlever à l'acquéreur partiellement ou pour le tout le bénéfice de la mutation intervenue à son profit[388].

238. Les actions tendant à la revendication d'immeubles, basées sur la résolution d'un contrat synallagmatique pour inexécution des conditions ou

---

Dans ce dernier cas, l'intérêt ne court que depuis la sommation. »

384 Art. 9 al. 2 COCC.

385 Art. 179 COCC.

386 C.Cass., chambre civile et commerciale, 1 fév. 1995, P. M. NDOYE c/ G. THOME, arrêt n° 25, Recueil des arrêts de la Cour de cassation, année 1993-1998, Editions GIRAF, 2001, p. 181.

387 CA Dakar, chambre civile et commerciale, 22 avril 2010, Société 3F SARL c/ Société Mediterranean Shipping Company (MSA), arrêt n° 352, Bulletin des arrêts rendus par la Cour d'Appel de Dakar en matière civile et commerciale, 2011, vol. n° 1, p. 67.

388 Art. 388 COOC.

pour exécution du pacte de réméré, ne peuvent être exercées qu'autant que ces droits auront été réservés expressément aux contrats d'aliénation et ne produisent effet, à l'égard des tiers, qu'à dater du jour où ces réserves ont été rendues publiques dans les formes fixées par la loi de 2011 portant régime de la publicité foncière[389].

239. Toutes autres actions tendant à la revendication d'immeubles, basées sur des causes non susceptibles d'énonciation aux contrats d'aliénation et notamment sur l'inobservation des conditions essentielles à la validité, l'atteinte portée aux droits des créanciers ou à ceux du mineur, l'incapacité absolue ou relative de disposer ou de recevoir par testament ou donation, l'interdiction légale d'acheter ou de vendre frappant certaines personnes ou s'appliquant à certains objets, le retrait d'indivision, sont sans effet à l'égard des tiers de bonne foi, ayant publié leurs titres avant l'acte introductif d'instance. L'acquisition du droit réel résultant de la mention au titre foncier du nom du nouveau titulaire du droit, celui-ci acquiert de ce fait sur l'immeuble un droit définitif et inattaquable dont l'étendue est déterminée juridiquement et matériellement par les énonciations du titre foncier[390].

240. Les actions en nullité pour défaut de forme, en résiliation pour éviction partielle, existence de servitudes non apparentes, lésions du quart ou des sept douzièmes ou constitution de droits réels par un failli dans les dix jours qui ont précédé la cessation de ses payements, sont irrecevables sur immeubles immatriculés[391].

241. Lorsque les faits ou conventions susceptibles d'être publiés se produisent ou sont conclus au cours de la procédure d'immatriculation,

---

389 Art. 26 de la loi de 2011 portant régime de la propriété foncière.

390 Art. 381 COCC ; « Il résulte des articles 10, 258, 383 du COCC et 159 du décret du 26 juillet 1932 que, d'une part, l'acquisition du droit réel résulte de la mention au titre foncier du nom du nouveau titulaire du droit qui acquiert de ce fait sur l'immeuble un droit définitif et inattaquable dont l'étendue est déterminée juridiquement par les énonciations du titre foncier et, d'autre part, les modifications ou annulations de l'inscription au titre foncier, sauf dans les cas où elles sont la conséquence d'une réserve mentionnée au titre foncier, ne peuvent préjudicier au tiers de bonne foi. Viole ces textes la Cour d'Appel qui, après avoir constaté que la vente passée par devant notaire a été inscrite au livre foncier, a retenu que c'est à bon droit que le premier juge a décidé que l'acte de vente passé, sur la base d'un faux jugement d'hérédité, par un prétendu héritier, devait être annulé et l'inscription radiée », Cs., ch. civ. et com., arrêt n° 28 du 17 juin 2009, S. LOUM c/ S. DIOP et autres, disponible sur www.juricaf.org.

391 Art. 31 de la loi de 2011 portant régime de la propriété foncière.

l'inscription ne peut en être opérée qu'après l'établissement du titre foncier[392]. Toutefois, il est loisible au bénéficiaire du droit à s'inscrire, pour prendre rang et rendre ledit droit opposable aux tiers, d'effectuer sans attendre l'achèvement de la procédure, le dépôt à la conservation des pièces prescrites. Ce dépôt est mentionné au registre des oppositions des actes à inscrire, au jour de l'immatriculation, reporté, avec rappel de sa date, au registre des dépôts au rang qui lui est assigné par le premier enregistrement. La validité de ces inscriptions reste soumise aux règles qui régissent le droit commun auquel l'immeuble n'échappe qu'au jour de l'immatriculation.

242. Les personnes dont les droits, auraient été lésés par une inscription peuvent en demander la modification ou l'annulation. Mais ces modifications ou annulations, sauf dans le cas où elles sont la conséquence d'une réserve mentionnée au titre foncier, ne peuvent préjudicier aux tiers de bonne foi.

Toutefois, l'héritier revendiquant, dans les six mois qui suivent l'ouverture de la succession, tout ou partie de l'hérédité, peut demander en même temps que l'annulation de l'inscription prise à son préjudice, celle des droits constitués dans l'intervalle au profit des tiers par l'héritier apparent.

243. Toute demande tendant à obtenir la modification ou l'annulation d'une inscription peut faire l'objet d'une mention sommaire préventive, dite pré-notation sur le titre foncier, avant d'être portée devant le tribunal régional. Cette pré-notation doit être autorisée par ordonnance du Président du Tribunal, rendue sur requête, à charge de lui en référer. La pré-notation faite, la validité des inscriptions ultérieures est subordonnée à la décision judiciaire.

À défaut de pré-notation, le jugement n'a d'effet à l'égard des tiers que du jour où il est inscrit[393].

---

[392] Art. 67 al. 1 de la loi de 2011 portant régime de la propriété foncière.

[393] Art. 72 de la loi de 2011 portant régime la propriété foncière.

CHAPITRE 2

LA VENTE D'IMMEUBLE À CONSTRUIRE

244. La vente d'immeuble peut être une vente simple mais aussi une vente d'immeuble à construire. Cette dernière situation est une vente particulière. Elle consiste pour le vendeur, en plus de ses obligations classiques, à s'obliger à édifier et à céder un immeuble dans un délai et dans des conditions déterminés par le contrat[394]. Lors de la conclusion du contrat, l'immeuble n'existe pas encore ou du moins n'est pas encore terminé. La vente d'immeuble à construire implique alors un accord préalable entre les parties sur la nature et les spécificités de l'immeuble à construire.

245. Pour la validité du contrat, le vendeur doit être titulaire d'un droit de propriété ou d'un autre droit réel lui permettant de construire. En effet, la vente portant sur un immeuble, il doit détenir un droit réel sur le terrain pour pouvoir le céder avec les constructions. Ainsi, si le terrain appartient déjà à l'accédant, la qualification de vente d'immeuble à construire devra être écartée.

SECTION 1 : LES VARIANTES EN MATIÈRE DE VENTE D'IMMEUBLE À CONSTRUIRE

La vente d'immeuble à construire peut être conclue à terme ou en l'état futur d'achèvement.

246. La vente en l'état futur d'achèvement communément appelée « VEFA » (également appelée « achat sur plan »), est le contrat par lequel le vendeur (promoteur) transfère immédiatement à l'acquéreur ses droits sur le sol ainsi que la propriété des constructions existantes[395]. Les ouvrages à venir deviennent la propriété de l'acquéreur au fur et à mesure de leur exécution. L'acquéreur est tenu d'en payer le prix à mesure de l'avancement des travaux. Le vendeur ne peut exiger ni accepter aucun versement, aucun dépôt, aucune souscription ou acceptation d'effets de commerce avant la signature du contrat, ni avant la date à laquelle la créance est exigible.

[394] Art. L 122 du Code de la construction.
[395] Art. L124 du Code de la construction.

L'acquéreur choisit son bien immobilier sur la base de plans et de documents descriptifs et graphiques fournis par le promoteur-vendeur. Il n'intervient pas dans le processus de construction dont la responsabilité pèse entièrement sur le promoteur. Le vendeur conserve les pouvoirs de maître d'ouvrage jusqu'à la réception des travaux.

247. La VEFA présente des intérêts indéniables. Pour le promoteur, la mobilisation des sommes pourra servir au préfinancement des travaux ou à solder par anticipation le crédit-promoteur.

Pour le preneur dans l'urgence, du fait du transfert immédiat de la propriété, il pourra aménager dans les locaux, commencer son activité concomitamment aux constructions.

En outre, il bénéficie de garantie d'achèvement. La garantie de l'achèvement de l'immeuble résulte soit de l'existence de conditions propres à l'opération, soit de l'intervention d'une banque, d'un établissement financier habilité à faire des opérations de crédit immobilier, d'une entreprise d'assurance agréée à cet effet ou d'une société de caution mutuelle constituée conformément aux dispositions réglementaires en vigueur[396].

La garantie d'achèvement résulte de l'existence de conditions propres à l'opération lorsque cette dernière répond à l'une ou à l'autre des conditions suivantes :

a) si l'immeuble est mis hors d'eau et n'est grevé d'aucun privilège ou hypothèque;

b) si les fondations sont achevées et si le financement de l'immeuble ou des immeubles compris dans un même programme est assuré à concurrence de soixante-quinze pour cent (75%) du prix de vente prévu:

- par les fonds propres au vendeur ;
- par le montant du prix des ventes déjà conclues ;
- par les crédits confirmés des banques ou établissements financiers habilités à faire des opérations de crédit immobilier, déduction faite des prêts transférables aux acquéreurs des logements déjà vendus.

Toutefois, le taux de soixante-quinze pour cent (75%) est réduit à soixante pour cent (60%) lorsque le financement est assuré à concurrence de trente pour cent (30%) du prix de vente par les fonds propres du vendeur. Pour l'appréciation du montant du financement ainsi exigé, il est tenu compte du

396 Art. R 183 du décret n°2010-99 du 27 janvier 2010 portant partie réglementaire du code de la construction.

montant du prix des ventes conclues sous la condition suspensive de la justification de ce financement dans les six mois suivant l'achèvement des fondations.

La garantie d'achèvement résulte également :

a) si la vente porte sur une maison individuelle, dont les fondations sont achevées et à condition que les versements prévus n'excèdent pas au total: vingt pour cent (20%) du prix à l'achèvement des fondations, quarante-cinq pour cent (45%) à la mise hors d'eau ; quatre-vingt-cinq pour cent (85%) à l'achèvement de la maison. Le solde est payé ou consigné comme il est dit pour le solde prévu à l'article R.182 décret n°2010-99 du 27 janvier 2010 portant Code de la construction[397]. Lorsque la maison fait partie d'un ensemble de plus de vingt (20) maisons et que son utilisation implique celle d'équipements extérieurs communs, le bénéfice des dispositions ci-dessus est subordonné soit à la réalisation préalable des équipements nécessaires à l'utilisation de la maison vendue, soit à l'existence pour ces derniers de la garantie d'achèvement prévue par l'article R. 183 du décret précité. L'exécution des équipements ci-dessus est établie par certificat d'une personne qualifiée à cet effet ;

b) si la vente est réalisée par une société d'économie mixte de construction agréée à cet effet par le Ministre chargé du Commerce et le Ministre chargé de la Construction ou dont une collectivité locale détient au moins trente-cinq pour cent (35%) du capital social.

---

[397] Les paiements ou dépôts ne peuvent excéder au total :
- trente cinq pour cent du prix à l'achèvement des fondations;
- soixante dix pour cent à la mise hors d'eau;
- quatre vingt quinze pour cent à l'achèvement de l'immeuble.

Le solde est payable lors de la mise du local à la disposition de l'acquéreur ; toutefois il peut être consigné en cas de contestation sur la conformité avec les prévisions du contrat.

Si la vente est conclue sous condition suspensive, aucun versement ni dépôt ne peut être effectué avant la réalisation de cette condition.

Dans les limites ci-dessus, les sommes à payer ou à déposer en cours d'exécution des travaux sont exigibles:
- soit par versements périodiques constants;
- soit par versements successifs dont le montant est déterminé en fonction de l'avancement des travaux.

Si le contrat prévoit une pénalité de retard dans les paiements ou les versements, le taux de celle-ci sera fixé conformément à la réglementation en vigueur.

Le contrat devra préciser :

- que l'acheteur reconnaît être averti de la teneur desdites garanties ;
- que le vendeur tient à tout moment à la disposition de l'acheteur justification de ces garanties, en l'étude du notaire ayant reçu l'acte de vente. Les justifications sont constituées :
  - o en ce qui concerne le montant du prix des ventes déjà conclues, par une attestation du notaire;
  - o en ce qui concerne les crédits confirmés ou les fonds propres, par une attestation délivrée par une banque ou un établissement financier habilité à faire des opérations de crédit immobilier.

La garantie d'achèvement donnée par un tiers intervient :

a) soit lors d'une ouverture de crédit par laquelle celui qui l'a consentie s'oblige à avancer au vendeur ou à payer pour son compte les sommes nécessaires à l'achèvement de l'immeuble. Cette convention doit stipuler au profit de l'acquéreur ou sous-acquéreur le droit d'en exiger l'exécution ;

b) soit lors d'une convention de cautionnement aux termes de laquelle la caution s'oblige envers l'acquéreur, solidairement avec le vendeur, à payer les sommes nécessaires à l'achèvement de l'immeuble.

Les versements effectués par les établissements garants au titre des a et b ci-dessus sont réputés faits dans l'intérêt de la masse des créanciers.

Outre la garantie d'achèvement, il y a la garantie de remboursement. Elle est donnée par l'un des organismes pouvant intervenir dans le cadre de la garantie d'achèvement.

La garantie de remboursement revêt la forme d'une convention de cautionnement aux termes de laquelle la caution s'oblige envers l'acquéreur, solidairement avec le vendeur, à rembourser les versements effectués par l'acquéreur au cas de résolution amiable ou judiciaire de la vente pour cause de défaut d'achèvement.

Le vendeur et le garant ont la faculté, au cours de l'exécution du contrat de vente, de substituer la garantie d'achèvement à la garantie de remboursement ou inversement, à la condition que cette faculté ait été prévue au contrat de vente. Cette substitution doit être notifiée à l'acquéreur.

La garantie d'achèvement ou de remboursement prend fin à l'achèvement de l'immeuble. Cet achèvement résulte soit de la déclaration certifiée par un homme de l'art, soit de la constatation par une personne désignée dans les conditions prévues par le code de la construction.

248. La vente à terme est le contrat par lequel le vendeur s'engage à livrer l'immeuble à son achèvement, l'acheteur s'engage à en prendre livraison et à en payer le prix à la date de livraison. Le transfert de propriété s'opère de plein droit par la constatation par acte authentique de l'achèvement de l'immeuble. Il produit ses effets rétroactivement au jour de la vente.

La vente à terme est soumise aux règles de la publicité foncière dans les mêmes conditions que la vente sous condition suspensive[398].

249. Le contrat de vente à terme peut seulement stipuler que des dépôts de garantie seront faits, à mesure de l'avancement des travaux, à un compte spécial ouvert au nom de l'acquéreur par un organisme habilité à cet effet. Les fonds ainsi déposés sont incessibles, insaisissables et indisponibles dans la limite des sommes dues par l'acheteur, sauf pour le paiement du prix. En outre, le privilège du vendeur ou celui du prêteur de deniers prend rang à la date de l'acte de vente si l'inscription est prise avant l'expiration d'un délai de deux mois à compter de la constatation par acte authentique de l'achèvement de l'immeuble.

250. Le transfert de propriété pour certains contrats : Le contrat de vente d'immeuble à construire conclu par un organisme d'habitations à loyer modéré, par une société civile immobilière constituée entre deux ou plusieurs organismes d'habitations à loyer modéré, ou par une société d'économie mixte dont le capital appartient pour plus de la moitié à une personne de droit public peut :

- stipuler que le transfert de propriété résulte de la constatation du paiement intégral du prix ;
- prévoir que le prix est payable entre les mains du vendeur par fractions échelonnées tant avant qu'après achèvement de la construction.

[398] Art. R 171 du décret n°2010-99 du 27 janvier 2010 portant partie réglementaire du code de la construction.

SECTION 2 : LE PROCESSUS CONTRACTUEL

251. Le contrat de vente d'immeuble à construire peut être précédé d'un contrat préliminaire de réservation.

PARAGRAPHE 1 : LE CONTRAT PRÉLIMINAIRE

252. Le contrat préliminaire, dans la vente d'immeuble à construire, a pour but de réserver le logement choisi. Il doit obligatoirement être écrit[399]. Un exemplaire doit en être remis au réservataire avant tout dépôt de fonds. S'il est fait sous seing privé, l'acquéreur bénéficiera d'un délai de rétractation de 7 jours (le contrat de réservation sous seing privé obéira au régime juridique du contrat préliminaire en matière de vente ; **supra n° 129**).

A. La nature juridique du contrat préliminaire

253. L'article L 134 du Code de la construction reprend, à bien des égards, l'article L 261-15 du Code français de la Code de la construction et de l'habitation[400]. Or, sur le fondement de cet article, en droit français, la nature juridique du contrat préliminaire est restée longtemps controversée. Si certains auteurs y voyaient une promesse unilatérale de vente[401], d'autres l'analysaient comme un pacte de préférence[402]. Mais ces qualifications ont été abandonnées par la doctrine et la jurisprudence après l'arrêt de la troisième chambre civile

---

[399] Art. R 193 du décret n°2010-99 du 27 janvier 2010 portant partie réglementaire du code de la construction.

[400] « La vente prévue à l'article L. 261-10 peut être précédée d'un contrat préliminaire par lequel, en contrepartie d'un dépôt de garantie effectué à un compte spécial, le vendeur s'engage à réserver à un acheteur un immeuble ou une partie d'immeuble. Ce contrat doit comporter les indications essentielles relatives à la consistance de l'immeuble, à la qualité de la construction et aux délais d'exécution des travaux ainsi qu'à la consistance, à la situation et au prix du local réservé. Les fonds déposés en garantie sont indisponibles, incessibles et insaisissables jusqu'à la conclusion du contrat de vente. Ils sont restitués, dans le délai de trois mois, au déposant si le contrat n'est pas conclu du fait du vendeur, si la condition suspensive prévue à l'article L. 312-16 du code de la consommation n'est pas réalisée ou si le contrat proposé fait apparaître une différence anormale par rapport aux prévisions du contrat préliminaire. Est nulle toute autre promesse d'achat ou de vente ».

[401] G. CORNU, obs. RTD civ. 1972.609 ; J.-C. GROSLIÈRE, note sous CA Rennes, 18 déc. 1973, D. 1974.688.

[402] R. SAINT-ALARY, La vente d'immeuble à construire et l'obligation de garantie à raison des vices de construction, JCP 1968. I. 2146, n° 47 ; THIBIERGE, La nouvelle réglementation des ventes d'immeubles à construire, Rev. éco. et dr. imm. 1967.17.

de la Cour de cassation du 27 octobre 1975[403]. La Haute juridiction déclara à cette occasion que le contrat préliminaire constituait un contrat « *sui generis* essentiellement synallagmatique, lequel comporte des obligations réciproques, le vendeur s'engageant en contrepartie d'un dépôt de garantie à réserver à l'acheteur éventuel un immeuble... ». Cependant, comme a pu le souligner à juste titre un auteur, tout dépend du contenu du contrat. *Le contrat préliminaire ne constitue un contrat synallagmatique sui generis que dans la mesure où le réservant s'en tient au minimum légal prévu par l'article L. 261-15 du Code de la construction et de l'habitation. Mais il ne lui est pas interdit de s'engager au-delà de ce minimum légal en souscrivant des engagements supplémentaires en faveur du réservataire. Il peut même aller encore plus loin en s'obligeant à offrir la vente à des conditions fermes et définitives comme le ferait un promettant dans une promesse unilatérale de vente.*

Dès lors, le contrat préliminaire apparaît comme un cadre à contenu variable dans lequel les obligations du réservant sont susceptibles de varier à la fois en étendue et en intensité, à condition évidemment de ne pas descendre en dessous des obligations « minima » prévues par les textes. Ainsi, les parties peuvent-elles donner au contrat préliminaire le même contenu qu'une promesse unilatérale de vente (Civ. 3e, 21 juin 1977, D. 1979. jur. 571, note Nguyen-Phu-Duc – Civ. 3e, 10 oct. 1978, JCP 1979. II. 19228, note S. Galle). Un arrêt a même curieusement décidé qu'un contrat préliminaire pouvait être requalifié après coup en promesse synallagmatique de vente dès lors que les parties avaient manifesté, par leur comportement postérieur à la conclusion de l'acte, leur volonté de vendre et d'acheter (Civ. 3e, 30 avr. 2002, Sté du 24 rue des Petites Écuries c/M. Jorge Zulueta, no 00-14.360, NP ; JCP N 2003. Chron. 1332, note F. Rilov) ; il s'agit selon toute vraisemblance d'un arrêt d'espèce lié à des circonstances tout à fait particulières, car normalement et sauf application de la théorie de la fraude, la qualification d'un contrat ne varie pas en fonction du comportement des contractants après la conclusion de l'acte... C'est à tort que l'annotateur donne à cette décision une portée générale, la qualifiant même de « revirement de jurisprudence »[404].

[403] Civ. 3e, 27 oct. 1975, no 74-11.080, *Bull. civ.* III, no 309 ; *D.* 1976. jur. 97, note E. Franck ; *JCP* 1976. I. 2790, Chron. P. Malinvaud et P. Jestaz.

[404] O. TOURNAFOND, La vente d'immeuble à construire, Rép. civ. Dalloz, mars 2004.

B. L'exigence d'un dépôt de garantie

254. Dans le contrat préliminaire, en contrepartie d'un dépôt de garantie[405] effectué à un compte spécial[406], le vendeur s'engage à réserver à l'acheteur un immeuble ou une partie de l'immeuble[407]. Les fonds déposés en garantie sont indisponibles, incessibles et insaisissables jusqu'à la conclusion du contrat de vente. Ils sont restitués sans retenue ni pénalité, dans le délai de trois mois, au réservataire qui notifie sa demande de remboursement au vendeur et au dépositaire par lettre :

a) si le contrat de vente n'est pas conclu du fait du vendeur dans le délai prévu au contrat préliminaire ;

b) si le prix de vente excède de plus de cinq pour cent (5%) le prix prévisionnel, révisé le cas échéant conformément aux dispositions du contrat préliminaire. Il en est ainsi quelles que soient les autres causes de l'augmentation du prix, même si elles sont dues à une augmentation de la consistance de l'immeuble ou à une amélioration de sa qualité ;

c) si le ou les prêts prévus au contrat préliminaire ne sont pas obtenus ou transmis ou si leur montant est inférieur de dix pour cent (10%) aux prévisions dudit contrat ;

---

405 Le dépôt est alors une condition de validité du contrat ; à titre de comparaison, Paris, 1re ch. A., 20 mars 1996, Epoux Frenck c/ Saint-Yrian, inédit, cité par Corinne Saint-Alary-Houin, Défaut de versement du dépôt de garantie - nullité du contrat de réservation, RDI 1996 p.385 « Cet arrêt de la Cour d'appel de Paris du 20 mars 1996 estime qu'il résulte des dispositions de l'article L. 261-16 du code de la construction et de l'habitation que l'absence de versement du dépôt de garantie sur un compte spécial entraîne la nullité du contrat de réservation en cas d'acquisition d'un immeuble en l'état futur d'achèvement. Rendu sur renvoi à la suite de la cassation (Civ. 3e, 22 févr. 1995) d'un arrêt de la cour de Versailles, il s'incline donc devant la position de la Cour suprême ».

406 Le dépôt de garantie est fait à un compte spécial ouvert au nom du réservataire dans une banque ou un établissement spécialement habilité à cet effet ou chez un notaire. Les dépôts des réservataires des différents locaux composant un même immeuble ou un même ensemble immobilier peuvent être groupés dans un compte unique spécial comportant une rubrique par réservataire (art. R 195 du décret n°2010-99 du 27 janvier 2010 portant partie réglementaire du code de la construction.)

407 Le réservant doit notifier au réservataire le projet d'acte de vente un mois au moins avant la date de la signature de cet acte.

d) si l'un des éléments d'équipement prévus au contrat préliminaire ne doit pas être réalisé ;

e) si l'immeuble ou la partie d'immeuble ayant fait l'objet du contrat présente dans sa consistance ou dans la qualité des ouvrages prévus une réduction de valeur supérieure à dix pour cent (10%).

A la manière d'une indemnité d'immobilisation, le dépôt de garantie est imputé sur le prix de l'immeuble en cas de conclusion de la vente et attribué au vendeur en cas de désistement du réservataire.

255. Le montant du dépôt de garantie ne peut excéder cinq pour cent du prix prévisionnel de vente si le délai de réalisation de la vente n'excède pas un an. Ce pourcentage est limité à deux pour cent si ce délai n'excède pas deux ans. Aucun dépôt ne peut être exigé si ce délai excède deux ans.

C. L'exigence de certaines clauses dans le contrat

256. Le contrat de réservation doit comporter les indications essentielles relatives à la consistance de l'immeuble, à la qualité de la construction et aux délais d'exécution des travaux ainsi qu'à la consistance, à la situation et au prix du local réservé. Il doit indiquer la surface habitable approximative de l'immeuble faisant l'objet de ce contrat, le nombre de pièces principales et l'énumération des pièces de service, dépendances et dégagements. S'il s'agit d'une partie d'immeuble, il doit en outre préciser la situation de cette partie dans l'immeuble. La qualité de la construction est suffisamment établie par une note technique sommaire indiquant la nature et la qualité des matériaux et des éléments d'équipement.

Si le contrat porte sur une partie d'immeuble, cette note technique doit contenir également l'indication des équipements collectifs qui présentent une utilité pour la partie d'immeuble vendue et être annexée au contrat[408].

257. Le contrat doit également indiquer :

- le prix prévisionnel de vente et, le cas échéant, les modalités de sa révision dans les limites et conditions prévues dans le code de la construction ;
- la date à laquelle la vente pourra être conclue ;
- s'il y a lieu, les prêts que le réservant déclare qu'il fera obtenir au réservataire ou dont il lui transmettra le bénéfice en précisant le montant de ces prêts, leurs conditions et le 333nom du prêteur.

---

[408] Art. R 190 du décret n°2010-99 du 27 janvier 2010 portant partie réglementaire du code de la construction.

258. Le non-respect des exigences liées au contenu du contrat doit être sanctionné par la nullité relative. En effet, ces indications ont pour finalité d'assurer la protection du réservataire[409].

PARAGRAPHE 2 : LE CONTRAT DÉFINITIF DE VENTE

259. Comme tout contrat portant sur un immeuble, le contrat définitif de vente doit se faire devant notaire (**Sur la compétence du notaire, supra n° 167 et s.**).

260. L'acte authentique de vente devra préciser :

a) la description de l'immeuble ou de la partie d'immeuble vendu. Il doit, en outre, comporter en annexes, ou par référence à des documents déposés chez un notaire, les indications utiles relatives à la consistance et aux caractéristiques techniques de l'immeuble ;

b) le prix et les modalités de paiement de celui-ci. Il doit également mentionner si le prix est ou non révisable et, dans l'affirmative, les modalités de sa révision. Afin de se prémunir contre l'imprévision, le vendeur gagnerait à opter pour un prix révisable. L'imprévision est un déséquilibre économique qui survient au moment de l'exécution du contrat. Le contrat est légalement formé mais son exécution est devenue trop onéreuse pour l'une des parties en raison de circonstances économiques imprévues. Sur le fondement de la force obligatoire du contrat, il y a un principe général d'indifférence de l'imprévision. Seule la commune volonté des parties peut modifier les termes d'un contrat légalement formé.

Dans le cas de la vente en l'état futur d'achèvement, le prix prévisionnel semble même être l'obligation[410].

c) le délai de livraison ;

d) si c'est une vente en l'état futur d'achèvement, la garantie de l'achèvement de l'immeuble ou du remboursement des versements effectués en cas de résolution du contrat à défaut d'achèvement.

Lorsque l'immeuble est en copropriété, le règlement de copropriété doit être communiqué préalablement chaque acquéreur et lui être remis lors de la signature du contrat.

---

409 Civ. 3e, 26 sept. 2012, FS-P+B, n° 11-16.425 « « l'indication dans le contrat de réservation de la date à laquelle la vente pourra être conclue n'a pour objet que d'assurer la protection du réservataire ».

410 Art. L 84 du Code de la construction.

261. L'inobservation de ces exigences entraîne la nullité du contrat. Pour la vente en l'état futur d'achèvement, cette nullité ne peut être invoquée que par l'acquéreur et avant l'achèvement des travaux[411]. Par ailleurs, toute clause contraire à ces exigences de forme est réputée non écrite[412].

SECTION 3 : LES OBLIGATIONS DU VENDEUR

262. Le vendeur supporte, à titre principal, deux obligations ; celle d'achever l'immeuble[413] et celle de garantir les vices.

PARAGRAPHE 1 : L'OBLIGATION DE FINIR L'IMMEUBLE

263. L'immeuble vendu à terme ou en l'état futur d'achèvement est réputé achevé lorsque sont exécutés les ouvrages et sont installés les éléments d'équipement qui sont indispensables à l'utilisation, conformément à sa destination, de l'immeuble faisant l'objet du contrat. Pour l'appréciation de cet achèvement, les défauts de conformité avec les prévisions du contrat ne sont pas pris en considération lorsqu'ils n'ont pas un caractère substantiel, ni les malfaçons qui ne rendent pas les ouvrages ou éléments ci-dessus précisés impropres à leur utilisation. La constatation de l'achèvement n'emporte par elle-même ni reconnaissance de la conformité aux prévisions du contrat, ni renonciation aux droits de l'acquéreur en cas de vices de construction alors apparents.

264. L'achèvement de l'immeuble vendu à terme est constaté soit par les parties, soit par une personne qualifiée. La constatation par les parties fait l'objet d'un acte du notaire qui a reçu la vente à terme. Cet accord vaut livraison de l'immeuble.

La constatation est faite par une personne qualifiée lorsque l'acte de vente l'a prévu ou lorsqu'il n'y a pas accord des parties. Cette personne est désignée par ordonnance sur requête, non susceptible de recours, du Président de la juridiction compétente du lieu d'implantation de l'immeuble, soit parmi celles que la juridiction commet habituellement, soit parmi celles figurant sur une liste établie par arrêté du Ministre de la Justice et du Ministre chargé de la Construction.

---

[411] Art. L 84 du Code de la construction.

[412] Art. L 135 du Code de la construction.

[413] Art. R 169 et s. du décret n° 2010-99 du 27 janvier 2010 portant partie réglementaire du Code de la construction.

La constatation de l'achèvement fait l'objet, par la personne qualifiée ainsi désignée, d'une déclaration devant le notaire qui a reçu la vente.

La constatation de l'achèvement est parfaite par la déclaration ainsi faite. Elle est notifiée par la partie la plus diligente à l'autre par lettre. La notification vaut livraison de l'immeuble à la date de cette réception.

PARAGRAPHE 2 : L'OBLIGATION DE GARANTIR LES VICES

265. Le vendeur d'un immeuble à construire ne peut être déchargé, ni avant la réception des travaux, ni avant l'expiration d'un délai d'un mois après la prise de possession par l'acquéreur, des vices de construction alors apparents. L'action doit être introduite, à peine de forclusion, dans l'année qui suit la date à laquelle le vendeur peut être déchargé des vices apparents[414]. Il n'y aura pas lieu à résolution du contrat ou à diminution du prix si le vendeur s'oblige à réparer le vice[415].

266. Par ailleurs, il est tenu, à compter de la réception des travaux, des obligations dont les architectes, entrepreneurs, tâcherons, artisans et autres personnes liées au maître de l'ouvrage par un contrat d'entreprise sont eux-mêmes tenus, en application des articles L 15 à L 18 du Code de la construction. En d'autres termes, il est responsable de plein droit des dommages qui affectent la solidité des éléments d'équipement de l'ouvrage, mais seulement lorsque ceux-ci font indissociablement corps avec les ouvrages de viabilité, de fondation, d'ossature, de clos ou de couvert.

Un élément d'équipement est considéré comme formant indissociablement corps avec l'un des ouvrages lorsque sa dépose, son démontage ou son remplacement ne peut s'effectuer sans détérioration ou enlèvement de matière de cet ouvrage.

267. Les garanties à la charge du vendeur bénéficient aux propriétaires successifs de l'immeuble.

268. Le vendeur est déchargé des responsabilités et garanties décennales pesant sur elle après dix ans à compter de la réception définitive des travaux. Cependant, concernant les autres éléments d'équipement du bâtiment, ils font l'objet d'une garantie de bon fonctionnement d'une durée minimale d'un an à compter de la réception provisoire de l'ouvrage[416].

---

[414] Art. L 128 al. 2 du Code de la construction.

[415] Art. L 127 *in fine* du Code de la construction.

[416] Art. L 20 du Code de la construction.

Toute clause contractuelle qui a pour objet soit d'exclure ou de limiter la responsabilité du vendeur, soit d'exclure les garanties à sa charge ou d'en limiter la portée est nulle et non avenue, sauf en cas de force majeure ou de la faute d'un tiers dont la preuve devra être rapportée.

269. La cession par l'acquéreur des droits qu'il tient d'une vente d'immeubles à construire substitue de plein droit le cessionnaire dans les obligations de l'acquéreur envers le vendeur. Si la vente a été assortie d'un mandat, celui-ci se poursuit entre le vendeur et le cessionnaire. Ces dispositions s'appliquent à toute mutation entre vifs, volontaire ou forcée, ou à cause de mort.

CHAPITRE 3

L'ÉCHANGE D'IMMEUBLE

270. L'échange est un contrat par lequel les parties s'engagent respectivement à la délivrance d'une chose pour une autre.

En considération des biens échangés, l'échange est homogène ou hétérogène. Lorsque la chose échangée est un meuble, l'échange produit son effet translatif par la délivrance réciproque des biens qui en font l'objet[417]. Cependant, en matière immobilière, le transfert de propriété des immeubles qui font l'objet d'un échange se produit par l'inscription de chacun des transferts aux titres fonciers respectifs.

271. Contrat translatif de propriété, le contrat d'échange a sensiblement le même régime juridique que le contrat de vente. Il met à la charge de chacune des parties les mêmes obligations que le contrat de vente fait peser sur le vendeur et naturellement doit être passé devant notaire.

272. L'échange peut être avec soulte. Il y a soulte lorsque les choses échangées ont des valeurs différentes. La soulte est la somme d'argent qui doit être payée par celui qui, à l'occasion de l'échange, reçoit un immeuble d'une valeur plus élevée que celle donnée[418]. L'échangiste qui doit payer une soulte est soumis, en ce qui concerne son paiement, aux mêmes obligations qu'un acheteur. Si la soulte dépasse la valeur du bien fourni par celle qui doit la verser, le contrat est qualifié de vente avec dation en paiement.

273. Outre les personnes privées, l'échange peut être effectué au profit de l'État. L'échange avec soulte au profit de l'État est réalisé dans les mêmes conditions que celle de la vente. En cas d'échange avec soulte ou sans soulte à la charge de l'État, il sera fait application des règles régissant l'acquisition par l'État d'un immeuble[419].

---

[417] Art. 373 COCC.

[418] La soulte se retrouve aussi lorsqu'il y a partage d'une indivision et qu'une partie reçoit un lot d'une valeur plus élevée que celle à laquelle ses droits lui permettent de prétendre.

[419] Art. 50 du Code du domaine de l'Etat.

CHAPITRE 4

L'APPORT EN SOCIÉTÉ (D'UN DROIT PORTANT SUR UN IMMEUBLE)

274. L'apport est une notion polysémique. Il désigne à la fois :

• l'opération par laquelle l'associé affecte à la société certains biens ou services. Il est alors, en principe, un acte translatif de propriété. L'apporteur transfère son droit de propriété à la société.

• et, la représentation de chaque bien ou service, c'est-à-dire les valeurs mises à la disposition de la société (somme d'argent, immeuble, fonds de commerce, brevet...)[420].

275. Puisque la qualité d'associé est accordée par la fourniture d'un apport, l'absence d'apport, ou un apport fictif, non valable, peut entraîner la nullité de la société (ex brevet périmé, bien grevé d'un passif supérieur à sa valeur brute).

276. En droit des sociétés, il y a 3 types d'apports. Cependant, seuls les apports en numéraire et en nature sont acceptés dans la SA. Les apports peuvent être regroupés en apport en capital financier et en apport en capital humain. Dans les sociétés commerciales, seuls les apports en capital financier sont capitalisables.

Si l'apport en industrie constitue un apport en capital humain, les apports en capital financier sont constitués par l'apport en numéraire[421] et l'apport en nature. Les apports en nature portent sur des biens autres que de l'argent. Ils sont réalisés par le transfert des droits réels ou personnels correspondant aux biens apportés et par la mise à la disposition effective de la société des biens sur lesquels portent ces droits[422].

---

[420] Pour étude, cf. C. A. W. NDIAYE, Droit des sociétés de capitaux, L'Harmattan, 2019.

[421] L'apport en numéraire est l'apport d'une somme d'argent. Il peut être en espèces, par chèque, par virement ou par compensation avec une créance. Il ne faut pas confondre apport en numéraire et compte courant d'associé. Celui-ci peut être représenté par des avances ou prêts consentis par un associé pour permettre à la société de faire face momentanément à ses besoins de trésorerie. Contrairement à l'apport, ces avances ou prêts sont en principe remboursables à tout moment.

[422] Art. 45 al. 1 AUDSCGIE.

277. Aux termes de l'article 51 du Code du domaine de l'État, en vue de la réalisation d'opération d'urbanisme ou de construction et de projets industriels ou touristiques, de l'exploitation d'un service public, d'une source d'énergie ou d'une richesse naturelle, de l'exécution de programmes ruraux de mise en valeur ou de réalisation d'opérations conformes au plan de développement, l'État peut faire apport à une personne morale de droit privé soit d'un droit au bail, soit d'un droit de superficie, soit d'un droit de propriété constitué sur son domaine privé. L'apport est réalisé dans les formes et conditions fixées par la loi, s'il concerne la propriété d'un immeuble, ou par décret dans les autres cas.

En cela qu'ils sont les seuls apports pouvant porter sur un immeuble, les apports en nature vont retenir notre attention sur deux questions : leur libération et leur reprise.

SECTION 1 : LA LIBÉRATION DES APPORTS EN NATURE

278. La libération des apports consiste pour les associés ou actionnaires à effectuer le « versement de la somme d'argent ou remise des biens représentant la valeur nominale de l'action (ou part sociale) souscrite »[423].

279. Lorsque les apports sont en nature, ils doivent d'abord faire l'objet d'une évaluation par les associés sous le contrôle du commissaire aux apports. Si, pour la SARL, l'évaluation des apports en nature n'est contrôlée par un commissaire aux apports que dès lors que la valeur de l'apport en nature considéré, ou que la valeur de l'ensemble des apports en nature considérés, est supérieure à cinq millions (5.000.000) de francs CFA, dans la SA tel ne semble être le cas. A lire l'article 400 AUSC, tous les apports en nature sont concernés.

Le commissaire aux apports est choisi sur la liste des commissaires aux comptes.

280. L'apport en nature peut être réalisé de trois manières : en propriété, en jouissance ou en usufruit. En ce qui concerne l'apport en propriété, il se réalise par le transfert de la propriété du bien et, par sa mise effective à la disposition de la société. L'apporteur sera assimilé à un vendeur (garantir contre l'éviction et contre les vices cachés).

281. L'étude de la libération des apports en nature peut soulever deux interrogations. D'une part, il y a la forme de l'acte d'apport et, d'autre part, le moment du transfert des droits.

---

[423] Lexique des termes juridiques, Dalloz, 20e éd., 2013, Libération d'actions et de parts sociales, p. 550.

PARAGRAPHE 1 : LA FORME DE L'ACTE D'APPORT

282. L'apport en société étant, en principe, un contrat translatif[424], lorsque la personne apporte un droit réel portant sur un immeuble, la forme authentique doit être respectée à peine de nullité de l'acte d'apport. Une telle exigence ne trouve pas de difficultés pour s'appliquer. En droit sénégalais, les statuts sont établis par acte notarié déposé avec reconnaissance d'écritures et de signatures par toutes les parties au rang des minutes d'un notaire[425]. Or, parmi les mentions obligatoires contenues dans les statuts d'une société commerciale, l'article 13 AUDSC-GIE inclut l'identité des apporteurs en nature, la nature et l'évaluation de l'apport effectué par chacun d'eux, le nombre et la valeur des titres sociaux remis en contrepartie de chaque apport.

Le Sénégal peut opter pour des statuts sous seing privé. L'article 10 AUDSCGIE offre, en effet, la possibilité aux Etats de prendre des dispositions nationales contraires par rapport à l'exigence de statuts établis par acte notarié ou par tout acte offrant des garanties d'authenticité dans l'État du siège de la société. Dans un tel cas de figure, l'acte d'apport en nature portant sur des immeubles devra être passé devant notaire.

PARAGRAPHE 2 : LE MOMENT DU TRANSFERT DES DROITS

283. Aux termes de l'article 45 AUSCGIE, les apports en nature doivent être libérés intégralement au moment de la constitution de la société. Si la libération renvoie au transfert des droits[426], la constitution de la société est une période qui débute dès les premières opérations ou l'accomplissement des premiers actes effectués en vue de la constitution de la société. Elle prend fin dès que les statuts ont été signés par tous les associés ou l'associé unique ou, le cas échéant, ont été adoptés par l'assemblée générale constitutive[427]. Elle précède alors l'immatriculation de la société[428]. Delà, la particularité du système foncier sénégalais rend impossible le respect de l'article 45 AUDSC-GIE.

---

[424] Art 372 COCC.

[425] Art. 10 AUDSC-GIE.

[426] Lexique des termes juridiques, Dalloz, 20e éd., 2013, Libération d'actions et de parts sociales, p. 550.

[427] cf. art. 101 AUDSCGIE : La société est en formation lorsqu'elle n'est pas encore constituée (art. 100 AUDSCGIE). Toute société est constituée a compter de la signature de ses statuts ou, le cas échéant, de leur adoption par l'assemblée générale constitutive. Avant son immatriculation, l'existence de la société n'est pas opposable aux tiers. Néanmoins, ceux -ci peuvent s'en prévaloir.

[428] cf. art. 105 AUDSC-GIE.

284. En droit sénégalais, le transfert d'un droit réel immobilier s'effectue par l'inscription au livre foncier du nom du nouveau titulaire du droit (**supra n° 200**). Or, au moment de la constitution, la société n'ayant pas encore la personnalité juridique[429], toute demande de mutation en son nom devra être rejetée par les services de la conservation de la propriété foncière. Seules les personnes qui ont la personnalité juridique peuvent être des acteurs du commerce[430]. Et les exceptions à un tel principe sont limitativement énumérées. C'est le cas de l'enfant conçu[431], de la société commerciale pour l'ouverture d'un compte en son nom mais aussi pour la publicité dans le cadre de l'apport d'un bien ou d'un droit soumis à publicité pour son opposabilité aux tiers. Cette dernière possibilité ne saurait résoudre le problème du transfert des droits réels immobiliers. En effet, l'article 48 AUDSC-GIE fait allusion à la pré-notation[432] mais pas à la création de droits réels. Il nous semble traduire une influence malheureuse du droit français. Aux termes de l'article 1843-1 du Code civil, *« L'apport d'un bien ou d'un droit soumis à publicité pour son opposabilité aux tiers peut être publié dès avant l'immatriculation et sous la condition que celle-ci intervienne »*. Cette dérogation apportée par le droit français est compréhensible. Contrairement au système foncier sénégalais, système du livre foncier, en France on a le système de la publicité foncière. Le transfert des droits reste une affaire de la volonté des parties. La publicité n'y est pas constitutive du droit réel mais permet son opposabilité.

285. En l'État actuel du droit foncier sénégalais, le transfert des droits réels à la société ne peut se faire qu'après l'immatriculation de celle-ci. Il ne peut alors se faire sans une violation de l'article 45 al. 2 AUDSC-GIE[433]. L'apport

---

429 Aux termes de l'article 98 AUDSC-GIE, toute société jouit de la personnalité juridique à compter de son immatriculation au registre du commerce et du crédit-mobilier.

430 Art. 48 de la loi 2011 portant régime de la Propriété foncière. Les actes dressés pour la constatation d'une convention doivent contenir, en autres, les actes constitutifs, pour les sociétés et autres institutions jouissant de la personnalité civile.

431 Art. 1re CF.

432 La pré-notation est une mention portée sur le titre foncier pour la conservation provisoire d'un droit prétendu sur un immeuble immatriculé. C'est une mention sommaire préventive ouverte à toute demande tendant à obtenir la modification ou l'annulation d'une inscription. Art. 72 de la loi 2011 portant régime de la Propriété foncière.

433 Le transfert du droit réel sous condition de l'immatriculation de la société ne saurait être retenu. En effet, avec la condition suspensive, il n y a pas encore de transfert « intégrale » du droit comme l'exige l'article 45 al. 2 AUDSC-GIE. Au

en pleine propriété portant sur des immobiliers semble donc impossible en droit sénégalais car l'absence de sa libération intégrale au moment de la constitution va entrainer une impossibilité d'immatriculation de la société. En effet, les fondateurs et les premiers membres des organes de gestion, d'administration et de direction doivent déposer au registre du commerce et du crédit-mobilier une déclaration dans laquelle ils indiquent toutes les opérations effectuées en vue de constituer régulièrement la société et par laquelle ils attestent que cette constitution a été réalisée en conformité avec l'AUDSC-GIE. Cette déclaration, dénommée « déclaration de régularité et de conformité », est exigée à peine de rejet de la demande d'immatriculation de la société au registre du commerce et du crédit mobilier[434]. Mieux, une telle société est nulle. L'article 45 AUDSC-GIE est une application de l'article 37 al. 1 du même Acte uniforme (« Chaque associe doit faire un apport à la société »). Or, toute société constituée en violation de cet article est nulle[435].

286. Dans l'hypothèse où l'immatriculation est effectuée malgré l'interdiction posée par l'article 73 AUDSC-GIE, l'accomplissement de la formalité de transfert après cette immatriculation peut justifier une responsabilité des fondateurs. Aux termes de l'article 78 AUDSC-GIE, les fondateurs, ainsi que les premiers membres des organes de gestion, de direction ou d'administration, sont solidairement responsables du préjudice causé soit par le défaut d'une mention obligatoire dans les statuts, soit par l'omission ou l'accomplissement irrégulier d'une formalité prescrite pour la constitution de la société. L'action en responsabilité se prescrit par trois (3) ans à compter, du jour de l'immatriculation de la société[436].

287. L'apport en jouissance et en usufruit obéit au même régime juridique. En cas d'apport en jouissance, il y a seulement apport du droit de jouissance du bien (l'usus) et l'apporteur est assimilé à un bailleur. En d'autres termes, il est garant envers la société comme un bailleur envers son preneur[437]. A ce titre, le contrat devra faire l'objet d'une inscription aux livres fonciers. Aux

cours de la période d'incertitude, c'est-à-dire la période entre la date de conclusion de l'acte et celle de l'immatriculation, tout se passe comme si l'opération n'avait pas été réalisée. L'apporteur reste propriétaire du bien objet du contrat dont il conserve la possession et la jouissance. C'est seulement lorsque la condition se réalise, qu'elle a un effet rétroactif et le transfert réputé avoir été parfaite dès le jour de sa conclusion.

434 Art. 73 AUDSC-GIE.

435 Art. 74-1 AUDSC-GIE.

436 Art. 80 AUDSCGIE.

437 Art. 47 AUDSC-GIE.

termes de l'article 47 de la loi de 2011 portant régime de la propriété foncière, tous les baux d'immeubles excédant trois années doivent être passés devant notaire et inscris au livre foncier.

L'apport en usufruit par lequel la société, pour une durée déterminée, a le droit d'utiliser les biens immobiliers apportés (*usus*) et de percevoir les bénéfices qu'ils génèrent (*fructus*)[438], doit aussi faire l'objet d'une inscription. En effet, l'usufruit fait partie des droits réels immobiliers de l'article 19 de la loi de 2011 sur le régime de la propriété foncière. C'est un droit réel de jouissance temporaire qui n'est pas à confondre avec celui du locataire qui reste titulaire d'un droit de jouissance.

288. Au même titre que la vente, l'échange ou le partage d'immeuble, l'apport en société d'un droit réel immobilier est soumis à la règle de la déclaration préalable[439]. La réquisition d'inscription de la mutation au livre foncier est accompagnée, obligatoirement, d'une copie de la déclaration, mentionnant le numéro et la date de la décharge (**supra n° 102**).

SECTION 2 : LA REPRISE DES APPORTS EN NATURE

289. Une société commerciale ne peut exister sans capital social ; toute société doit avoir un capital social qui est indiqué dans ses statuts[440]. Le capital social représente le montant des apports en capital faits par les associés à la société et augmenté, le cas échéant, des incorporations de réserves, de bénéfices ou de primes d'apports, d'émission ou de fusion.

290. Le capital social est intangible. Cependant, cette intangibilité est devenue un principe avec l'AUDSC-GIE entré en vigueur en 2014. Cet Acte uniforme consacre le capital variable dans les États membres de l'OHADA. Le capital social est dit variable lorsqu'il « est susceptible soit d'augmentation par des versements successifs des associés ou l'admission d'associés nouveaux, soit de diminution par la reprise totale ou partielle des apports effectués »[441]. Seules les sociétés anonymes ne faisant pas appel public à l'épargne et les sociétés par actions simplifiées peuvent être à capital variable. L'apport en nature effectué dans les sociétés à capital variable peut donc être retiré. Un tel retrait peut naturellement porter préjudice aux créanciers de la société.

---

[438] *L'usufruit est le droit de jouir des choses dont un autre a la propriété, comme le propriétaire lui-même, mais à la charge d'en conserver la substance.*

[439] Art. 3 de la loi n° 2013-04 du 8 juillet 2013 précité.

[440] Art. 61 AUDSC-GIE.

[441] Art. 269-1 AUSC-GIE

PARAGRAPHE 1 : LES MODALITÉS DU RETRAIT DE L'APPORT

291. Limite à l'intangibilité du capital social, le capital variable traduit une certaine marge de liberté accordée aux actionnaires. Librement, ils organisent dans les statuts les modalités de souscription, de libération et de reprise des apports[442]. L'actionnaire ne cède pas ses titres[443] mais préfère juste retirer son apport. Ce retrait devra tout de même se faire dans le respect des dispositions statutaires. En effet, celles-ci déterminent une somme au-dessous de laquelle le capital ne peut être réduit par des reprises. Cette somme ne pourra être inférieure au dixième du capital social statutaire[444].

292. Par ailleurs, les actionnaires doivent organiser le retrait par rapport à son délai. La reprise peut être accompagnée d'une condition suspensive ou d'une condition résolutoire. A moins de conventions contraires, chaque associé peut se retirer de la société à tout moment. Cependant, dans l'hypothèse de la condition résolutoire, si aucune précision n'est stipulée, le délai pour le « retirant » ne saurait excéder trois (3) ans. En effet, avec le capital variable, la société est un propriétaire sous condition. La délivrance faite, elle est propriétaire de la chose sous condition résolutoire de l'exercice du droit de retrait. La situation épouse ainsi les conditions de la vente à réméré (**supra n° 73**).

293. En ce qui concerne la forme de l'acte de retrait, elle doit être authentique. Tous faits, conventions ou sentences, ayant pour objet de changer le titulaire d'un droit réel immobilier, doivent, en vue de l'inscription au livre foncier, être constatés par acte authentique sauf dérogations législatives[445].

PARAGRAPHE 2 : LA PROTECTION DES CRÉANCIERS DE LA SOCIÉTÉ

294. Ne sont pas assujettis aux formalités de dépôt et de publication les actes constatant les retraits d'associés, autres que les gérants ou les dirigeants sociaux de la société par actions simplifiée[446]. De même, les dispositions de

---

[442] A noter que les actes constatant la diminution du capital social opérée ne sont pas assujettis aux formalités de dépôt et de publication.

[443] Le retrait n'est pas une vente des titres. cf. Cass. com., 2 févr. 2010, JCP E 2010, 1299, note R. Mortier

[444] La question consistant à savoir sur quel montant du capital social le dixième fixé par la loi doit-il être calculé se pose en doctrine. Mais, en considération de la finalité du texte, le capital statutaire est plus adéquat car nécessairement plus élevé que le capital souscrit.

[445] Art. 47 al. 1 de la loi 2011 portant régime de la Propriété foncière.

[446] Art. 269-3 AUDSCGIE.

l'AUDSC-GIE relatives au droit d'opposition des créanciers en cas de réduction de capital non motivée par des pertes sont inapplicables. Pour autant, le législateur, par l'information, protège les créanciers.

295. L'apport en nature portant sur un droit réel immobilier fait obligatoirement l'objet d'une publicité au Livre foncier. Cette publicité, outre le fait de transférer le droit à la société, est un moyen d'information pour les futurs créanciers de cette dernière sur la véritable étendue de ses droits. En plus du fait pour la société, dans tous les actes et documents destinés aux tiers, de mentionnée sa situation par l'addition à sa forme sociale des mots « à capital variable »[447], le titre foncier doit connaitre, au moment de l'inscription de ses droits, une précision de la possibilité et des modalités de retrait des droits réels immobiliers. Une action tendant à la revendication d'immeubles, basée sur l'exécution d'un pacte de réméré ne peut être exercée qu'autant que ce droit aura été réservé expressément au contrat d'aliénation et ne produit effet, à l'égard des tiers, qu'à dater du jour où cette réserve a été rendue publique dans les formes fixées par la loi de 2011 portant régime de la Propriété foncière[448]. Par ailleurs, une telle publicité impacte les droits de la société. En effet, ceux qui n'ont sur l'immeuble qu'un droit soumis à condition, résolution, ou rescision régulièrement publié ne peuvent consentir qu'une hypothèque soumise aux mêmes conditions, résolutions ou rescisions[449].

---

[447] Art. 269-2 AUDSC-GIE.

[448] Art. 26 de la loi de 2011 portant régime de la Propriété foncière.

[449] Art. 194 al. 1 AUS.

TITRE 2

LES CONTRATS RELATIFS À LA REMISE D'UN IMMEUBLE SANS TRANSFERT DE LA PROPRIÉTÉ

296. Tous les contrats relatifs à la remise d'une chose n'opèrent pas un transfert de la propriété. Il y a des contrats qui créent à la charge du débiteur une obligation de restituer la chose reçue[450]. Cependant, notre étude de ces derniers contrats sera limitée à ceux qui portent sur un immeuble.

297. Le contrat de bail constitue le prototype des contrats relatifs à la remise d'un immeuble sans transfert de la propriété.

Le bail est un contrat dont la terminologie est l'une des plus variées qui soient. On parle aussi bien de louage de chose, de bail (souvent lorsqu'il porte sur des immeubles) ou de location (s'agissant de meubles, ou d'immeubles meublés). En outre, concernant le prix, on le dénomme le plus souvent « loyer », mais parfois aussi « redevance »[451].

Le bail connaît diverses variantes qui partagent un droit commun.

---

[450] Art. 496 COCC : Sont des contrats relatifs à la remise d'une chose, le dépôt, le prêt et le louage.

[451] Exemple avec les baux accordés par l'État.

CHAPITRE 1

LE DROIT COMMUN DU BAIL

298. Le bail est le contrat par lequel le bailleur s'oblige à fournir au preneur pendant un certain temps la jouissance d'un immeuble contre paiement d'un loyer[452]. La date de prise d'effet du bail n'est donc pas un élément essentiel pour la qualification[453].

299. Lorsque le bailleur est marié sous le régime communautaire de participation aux meubles et acquêts, le consentement de son conjoint est exigé pour donner à bail un immeuble à usage commercial et pour les autres baux excédant 9 années[454]. Par ailleurs, en cas d'indivision, lorsqu'un gérant a été désigné, il ne peut sans y avoir été autorisé par la majorité des indivisaires dans les conditions prévues à l'article 452 al. 2 du Code de la famille donner à bail les immeubles ou les fonds de commerce lorsqu'ils n'étaient pas affectés à la location lors de la naissance de l'indivision[455]. En dehors de la gérance, un indivisaire n'a qualité pour poursuivre la résiliation d'un bail portant sur un bien indivis qu'avec le consentement de tous les indivisaires.

300. Le contrat de bail accorde au preneur un droit personnel. En effet, il n'a pas une possession qui lui est propre et personnelle. La propriété de l'immeuble, qui du reste n'est pas démembrée, est entre les mains du bailleur. Le preneur est seulement titulaire d'un droit de jouissance qui, même, n'est pas exclusif. Il y a bail alors que le bailleur se réserve pour lui-même la jouissance commune de tout ou partie des locaux loués[456].

Le droit du preneur n'est donc pas à confondre avec le droit d'usage et d'habitation qualifié de droit réel par la loi de 2011 portant régime de la

---

[452] Art. 544 COCC.

[453] Dans des conditions similaires, les juges français ont pu, sur le fondement de l'article 1709 Code civil, considérer qu'une offre de bail n'a pas besoin, pour conduire à la formation du contrat en cas d'acceptation, de contenir d'indication relative à la date de prise d'effet du bail ; Cass. 3e civ., 28 oct. 2009, Bull. civ. III, n° 237.

[454] Art. 391 al. 2 CF.

[455] Art. 453 al. 2 CF.

[456] Droit français, Cass. Soc., 29 juin 1960, Bull. civ. III, n° 446, p. 394.

propriété foncière. Ne saurait être qualifié de contrat de bail, un contrat qui confère un droit d'usage et d'habitation consenti de manière irréversible jusqu'au décès du bénéficiaire[457].

301. Le preneur peut être le tuteur du mineur. En effet, comme en dispose l'article 330 du Code de la famille, le tuteur et le subrogé tuteur peuvent se faire autoriser par le juge des tutelles ou le conseil de famille, suivant les distinctions prévues à l'article 329 du même Code, à prendre à bail un bien appartenant au mineur.

302. Dans le COCC, les articles 544 à 566 organisent le droit commun du bail. En d'autres termes, ils constituent les éléments communs à toutes les catégories de baux.

À partir de la définition apportée par le Code, il est permis de retenir que le contrat de bail, en plus d'être un contrat synallagmatique, est un contrat consensuel à exécution successive.

1. Le contrat de bail, un contrat consensuel

303. Sauf disposition contraire, le contrat de bail est un contrat consensuel[458]. Sa forme relève du pouvoir discrétionnaire des parties ; il peut être passé par écrit ou verbalement. Cependant, l'efficacité du contrat de bail fait verbalement peut être discutée. En cela que le bail se prouve selon les règles du droit commun de la preuve[459], le montant des loyers justifiera alors l'exigence ou non d'un écrit comme moyen de preuve. Une dérogation protectrice du bailleur est tout de même apporter par le COCC. Lorsqu'il y a bail verbal dont l'exécution a commencé et qu'il n'existe point de quittance, le montant du loyer peut être établi par l'affirmation du bailleur. Le preneur, s'il le préfère, demande l'estimation par expert à ses frais avancés. Concernant la preuve du contrat de bail verbale, elle relève de l'appréciation souveraine des juges de fond[460].

---

[457] Droit français, Cass. 3e civ., 18 mai 1994, Bull. civ. III, n° 106, p. 68.

[458] Art. 545 COCC.

[459] Art. 546 COCC.

[460] C. Cass., chambre civile et commerciale, 21 décembre 1995, GIE c/ Société Total-Sénégal, arrêt n° 7, Recueil des arrêts de la Cour de cassation, année 1993-1998, Editions GIRAF, 2001, p. 191 « le juge du fond appréciant souverainement la valeur des preuves qui lui sont soumises, c'est sans violer le texte visé au moyen qu'au vu des quittances de loyer dont le libellé était pour GIE la preuve du bail verbal la liant à la société Total, alors qu'il n'était pour cette dernière que le simple respect des usages institués à la demande de l'administrateur F. NOUASSER entre elle et la société Shica dont GIE n'était qu'un démembrement, le juge des référés

304. Par ailleurs, il est à noter que si le bailleur vend la chose louée, l'acquéreur ne doit respecter le bail que s'il est authentique ou s'il a date certaine[461]. Le bail verbal ne semble donc pas protéger le preneur.

2. Le contrat de bail, un contrat à exécution successive.

305. Le contrat à exécution successive s'analyse par opposition au contrat à exécution instantanée. Le contrat à exécution instantanée est un contrat qui s'exécute en un trait de temps. Généralement, la conclusion et l'exécution sont concomitantes, elles se font en même temps. Par contre, les contrats successifs ou à exécution successive sont des contrats dont l'exécution s'échelonne dans le temps.

Dans le cadre du bail, le bailleur fournie une prestation continue alors que le preneur à des obligations qui s'exécutent par des prestations répétées.

306. Lorsque l'une des parties au contrat successif n'exécute pas son obligation, l'autre peut demander la rupture du contrat. On parle alors de résiliation, alors que s'il s'agissait d'un contrat instantané, on aurait parlé de résolution.

La différence entre résiliation et résolution c'est que la résolution rétroagit comme la nullité alors que la résiliation ne produit d'effets que pour l'avenir.

Dans un contrat de bail, chacune des parties peut demander la résiliation du contrat pour inexécution de toute obligation de l'autre. Mais, concernant la résiliation conventionnelle du bail, elle ne peut intervenir pour inexécution des obligations, charges ou conditions qu'après sommation[462].

SECTION 1 : LES OBLIGATIONS DES PARTIES

307. Le bail est un contrat synallagmatique qui fait naitre des obligations à la charge des deux parties.

PARAGRAPHE 1 : LES OBLIGATIONS DU BAILLEUR

308. Dans un contrat de bail, le bailleur supporte une obligation de délivrance et une obligation des grosses réparations.

---

a estimé qu'il existait en la cause une difficulté sérieuse soustrayant le litige à sa compétence ».

[461] Art. 565 COCC, « A fait une exacte application de l'article 565 du COCC, la Cour d'appel qui a considéré qu'en cas de vente d'immeuble, le transfert de propriété a pour conséquence de transférer sur l'acquéreur le respect des baux antérieurs », Cs., ch. civ. et com., arrêt n° 17 du 18 juillet 2007, R. DIAGNE c/ La Société Africaine Immobilière - Hôtelière SAIH, disponible sur www.juricaf.org.

[462] Art. 563 COCC.

A. L'obligation de délivrance

309. La délivrance suppose le transfert de la chose entre les mains du preneur. A la date convenue, la chose doit être à sa disposition. La délivrance implique la mise à disposition non seulement de l'objet principal loué mais également de ses accessoires (matériels et juridiques). L'immeuble doit donc être libre d'occupation[463] mais aussi satisfaire les conditions administratives liées à l'usage convenu. Le bailleur devra ainsi fournir les documents nécessaires à toutes demandes d'autorisation nécessitées par la destination de l'immeuble.

310. La délivrance d'une chose qui n'est pas conforme aux stipulations contractuelles entraîne la résolution du contrat[464] et, le cas échéant, la responsabilité contractuelle. La chose doit être en bon état[465], mais aussi exempt de vices[466].

311. La chose est en bon état lorsqu'elle présente les caractéristiques que les parties ont définies d'un commun accord[467]. Elle doit correspondre à la volonté exprimée dans le contrat, à l'équivalent voulu, à la cause subjective. La référence à l'économie du contrat, dans le cadre de la cause subjective de celui-ci, doit être prise en compte[468].

---

463 Droit français, Civ. 3e, 16 janvier 1980, Bull. I. n° 317. D. 1991 .255, note ANCEL : Le preneur dispose d'une action en indemnité contre le bailleur dès lors que le défaut de délivrance provient de ce dernier, spécialement en raison de la présence sur les lieux d'un autre locataire dont le titre n'est pas opposable au preneur.

464 Droit français, Civ. 1er, 17 mars 1992, Contrat, concurrence, consommation 1992, n° 130, n. L. Leveneur ; non pub. (rapporté par Ph. Malaurie et L. Aynes : « Droit civil. Les contrats spéciaux, 10é éd., p.196) : « Dès lors que les juges du fond ont retenu que le produit Stabilivo n'était pas conforme aux stipulations contractuelles, ils ont pu estimer que l'action fondée sur l'inexécution de l'obligation de délivrer une chose conforme à sa destination pouvait être exercée ».

465 Art. 547 COCC. Le bailleur est présumé avoir rempli cette obligation lorsque le preneur l'a reçue sans réserves.

466 Art. 552 COCC

467 Art. 255 AUDCG

468 Civ. 1er, 3 juill. 1996, Bull. civ. I. n° 286, JCP G 1997.I.4015, obs. F. Labarthe. Un couple avait signé un contrat de location de cassette-vidéo dans le cadre de la création d'un « point club vidéo » dans une agglomération de 1314 habitants. La cause déterminante de ce contrat résidait dans la diffusion des cassettes auprès de la population, or cette exploitation était vouée à l'échec. Pour la cour, « s'agissant de la location de cassette vidéo pour l'exploitation d'un commerce, l'exécution du contrat selon l'économie voulue par les parties était impossible, la cour d'appel en a exactement déduit que le contrat était dépourvu de cause, dès lors qu'était ainsi

Dès lors que le preneur s'est trouvé dans l'impossibilité d'exercer dans les lieux loués l'activité prévue au bail qui se heurtait aux dispositions du plan d'occupation des sols, le bailleur a manqué à son obligation de délivrance car il aurait dû vérifier si la chose louée pouvait être affectée à cet usage[469].

312. L'absence de vices suppose que le bien soit conforme au contrat, qu'il soit propre aux usages normaux auxquels servent habituellement les biens du même type. La garantie du bailleur subsiste alors même qu'il n'aurait pas connus ces vices ou défaut de la chose lors de la conclusion du bail. Cependant, si la cause du trouble est extérieure à la chose louée, la responsabilité du bailleur ne saurait être engagée. Il en est ainsi, par exemple, lorsqu'elle provient d'un mauvais entretien des parties communes de l'immeuble en copropriété où c'est la responsabilité du syndic qui devra être recherchée[470]. De même, le bailleur est exonéré de ses obligations de garantie en cas de force majeure[471] car ayant nécessairement une origine extérieure à la chose louée[472].

Concernant l'étendue de la garantie contre les vices, le législateur semble opter pour l'ensemble des vices c'est-à-dire cachés ou apparent. En effet, « le bailleur doit garantir pour tous les vices »[473]. La même formulation posée par l'article 1721 du Code civil a cependant été interprétée autrement par les juges français. Pour la Cour de cassation française, le bailleur ne répond ni des vices que le preneur a dû connaître ou connus ni des inconvénients inhérents à la chose par suite de sa situation[474]. La transposition d'une telle jurisprudence en droit sénégalais ne se justifie pas cependant. En effet, se serait distinguer là où la loi ne distingue pas.

---

constaté le défaut de toute contrepartie réelle à l'obligation de payer le prix de location des cassettes… ». La cour fait référence à la cause de l'obligation mais il s'agit ici de la cause subjective, le but poursuivi par les parties.

469 Droit français, Cass. 3e civ., 2 juill. 1997, JCP 97, IV, 1865.

470 Paris, 21 nov. 2001, Loyers et copr. 2002, 82, note Vial-Pedroletti.

471 Droit français, Cass. 3e civ., 26 oct. 1977, Gaz. Pal. 1978, 2, 339, note Plancqueel. Civ. 26 oct. 1977, Bull. III, n°357 : intoxication du locataire due à un chauffe-eau défectueux par suite d'une faute de l'installateur.

472 Absence de force majeure pour une installation électrique défectueuse ; Droit français, Cass. 3e civ., 9 nov. 2011, n° 10-24.742, Loyers et copr. 2012/1, p. 13, obs. B. Vial-Pedroletti.

473 Art. 552 COCC.

474 Cass. civ., 10 juin 1949, D. 1949, 496. Il appartient au juge du fait d'apprécier si le vice était suffisamment apparent pour etre connu et apprécier du preneur ; Cass. req., 7 déc. 1938, DH 1939, 68.

L'existence de vices donne la possibilité de demander la fin du contrat, la diminution des loyers ou même la responsabilité du bailleur[475]. La garantie due par le bailleur s'étend aux pertes résultant de dommages corporels. Cependant, il n'est pas tenu d'une obligation de résultat quant à la sécurité du locataire[476].

313. L'obligation de garantie contre les vices est improprement nommée, puisque le louage n'a pas d'effet translatif. C'est, en réalité, la sanction de l'inexécution de l'obligation de délivrer une chose susceptible d'être utilisée conformément aux prévisions contractuelles. C'est l'inexécution de l'obligation de faire jouir paisiblement le locataire. En effet, comme en dispose l'article 551 COCC, le bailleur est responsable envers le preneur du trouble de jouissance survenu de son fait ou du fait de ses ayants droit ou préposés. Il répond aussi des troubles de droit. Cette obligation d'assurer au preneur la jouissance paisible de l'immeuble est « l'obligation générique du bailleur »[477]. Toutes ses autres obligations n'en sont que les divers moyens pour assurer son effectivité[478].

314. Compte tenu de son importance dans le contrat de bail, l'obligation de délivrance ne peut être écartée. L'obligation de délivrance est, en effet, l'obligation essentielle du contrat pour le bailleur et son caractère d'ordre public ne fait pas de doute. Si un bailleur peut s'exonérer de l'obligation de délivrer la chose en bon état de réparations de toute espèce, il ne peut pas, en revanche, se dispenser purement et simplement de délivrer au preneur la chose louée, c'est-à-dire de mettre à la disposition de ce dernier le bien en état de servir à la destination contractuellement prévue. Si le bailleur n'exécute pas son obligation de délivrance, le contrat est privé d'objet et est donc nul[479].

---

475 Le bailleur doit réparer les dégâts occasionnés par la chute du toit de la villa louée ; C.Cass., chambre civile et commerciale, 17 juillet 1996, SICAP c/ M. BA, arrêt n° 145, Recueil des arrêts de la Cour de cassation, année 1993-1998, Editions GIRAF, 2001, p. 283.

476 Droit français, Cass. 3e civ., 21 nov. 1990, Bull. civ. III, n° 236, p. 134.

477 A. BENABENT, Droit des contrats spéciaux civils et commerciaux, précité, p.253.

478 L'obligation d'assurer la jouissance justifie la différence entre le bail et le contrat de garage. Le contrat de garage est assimilable à un dépôt salarié alors même que le propriétaire de la voiture bénéficie d'un box particulier si le bailleur ne se limite pas à assurer à son locataire la libre jouissance des lieux ; Droit français, Cass. 1re civ., 2 nov. 1966, JCP 67, II, 14963.

479 Art. 74 COCC : « l'objet de l'obligation », voir aussi, Cass.com., 16 juill.1991, n°89-21.090, RJDA 1991, n°940.

315. Par ailleurs, l'impossibilité pour le bailleur de s'affranchir de son obligation de délivrance doit justifier l'annulation des clauses interdisant au preneur d'exercer contre lui un recours quelconque pour vices cachés ou apparents, défauts ou malfaçons. La liberté contractuelle perdrait sa raison d'être si elle permettait d'annihiler l'engagement essentiel du bailleur à savoir délivrer au preneur un bien dont il pourra jouir paisiblement pendant la durée du bail. Pour les baux à usage d'habitation, l'article 582 COCC consacre la solution en considérant que la convention des parties ne peut, même partiellement exonérer le bailleur de ses obligations. Toute clause contraire étant réputée non écrite.

316. Le bailleur est présumé avoir rempli son obligation de délivrance lorsque le preneur a reçue l'immeuble sans réserves[480]. Il s'agit cependant de la délivrance en bon état. Mais, si c'est la délivrance qui est contestée, comme en matière de vente, la preuve devra incomber au bailleur. Le bailleur devra prouver la délivrance par exemple par la remise des clés[481].

B. L'obligation des grosses réparations

317. L'obligation de délivrance du bien a pour corollaire celle d'assurer la bonne marche de ce dernier. Ainsi, pendant la durée du contrat, le bailleur est tenu des grosses réparations devenues nécessaires et urgentes autres que celles de simple entretien[482]. Il est tenu de prendre en charge tout ce qui relève de la structure de la chose, ou des éléments d'équipement indispensables à la jouissance de son cocontractant.

318. Devront être considérées comme de grosses réparations compte tenu de leur spécificité, celles des gros murs, voûtes, poutres, toitures, murs de soutènement, murs de clôture, fosses septiques et puisards. De même, le bailleur sera tenu des réparations concernant le ravalement de la façade de l'immeuble loué[483], de celles des toitures ou des murs ou encore celles à la suite d'épandage des eaux sales du voisin[484]. L'obligation de réparation à la charge du bailleur couvre ainsi les éléments principaux du bien loué.

Cependant, la jurisprudence française a étendu le champ. Les réparations nécessaires devront comprendre la voie qui mène à l'immeuble. La Cour de

480 Art. 547 COCC.
481 Civ. 3e, 25 juin 2008, Bull. III., n° 111.
482 Art. 548 COCC.
483 Cass. 3e civ. 12 avr. 1995, no 93-12.849, Bull. civ. III, n° 103.
484 Cass 3e civ. 25 févr. 2004, no 02-10.085, Bull. civ. III, no 36, AJDI 2004. 371, obs. Rouquet.

cassation française en a jugé ainsi pour un couloir menant à l'appartement loué dont un carreau s'est descellé[485]. En effet, le défaut d'entretien peut être préjudiciable au locataire car pouvant amener un manque de fréquentation du centre commercial par exemple.

319. Le bailleur doit ainsi réparer le bien en veillant continuellement à ce qu'il réponde à l'usage convenu. L'appréciation du défaut de réparation est une question de fait qui relève du pouvoir d'appréciation des juges du fond. Et il est de vieille règle que le contrat de bail s'interprète contre le bailleur, à la fois parce qu'il est maître de la chose et le plus souvent, rédacteur de l'acte[486].

320. L'obligation de grosses réparations ne pesant que sur le bailleur, le preneur ne doit s'adresser qu'à lui seul pour demander les réparations nécessaires, quand bien même il serait usufruitier et que la réparation pèserait sur le nu-propriétaire[487]. Ainsi, en l'absence d'autorisation préalable, le bailleur ne saurait être condamné à payer le montant des travaux effectués unilatéralement par le preneur[488]. Avant d'effectuer de gros travaux, le preneur est tenu d'aviser le bailleur.

321. L'obligation du bailleur est une obligation de faire. Ainsi, lorsqu'il se refuse à assumer les réparations qui lui incombent, le preneur dispose, contre lui, des actions contractuelles ordinaires afin de le contraindre à exécuter son obligation[489] ou tirer les conséquences d'une telle abstention. Cependant, l'exception d'inexécution ne saurait être appliquée à raison. Le non-respect

[485] Cass. 3e civ. 22 mars 2005, no 04-13.821, AJDI 2005. 649, note Zalewski.

[486] Aux termes de l'article 103 alinéa 2 COCC, « si toute autre interprétation se révèle impossible, les stipulations du contrat sont réputées faites en faveur de celui qui s'oblige. »

[487] Cass. 3e civ. 28 juin 2006, no 05-15.563, Bull. civ. III, no 165, D. 2007, panor. 903, obs. Damas, AJDI 2006. 730, obs. Rouquet, RTD civ. 2006. 788, obs. Gautier

[488] C.A Dakar N° 462 - 30 mai 1985 FERRARI c/Buhan Tesseire.

[489] Sur le fondement de l'article 105 COCC, il pourra obtenir une exécution forcée. Aux termes de l'article 105 COCC, dans les contrats synallagmatiques, « lorsque l'une des parties manque gravement à ses obligations en refusant de les exécuter, en tout ou en partie, l'autre peut, en dehors des dommages et intérêts qui lui sont dûs, demander en justice soit l'exécution forcée, soit la réduction de ses propres obligations, soit la résolution du contrat, soit sa résiliation s'il s'agit d'un contrat à exécution successive. Cette option reste ouverte au demandeur jusqu'au jugement définitif. Le défendeur peut exécuter le contrat en cours d'instance ».

par le bailleur de son obligation ne peut justifier un non-paiement des loyers[490].

La loi permet en plus au preneur de se faire autoriser par le juge des référés à procéder aux réparations conformément aux règles de l'art pour le compte du bailleur, après sommation faite à celui-ci d'y pourvoir dans un délai fixé par le juge. En pareille hypothèse, le preneur se rembourse de ses frais par prélèvement sur le loyer[491].

322. Néanmoins, le droit du preneur de voir le bien être réparé à la charge du bailleur doit avoir comme contrepartie son obligation de l'aviser afin de ne pas aggraver le dommage. Ainsi, s'il attend longtemps pour l'aviser, il commet une faute[492] ayant contribué à la réalisation du dommage et devra être condamné à supporter une partie du coût de la réparation[493].

323. Les travaux de réparation doivent avoir pour seul objet de rendre les lieux conformes à leur destination contractuelle[494]. Du fait du droit de paisible jouissance dont est créancier le preneur, le bailleur doit éviter toute action pouvant être source de trouble. Il est responsable envers le preneur du trouble de jouissance survenu de son fait ou du fait de ses ayants droit ou préposés[495]. Il doit garantie des troubles de droit.

324. Le bailleur n'est pas tenu de garantir le preneur du trouble que des tiers apportent par voies de fait à sa jouissance, sans prétendre d'ailleurs aucun droit sur la chose louée ; sauf au preneur à les poursuivre en son nom personnel. Il n'est donc pas responsable en cas de vol commis par un tiers au

---

490 Art. 104 al. 2 COCC : La convention admettant l'exécution successive des obligations, ou les usages donnant à l'une des parties un délai d'exécution, rendent l'exception temporairement inopposable. ; Droit français, Cass. 1re civ., 10 juin 1963, Gaz. Pal. 1963, 2, 441.

491 Art. 549 COCC ; C.A Dakar - 27 juin 1985 - Elie KERKYRAS c/IPM IBTP.

492 Art. 119 du COCC « La faute est un manquement à une obligation préexistante de quelque nature qu'elle soit. ». En outre, l'article 121 al. 3 du même Code dispose que tout acte peut obliger l'auteur du dommage à réparation ou être pris en compte pour une exonération partielle ou totale.

493 Pour un locataire ayant attendu huit ans : Cass. 3e civ. 9 févr. 2005, no 03-19.609, Bull. civ. III, no 32, Defrénois 2005. 1835, obs. Ruet.

494 Pour des travaux prescrits par l'Etat, mais qui n'avaient pas pour objet de rendre les lieux conformes à leur destination contractuelle : Cass. 3e civ. 20 juin 1989, no 88-11.390, Bull. civ. III, no 142, RTD civ. 1990. 298, obs. Rémy ; Cass. 2e civ. 28 mai 2003, AJDI 2003. 577, obs. Ascensi.

495 Art. 551 COCC.

préjudice du locataire, sauf en cas de faute de sa part ou de la part de ses préposés. Le colocataire ne saurait toutefois être qualifié de tiers[496].

Manque à son obligation d'assurer une jouissance paisible, le bailleur que ne s'est pas assuré que toutes les précautions relatives à la sécurité des locataires ont été prises en raison de l'installation, à des fins de ravalement du bâtiment, d'un échafaudage constituant un mode d'accès facile pour les voleurs[497]. En cas d'intrusion de tiers, la responsabilité du bailleur pourra être engagée s'il est apporté la preuve d'une carence de sa part. Il en est ainsi, par exemple, lorsqu'il n'a pas effectué les travaux de réfection de la porte d'entrée de l'immeuble loué.

325. L'atteinte à la jouissance du preneur doit cependant être directe. En d'autres termes, elle doit être l'objet direct du trouble[498]. Le bailleur ne serait donc pas responsable du trouble causé par des infiltrations dues à la rupture d'une canalisation du réseau d'eaux pluviales. Il n'est pas non plus responsable de l'aboiement de chiens dans le voisinage.

326. Le bailleur ne peut pas, en outre, pendant l'exécution du contrat de bail, changer la forme de la chose louée sans l'accord du preneur[499]. Cette interdiction s'étend aussi aux accessoires de la chose louée. En effet, l'article 550 COCC trouve à s'appliquer, au-delà de l'objet principal du bail, aux éléments permettant l'exploitation de l'immeuble notamment aux entrées et couloirs d'accès dont le preneur a l'usage concurremment avec les autres locataires[500]. Certaines modifications demeurent cependant admises. Des locataires bénéficiant d'un chauffage individuel ne peuvent s'opposer, pour des raisons de convenances personnelles, aux modifications entrainées par l'installation d'un chauffage central commun à tout l'immeuble[501].

Le bailleur ne peut non plus modifier unilatéralement les conditions de jouissance ni les éléments composant le bien.

---

496 Droit français, Cass. soc., 25 oct. 1946, JCP 47, II, 3400, note Esmein.

497 Droit français, Cass. 3e civ., 28 févr. 1990, JCP 90, IV, 163.

498 Droit français, Cass. com., 23 janv. 1951, Bull. civ. II, n° 37, p. 24.

499 Art. 550 COCC.

500 Paris, 31 oct. 1957, Gaz. Pal. 1957, 2, 397.

501 Droit français, Cass. 3e civ., 12 avr. 1972, JCP 73, II, 17591, 1re esp., note Le Galcher-Baron.

En cas de violation, par le bailleur, de l'article 550 COCC, les juges du fond sont tenus, à la demande du locataire, d'ordonner la remise en état des lieux modifiés[502].

327. La réparation doit ainsi se limiter à ce qui est nécessaire à la bonne marche du bien et conformément au contrat. Cette nécessaire conformité du bien doit être entendue comme celle de la chose dans l'état où elle était au moment de l'entrée en jouissance du preneur. Le bailleur doit ainsi, pendant toute la durée du contrat, veiller à ce que le bien réponde à la volonté exprimée par le preneur lors de la conclusion du contrat. En ce cas le preneur doit les souffrir, quelque incommodité qu'elles lui causent. Le montant du loyer est alors diminué en proportion du temps et de la partie de la chose dont il aura été privé[503].

328. Si les réparations urgentes sont de telle nature qu'elles rendent impossible la jouissance de la chose, le preneur peut faire résilier le bail[504]. Les réparations qui rendent inhabitable ce qui est nécessaire au logement du preneur et de sa famille peuvent ainsi justifier la résiliation du bail. Mais encore faudrait-il, pour le preneur, démontrer que le logement est devenu inhabitable[505].

PARAGRAPHE 2 : LES OBLIGATIONS DU PRENEUR

329. Le preneur, dans un contrat de bail, supporte l'obligation de payer les loyers, d'entretien mais aussi d'utilisation en bon père de famille du bien.

A. L'obligation de payer les loyers

330. L'exécution d'un contrat de bail s'entend, par rapport aux parties, entre autres, par le paiement d'un loyer en contrepartie d'une occupation des lieux loués par le preneur, ou tout au moins leur mise à sa disposition par le bailleur. Il faut alors relever que la disparition desdits lieux, objet du contrat, rend à l'évidence l'exécution du contrat en question impossible entre les parties[506]. En effet, aux termes de l'article 108 COCC, dans les contrats synallagmatiques, lorsque l'une des parties est dans l'impossibilité d'exécuter sa propre prestation, l'autre est déliée du contrat.

---

502 Droit français, Cass. 1re civ., 26 juin 1967, D. 1967, 673.
503 Art. 548 COCC.
504 Art. 548 al. 2 COCC.
505 Lyon, 27 juin 2000, Loyers et copr. 2001, 113, note Vial-Pedroletti.
506 CA Dakar, 25 mai 2012, H. GRANDIS c/ Maître I. NIANG, expert judiciaire, et la société « Les Lodges des Almadies », arrêt n° 215, Bulletin des arrêts rendus par la Cour d'Appel de Dakar en matière civile et commerciale, 2013, vol. 1, p.73.

331. L'existence de loyer à payer est un élément essentiel de la qualification du contrat. Le contrat qui permet une occupation temporaire pendant une période d'essai, sans stipulation de loyer, ne saurait alors être qualifié de bail[507]. De même, le simple fait que l'occupant ait effectué des travaux de remise en état ne suffit pas à caractériser l'existence d'un bail[508]. Il en est aussi ainsi de l'hébergement d'amis de façon continue sans contrepartie[509].

332. Le preneur doit payer le loyer au terme convenu. Le paiement doit être fait par le débiteur personnellement lorsqu'en raison de la nature de l'obligation le créancier a intérêt à ce qu'elle soit exécutée par le débiteur lui-même ou lorsqu'il en a été ainsi expressément convenu[510]. Le paiement peut cependant être effectué par un tiers. Dans ce cas, le bailleur peut refuser l'exécution offerte par le tiers si le locataire lui a manifesté son opposition.

333. Pour payer valablement, celui qui paie doit avoir la propriété des biens qui font l'objet du paiement. Le débiteur qui a exécuté la prestation due ne peut contester le paiement en raison de sa propre incapacité.

334. Le loyer est quérable sauf stipulation contraire. Le paiement doit être fait au créancier. Il peut être fait valablement à son représentant, à ses héritiers ou au cessionnaire de la créance. En toute hypothèse il est fait application des règles relatives à la saisie-arrêt et à l'opposition.

Le paiement fait de bonne foi à celui qui se présente apparemment comme le créancier est valable.

Le paiement fait au créancier n'est point valable, s'il était incapable de le recevoir, à moins que le débiteur ne prouve que le paiement a tourné au profit du créancier.

Si le créancier refuse de recevoir le paiement, le débiteur peut se libérer en utilisant la procédure des offres réelles suivies de consignation. Si la créance est constatée par un titre à ordre, le débiteur peut, le lendemain de l'échéance, procéder directement à la consignation.

Lorsque la créance porte sur un corps certain, le débiteur peut faire sommation au créancier de prendre livraison. Il pourra, en cas de refus, se faire autoriser en justice à mettre le bien en dépôt aux frais du créancier.

---

507 Droit français, Cass. 3e civ., 16 déc. 1970, D. 1971, somm. P. 57.

508 Aix-en-Provence, 11e ch., 16 sept. 1999, JurisData n° 1999-107142.

509 Droit français, Cass. 3e civ., 5 mai 1999, JCP 99, IV, 2126.

510 Art. 163 et s. COCC.

Le débiteur, en présence d'un créancier dont les droits ne sont pas établis, peut se libérer en consignant le montant de sa dette, après autorisation de justice. L'une des parties au procès peut, dans les mêmes conditions, contraindre le débiteur à consigner le montant de sa dette.

335. Le paiement est exigible dès la naissance de l'obligation, sauf modalités particulières du contrat. Toutefois, en dehors de la volonté du bailleur, le locataire peut bénéficier de délais de paiement par suite d'un moratoire légal ou d'un délai de grâce que lui accorde le juge[511]. En dehors du recouvrement des dettes fiscales et sauf dispositions contraires de la loi, les juges peuvent, en considération de la situation du débiteur, en usant de ce pouvoir avec une grande réserve, accorder des délais modérés ne pouvant jamais excéder une année, pour le paiement de n'importe quelle obligation et surseoir à la continuation des poursuites. Le délai de grâce peut être accordé par le juge lorsqu'il prononce la condamnation, et par le juge des référés même après la condamnation.

336. Le débiteur doit exécuter l'obligation sans que le créancier puisse être contraint de recevoir une prestation différente.

337. Afin de renforcer la protection du bailleur, le preneur supporte une obligation de « garnissement ». En effet, lorsque le bail porte sur une construction, le locataire qui ne la garnit pas de meubles suffisants peut être expulsé, même par ordonnance de référé, à moins qu'il ne fournisse des sûretés capables de répondre du paiement du loyer. Les meubles servant à garnir le local constituent l'une des premières garanties du bailleur pour le paiement des loyers.

338. Obligation de somme d'argent, les loyers suivent le régime juridique de l'article 8 COCC.

Sauf dispositions contraires, le preneur doit être mis en demeure de s'exécuter[512]. En outre, cette mise en demeure déclenche les intérêts moratoires[513]. En effet, en matière d'obligation de sommes d'argent, les

---

[511] Art. 173 COCC.

[512] A été considéré comme constitutive de mise en demeure, la lettre par laquelle le conseil de la société demanderesse réclamait au débiteur le paiement de sa dette sous peine de poursuites, CA n° 525 du 10 août 1984 in Code des Obligations civiles et commerciales annoté, EDJA 1991, p. 26.

[513] CA n° 180 du 25 mars 1977, in Code des Obligations civiles et commerciales annoté, EDJA 1991, p. 26. Les juges considèrent que les intérêts moratoires sont dus dès que le débiteur est mis en demeure. En conséquence, le débiteur doit être condamné au paiement des intérêts sur le principal depuis la date de l'assignation

dommages et intérêts moratoires sont dus, sans que le créancier soit tenu de justifier d'aucune perte, et n'excédant pas, sauf convention contraire, les intérêts légaux. Le fait que ces intérêts n'aient pas été alloués formellement n'a pas d'effet dirimant, car ils sont de droit et à ce titre, ils n'ont pas à être réclamés ou octroyés[514].

Les intérêts échus pour une année entière produisent des intérêts dès lors qu'ils sont judiciairement réclamés, sous réserve des règles spéciales aux contrats commerciaux.

339. Fait juridique, le paiement se prouve par tous les moyens[515]. Celui qui paye peut cependant exiger une quittance du créancier et, en outre, si la dette est éteinte intégralement, la remise ou la destruction du titre. Si le paiement est partiel, il peut exiger qu'il en soit fait mention sur le titre conservé par le créancier **(voir n° 371).**

La remise volontaire du titre original sous seing privé ou de la grosse du titre fait présumer la remise de dette ou le paiement, sans préjudice de la preuve contraire. En outre, la délivrance d'une quittance pour le principal fait présumer le paiement des intérêts[516].

340. Prescription. Les loyers sont soumis à la prescription quinquennale. Aux termes de l'article 224 COCC, les obligations à exécution périodique telles que les loyers, les arrérages ou les intérêts se prescrivent par cinq ans pour chacun de leurs termes. Cette prescription n'est suspendue que par la force majeure ou le cas fortuit empêchant le créancier de poursuivre l'exécution forcée de l'obligation.

L'énumération contenue dans l'article 224 n'est pas exhaustive. La prescription quinquennale qui y est édictée s'applique, au-delà des cas énumérés, à toutes sortes d'obligations périodiques. Par suite, la taxe

---

jusqu'au jour du paiement du principal et non à compter du prononcer du jugement ; CA n° 561 du 28 juin 1985 in Code des Obligations civiles et commerciales annoté, EDJA 1991, p. 27 : à défaut de mise en demeure ou sommation, la date de départ du cours des intérêts est celle de l'assignation introductive valant sommation.

[514] CA n° 229 du 20 sept. 1971, in Code des Obligations civiles et commerciales annoté, précité, p. 27.

[515] C. Cass., chambre civile et commerciale, 1 fév. 1995, P. M. NDOYE c/ G. THOME, arrêt n° 25, Recueil des arrêts de la Cour de cassation, année 1993-1998, Éditions GIRAF, 2001, p. 181.

[516] Les frais du paiement sont, sauf stipulation contraire, à la charge du débiteur (art. 182 COCC).

d'enlèvement des ordures ménagères exigible à la fin de chaque année est soumise à ladite prescription dans le cadre des relations entre le bailleur et le locataire qui s'est contractuellement engagé à l'acquitter[517].

B. L'obligation d'entretien

341. L'entretien normal du bien permet de prévenir certaines dégradations de même que la surveillance permet de prévenir des pertes diverses. Ainsi, l'obligation du preneur s'entend, de manière générale, de l'entretien courant de la chose sans affecter la structure.

342. Mais qu'en est-il des réparations qui seraient nécessitées par un cas de force majeure ou par la vétusté de la chose ? La question n'est pas anodine car la force majeure, perturbatrice de l'équilibre des obligations, a été, dans l'esprit des rédacteurs du COCC, un risque devant peser principalement sur le bailleur[518].

Le cas de force majeure est souvent considéré par opposition au cas fortuit. La force majeure est un événement extérieur (foudre, ouragan, etc.) et le cas fortuit, un événement interne se rattachant à l'activité du débiteur ou de son entreprise (incendie, avarie de matériel, etc.). Cependant, cette distinction n'est pas partagée[519]. Les expressions sont des synonymes et impliquent, pour l'exonération, que les faits soient externes à la volonté des parties, imprévisibles[520] au moment de la conclusion du contrat mais aussi que le débiteur de l'obligation soit dans l'impossibilité d'agir[521]. Les faits qui rendent l'exécution de l'obligation plus difficile ou plus onéreuse sont donc à exclure. La notion de force majeure doit ainsi être entendue comme un événement ayant rendu impossible l'exécution des travaux de réparations d'entretien.

---

517 CA Dakar, chambre civile et commerciale, 23 juillet 2010, Immobilière SA (ISA) c/ Tobacco Marketing Consulting SARL (TMC), arrêt n° 554, Bulletin des arrêts rendus par la Cour d'Appel de Dakar en matière civile et commerciale, 2011, vol. n° 1, p. 71.

518 Art. 556 COCC: « Le preneur est tenu des réparations d'entretien à moins qu'elles ne soient occasionnées par la vétusté ou la force majeure ».

519 V. J. RADOUANT, « Du cas fortuit et de la force majeure », thèse Paris, 1919, citée par F. TERRE, Ph. SIMLER et Y. LEQUETTE, Droit civil, Les obligations, Dalloz 9é édition, p. 569.

520 L'imprévisibilité doit être entendue de façon raisonnable en prenant appui sur la soudaineté, la rareté…

521 On ne peut parler d'impossibilité que si toute la part du possible est épuisée.

L'exonération du preneur renverse la charge de l'obligation. Le bailleur est tenu des réparations liées à la vétusté[522] ou encore celles qui sont imposées par l'Administration[523]. En réalité, ce n'est pas la vétusté elle-même qui constitue le défaut d'entretien mais le fait pour le bailleur d'avoir ignoré l'action néfaste du temps sur son bâtiment et de n'avoir pas pris les mesures propres pour y remédier. Dans un arrêt du 30 mars 1971, la Cour de cassation française a sanctionné les juges du fond pour avoir refusé au plaideur qu'il apporte la preuve que l'effondrement d'une écurie était dû à l'état de vétusté dans lequel celle-ci se trouvait par suite du défaut d'entretien[524]. On pourrait voir dans cette jurisprudence une certaine forme de prévention des risques de ruine même si elle est certainement moins efficace qu'une action purement préventive, ayant pour objet de contraindre le bailleur à l'exécution de mesures d'entretien ou réparatrices.

343. Mais quel peut être l'impact des clauses par lesquelles le preneur renonce à toute réparation, lors de l'entrée dans les lieux comme en cours d'exécution du contrat, en s'engageant à effectuer tant au début du bail que pendant son cours toutes réparations, petites ou grosses, sans aucune exception, y compris les grosses réparations ? On comprend aisément l'intérêt que peut avoir le bailleur à se décharger sur le preneur du « risque » de la force majeure et à lui faire supporter, seul, le poids des travaux de toute nature engendrés par un tel événement.

Une clause générale imputant les travaux de toutes sortes ne nous semble pas suffisante pour décharger le bailleur. En effet, elle ne suffit pas à s'assurer que le preneur a, en pleine conscience, accepté de renoncer au bénéfice de l'article 548 du COCC. En outre, la généralité de la clause par rapport à ses termes n'opérant aucune distinction quant à l'origine des désordres à réparer, son interprétation doit être limitative car les règles générales d'interprétation enseignent que les exceptions sont d'interprétation stricte. Ainsi, seule une stipulation expresse contraire devrait permettre de renverser l'exonération dont la loi a entendu faire bénéficier le preneur. Ainsi, loin de considérer l'événement de force majeure comme n'affectant pas seulement les obligations de réparation ou d'entretien qui prennent corps au cours de l'exécution du

---

522 Art. 556 COCC ; Droit français, Cass. 3e civ., 17 oct. 1990, JCP 90, IV, 400 : L'obligation du preneur ne s'étend pas à la remise à neuf des papiers, peintures et revêtements du sol atteints par la vétusté après plusieurs années d'occupation.

523 Cass.3 civ.19 déc.2001, n°1878 D, Hotel du Louvre/Championnier : 27 mars 2002, RJDA 6/02, n°601, p.504.

524 Civ. 2e, 30 mars 1971, JCP G 1971.IV.129.

contrat mais remettant également en cause la délivrance de l'immeuble[525] donc échappe à la volonté des parties[526], la logique commande de réputer efficaces des clauses précises mettant à la charge du locataire un risque expressément assumé par celui-ci.

C. L'obligation d'utiliser le bien en bon père de famille

344. Le preneur n'a que la jouissance du bien ; le bien n'est pas sien[527]. L'absence de droit de propriété doit justifier qu'il s'environne dans son usage de tous les soins qu'un bon père de famille apporte à la conservation de son propre patrimoine. La morale lui en fait un devoir, la loi écrite une obligation. La personne qui s'oblige à faire quelque chose doit le faire utilement. Le COCC a opté pour le standard du bon père de famille[528] et celui-ci inspire les obligations du bon comportement utilisées en jurisprudence. Le législateur a imaginé ce « personnage abstrait » et laissé au juge le soin de lui donner corps ultérieurement.

Par définition, la mise en œuvre du standard est indiscutablement l'apanage du juge car c'est un procédé qui lui permet de prendre en considération le type moyen de conduite sociale correcte pour une catégorie déterminée d'actes à apprécier. Ce n'est pas seulement le degré de bonne volonté d'un homme soigneux qui est requis, mais également l'adéquation de son comportement à celui d'un homme raisonnable. Le bon père de famille c'est « le praticien consciencieux et averti »[529], prudent et diligent. En d'autres termes, le modèle du bon père de famille exige du preneur qu'il veille à la bonne conservation du bien, l'exploite dans des conditions normales, selon la nature du bien, et le maintienne dans l'état où il a été livré, compte tenu de l'usure consécutive à un usage normal[530]. Il ne peut alors modifier la destination donnée à la chose par le contrat, par exemple, en cas d'existence d'une **clause d'habitation**

---

[525] Civ. 3e 22 février 2006, D. 2006. 2972, spéc. p. 2975, obs. S. Beaugendre.

[526] Civ. 3e, 1er juin 2005, AJDI 2005. 650, obs. Y. Rouquet; RTD civ. 2005. 779, obs. J. Mestre et B. Fages : le bailleur ne peut, par le biais d'une clause relative à l'exécution des travaux dans les lieux loués s'affranchir de son obligation de délivrance.

[527] Sauf disposition légale contraire, le preneur ne peut sous- louer ou céder son bail à autrui sans l'accord du propriétaire.

[528] Art. 554 COCC « Le preneur est tenu d'user de la chose louée en bon père de famille et suivant la destination qui lui a été donnée par le bail ou suivant celle présumée d'après les circonstances à défaut de convention écrite. »

[529] CA Paris, 18 oct. 1949, Dalloz 1949, p. 539.

[530] Art. 36 de la Loi camerounaise 210/020 du 21 décembre 2010 portant organisation du crédit-bail au Cameroun.

bourgeoise. La clause d'habitation bourgeoise désigne une clause permettant au locataire d'utiliser les locaux privatifs pour l'habitation personnelle mais aussi pour l'exercice d'activités professionnelles libérales, à la différence de la clause d'habitation bourgeoise exclusive qui elle interdit purement et simplement toute activité professionnelle ou commerciale. Toutefois, il faut que la clause d'habitation bourgeoise exclusive soit claire sur le sujet sans quoi, elle sera requalifiée en clause d'habitation bourgeoise simple[531].

La présence d'une clause d'habitation bourgeoise n'interdit cependant pas l'hébergement de certains tiers. Les clauses d'un contrat de bail à usage d'habitation ne peuvent avoir pour effet de priver le preneur de la possibilité d'héberger ses proches[532].

345. L'exercice dans les lieux loués de façon habituelle d'une activité de prostitution constitue un manquement à l'obligation d'user des locaux en bon père de famille suivant la destination d'habitation qui leur a été donnée par le contrat[533]. De même, les locataires qui font régulièrement du bruit la nuit n'usent pas de la chose louée en bon père de famille[534].

346. Le comportement du preneur ne concerne pas seulement le comportement matériel à adopter pour exécuter l'obligation principale. Il vise aussi le comportement personnel dont il doit faire preuve pour le bon déroulement de la relation contractuelle. En droit français, les juges du fond considèrent que les injures écrites réitérées, adressées par le preneur au bailleur, à l'occasion de leurs litiges locatifs, constituent, à elles seules, un manquement à l'obligation de jouissance paisible[535].

347. Le preneur est invité à prendre en considération les intérêts du bailleur, à ne pas être égoïste. La bonne foi sera le vecteur de cette prise en

---

[531] La domiciliation des activités professionnelles du locataire à son domicile ne suffit pas à caractériser le changement de destination ; Cass. 3e civ., 25 juin 1991, Loyers et copr. 1991, 364.

[532] C'est en application du droit au respect de la vie privée et familiale consacré par la Constitution. Voir sur la question, en droit français, Cass. 3e civ., 6 mars 1996, JCP 1996, II, 22764, note Nguyen Van Tuong. Mieux, pour les juges français, même si un bail stipule une interdiction d'héberger un tiers, une telle clause n'accorde pas au bailleur un droit de regard et d'ingérence dans la vie privée du preneur, auquel, notamment, il ne peut être reproché de vivre avec sa maitresse ; Paris, 25 oct. 1996, Loyers et copr. 1997, 4, obs. Vial-Pedroletti. L'hébergement des proches ne devrait, cependant, pas être confondu avec la sous-location.

[533] Paris, 13 janv. 1997, Loyers et copr. 1997, 66.

[534] Cass. 3e civ., 16 nov. 1993, Loyers et copr. 1994, 13.

[535] Cass. 3e civ., 3 juin 1992, Loyers et copr. 1992, 326.

considération des intérêts du bailleur. La bonne foi peut être définie comme la « qualité de celui qui parle, agit avec une intention droite, avec la conviction d'obéir à sa conscience, d'être fidèle à ses obligations »[536]. La fidélité aux obligations qu'implique la bonne foi la rattache d'emblée au droit des contrats, dont la finalité première est sans doute d'assurer le respect de la parole donnée. En outre, la bonne foi dicte une conduite conforme à la conscience, conscience au sens de jugement de valeur sans doute, mais peut-être aussi dans le sens de connaissance de son existence et du monde extérieur. Etendue au contrat, cette conscience impliquerait alors la connaissance et la reconnaissance de l'autre, de sa présence, de ses attentes, de ses droits. Ne serait pas de bonne foi, le père de famille qui veut imposer à autrui des arrangements que son seul intérêt avait déterminés. Ainsi, lorsque le preneur a fait subir à la chose des changements de forme que le bailleur n'approuve pas et a pu tolérer tant que le contrat a duré, il est de son devoir de les faire disparaître.

348. Par ailleurs, le preneur qui a reçu un bien en bon état de réparation a l'obligation de ne pas le rendre dégradé[537], au risque de voir sa responsabilité engagée. En effet, lorsque la dégradation n'est pas due à la vétusté ou à l'usage normal du bien loué, le preneur est, en principe, responsable. Il s'agit d'une responsabilité pour faute présumée qu'il peut renverser en prouvant l'absence d'une faute quelconque de sa part[538]. Il n'appartient donc pas au bailleur de prouver une faute du preneur qui aurait causé le préjudice[539]. Toutefois, ce dernier devra prouver que les dégradations ont été réalisées pendant le temps de jouissance du preneur[540].

349. C'est ordinairement à la fin du contrat de bail que le bailleur exige la remise en état des lieux et la réparation des fautes commises par le preneur pendant sa jouissance. La faute du preneur sera appréciée une fois que le bailleur sera en mesure de constater, à la restitution du bien, l'étendue des dégradations et le défaut d'entretien. Cependant, l'urgence peut justifier que le bailleur puisse intervenir pendant la jouissance. Si la pérennité du bien est en danger, il pourra intervenir en cours d'exécution et mettre en jeu la responsabilité du preneur afin qu'il répare le préjudice immédiat. Des

---

[536] Dictionnaire Petit Robert.

[537] Art. 555 al 1 COCC.

[538] Cass. civ. 3é, 16 déc. 1997, RD imm. 1998. 304, obs. Collart-Dutilleul et Derruppé.

[539] Cass. civ. 3é, 28 janv. 2004, no 02-11.814, Bull. civ. III, no 12, D. 2004, IR 537.

[540] Cass. civ.3é, 18 mars 1998, no 96-11.624, Bull. civ. III, no 62, RD imm. 1998. 426, obs. Collart-Dutilleul et Derruppé.

dégradations peuvent, en effet, être de telle nature qu'elles puissent, d'une manière grave, compromettre la conservation de la chose. Ainsi, le bailleur aurait intérêt à agir avant la fin du bail. C'est le cas notamment lorsque le preneur laisse les fenêtres sans carreaux, et que la pluie, pénétrant dans les appartements, étend l'humidité sur les planchers et les plafonds.

350. La responsabilité du preneur s'étend aux dégradations et pertes qui arrivent par le fait de ses ayants droit ou des personnes dont il répond[541].

351. En cas d'incendie, la responsabilité du preneur est aggravée car il ne peut se décharger par la simple preuve de l'absence de faute. Il ne sera exonéré que si l'incendie est dû à la force majeure, à un vice de construction ou à une communication d'incendie par un immeuble voisin[542]. Cette présomption est très lourde pour le preneur qui supporte le dommage s'il n'en prouve pas l'origine. « Pour écarter la présomption de responsabilité qui pèse sur le locataire en cas d'incendie des lieux loués, les juges du fond doivent caractériser l'existence d'une jouissance effective par le bailleur de partie de l'immeuble incendié dans des conditions assimilables à celles d'un locataire »[543].

Aux termes de l'article 559 COCC, la présomption s'applique à toutes les locations y compris saisonnières. S'il y a plusieurs preneurs, ils sont tous responsables de l'incendie proportionnellement à la valeur locative de leur appartement à moins qu'ils ne prouvent que l'incendie a commencé dans l'immeuble de l'un d'eux auquel cas celui-là seul est responsable. Le preneur sera ainsi responsable des dommages causés aux locaux qu'il loue mais aussi aux locaux voisins loués à un autre locataire par le même propriétaire[544].

SECTION 2 : LA FIN DU CONTRAT DE BAIL

352. Le bail ne prend pas fin par le décès de l'une ou l'autre des parties[545], encore moins par le changement de propriétaire de la chose louée. Si le bailleur vend la chose louée, l'acquéreur doit respecter le bail s'il est authentique ou s'il a date certaine.

353. En cas de décès du locataire, le droit au bail passe à ses ayants droit. Cependant, il peut être stipulé au contrat que la location est consentie au preneur seul, sans que, après son décès, ses héritiers puissent s'en prévaloir.

---

541 Art. 555 al. 2 COCC.
542 Art. 559 COCC.
543 Cass. 3e civ., 1re oct. 2003, RJDA 1/04, n°17.
544 Cass. civ. 3é, 27 nov.2002, RJDA 2/03, n°113, p.96.
545 Art. 566 COCC.

En l'absence d'une telle clause, le droit au bail appartient à la succession tant qu'il n'a pas été procédé au partage[546].

Nonobstant l'opposition d'un ou plusieurs de ses copartageants, le conjoint survivant ou tout autre héritier peut demander l'attribution, par voie de partage, du droit au bail des locaux leur servant effectivement d'habitation[547] (**supra n° 70**).

Le contrat de bail prend fin de plein droit ou parce que provoquée par une partie.

PARAGRAPHE 1 : LA FIN DE PLEIN DROIT DU CONTRAT DE BAIL

354. Le contrat de bail prend fin de plein droit dans deux hypothèses.

A. L'arrivée du terme

355. Lorsqu'il est à durée déterminée, le bail cesse de plein droit à l'expiration du terme fixé lorsqu'il a été fait par écrit, sans qu'il soit nécessaire de donner congé[548]. A contrario, si le contrat est verbal, avant l'arrivée du terme, il faudra impérativement respecter un congé pour mettre fin au contrat.

356. Si, à l'expiration du bail à terme fixé, le preneur reste ou est laissé en possession, il s'opère un nouveau bail aux mêmes conditions, mais à durée indéterminée.

La tacite reconduction ne peut être invoquée par le preneur à qui congé a été signifié.

B. La destruction de l'immeuble loué

357. Lorsque, pendant la durée du bail, la chose louée est détruite en totalité par cas fortuit, le bail prend fin de plein droit.

Si l'immeuble n'est détruit qu'en partie, le preneur peut, suivant les circonstances, demander que le loyer soit réduit[549] ou qu'il soit mis fin au bail. En aucun cas il n'y a lieu à dédommagement.

---

[546] Droit français, Cass. 3e civ., 10 janv. 1978, JCP 78, IV, 84. A noter que l'indivision résultant du décès peut être maintenue, par décision du tribunal, en ce qui concerne l'immeuble ou partie d'immeuble servant effectivement d'habitation au défunt et à son conjoint ou le droit au bail des locaux servant effectivement d'habitation (art. 462 al. 2 CF).

[547] Art. 476 CF.

[548] Art. 560 COCC.

[549] Le locataire qui a procédé à ses frais à une remise en état des lieux loués n'en a pas moins le droit d'obtenir une diminution du loyer ; Cass. 3e civ., 11 juill. 1990, JCP 90, IV, 341.

Il y a cas fortuit lorsque la ruine de l'immeuble par vétusté ne résulte pas de la faute du bailleur ou d'un manquement à ses obligations.

358. En droit français, les juges étendent la règle des conséquences de la destruction aux cas où, par suite des circonstances, le preneur se trouve dans l'impossibilité de jouir de la chose ou d'en faire un usage conforme à sa destination[550]. L'arrêt de la fourniture d'eau courante en cours de location a pu ainsi être considéré comme constitutif d'une perte partielle par cas fortuit de nature à justifier une diminution des loyers[551].

Une telle jurisprudence doit pouvoir être transposée en droit sénégalais. En effet, l'esprit de 564 COCC, qui reprend l'article 1722 du Code civil, est de protéger le preneur qui ne peut plus jouir de la chose conformément à ses prévisions du fait d'une situation indépendante à sa volonté.

PARAGRAPHE 2 : LA FIN PROVOQUÉE DU BAIL

359. La fin provoquée du contrat de bail résulte de sa durée ou du comportement d'une partie au contrat.

A. La fin du bail à durée indéterminée

360. Ce que la volonté commune a fait, elle est seule à pouvoir le défaire. Cependant, la liberté étant difficilement conciliable avec les engagements perpétuels, dans les contrats à durée indéterminée, on permet à une partie de se délier. Chaque partie a un droit de rupture unilatérale. Toutefois, l'exercice de ce droit ne saurait porter atteinte aux droits du cocontractant. Ainsi, si le bail a été fait à durée indéterminée, l'une des parties ne pourra donner congé à l'autre qu'en observant le délai d'un mois, sauf dispositions légales plus favorables, et réserve faite des dispositions particulières aux baux à usage d'habitation et à usage commercial[552].

B. La fin du bail résultant du comportement d'une partie

361. Comme tout contrat synallagmatique, le contrat de bail peut prendre fin du fait de son inexécution. En effet, en cas d'inexécution de ses obligations par l'une des parties, l'autre pourra saisir le juge pour demander la résiliation du contrat.

---

550 Cass. 3e civ., 17 oct. 1968, JCP 1968, IV, 179.

551 Cass. 2e civ., 17 juin 1980, Bull. civ. II, n° 116, p. 86.

552 Art. 561 COCC.

362. Par ailleurs, si le preneur emploie la chose louée à un autre usage que celui auquel elle a été destinée et qu'il en résulte préjudice pour le bailleur, celui-ci peut faire résilier le bail.

Statuant en matière de bail commercial, les juges d'appel de Dakar[553] ont considéré que la signature du contrat de bail commercial sans aucune référence à des travaux déjà effectués ne peut en aucune manière tenir lieu d'autorisation écrite pour le preneur de faire des aménagements, modifications ou transformations dans l'état des locaux loués. En l'absence de preuve de l'autorisation préalable et écrite du bailleur, le juge peut constater la résiliation du bail lorsqu'une clause résolutoire a été prévue dans le contrat.

[553] CA Dakar, arrêt n° 136 du 08 février 2010, Société Alma City c/ Agence Almadies Immobilier, Bulletin des arrêts rendus par la cour d'appel de Dakar en matière civile et commerciale, 2011, vol n°1.

CHAPITRE 2

LE BAIL À USAGE D'HABITATION

363. Le bail d'habitation est un contrat de location portant sur un local à usage d'habitation ou à usage mixte. Il peut être opposé au bail à usage professionnel organisé par le droit OHADA ou au crédit-bail.

Organisé par le COCC, le régime des baux à usage d'habitation s'applique, conformément à l'article 568, principalement du louage de :

- Locaux à usage d'habitation ;

- Locaux à usage professionnel sans caractère commercial, industriel ou artisanal ;

- Locaux pris en location par une personne morale de droit public pour y installer des services ou des agents ;

- Locaux pris en location par des personnes morales exerçant une activité désintéressée, notamment par des associations déclarées et des syndicats professionnels ;

- Locaux pris en location par des entreprises commerciales, industrielles ou artisanales à usage exclusif d'habitation pour leur personnel[554] ;

- Locaux pris en location par des entreprises commerciales, industrielles ou artisanales pour y installer exclusivement des bureaux.

L'appellation « baux à usage d'habitation » est donc un contenant dont le contenu transcende les seules maisons à habiter[555]. A souligner cependant que

---

554 Le fait que le preneur soit autorisé, d'après les stipulations contractuelles, à y loger des tiers, ne saurait remettre en cause la qualification dès lors que l'exclusivité de l'usage des locaux est relative à leur habitation par les personnes susvisées ; CA Dakar, 12 juin 2012, SARL Les Résidences les Jardins c/ Société Wartsila, arrêt n° 233, Bulletin des arrêts rendus par la Cour d'Appel de Dakar en matière civile et commerciale, 2013, vol. 1, p. 81.

555 Un bail entre une commune et un particulier ne sera pas soumis à l'article 568 COCC lorsqu'il comporte une clause exorbitante du droit commun ; C.Cass., chambre civile et commerciale, 21 janvier 1998, Commune de Dakar c/ I. SARR, arrêt n° 49, Recueil des arrêts de la Cour de cassation, année 1993-1998, Editions GIRAF, 2001, p. 325. Dans cette affaire, il y avait « une clause exorbitante du

les locaux à usage professionnel sans caractère commercial, industriel ou artisanal échappent désormais, en principe, à l'emprise du COCC. C'est le droit OHADA qui est compétent pour tous les immeubles à usage professionnel (**voir n° 395 et 406).**

364. Ces dispositions (articles 567 à 583 COCC) d'ordre public[556], s'ajoutent aux règles générales des baux abordés dans le chapitre précédent. Cependant, elles ne s'appliquent pas aux rapports entre les personnes morales de droit public ou les entreprises commerciales ou industrielles et les agents ou personnels logés par leurs soins.

365. Le cas des immeubles à usage mixte : En droit sénégalais, le régime juridique du bail est hybride s'il porte sur des immeubles à usage à la fois professionnel et d'habitation[557]. En effet, lorsque le bail porte sur des locaux à usage mixte, il est fait application de la règle de la distributivité, chaque partie du local étant soumise à la règle relative aux actes qui y sont accomplis[558]. Le critère de l'accessoire permettant de soumettre l'ensemble de l'opération à une réglementation unique n'est donc pas de mise.

366. Le cas de la location saisonnière. Les dispositions des articles 571 et 574 ne font pas obstacle aux locations saisonnières de locaux à usage d'habitation meublés ou pas[559].

Le contrat de location saisonnière est conclu par écrit. Il est de la durée fixée par les parties ou, à défaut de trois mois; il est renouvelable par tacite reconduction pour des périodes trimestrielles, sans que la durée totale de la location puisse dépasser un an.

Un mois au plus tard avant l'expiration de toute période trimestrielle, chaque partie peut signifier à l'autre sa volonté de mettre fin au bail.

SECTION 1 : LES MODALITÉS DE LA FORMATION DU BAIL À USAGE D'HABITATION

367. Le contrat de bail à usage d'habitation obéit à des conditions de forme et de fond.

---

droit commun selon laquelle la résolution ou la résiliation sera prononcée d'office sans mise en demeure préalable, par arrêté du Ministre chargé des Finances ».

[556] Art. 569 COCC.

[557] Art. 570 COCC.

[558] CA Dakar, arrêt n° 126 08 février 2010, Bulletin des arrêts de la Cour d'Appel de Dakar

[559] Art. 575 COCC.

PARAGRAPHE 1 : LES CONDITIONS DE FORME

368. Le bail à usage d'habitation est le terrain d'expression du consensualisme. Par application du droit commun du bail, le contrat est formé dès le seul échange de consentement des parties sur ses éléments essentiels. L'accord des parties sur l'objet et les loyers forme le contrat. Les contractants n'ont donc pas à respecter une formalité quelques pour la validité de leur convention. Mais, comme on n'a pu le voir dans l'étude du droit commun du bail, une chose est que le contrat soit valable, une autre est qu'il soit efficace. Les parties peuvent donc être tenues de respecter un écrit – moyen de preuve.

Aux termes de l'article 14 COCC, il doit être passé acte devant notaire ou sous signatures privées de toute convention dont l'objet excède 20.000 francs. L'article 14 reçoit exception toutes les fois qu'il n'a pas été possible au créancier de se procurer ou de produire une preuve écrite de la convention[560]. Contrat synallagmatique, le bail sous seing privé[561] obéit de la règle de la formalité du double pour sa preuve. L'acte sous seings privés relatif à une convention synallagmatique doit être rédigé en autant d'originaux qu'il y a de parties ayant un intérêt distinct. Chaque original doit contenir la mention du nombre des originaux établis.

369. Par ailleurs, le contrat de bail doit faire l'objet d'enregistrement. Il est assujetti aux droits d'enregistrement dans le délai d'un moins, à compter de sa date ou de l'entrée en possession[562]. L'inobservation de cette exigence n'est pas sanctionnée par la nullité du bail. En outre, elle n'implique pas le respect d'un écrit. Le droit d'enregistrement est dû, que le contrat soit écrit ou verbal, sous seing privé ou authentique[563].

370. Une autre atteinte au « consensualisme » se situe au niveau de la loi de 2011 portant régime de la propriété foncière. Les baux d'immeuble excédant trois (3) années doivent, en vue de l'inscription au livre foncier, être constatés par acte authentique sauf dérogations législatives[564].

---

[560] Sur la question, cf. A. A. DIOUF, Etude critique de l'impossibilité morale dans la preuve des actes juridiques en Afrique noire francophone, R.I.D.C. 2-2013.

[561] L'acte sous seings privés est valable lorsqu'il est signé par les parties (article 19 COCC).

[562] Art. 464 Code général des impôts.

[563] Art. 452 et 464 Code général des impôts.

[564] Art. 47 de la de 2011 portant régime de la propriété foncière. Les règles de forme édictées à l'alinéa 1re de l'article 47 ne s'appliquent pas, à la condition que lesdits faits, conventions ou sentences soient constatés par écrit dans les formes déterminées par la loi, aux actes passés par l'Etat et les autres personnes publiques.

PARAGRAPHE 2 : LES CONDITIONS DE FOND

371. Le propriétaire est libre de louer ou de ne pas louer son immeuble. En outre, il a la liberté de choisir son cocontractant et, ensemble, de définir le contenu de leur contrat[565]. Cette liberté n'est, cependant, qu'un principe.

372. Dans un « double souci de protection économique et d'équilibre social »[566], le Sénégal soumettait à autorisation préalable certaines transactions immobilières. Les « capitaux sauvages qui (s'étaient) investis dans le secteur commercial occasionnant en peu de temps une aggravation du prix des immeubles à usage d'habitation et de commerce et entrainant de surcroit des congés systématiques suivis d'expulsion de nationaux de leur habitation et de leur lieu de travail »[567] justifiaient de la part du législateur un encadrement des transactions immobilières les plus importantes. Ainsi, tous les contrats de bail et prorogation de bail d'une durée ferme supérieure à cinq ans étaient soumises à autorisation préalable[568]. Cette autorisation n'était cependant exigée si le montant des loyers mensuel est inférieur à 250 000 fcfa.

Alors que l'inflation est devenue plus que manifeste, il a été procédé à l'abrogation de la loi de 1977[569]. Une telle abrogation témoigne d'une certaine incohérence législative. En effet, un (1) an après l'abrogation, le législateur est revenu pour reconnaitre que « les prix des loyers des locaux à usage d'habitation n'ont cessé depuis des années de connaître une poussée inflationniste qui affecte considérablement les revenus des ménages et qui anéantit les efforts faits pour accroitre le pouvoir d'achat des Sénégalais »[570].

Si la demande d'autorisation préalable n'est plus exigée, la liberté contractuelle n'est pas pour autant totalement retrouvée.

373. Que le bail soit à durée déterminée ou à durée indéterminée, le montant du loyer est fixé par rapport à l'évaluation faite de la valeur de

565 Art. 42 COCC.

566 Exposé des motifs de la loi n° 77-85 du 10 août 1977 soumettant à autorisation préalable certaines transactions immobilières.

567 Exposé des motifs de la loi n° 77-85 du 10 août 1977.

568 Art. 2 de la loi n° 77-85 du 10 août 1977. Cette autorisation était une condition de validité de l'opération (art. 1re de la loi n° 77-85 du 10 août 1977).

569 Art. 1r de la loi n° 2013-04 du 8 juillet 2013 abrogeant la Loi n° 77-85 du 10 aout 1977 soumettant à autorisation préalable certaines transactions immobilières et instituant un régime de déclaration préalable aux transactions portant sur un immeuble ou un droit réel immobilier.

570 voir exposé des motifs de la loi n° 2014-03 du 22 janvier 2014 portant baisse des loyers n'ayant pas été calculés suivant la surface corrigée, JO n° 6770 du 22 janvier 2014, p. 83.

l'immeuble[571]. Ainsi, même si elles gardent leur liberté dans la détermination des modalités de paiement, les parties ne peuvent « débattre » librement du montant des loyers. Sur le fondement des dispositions de l'article 572 COCC, tous les loyers à usage d'habitation ont, en principe, un prix réglementé.

Lorsqu'un des locaux énumérés par l'article 568 COCC est donné en bail, le montant du loyer est fixé conformément aux dispositions du décret n° 77-527 du 23 juin 1977 relatif au montant du loyer des locaux à usage d'habitation et du décret n° 81-609 du 17 juin 1981 abrogeant et remplaçant les articles 6, 7 al. 2 et 12 du décret n° 77-527 du 23 juin 1977.

374. Aux termes de l'article 2 du décret n° 77-527 du 23 juin 1977, il est créé, dans chaque région, une commission d'évaluation, chargée de procéder à l'évaluation de la valeur des immeubles conformément à l'article 572 al. 1 COCC. Pour évaluer les immeubles de sa région, chaque commission dévaluation :

- fixe, par secteur et suivant leur situation géographique, la valeur au mètre carré des terrains, en accord avec les barèmes de la commission nationale de contrôle des opérations immobilières ;

- fixe, pour chaque catégorie d'immeubles, la valeur à neuf actuelle du mètre carré bâti, compte tenu de la construction, des intérêts du capital engagé au *prorata* de la durée normale des constructions et, éventuellement, des frais d'études, dont les honoraires d'architecte.

Les travaux des commissions régionales d'évaluation sont transmis au Ministre chargé des Domaines qui les soumet à l'avis de la Commission nationale de Contrôle des Opérations immobilières.

Après avis de ladite commission, la valeur des mètres carrés est fixée, pour une période de 2 ans, par décret pris sur le rapport conjoint du Ministre chargé des Domaines et du Ministre chargé du Commerce. Ce décret peut modifier tout ou partie des barèmes des commissions régionales d'évaluation.

Les barèmes sont réexaminés par les commissions régionales d'évaluation au 31 décembre de l'année suivant celle de leur établissement et transmis au Ministre chargé des Domaines avant le 30 mars suivant. Ils sont, en outre, revus lorsque les charges d'entretien dépassent un taux d'augmentation de 14 % depuis la dernière évaluation ; il est tenu compte des charges, notamment des salaires des domestiques, du prix de l'eau et de l'électricité, quand elles

571 Art. 572 al. 1 COCC.

sont à la charge du propriétaire, et de l'indice pondéré de la Commission d'Officialisation des Prix de la Ville de Dakar.

375. Conformément à ce qui précède, le montant du loyer est arrêté d'un commun accord, entre le bailleur et le locataire. II est au maximum, pour l'année, de 14 % de la valeur réelle de l'immeuble.

La valeur réelle de l'immeuble comprend les éléments suivants :

- la valeur du terrain, telle qu'elle ressort du barème approuvé par la commission d'évaluation ;
- la valeur de la construction, calculée d'après la valeur au mètre carré bâti, telle qu'elle est fixée par le barème approuvé de la commission d'évaluation pour les immeubles de la catégorie considérée, compte tenu éventuellement des indices de correction apportée par la commission nationale de contrôle des opérations immobilières[572]. La valeur de la construction est affectée d'un correctif tenant compte de son état d'entretien et, s'il y a lieu, de son état de vétusté. Ce coefficient peut varier, selon les cas, par palier de 0.1 entre 1 et 0.3.

En ce qui concerne les immeubles mixtes comportant une partie à usage commercial et une autre à usage d'habitation, la valeur de l'immeuble est ventilée au *prorata* des superficies totales occupées respectivement par la partie à usage commercial et par la partie à usage d'habitation. Le loyer de la partie à usage d'habitation est calculé sur la portion de la valeur réelle affectée à ladite partie, la partie commerciale restant soumise à la réglementation des locaux à usage commercial[573].

En ce qui concerne les immeubles collectifs, c'est-à-dire ceux occupés par plusieurs locataires, le loyer tel qu'il aura été déterminé précédemment est réparti au *prorata* de la superficie occupée par le logement dont les locataires ont la disposition[574].

376. Le Directeur des Domaines ou son représentant, ou la partie qui conteste le classement de l'immeuble ou le montant du loyer tel qu'il résulte de l'application des barèmes établis, peut saisir le juge. A la requête du

---

[572] En effet, cette commission établit, pour l'ensemble du territoire national, une classification des immeubles en catégorie définies d'après la nature des constructions et leur degré de confort. Elle fixe aussi, pour chaque catégorie d'immeubles, les coefficients de correction et les équivalents superficiels correspondant aux éléments d'équipements.

[573] Art. 10 du décret n° 77-527 du 23 juin 1977.

[574] Art. 11 du décret n° 77-527 du 23 juin 1977.

Directeur des Domaines ou de son représentant, ou de la partie la plus diligente, le juge fixe le montant du loyer, pendant la durée de l'instance[575].

377. Depuis 2014[576], les prix des loyers des baux à usage d'habitation, à l'exclusion de ceux dont la fixation a été obtenue suivant la méthode de la surface corrigée, sont baissés ainsi qu'il suit :

- loyers inférieurs à 150 000 fcfa : 29% ;
- loyers compris entre 150 000 et 500 000 fcfa : 14% ;
- loyers supérieurs à 500 000 fcfa : 4%.

La pertinence de cette loi interpelle. Ne fallait-il pas exiger le respect de la loi de 1981 ? Une telle loi n'autorise-t-elle pas la violation de la loi de 1981 ?

378. Par la loi n° 81-21 du 25 juin 1981, le législateur réglemente les infractions et sanctions en matière de hausse illicite du loyer pour les locaux organisés par l'article 568 COCC.

379. Avant perception du premier terme exigible, le bailleur est tenu de remettre au locataire un décompte signé et daté indiquant les éléments de fixation du montant des loyers. Il est éventuellement fait application des dispositions de l'article 20 COCC relatives aux actes des illettrés[577].

Ce décompte doit être révisé à l'expiration des périodes fixées par la réglementation applicable. A noter que l'acceptation verbale ou écrite de ce décompte par le locataire ne peut faire obstacle à la saisine ultérieure du juge pour fixation du taux de loyer applicable au local considéré sur contestation de l'une quelconque des parties au contrat ou du Directeur des Domaines ou de son représentant. En cas de contestation avant le premier terme exigible, le paiement de ce terme est différé jusqu'à ce que le juge ait statué[578].

Le bailleur qui n'a pas remis à son locataire le décompte est passible d'une amende de 20 000 à 200 000 fcfa. En cas de nouvelle infraction commise dans le délai de 2 ans à compter de la transaction ou de la condamnation devenue définitive infligée pour ce même fait, l'amende sera portée au double de la

[575] Art. 12 du décret n° 81-609 du 17 juin 1981.

[576] Art. 1 de la loi n° 2014-03 du 22 janvier 2014 portant baisse des loyers n'ayant pas été calculés suivant la surface corrigée.

[577] « La partie illettrée doit se faire assister de deux témoins lettrés qui certifient dans l'écrit son identité et sa présence : ils attestent en outre que la nature et les effets de l'acte lui ont été précisés. »

[578] Art. 3 de la loi n° 81-21 du 25 juin 1981 réprimant la hausse illicite du loyer des locaux à usage d'habitation.

peine encourue et un emprisonnement de 2 mois au plus peut, en outre, être prononcé.

380. Le bailleur convaincu d'avoir excédé le prix maximum de location tel qu'il devait être établi conformément aux dispositions de l'article 572 COCC est passible d'un emprisonnement de 2 à 6 mois et d'une amende de 20 000 à 1 500 000 fcfa ou de l'une de ces deux peines seulement. Il doit, en outre, être condamné à rembourser au locataire les sommes perçues en dépassement du taux maximum légal. En cas de nouvelle infraction commise dans le délai de deux (2) années à compter de la transaction ou de la condamnation infligée pour le même fait, les peines d'amende et d'emprisonnement peuvent être portées au double de celles indiquées.

Les mêmes pénalités sont applicables au bailleur qui, à l'occasion, et en vue de dissimuler ses exigences, fait subir au preneur des accords ou conventions, même indirects, tels que ceux ayant stipulé un montant excessif des charges locatives, ou une remise d'argent, de valeurs ou d'objets mobiliers, quelconques, ou la rémunération excessive de services rendus par des tiers. Les accords ou conventions sont, en outre, déclarés nuls par la juridiction compétente, même s'ils ont reçu un début d'exécution.

381. Toute personne qui, sciemment, exige, reçoit ou verse un loyer d'un montant supérieur à celui fixé définitivement par le juge des loyers sur contestation de décompte remis par le bailleur au locataire, est passible d'un emprisonnement de 6 mois à 3 ans et d'une amende de 500 000 à 3 000 000 fcfa pouvant être portée au double des sommes payées en dépassement du taux fixé par le juge ou de l'une de ces peines seulement. En cas de nouvelle infraction commise dans le délai de deux (2) années, à compter de la transaction ou de la condamnation infligée pour le même fait, l'emprisonnement peut être élevé jusqu'à cinq (5) ans et l'amende portée 6 000 000 fcfa[579].

382. Sans préjudice des dispositions des articles 185 à 190, 196 et 201 à 204 du Code pénal, est passible d'un emprisonnement de 2 à 6 mois et d'une amende de 20 000 à 100 000 fcfa ou de l'une de ces deux peines seulement, toute personne qui, par elle-même ou par ses préposés, s'oppose volontairement aux investigations menées par les agents spécialement habilités ou les officiers de police judiciaire pour la constatation des infractions relatives aux loyers ou entrave le déroulement desdites

[579] Art. 7 de la loi n° 81-21 du 25 juin 1981.

investigations, notamment en refusant à ces agents habilités, à ces officiers de police judiciaire et aux agents évaluateurs désignés par leur soin :

- la communication, sans déplacement, de tous documents concernant l'édification, la consistance, l'entretien et la gestion de l'immeuble dont le taux de location est soumis à contrôle, la dissimulation desdits documents étant assimilé au refus de communication ;
- la visite des lieux dont la mensuration et l'estimation est nécessaire pour l'application des éléments de calculs du loyer.

Les mêmes peines sont applicables à toute personne qui, dans les mêmes conditions, s'oppose volontairement aux investigations des experts commis par le juge.

Toute personne qui profère des injures ou invectives ou exerce des voies de fait à l'égard des agents habilités, à l'occasion de l'exercice de leur fonction, ou des experts commis agissant pour l'accomplissement de leur mission, est passible des mêmes peines[580].

383. Les infractions prévues par la loi n° 81-21 du 25 juin 1981 sont constatées au moyen de procès-verbaux ou par information judiciaire[581].

384. Au-delà des loyers, le locataire peut être amené à payer la taxe d'enlèvement des ordures ménagères. L'article 156 du Code de l'administration communale impose cette taxe au propriétaire ou usufruitier. Elle est exigible contre eux et leurs locataires principaux. Cependant, contractuellement, le locataire peut s'engager à la régler comme elle doit faire siennes ses factures d'eau et d'électricité. Dans ce cas, il lui appartiendra de payer aux guichets de l'administration fiscale et des entreprises créancières au fur et à mesure des arrérages. Le bailleur pourra alors l'obliger au paiement sans qu'il lui soit nécessaire de rapporter la preuve qu'il fait l'objet de poursuite de la part de l'administration fiscale envers laquelle il est tenu du fait de la défaillance du locataire[582].

SECTION 2 : LES OBLIGATIONS DES PARTIES

385. Le bail à usage d'habitation est un contrat synallagmatique qui génère des obligations pour les deux parties. Le bailleur supporte une obligation de

[580] Art. 8 de la loi n° 81-21 du 25 juin 1981.

[581] Art. 10 de la loi n° 81-21 du 25 juin 1981.

[582] CA Dakar, chambre civile et commerciale, 23 juillet 2010, Immobilière SA (ISA) c/ Tobacco Marketing Consulting SARL (TMC), arrêt n° 554, Bulletin des arrêts rendus par la Cour d'Appel de Dakar en matière civile et commerciale, 2011, vol. n° 1, p. 71.

délivrance (**supra n° 309 et s.**) et une obligation d'assurer les grosses réparations (**supra n° 317 et s**.). La convention des parties ne peut, même partiellement, l'exonérer de ses obligations. Toute clause contraire étant réputée non écrite[583].

En outre le bailleur est tenu :

- d'établir, lors de la remise des clefs au locataire, un état des lieux contradictoire, à défaut duquel la présomption établie par l'article 547 COCC[584] ne s'applique pas ;

- de remettre quittance au preneur lors du paiement du loyer et de délivrer reçu chaque fois que le locataire effectue un paiement partiel, quittance ou reçu devant mentionner le détail des sommes versées avec l'imputation que le locataire entend leur donner, conformément à l'article 176 COCC. Aux termes de cet article, le débiteur de plusieurs dettes a le droit de désigner, lors du paiement, celle qu'il entend acquitter. Cependant il ne peut, contre le gré du créancier, imputer son versement sur une dette non échue dont le terme a été stipulé en faveur du créancier. Il ne peut non plus imputer le paiement sur une dette dont le montant est supérieur à la somme versée.

Si le débiteur est tenu de payer, outre la dette principale, les intérêts et les frais, le paiement qu'il fait est imputé d'abord sur les frais et les intérêts. Il peut en être autrement avec le consentement du créancier.

Faute de déclaration de la part du débiteur, le paiement est imputé sur la dette que le créancier désigne dans la quittance si le débiteur ne s'y oppose pas immédiatement (art. 177 COCC).

Lorsque la quittance ne porte aucune indication, le paiement s'impute d'abord sur les dettes échues en donnant priorité à celles que le débiteur avait le plus d'intérêt à acquitter. Si les dettes sont d'égale nature, l'imputation se fait sur la plus ancienne. L'imputation se fait proportionnellement dans les autres cas (art 178 COCC).

- de ne pas s'opposer aux aménagements réalisés par le locataire dès lors que ceux-ci ne constituent pas une transformation de la chose et ne sont pas susceptibles d'être générateurs d'un trouble de jouissance ou d'une nuisance quelconque.

---

583 Art. 582 COCC.

584 Le bailleur est présumé avoir rempli son obligation de délivrer la chose en bon état lorsque le preneur l'a reçue sans réserves.

386. Concernant le preneur, il supporte l'obligation de payer les loyers (**supra n° 330 et s**.), celle d'entretenir le bien (**supra n° 341 et s.**) mais aussi de l'utiliser en bon père de famille (**supra n° 344 et s.**).

Comme pour les obligations du bailleur, la convention des parties ne peut, même partiellement, exonérer le preneur de ses obligations. Toute clause contraire est réputée non écrite[585].

En outre, le preneur est tenu d'établir un état des lieux contradictoires, lors de la remise des clefs en fin de bail. Il ne doit non plus transformer, sans l'accord exprès et écrit du bailleur, les lieux loués et leur équipement. Le bailleur peut, si le locataire a méconnu cette obligation, exiger à tout moment la remise en état des locaux ou des équipements ou conserver les transformations effectuées sans que le locataire puisse réclamer une indemnité pour les frais.

SECTION 3 : LA CESSION ET LA SOUS-LOCATION DU BAIL

387. Malgré la location, des transactions sont possibles sur l'immeuble ou sur le bail ; ils peuvent être cédés. La sous-location est aussi envisageable sous certaines conditions.

PARAGRAPHE 1 : LA CESSION

388. La cession de l'immeuble loué. Le contrat de bail ne porte pas atteinte au droit de propriétaire du bailleur. Ainsi, ce dernier conserve la faculté de pouvoir céder l'immeuble. La vente de l'immeuble ne saurait toutefois porter atteinte aux droits du locataire. En cas de mutation du droit du bailleur sur l'immeuble dans lequel se situent les lieux loués, le nouveau propriétaire est substitué de plein droit dans ses obligations et poursuit l'exécution du bail, lorsqu'il y a convention écrite, quelle qu'en soit la durée ou même, en cas de bail verbal, dès lors que les lieux sont occupés par un premier détenteur de quittances de loyer régulières[586].

Mais qu'arrive-t-il si l'immeuble a été adjugé ? Une Cour d'Appel a pu juger « que l'adjudication, au contraire de la vente forcée, a pour conséquence de purger l'immeuble qui en fait l'objet de toutes charges qui le grevaient et donc des contrats de location ; qu'il s'ensuit que l'article 580 al. 2 COCC ne saurait s'appliquer ». Afin de casser cet arrêt, la Cour de cassation considère « qu'en se déterminant par de tels motifs, sans rechercher si les conditions exigées par l'article précité étaient remplies et en faisant une distinction non

[585] Art. 581 COCC.
[586] Art. 580 COCC.

prévue par la loi, la Cour d'Appel n'a pas donné de base légale à sa décision »[587].

389. La cession du contrat. Avec le consentement de son cocontractant, chaque partie peut se substituer un tiers dans les rapports dérivant du contrat et non encore exécutés. La cession de contrat est opposable au contractant cédé et lui profite, du jour où son consentement a été constaté par écrit[588].

Le preneur ne peut céder le contrat de location qu'avec l'accord écrit du bailleur et après lui avoir notifié le nom du cessionnaire[589].

390. Dans les rapports du cessionnaire et du contractant cédé, la cession du contrat produit les mêmes effets que la cession de créance pour les obligations dont le cédant était créancier[590]. Le contractant cédé peut en particulier opposer toutes les exceptions dont il bénéficiait contre le cédant.

Le contractant cédé devient, en outre et dans les mêmes conditions, créancier du cessionnaire pour les dettes résultant du contrat et qui incombaient au cédant.

391. Dans les rapports du cessionnaire et du cédant au contrat, la garantie due par le cédant porte sur l'existence du contrat, sa validité et les sûretés qui l'accompagnent.

PARAGRAPHE 2 : LA SOUS-LOCATION DE L'IMMEUBLE LOUÉ

392. Le preneur ne peut sous-louer qu'avec l'accord exprès et écrit du bailleur et après avoir notifié le nom du sous-locataire avec indication du taux du sous-loyer sous peine de résiliation du bail principal sur la poursuite dudit bailleur[591]. Ainsi, malgré l'existence d'une autorisation générale de sous-louer, le locataire principal reste tenu d'appeler le bailleur[592].

---

587 C. Cass., chambre civile et commerciale, 15 mai 1996, Etablissements LO Kiné c/ SGBS, arrêt n° 90, Recueil des arrêts de la Cour de cassation, année 1993-1998, Editions GIRAF, 2001, p. 260. La purge résultant de l'adjudication des immeubles ne s'étend qu'aux charges qui y sont inscrits. Par conséquent, l'adjudicataire est tenu de respecter les contrats de bail en cours sur ledit immeuble conformément à l'article 580 COCC ; CA Dakar, 15 avril 2011, Banque Islamique du Sénégal dite BIS c/ Seyidina I. DIOP et autres, arrêt n° 310, Bulletin des arrêts rendus par la Cour d'Appel de Dakar en matière civile et commerciale, 2013, vol. 1, p. 213.

588 Art. 244 COCC.

589 Art. 579 COCC.

590 Le cessionnaire devient créancier aux lieu et place du cédant. Il bénéficie des droits et sûretés attachés à la créance.

591 Art. 577 COCC.

592 Droit français, Cass. 3e civ., 13 mars 1979, JCP 79, IV, 174.

393. Le propriétaire désirant reprendre la disposition de locaux précédemment donnés à bail et qui y trouve un occupant se prétendant sous-locataire a qualité pour agir directement contre lui à l'effet de contester l'existence ou la régularité du titre dont celui-ci se prévaut et de demander son expulsion[593].

394. La sous-location constitue un contrat distinct du bail principal et obéit à des règles qui lui sont propres, indépendantes des rapports juridiques unissant le propriétaire de l'immeuble au locataire principal[594]. Cependant, la résiliation du bail principal pour sous-location irrégulière entraine nécessairement la résiliation de celle-ci[595].

Le contrat de sous-location est renouvelé à la demande du sous locataire dans les mêmes conditions que celles du contrat de location et jusqu'au terme de celui-ci.

Le preneur reste tenu de toutes les obligations découlant du contrat envers le bailleur.

395. Le montant du prix de sous-location ne pourra être supérieur au montant du loyer dû par le locataire au bailleur principal.

Si les locaux sous-loués ont été garnis de meubles en bon état et en qualité suffisante par le locataire principal, le prix de sous-location ne pourra excéder de plus de cinquante pour cent le montant du loyer principal[596].

Le bailleur principal a l'action directe contre le sous-locataire. Celui-ci est tenu jusqu'à concurrence du loyer de la sous-location dont il peut être débiteur et sans qu'il puisse opposer des paiements faits par anticipation autres que ceux effectués en vertu d'une stipulation portée au bail écrit.

SECTION 4 : LA FIN DU CONTRAT DE BAIL À USAGE D'HABITATION

396. Outre les règles communes à tous les baux, la fin du bail à usage d'habitation est organisée par les articles 574 et 576 du COCC.

PARAGRAPHE 1 : LA FIN DU BAIL À DURÉE DÉTERMINÉE

397. Est à durée déterminée, le bail à usage d'habitation conclu pour une durée de trois années renouvelable par tacite reconduction pour des périodes triennales. Lorsqu'il est conclu pour une durée supérieure à trois (3) ans, il

---

[593] Droit français, Cass. soc., 3 oct. 1957, JCP 58, II, 10359.
[594] Droit français, Cass. 3é civ., 24 avr. 1974, JCP 74, IV, 203.
[595] Droit français, Cass. 3e civ., 19 juin 1970, Bull. civ. III, n° 434, p. 315.
[596] Art. 578 al. 2 COCC.

devient à durée indéterminée. L'article 571 COCC, disposition d'ordre public, ne prévoit la formation du contrat de bail à usage d'habitation que pour une durée de trois (3) années renouvelable par tacite reconduction, ou pour une durée indéterminée[597].

398. Lorsque le bail est à durée déterminée, le preneur qui ne désire pas bénéficier de la tacite reconduction du bail doit en donner préavis au bailleur, par acte extrajudiciaire servi six mois avant l'expiration de la période triennale en cours.

399. Seul le bailleur personne physique peut refuser le renouvellement du bail. Cependant, ce refus doit être justifié par sa volonté de reprendre les lieux pour les habiter lui-même ou les faire habiter par son conjoint, ses ascendants, ses descendants en ligne directe ou ceux de son conjoint. Il devra notifier le préavis du refus de renouvellement, à peine de nullité, six mois avant l'expiration de la période triennale en cours[598].

Est assimilée au bailleur personne physique la société civile constituée exclusivement entre parents et alliés jusqu'au quatrième degré qui décide d'exercer le droit de reprise au profit de l'un des associés, de son conjoint, ses ascendants, ses descendants en ligne directe ou ceux de son conjoint.

Le préavis délivré par le bailleur personne physique ou société civile assimilée, doit à peine de nullité indiquer[599] :

1°) L'identité complète de la personne au profit de laquelle le droit de reprise est exercé ;

2°) Son lien de parenté avec le bailleur ;

3°) Son adresse actuelle ;

4°) La reproduction intégrale des dispositions de l'article 583 COCC.

400. Le bailleur, qu'il soit ou non une personne physique, peut également refuser le renouvellement du bail lorsqu'il décide de reprendre les lieux pour les démolir et les reconstruire, en notifiant le préavis de refus de renouvellement, servi, à peine de nullité, six mois avant l'expiration de la période triennale en cours.

En ce cas, le préavis doit, à peine de nullité, indiquer :

---

597 CA Dakar, 18 avril 2011, I. NIANG c/ A. M. SY, arrêt n° 319, Bulletin des arrêts rendus par la Cour d'Appel de Dakar en matière civile et commerciale, 2013, vol. 1, p. 102.

598 Art. 574 COCC.

599 Art. 574 al. 3 COCC.

1°) La nature et la description des travaux projetés ;

2°) La référence complète du permis de construire ;

3°) Le nom, le cas échéant, de l'architecte et celui de l'entreprise suivant et exécutant les travaux ;

4°) L'engagement du bailleur de ne pas faire occuper les lieux, à quelque titre que ce soit, sauf pour gardiennage du chantier, depuis le déguerpissement du locataire jusqu'à la réception de l'immeuble reconstruit ;

5°) La reproduction intégrale de l'article 583 COCC.

PARAGRAPHE 2 : LA FIN DU BAIL À DURÉE INDÉTERMINÉE

401. Le bail est à durée indéterminée lorsque le terme n'a pas été fixé[600]. Dans cette hypothèse, le preneur peut mettre fin au contrat par un préavis de congé servi deux mois avant au bailleur par acte extrajudiciaire. L'irrespect par le preneur de cette exigence de l'article 576 COCC n'est pas sanctionné par la continuation des relations contractuelles mais par l'allocation de dommages et intérêts du fait de la résiliation irrégulière du contrat[601]. Le contrat étant rompu, le bailleur ne serait pas fondé à réclamer des arriérés de loyers mais des dommages et intérêts pour le préjudice né de la rupture abusive du contrat.

Le préavis est accordé au locataire pour lui permettre de prendre les mesures idoines. Celui-ci est parfaitement en droit, dès qu'il a trouvé à se loger, de quitter les lieux d'où il est évincé par le propriétaire, signant ainsi la fin du bail et des obligations y afférentes. Les loyers pour une période postérieure au départ du locataire ne peuvent être réclamés par le bailleur[602].

---

[600] Face au silence des parties, le contrat est à durée indéterminée. En effet, l'article 571 COCC, disposition d'ordre public, ne prévoit la formation du contrat de bail à usage d'habitation que pour une durée de trois (3) années renouvelable par tacite reconduction, ou pour une durée indéterminée ; CA Dakar, 12 juin 2012, SARL Les Résidences les Jardins c/ Société Wartsila, arrêt n° 233, Bulletin des arrêts rendus par la Cour d'Appel de Dakar en matière civile et commerciale, 2013, vol. 1, p. 81.

[601] CA Dakar, 12 mars 2012, Entreprise Sénégalaise de Commerce et d'Industrie dite ESCI c/ A. KIBA, arrêt n° 56, Bulletin des arrêts rendus par la Cour d'Appel de Dakar en matière civile et commerciale, 2013, vol. 1, p. 117.

[602] CA Dakar, chambre civile et commerciale, 23 juillet 2010, Immobilière SA (ISA) c/ Tobacco Marketing Consulting SARL (TMC), arrêt n° 554, Bulletin des arrêts rendus par la Cour d'Appel de Dakar en matière civile et commerciale, 2011, vol. n° 1, p. 71.

402. Seul le bailleur personne physique ou la société civile constituée exclusivement entre parents et alliés jusqu'au quatrième degré peuvent donner préavis de congé à six mois au preneur lorsqu'ils décident d'exercer leur droit de reprise pour habiter les lieux ou les faire habiter par son conjoint, ses ascendants, ses descendants en ligne directe ou ceux de son conjoint. A peine de nullité, le congé délivré doit contenir toutes les indications énumérées à l'alinéa 3 de l'article 574 COCC[603].

403. Le bailleur peut mettre fin au bail par un préavis de congé donné à six mois servi au preneur par acte extrajudiciaire dans les cas énumérés à l'article 574 et sous les mêmes conditions de fond et de forme. C'est l'hypothèse de la reprise des lieux pour démolition et reconstruction (**voir n° 386**).

PARAGRAPHE 3 : LA FIN DU BAIL POUR INEXÉCUTION D'UNE OBLIGATION

404. En cas de défaillance d'une partie au contrat dans l'exécution de l'une quelconque de ses obligations, le bail à usage d'habitation ne peut prendre fin que par la résiliation constatée exclusivement par le juge des référés à la diligence de l'une des parties, malgré une mise en demeure d'y pourvoir dans les trente jours faite par acte extrajudiciaire et restée infructueuses[604]. La demande de résiliation est sans préjudice des dommages et intérêts qui peuvent être dus[605].

À côté du juge des référés qui est le juge de l'urgence[606], les tribunaux d'instance[607] sont compétents pour connaître en premier ressort, quel que soit l'objet du litige, des actions relatives au contrat de louage d'immeubles à

603 « A violé l'article 574 du code des obligations civiles et commerciales en ses alinéas 1er et 3e, la Cour d'appel qui, pour valider les congés, a retenu que l'essentiel était de statuer sur le maintien des lieux des locataires par rapport à la nature des travaux, alors que pour être valable, le congé doit comporter les mentions prescrites à peine de nullité », Cs., ch. civ. et com., arrêt n° 136 du 19 décembre 2007, J. B. LABILLE c/ La Compagnie AXA ASSURANCE, disponible sur www.juricaf.org.

604 Art. 571 COCC.

605 Art. 105 COCC.

606 Art. 247 du Code de procédure civile.

607 C'est au gré de la réforme de 2014 (loi n° 2014-26 du 03 novembre 2014 fixant l'organisation judicaire du Sénégal) que le tribunal départemental est devenu le tribunal d'instance.

usage d'habitation[608]. En effet, pour une meilleure distribution de la justice, la compétence matérielle du tribunal d'instance a été étendue afin d'offrir aux citoyens une justice rapide, efficace, plus accessible, et à moindre coût. Ainsi, il est juge en premier ressort des contentieux relatifs aux baux à usage d'habitation quels que soient l'objet du litige et le montant du loyer.

L'appel sera porté devant le tribunal de grande instance. Les tribunaux de grande instance sont juges d'appel des décisions rendues par les tribunaux d'instance en matière civile, commerciale et de simple police[609].

PARAGRAPHE 4 : LES RÈGLES COMMUNES À LA REPRISE

405. Que le contrat soit à durée déterminée ou à durée indéterminée, le propriétaire qui signifie son intention de reprise pour occupation doit installer le bénéficiaire désigné dans les lieux dans le délai de trois mois suivant le jour de l'éviction du locataire. Le bénéficiaire du droit de reprise est, en outre, tenu d'habiter effectivement les lieux libérés pendant deux années consécutives à compter de son habitation.

Faute par lui de satisfaire à l'une quelconque de ces obligations, le bailleur qui a fait usage du droit de reprise pour occupation personnelle, sera redevable envers le locataire évincé ou de ses ayants droit, d'une indemnité forfaitaire égale à vingt-quatre (24) mensualités de loyer calculées au dernier taux payé par ledit locataire sans préjudice de tous autres dommages et intérêts[610].

La preuve de la défaillance du bailleur à satisfaire à l'une des conditions imposées pour user du droit de remise peut être rapportée par tous moyens.

406. Le propriétaire qui signifie son intention de reprise pour démolir et reconstruire les lieux doit commencer les travaux dans le délai de trois mois suivant le jour de l'éviction du locataire et ne peut faire occuper les lieux, à quelque titre que ce soit, sauf pour gardiennage du chantier, jusqu'à la réception de l'immeuble reconstruit.

---

608 Art. 7 du décret n° 2015-1145 du 03 août 2015 fixant la composition et la compétence des cours d'appel, des tribunaux de grande instance et des tribunaux d'instance, J.O. N° 6869 du mardi 18 août 2015.

609 Art. 22 du décret n° 2015-1145 du 03 août 2015 fixant la composition et la compétence des cours d'appel, des tribunaux de grande instance et des tribunaux d'instance, précité.

610 Art. 583 COCC ; C. Cass., chambre civile et commerciale, 19 avril 1995, M. TAHA c/ M. NIANG, arrêt n°60, Recueil des arrêts de la Cour de cassation, année 1993-1998, Éditions GIRAF, 2001, p. 198.

Faute par lui de satisfaire à l'une quelconque de ces obligations, le bailleur qui a fait usage du droit de reprise pour démolition et reconstruction sera redevable envers le locataire évincé ou ses ayants droit d'une indemnité forfaitaire égale à vingt-quatre mensualités de loyer calculées au dernier taux payé par ledit locataire sans préjudice de tous autres dommages et intérêts.

CHAPITRE 3

LE BAIL À USAGE PROFESSIONNEL

407. Le bail à usage professionnel est réglementé par l'Acte uniforme du 15 décembre 2010 portant sur le droit commercial général (AUDCG)[611]. En effet, en cela qu'il est un élément essentiel du fonds de commerce et compte tenu de son importance pour l'essor de l'activité du preneur, il lui est taillé un régime sur mesure dérogatoire du droit commun des baux[612].

Le régime juridique du bail à usage professionnel est caractérisé par une volonté de garantir la stabilité et la permanence des entreprises. En effet, il traduit la volonté législative d'offrir à l'entreprise des moyens efficaces pour exercer l'activité économique dans de bonnes conditions et lui garantir une certaine liberté d'action[613]. Il témoigne aussi du souci

---

611 CCJA, n° 04 du 9 mars 2006, Juriscope.org : seule les dispositions de l'AUDCG sont applicable et non la loi nationale. Mais ces dispositions s'appliquent aussi seulement pour le bail à usage professionnel. Le bail à usage d'habitation n'entre pas dans le champ d'application de l'Acte uniforme. À noter que c'est avec la réforme de 2010 que l'expression « bail à usage professionnel » a été préférée à celle de « bail commercial ». Avant le droit OHADA, la matière était organisée au Sénégal par le COCC en sa 2e partie instituée par la loi n° 66-70 du 13 juillet 1966. Mais l'avènement de l'AUDCG de 1997 a été à l'origine de l'abrogation expresse des dispositions des articles 584 à 615 du Code des obligations civiles et commerciales relatives aux baux commerciaux, par la loi n° 98-21 du 26 mars 1998 portant abrogation et modification de certains articles du Code de commerce et du Code des obligations civiles et commerciales, JORS, n° 5798, du 25 avril 1998, p. 67. Lorsque le bail porte sur des locaux auxquels sont applicables à la fois les dispositions du COCC et celles de l'AUDCG, il est fait application pour chaque partie d'immeuble des règles concernant l'affectation qui lui est donnée. Sur le fondement de l'article 570 du COCC, les immeubles à usage mixte connaissent ainsi une application de la règle de la distributivité.

612 P. A. TOURÉ, « Le nouveau visage de l'action en résiliation du bail à usage professionnel dans l'Acte uniforme portant sur le droit commercial général adopté le 15 décembre 2010 », Revue de l'ERSUMA, n° 1, juin 2012, p. 312. Voir aussi, surtout sur la genèse : A. FOKO, « Bail commercial (Bail à usage professionnel) », in P.-G. POUGOUÉ (dir.), Encyclopédie du droit OHADA, Lamy, 2011, pp. 401 et s.

613 F. GIVORD, « Bail à loyer. Bail commercial ». Champ d'application du décret du 30 septembre 1953. Définition du bail. Destination commerciale, J-Cl.

d'assurer une protection minimale indispensable à la sécurité de l'activité par des règles impératives.

408.- Aux termes de l'article 101 de l'Acte uniforme, pour qu'il y ait bail à usage professionnel, il faut que l'immeuble rentre dans les catégories suivantes :

✓ locaux ou immeubles à usage commercial, industriel, artisanal ou à tout autre usage professionnel ;

✓ locaux accessoires dépendant d'un local ou d'un immeuble à usage commercial, industriel, artisanal ou à tout autre usage professionnel, à la condition, si ces locaux accessoires appartiennent à des propriétaires différents, que cette location ait été faite en vue de l'utilisation jointe que leur destinait le preneur, et que cette destination ait été connue du bailleur au moment de la conclusion du bail ;

✓ terrains nus sur lesquels ont été édifiées, avant ou après la conclusion du bail, des constructions à usage industriel, commercial, artisanal ou à tout autre usage professionnel, si ces constructions ont été élevées ou exploitées avec le consentement exprès du propriétaire ou portées à sa connaissance et expressément agréées par lui.

Exemple : Un terrain nu que le bailleur accepte de donner en bail au preneur la parcelle aux fins de construction d'une station d'essence et de l'exploitation.

La destination de l'immeuble reste donc le critère de qualification. L'immeuble ou le local doit être affecté à une activité professionnelle. La prise en considération de la destination ne doit donc pas porter sur la qualité du preneur, mais plutôt sur la profession effectivement exercée dans le lieu objet du bail. Le recours au vocable « professionnel » autorise d'inclure, mais également de dépasser les activités commerciales ou industrielles pour étendre le bénéfice à tous les utilisateurs professionnels, qu'ils soient des agriculteurs, des membres de professions libérales, voire des collectivités publiques. On assiste ainsi à un élargissement du champ du bail en droit commercial. Contrairement à l'Acte uniforme de 1997 qui parlait de bail commercial, dans celui de 2010, le bail est déconnecté de ses origines seulement commerciales. Il

---

Commercial, 1985, Art. 1708 à 1762, fasc. 1250, n° 1 : « L'importance particulière du bail en tant qu'élément du fonds de commerce amena les esprits à l'idée de lui assurer une garantie particulière pour éviter que la perte du bail n'entraîne la perte du fonds ».

vise désormais à assurer la stabilité de toutes les entreprises[614]. En effet, l'élargissement n'est pas seulement conceptuel, il est aussi matériel. Le nouveau bail s'applique à toutes les activités professionnelles. Ainsi, l'exploitation d'un garage qui fait partie des activités professionnelles induit que le bail qui la supporte enregistre l'application de l'AUDCG[615]. Mais le bail relatif aux locaux occupés par un parti politique pour ses activités ne saurait être régi par le droit des baux à usage professionnel[616].

Le régime juridique du bail à usage professionnel s'applique également aux personnes morales de droit public à caractère industriel ou

---

[614] Malgré l'absence de définition de la notion de « professionnel », elle peut être entendue comme « toutes personnes se consacrant à des activités économiques lucratives réglementées qui peuvent être commerciales, industrielles, rurales, artisanales ou libérales (avocats, médecins, huissiers de justice, notaires, architectes, experts comptables, etc.) », A. FOKO, « Bail commercial (Bail à usage professionnel) », in P.-G. POUGOUÉ (dir.), Encyclopédie du droit OHADA, Lamy, 2011, p. 417.
Aux termes des dispositions de l'article 121 du Code général des impôts, les professions artisanales sont celles des contribuables qui exercent, pour leur compte, une activité manuelle et qui tirent leur profit de la rémunération de leur propre travail. De manière générale, on appelle « activité artisanale » toute activité de production, de transformation et de réparation de biens ou toute prestation de services pour laquelle l'intervention manuelle directe est prédominante. Cette activité doit permettre d'obtenir un résultat final individualisé ne répondant pas aux critères de production industrielle entièrement mécanisée ou à grande échelle ; cf. Ministère de l'Économie et des Finances, Rapport final du Comité technique de la stratégie de croissance accélérée – Groupe de grappe textile-habillement, sous-secteur textile artisanal, décembre 2005, p. 6. « Ainsi, l'artisanat peut se définir comme étant un secteur d'activité qui se fonde dans l'utilisation de ressources naturelles d'un pays donné, combinées au patrimoine culturel de ce même pays. Il est un secteur d'activité très large et très dynamique qui, tout en se mouvant dans l'informel, embrasse une diversité d'activités et mobilise beaucoup pour sa production le travail manuel. L'artisanat s'insère dans le sillon historique de la tradition et de la culture d'un pays, et comme entreprise, il évolue continuellement vers les frontières de l'innovation les plus modernes. »

[615] CA Littoral (DOUALA), arrêt n° 178/REF du 27 octobre 2008, Ohada.com/Ohadata J-10-270.

[616] CCJA, arrêt n° 056 du 15 décembre 2005, juriscope.org.

commercial[617] et aux sociétés à capitaux publics[618], qu'elles agissent en qualité de bailleur ou de preneur[619]. Il s'applique aussi à l'entreprenant[620].

---

617 « Les établissements publics à caractère industriel et commercial sont des personnes morales de droit public spécialisées dotées d'un patrimoine propre et de l'autonomie financière et ne bénéficiant d'aucun apport privé à leurs fonds de dotation. Ils peuvent intervenir notamment en matière industrielle, commerciale, scientifique, culturelle ou sociale. Leurs règles d'organisation et de fonctionnement sont prévues par décret (…). Leur création est autorisée par la loi. » (Art. 3 de la loi n°90-07 du 26 juin 1990 relative à l'organisation et au contrôle des entreprises du secteur parapublic et au contrôle des personnes morales de droit privé bénéficiant du concours financier de la puissance publique [Journal officiel du 7 juillet 1999]).

618 La société à capital public est une « personne morale de droit privé dotée de l'autonomie financière et d'un capital-actions intégralement détenu par l'État, une ou plusieurs collectivités territoriales décentralisées ou une ou plusieurs autres sociétés à capital public, en vue de l'exécution dans l'intérêt général, d'activités présentant un caractère industriel, commercial et financier » (Art. 2 de la loi camerounaise n° 99/016 du 22 décembre 1999 cité par A. FOKO, « Bail commercial (Bail à usage professionnel) », in P.-G. POUGOUÉ (dir.), Encyclopédie du droit OHADA, Lamy, 2011, p. 413). En droit sénégalais, elle devrait être confondue avec la société nationale même si des nuances se retrouvent dans la définition de celle-ci. « Les sociétés nationales sont des sociétés par actions de droit privé dont le capital est intégralement souscrit par l'État et, le cas échéant, par d'autres personnes morales de droit public. Dans tous les cas, la participation directe de l'État est supérieure à 50 % du capital social. Leur création est autorisée par la loi » (Art. 4 de la loi n°90-07 du 26 juin 1990 relative à l'organisation et au contrôle des entreprises du secteur parapublic et au contrôle des personnes morales de droit privé bénéficiant du concours financier de la puissance publique [Journal officiel du 7 juillet 1999]). En effet, le droit sénégalais opère une distinction entre les établissements publics à caractère industriel et commercial, les sociétés nationales, les sociétés anonymes à participation publique majoritaire.

Les sociétés anonymes à participation publique majoritaire sont des sociétés dans lesquelles une ou plusieurs personnes publiques possèdent directement ou indirectement au moins 50 % du capital social. La participation d'une personne publique au capital social de ces sociétés par l'intermédiaire d'un organisme est calculée comme suit :

- ✓ si la puissance publique possède 50 % du capital social de l'organisme intermédiaire, sa participation est décomptée pour une valeur égale à la part détenue par l'organisme intermédiaire lui-même ;
- ✓ dans le cas contraire, la participation publique est calculée au prorata de sa participation au capital social de l'organisme intermédiaire.

Ces sociétés ne devraient pas poser de problème par rapport à l'application du statut des baux à usage professionnel, car leurs règles de création, d'organisation et de fonctionnement sont conformes au droit commun des sociétés commerciales (Art. 7 de la loi n°90-07 du 26 juin 1990 relative à l'organisation et au contrôle des entreprises du secteur parapublic et au contrôle des personnes morales de droit

Le bail conclu par une société d'État en vue de l'exercice de son activité étant un bail commercial, les litiges qui en découlent relèvent de la compétence des juridictions de droit commun.

CA Abidjan, arrêt n° 904 du 8 juillet 2003, juriscope.org.

Le régime du bail organisé par l'AUDCG ne s'applique pas aux conventions ayant pour objet des biens dépendant du domaine public même lorsqu'elles sont conclues entre deux personnes de droit privé, en raison du principe de précarité et de révocabilité des occupations de ce domaine.

CCJA, ass. plén., Arr. n° 078/2004, du 25 avr. 2004, A. Issa et cinq autres c/ Société de construction et de gestion des marchés dit SOCOGEM, cité dans OHADA – Code bleu, Juriafrica, 5e éd, p. 205.

Aux termes de la loi 76-66 du 2 juillet 1976 portant Code du domaine de l'État, le domaine de l'État est constitué d'un domaine public et d'un domaine privé. Ces deux domaines se distinguent de par leur régime juridique car les biens du domaine privé peuvent faire l'objet d'une appropriation privée alors que le domaine public est constitué de biens qui, en raison de leur nature ou de la destination qui leur est donnée, ne sont pas susceptibles d'appropriation privée.

Subdivisé en domaine public naturel et domaine public artificiel, le domaine public est composé de biens déclarés inaliénables et imprescriptibles[621]. Le particulier ne dispose pas de droit réel sur ce domaine. Cette règle semble cependant être devenue un principe. Dans le cadre de la loi la loi n° 2014-09 du 20 février 2014 relative aux contrats de partenariat[622]. Cette loi s'applique aux contrats de partenariatet peut porter sur le domaine privé non affecté de l'État ou sur son domaine public. Lorsqu'il emporte occupation du domaine public, il vaut autorisation d'occupation de ce domaine pour sa durée. Sauf stipulation contraire du contrat, le titulaire a des droits réels sur les ouvrages et équipements qu'il réalise. Ces droits lui confèrent les

privé bénéficiant du concours financier de la puissance publique [Journal officiel du 7 juillet 1999]).

619 Art. 102 AUDCG. Extension du bénéfice du statut de bail commercial aux entreprises publiques du fait de l'identité de nature des activités (CA Abidjan, n° 904 du 8 juillet 2003, Juriscop. org).

620 Art. 65 AUDCG.

621 Il ressort des articles 11 et 13 du code du domaine de l'État que l'autorisation d'occuper le domaine public est un titre précaire et révocable que l'autorité administrative peut, à tout moment, remettre en cause pour un motif légitime.

622 JO n° 6781 du 25 mars 2014, p. 293.

prérogatives et obligations du propriétaire, dans les conditions et limites prévues par des clauses du contrat ayant pour objet de garantir l'intégrité et l'affectation du domaine public[623]*. La nature de ces droits doit ainsi pouvoir justifier l'application exceptionnelle du régime du bail à usage professionnel.*

Pour les immeubles du domaine privé de l'Etat, l'application de l'AUDCG ne devrait pas faire débat si le bailleur dispose d'un réel (de jouissance ou emphytéotique).

C'est l'activité à exercer qui détermine la qualification. La forme importe peu. Mais la destination doit résulter du contrat[624]. Le statut de bail à usage professionnel n'est pas applicable à un contrat dans lequel le caractère de bail à usage professionnel n'apparaît nulle part[625]. Ainsi, le bail d'un local destiné à l'exploitation d'un restaurant-bar est à usage professionnel[626].

Sous l'empire de l'ancien Acte uniforme, le bail expressément qualifié de « bail à usage d'habitation » par les parties dans leur contrat n'avait pas la nature commerciale[627]. Rien ne semble pouvoir s'opposer à la reconduction d'une telle jurisprudence. Un bail à usage d'habitation peut cependant être reconverti en bail à usage professionnel par les parties[628].

Lorsque le preneur est une société, pour déterminer la nature du bail, on se réfère à ses statuts, à son objet social et non simplement aux clauses du bail[629].

Le bail à usage professionnel s'applique à l'immeuble principal, mais aussi à ses accessoires. Les locaux accessoires n'abritent pas eux-mêmes l'activité professionnelle, mais sont nécessaires et indispensables à son développement. Il en est ainsi des ateliers et entrepôts, des magasins, des réserves et du logement[630]. Lorsque les locaux accessoires appartiennent à des propriétaires différents, une double exigence est posée : la location

---

623 Art. 6 *in fine* de la loi n° 2014-09 du 20 février 2014.

624 A. FOKO, « Bail commercial (Bail à usage professionnel) », in P.-G. POUGOUÉ (dir.), Encyclopédie du droit OHADA, Lamy, 2011, p. 405.

625 CA du Littoral (DOUALA), arrêt n° 39 du 8 janvier 2003, juriscope.org.

626 CA Abidjan, arrêt n° 373 du 2 février 2004, Ohadata J-03-321.

627 CA Abidjan, n° 811 du 8 juillet 2003, Ohada.com/Ohadata J-03-331.

628 CCJA, arrêt n°011/2012 du 8 mars 2012, juricaf.org.

629 CA Port-Gentil, 9 décembre 1999, Ohada.com/Ohadata J-02-45.

630 A. FOKO, Note sur CCJA, arrêt n° 4 du 9 mars 2006, Aka B. c/ Société ivoirienne de promotion de supermarché dite PROSUMA, in P. G. POUGOUÉ et S. S. KUATE TAMEGHE (dir.), Les grandes décisions de la CCJA de l'OHADA, L'Harmattan, 2010, p. 55.

doit être faite en vue de l'utilisation jointe que leur destinait le preneur, et cette destination connue du bailleur au moment de la conclusion du bail. En cas d'impossible application de la théorie de l'accessoire, nous serons devant un immeuble à usage mixte.

En droit sénégalais, le régime juridique du bail est hybride s'il est à la fois professionnel et à usage d'habitation[631]. En effet, lorsque le bail porte sur des locaux à usage mixte, il est fait application de la règle de la distributivité, chaque partie du local étant soumise à la règle relative aux actes qui y sont accomplis[632].

L'article 101 exclut de son champ d'application les terrains nus[633]. Les baux de terrains nus n'ont pas le statut de bail à usage professionnel même s'ils abritent une activité professionnelle. Cependant, un terrain nu donné en bail peut intégrer le régime si, avant ou après la conclusion du bail, des constructions à usage professionnel « ont été élevées ou exploitées avec le consentement exprès du propriétaire ou portées à sa connaissance et expressément agréées par lui ». La simple connaissance par le propriétaire concernant l'édification de construction par le preneur ne suffit donc plus[634]. Par ailleurs, l'Acte uniforme de 2010 abandonne la délimitation géographique que posait l'article 69 de l'Acte uniforme de 1997. En effet, les dispositions relatives au bail n'étaient applicables que dans les villes de plus de cinq mille (5 000) habitants.

409.- Le régime foncier sénégalais[635] limite aussi l'étendue du bail à usage professionnel. Comme beaucoup de pays africains, le Sénégal a opté pour le système du livre foncier (**supra n° 8**). En cela qu'elle date la naissance de l'immeuble comme bien, l'immatriculation exclut les terres du domaine national du commerce (**supra n°78**).

---

[631] Art. 570 COCC, Location mixte (loi n° 98-21 du 26 mars 1998).

[632] CA Dakar, arrêt n° 126 8 février 2010, Bulletin des arrêts de la Cour d'appel de Dakar, op. cit.

[633] A. FOKO, « Bail commercial (Bail à usage professionnel) », op. cit., p. 405 : sont donc exclus, les terrains loués nus et le restant, même s'ils sont affectés à un usage commercial, industriel, artisanal ou professionnel.

[634] Dans l'Acte uniforme de 1997, les constructions devaient être élevées ou exploitées avec le consentement du propriétaire ou à sa connaissance.

[635] Pour une étude approfondie, cf. C. A. W. NDIAYE, Le droit sénégalais des contrats immobiliers, L'Harmattan, 2017.

410.- Les dispositions sur le bail à usage professionnel ne s'appliquent pas non plus au crédit-bail immobilier[636].

Le crédit-bail immobilier est l'opération par laquelle une entreprise finance, pour son compte, l'achat et/ou la construction de biens immobiliers à usage professionnel afin de les donner en location à des personnes à la demande desquelles elle a agi et qui pourront en devenir propriétaires de tout ou partie, au plus tard à l'expiration du bail[637]. La faculté offerte au crédit-preneur d'acquérir le bien loué implique, à la charge du crédit-bailleur, une promesse unilatérale de vente au profit de ce dernier et constitue une des particularités du crédit-bail qui le distingue de certaines notions voisines[638] (**infra n° 532**).

Loin de devoir être réduit à une simple mise à disposition d'un bien moyennant paiement de loyers successifs, le crédit-bail est, en réalité, un « procédé de financement des investissements productifs moulé dans une opération juridique complexe »[639]. C'est « une forme de crédits »[640] qui est, par « la symbiose »[641] d'un contrat de louage de chose et d'une

[636] Pour une étude approfondie du crédit-bail, C. A. W. NDIAYE, « Le développement du crédit-bail au Sénégal », thèse, UCAD, 2013 ; aussi Droit sénégalais des contrats immobiliers, L'Harmattan, 2017.

[637] Art. 8 de la loi portant règlement bancaire de 2008, op. cit.

[638] Le crédit-bail ou leasing a souvent été considéré à tort comme une vente locative par beaucoup de locataires de biens mobiliers. En réalité, il s'agit d'un contrat différent de la location-vente. Aux termes des dispositions de l'article 361 du COCC, la location-vente « est un bail assorti d'une promesse synallagmatique de vente. La vente est conclue lorsque le preneur a versé le dernier terme ». La location-vente crée une obligation d'achat pour le bénéficiaire au terme du contrat. Le crédit-bail se distingue également du louage en ce que ce dernier ne comporte ni promesse de vente ni option au profit du locataire. Il se distingue également de la vente à tempérament dans laquelle le transfert de propriété a lieu dès la formation du contrat, seul le paiement étant effectué en plusieurs fractions à intervalles réguliers.
Il se distingue enfin de la vente avec clause de réserve de propriété dans laquelle le transfert de propriété est différé jusqu'au paiement intégral du prix. En effet, dans le crédit-bail, le transfert de propriété du bien n'intervient qu'après la levée de l'option par le crédit-preneur.

[639] C. CHAMPAUD, « La loi du 2 juillet 1966 sur le crédit-bail », JCP G 1966.I.2021.

[640] Art. 3 in fine de la loi n° 2012-02 du 3 janvier 2012 sur le crédit-bail au Sénégal.

[641] E.-M. BEY, De la symbiotique dans les leasing et crédit-bail mobilier, Paris, Dalloz, 1970, p. 13 : « Est symbiose, toute association de deux ou plusieurs organismes vivants en symbiotes, agissant en parfaite complémentarité biologique ».

promesse unilatérale de vente, une technique particulière[642]. Il ne peut être réduit à l'un de ses composants, le bail ou la promesse[643]. Une décision d'incompétence a même déjà été rendue, en bon droit, par la CCJA, même si c'était en matière de crédit-bail mobilier.

> *Attendu qu'aux termes de l'article 14, alinéas 3 et 4, du Traité, « saisie par la voie du recours en cassation, la Cour se prononce sur les décisions rendues par les juridictions d'appel des États parties dans toutes les affaires soulevant des questions relatives à l'application des Actes uniformes et des règlements prévus au présent Traité à l'exception des décisions appliquant des sanctions pénales.*
>
> *Elle se prononce dans les mêmes conditions sur les décisions non susceptibles d'appel rendues par toute juridiction des États parties dans les mêmes contentieux » ;*
>
> *Attendu qu'en l'espèce, il y a lieu de relever d'office que l'affaire déférée à la Cour de céans a trait au crédit-bail qui ne relève d'aucun Acte uniforme ; qu'à aucun niveau de la procédure, elle n'a soulevé des questions relatives à l'application des Actes uniformes et des Règlements prévus au Traité ; que dès lors, les conditions de compétence de la Cour de céans telles que précisées à l'article 14 précité n'étant pas réunies, il échet, pour elle, de se déclarer incompétente.*
>
> *CCJA, 2e Ch. arrêt n° 48/2017 du 23 mars 2017, Carrefour Glacier des Oscars c/SODECI.*

Il est cependant à déplorer le fait pour la Cour de n'avoir pas saisi l'occasion pour se prononcer de manière plus explicite sur son incompétence. Une motivation de sa décision aurait donné l'occasion de fermer le débat sur la loi applicable au contrat de crédit-bail en général. Le droit sénégalais semble cependant être clair sur sa compétence législative en matière de crédit-bail[644]. « Aux yeux du législateur OHADA, le contrat de crédit-bail reste soumis au droit commun des

---

642 E.-M. BEY, « La location financière dans la réforme bancaire », Semaine juridique Entreprise, 1985, première partie, p. 14630.

643 Cass. 3e civ. , 10 juin 1980, Bull. civ. III, n° 113.

644 Art. 1 de la loi n° 2012-02 du 3 janvier 2012 sur le crédit-bail au Sénégal. V. aussi exposé des motifs de la loi. Cette loi organise le contrat de crédit-bail, les droits, obligations et responsabilités des parties intervenant dans l'opération. Cependant, cette loi est à lire en corrélation avec la loi n°2008-26 du 28 juillet 2008 portant réglementation bancaire de 2008 qui, aussi, organise l'opération. L'article 35 du projet de loi uniforme de l'UEMOA pose aussi la même règle.

contrats, à moins qu'un des États parties n'aient prévu une réglementation particulière, mais ne dérogeant pas aux dispositions de l'Acte uniforme sur la condition d'opposabilité »[645].

411.- Le bail à usage professionnel n'est pas seulement à accorder par celui qui a le droit de propriété sur l'immeuble. Toute personne investie par la loi ou une convention du droit de donner en location tout ou partie d'un des immeubles prévus à l'article 101 peut le faire. Il peut s'agir naturellement du mandataire légal ou conventionnel. « Le propriétaire qui, même en l'absence de procuration ou de mandat, perçoit directement des mains de sa sœur les loyers de son immeuble donné en bail par celle-ci conformément aux conditions fixées et acceptées, n'est pas étranger au bail litigieux »[646].

SECTION 1 : LA FORMATION DU CONTRAT

412.- Le contrat de bail à usage professionnel reste innervé par la liberté concernant sa formation.

PARAGRAPHE 1 : LA LIBERTÉ PAR RAPPORT À LA FORME

413.- Le bail à usage professionnel n'a pas besoin d'écrit à titre de validité[647]. Le législateur crée une véritable présomption légale de bail à usage professionnel. Est réputé bail à usage professionnel toute convention, écrite ou non, entre une personne investie par la loi ou une convention du droit de donner en location tout ou partie d'un immeuble compris dans le champ d'application de l'article 101 AUDCG, et une autre personne physique ou morale, permettant à celle-ci, le preneur, d'exercer dans les lieux, avec l'accord de celle-là, le bailleur, une activité commerciale, industrielle, artisanale ou toute autre activité professionnelle.

L'absence d'écrit dans la formation du bail à usage professionnel n'est cependant pas sans inconvénients.

Toute personne physique dont l'immatriculation est requise par la loi doit, dans le premier mois de l'exercice de son activité, demander au greffe de la juridiction compétente ou à l'organe compétent dans l'État partie, dans le ressort duquel son activité se déroule, son immatriculation au Registre du Commerce et du Crédit Mobilier. À l'appui de sa

645 V. exposé des motifs de la loi n° 2012-02 du 3 janvier 2012 sur le crédit-bail au Sénégal. Outre le Sénégal, il y a l'exemple du Cameroun.

646 CA Lomé, ch. com., arrêt n° 017/09 du 3 février 2009, Ohada.com/Ohadata J-10-174.

647 Art. 103 AUDCG.

demande, elle fournit, entre autres pièces justificatives, une copie du bail du principal établissement, et le cas échéant, de celui des autres établissements et succursales[648].

Par ailleurs, le bail à usage professionnel verbal est un contrat à durée indéterminée. Toutefois, cela n'est qu'une présomption[649].

Même si l'article 103 de l'Acte uniforme n'exige aucune forme pour la validité du bail à usage professionnel, il n'en demeure pas moins que l'existence du contrat doit être prouvée, même par tous moyens. Cependant, des « quittances » ne pourront servir de preuve que sous certaines conditions.

Considérant qu'en l'espèce, les pièces dénommées « quittance » versées aux débats ont été unilatéralement établies par l'appelant et sont donc insuffisantes à établir l'existence d'un contrat de bail entre lui et les intimés.

CA de Dakar, ch. Commerciale, économique et financière, arrêt n° 72 du 1er février 2013, A. NIANG c/M. CISS et autres, inédit.

Preuve du bail non écrit par la perception continue des loyers par le bailleur.

TRHC Dakar, Ord. Réf. n° 1570 du 06 octobre 2003, J. Al Sayegh c/ A. Séne, cité dans OHADA – Code bleu, Juriafrica, 5e éd, p. 208.

Paragraphe 2 : La liberté par rapport au fond

414.- Le contenu du contrat de bail à usage professionnel est le terrain d'expression de la liberté des parties même si cette liberté n'est pas absolue. En effet, pour l'essentiel, la matière relève de dispositions d'ordre public. La clause d'arbitrage ne devrait donc pas être acceptée.

La liberté contractuelle étend ses tentacules beaucoup plus par rapport à la durée du contrat et à la fixation des loyers.

Les parties fixent librement la durée du bail. Le contrat peut être conclu pour une durée déterminée ou indéterminée. Cependant, le bail devient à durée indéterminée si le terme n'a pas été fixé.

La fixation par les parties de la durée du contrat de bail à 28 ans renouvelable ne peut soustraire le bail aux dispositions de l'AUDCG ni justifiée sa qualification d'emphytéotique.

---

[648] Art. 44 et 45-5° AUDCG.
[649] Art. 104 al. 3 AUDCG.

CCJA, 2ème ch., Arr. n° 187/2017, du 27 juillet 2017, Société industrielle de pêche de transformation des produits alimentaires froid et climatisation Sarl dite SIPAFIE SARL c/ Révérend Père A. Marie Atangana, cité dans OHADA – Code bleu, Juriafrica, 5e éd, p. 207. La durée seule ne fait pas le bail emphytéotique. C'est est un contrat par lequel le bailleur confère au preneur, appelé emphytéote, un droit réel immobilier nommé emphytéose.

Par ailleurs, le bail conclu pour une durée d'un an renouvelable devient à son expiration, du fait de la tacite reconduction et du maintien dans les locaux loués, en l'absence d'un autre bail écrit, un contrat à durée indéterminée.

CCJA, ass. plén., Arr. n° 132/2014, du 11 novembre 2014, TEJERIZO J. J. c/ Succession CHABRIER J. B., cité dans OHADA – Code bleu, Juriafrica, 5e éd, p. 208. Le choix du contrat à durée indéterminée semble être justifié par l'absence[650].

Outre la durée du contrat, les parties fixent librement le montant du loyer. La fixation du loyer initial est une expression de la liberté contractuelle[651].

Exemple : Le paiement du loyer sera effectué de la manière suivante :

- *une avance équivalente à trois ans de loyer sera versée, sur la partie fixe, à la signature du contrat.*
- *après les trois ans, le paiement du loyer se fera par avance et annuellement.*
- *la redevance complémentaire variable fera l'objet d'une compense à partir de la troisième année.*

Cette liberté est cependant à relativiser. Des dispositions législatives ou réglementaires nationales peuvent restreindre la marge des parties[652]. Tel est le cas en droit sénégalais. En effet, le régime juridique du bail à usage professionnel s'applique à tous les locaux ou immeubles à usage professionnel. Or, aux termes de l'article 572 du COCC, la détermination du montant des loyers obéit à un ordre public de direction pour, entre

---

650 v. développements sur la forme du contrat de bail.

651 R. NJEUFACK TEMGWA, note sur CCJA, arrêt n°036/2008, du 3 juillet 2008, Société Burkina et Shell c/ Ouédraogo S. Ph., in P. G. POUGOUÉ et S. S. KUATE TAMEGHE (dir.), Les grandes décisions de la CCJA de l'OHADA, L'Harmattan 2010, p. 31.

652 Art. 116 al. 1 AUDCG.

autres, les baux portant sur des « locaux à usage professionnel sans caractère commercial, industriel ou artisanal »[653].

Le loyer est révisable dans les conditions fixées par les parties ou à défaut lors de chaque renouvellement[654].

415.- Le bail à usage professionnel accorde un droit au renouvellement au preneur qui justifie avoir exploité l'activité prévue durant deux (02) ans. Ce droit est d'ordre public[655]. En d'autres termes, aucune stipulation du contrat ne peut faire échec au droit au renouvellement. Cependant, un tel droit n'est pas reconnu à tous les preneurs. En l'absence de convention contraire entre le bailleur et l'entreprenant, il ne bénéficie pas du droit au renouvellement du bail[656].

Pour éviter que le droit au renouvellement ne soit vidé par des agissements du bailleur, l'Acte uniforme encadre ses prérogatives. À défaut d'accord écrit[657] entre les parties sur le nouveau montant du loyer, la juridiction compétente[658], statuant à bref délai, est saisie par la partie la plus diligente.

L'intervention du juge est donc aménagée seulement devant le silence de la commune volonté des parties. Le loyer est révisable dans les conditions fixées par les parties au moment de la conclusion du contrat. Il a pu être jugé que les parties ayant inséré dans les seuls protocoles d'accord, dûment signés d'elles, des stipulations relatives à la modification du loyer objet du bail, seules ces clauses doivent trouver application pour la révision des loyers[659].

En cas d'augmentation unilatérale du loyer par le bailleur, le preneur qui refuse de payer le nouveau montant doit saisir le juge ou alors consigner le montant des loyers échus auprès d'un tiers séquestre. À défaut, il risque d'être poursuivi en résiliation pour non-paiement de

---

653 Art. 568-2° COCC. Pour une étude approfondie de la determination des loyers : C. A. W. NDIAYE, Droit sénégalais des contrats immobiliers, op. cit.

654 Art. 116 AUDCG.

655 Art. 134 AUDCG.

656 Art. 134 al. 2 AUDCG.

657 Une liberté est reconnue aux parties par rapport à la forme de l'écrit et par rapport à son support matériel ou électronique.

658 Il n'appartient donc pas à un expert de fixer le montant des loyers en cas de désaccord. C'est une compétence exclusive du juge ; TRHC de Dakar, n° 153 du 22 janvier 2002, Ohada.com/Ohadata J-05-58.

659 A. FOKO, note sur CCJA, arrêt n° 4 du 09 mars 2006, Aka B. c/ Société ivoirienne de promotion de supermarché dite PROSUMA, op. cit., p. 49.

loyer[660]. À noter toutefois que sauf convention contraire entre le bailleur et l'entreprenant, ce dernier ne bénéficie pas d'un droit à la fixation judiciaire du loyer du bail renouvelé[661].

Pour fixer le nouveau montant du loyer, la juridiction compétente tient notamment compte des éléments suivants :

✓ la situation des locaux ;

✓ leur superficie ;

✓ l'état de vétusté ;

✓ le prix des loyers commerciaux couramment pratiqués dans le voisinage pour des locaux similaires.

Avec l'utilisation de l'adverbe « notamment », cette énumération qui résulte de l'article 117 AUDCG est indicative. D'autres éléments peuvent être pris en compte par le juge pour la détermination du montant. Il peut en être ainsi des obligations des parties, de la destination de l'immeuble, etc. Cependant, le magistrat doit se déterminer à partir de caractéristiques propres à l'immeuble et non par rapport au locataire ou à l'utilité que présente pour ses activités professionnelles telle partie du local[662].

La loi reconnaît au juge du fond un pouvoir discrétionnaire dans la fixation du loyer renouvelé[663]. Aucun plafond ne lui est imposé[664]. Toutefois, il ne devra pas oublier l'objectif de protection du locataire qui innerve l'Acte uniforme. La fixation judiciaire du loyer commercial étant liée à la propriété commerciale, sa modération lors du renouvellement du bail constitue le principal instrument de protection de cette propriété[665]. Une Cour d'appel qui a estimé que le montant du loyer fixé par le premier

---

660 CA Douala, n° 96/REF du 28 juin 2003, Ohada.com/Ohadata J-06-177.

661 Art. 134 al. 2 AUDCG.

662 Cour suprême Côte d'Ivoire, n° 122 du 4 mars 2004, Ohada.com/Ohadata J-05-351. Il a été jugé que la Cour d'appel pouvait revenir sur un montant jugé excessif, cf. CA Abidjan, n° 1009 du 14 novembre 2000, Ohada.com/Ohadata J-04-116.

663 CCJA, arrêt n°036/2008, du 3 juillet 2008, Société Burkina et Shell c/ Ouédraogo S. Ph., Ohadata J-09-75.

664 R. NJEUFACK TEMGWA, note sur CCJA, arrêt n°036/2008, du 3 juillet 2008, Société Burkina et Shell c/ Ouédraogo S. Ph., in P. G. POUGOUÉ et S. S. KUATE TAMEGHE (dir.), Les grandes décisions de la CCJA de l'OHADA, L'Harmattan 2010, p. 38.

665 Idem, p. 39.

juge est excessif le réduira en tenant compte des prix des loyers couramment pratiqués dans le voisinage[666].

L'homologation d'un rapport d'expertise n'oblige pas le juge à retenir le montant fixé par l'expert comme nouveau taux du loyer[667]. La fixation du taux du loyer appartient au juge et non à l'expert. En outre, il a été jugé que, « conformément aux dispositions de l'article 85 (actuel article 117) de l'Acte uniforme relatif au droit commercial général, l'expert n'a pas à prendre en compte l'amélioration des lieux dont la charge est rapportée par le preneur »[668]. Sur cette décision, un auteur s'interroge sur « comment comprendre que la révision du loyer de renouvellement prenne en compte l'état de l'immeuble sans considérer que cet état, apprécié au jour du renouvellement, a connu des améliorations du fait du preneur ? »[669]. Pourtant, la cohérence de la décision est manifeste. Pourquoi le bailleur qui n'a pas assumer les charges devrait en profiter ? Une décision contraire du juge n'allait-elle pas décourager les preneurs dans leur volonté « d'entretenir » les lieux ?

Par ailleurs, il est à noter que le coefficient d'entretien et de vétusté n'a qu'une valeur prévisionnelle applicable au type de construction concerné. Il peut, bien qu'appliqué, ne pas refléter la réalité des dégradations effectivement enregistrées dans les locaux, lesquelles peuvent d'ailleurs être supérieures ou inférieures à la prévision, au standard prévisible[670].

416.- Le bail prend effet à compter de la signature du contrat, sauf convention contraire des parties.

SECTION 2 : LES OBLIGATIONS DES PARTIES

417.- Contrat synallagmatique, le bail à usage professionnel génère des obligations à la charge des deux parties durant son exécution.

---

666 CA Abidjan, arrêt n° 1009 du 14 novembre 2000, Ohadata J-04-288.

667 CA Dakar, chambre civile et commerciale, 20 avril 2012, M. AMAR c/ I. CISSÉ, arrêt n° 145 bis, Bulletin des arrêts rendus par la Cour d'appel de Dakar en matière civile et commerciale, 2013, vol. n° 1, p. 308.

668 TR Hors classe de Dakar, n° 153 du 22 janvier 2002, Ohadata J-05-58.

669 R. NJEUFACK TEMGWA, note sur CCJA, arrêt n°036/2008, du 3 juillet 2008, Société Burkina et Shell c/ Ouédraogo S. Ph., in P. G. POUGOUÉ et S. S. KUATE TAMEGHE (dir.), Les grandes décisions de la CCJA de l'OHADA, précité, p. 35.

670 CA Dakar, chambre civile et commerciale, 20 avril 2012, M. SARR c/ I. CISSÉ, arrêt n° 145, op. cit.

PARAGRAPHE 1 : LES OBLIGATIONS DU BAILLEUR

418.- Le bailleur supporte les mêmes obligations que dans le cadre du bail de droit commun. En effet, les articles 105 à 111 AUDCG ont un contenu quasi identique aux dispositions du COCC en matière de bail.

A. L'obligation de délivrance

419.- La délivrance suppose le transfert de la chose entre les mains du preneur. À la date convenue, la chose doit être à sa disposition. La délivrance implique la mise à disposition non seulement de l'objet principal loué, mais également de ses accessoires (matériels et juridiques). L'immeuble doit donc être libre d'occupation[671], mais aussi satisfaire les conditions administratives liées à l'usage convenu. Le bailleur devra ainsi fournir les documents nécessaires à toutes demandes d'autorisation nécessitées par la destination de l'immeuble.

420.- La délivrance d'une chose qui n'est pas conforme aux stipulations contractuelles entraîne la résolution du contrat[672] et, le cas échéant, la responsabilité contractuelle. La chose doit être en bon état[673]. En droit sénégalais, le législateur, pour le bail qui n'est pas à usage professionnel, exige aussi que la chose soit exempte de vices[674].

La chose est en bon état lorsqu'elle présente les caractéristiques que les parties ont définies d'un commun accord[675]. Elle doit correspondre à la volonté exprimée dans le contrat, à l'équivalent voulu, à la cause subjective. La référence à l'économie du contrat, dans le cadre de la cause subjective de celui-ci, doit être prise en compte[676].

---

[671] Droit français, Civ. 3e, 16 janvier 1980, Bull. I. n° 317. D. 1991 .255, note ANCEL : « Le preneur dispose d'une action en indemnité contre le bailleur dès lors que le défaut de délivrance provient de ce dernier, spécialement en raison de la présence sur les lieux d'un autre locataire dont le titre n'est pas opposable au preneur ».

[672] Droit français, Civ. 1er, 17 mars 1992, Contrat, concurrence, consommation 1992, n° 130, n. L. Leveneur ; non pub. (rapporté par Ph. Malaurie et L. Aynes : « Droit civil. Les contrats spéciaux, 10e éd., p. 196) : « Dès lors que les juges du fond ont retenu que le produit Stabilivo n'était pas conforme aux stipulations contractuelles, ils ont pu estimer que l'action fondée sur l'inexécution de l'obligation de délivrer une chose conforme à sa destination pouvait être exercée ».

[673] Art. 105 AUDCG.

[674] Art. 552 COCC.

[675] Art. 255 AUDCG.

[676] Civ. 1er, 3 juill. 1996, Bull. civ. I. n° 286, JCP G 1997.I.4015, obs. F. Labarthe. Un couple avait signé un contrat de location de cassettes vidéo dans le cadre de la création d'un « point club-vidéo » dans une agglomération de 1 314 habitants. La cause déterminante de ce contrat résidait dans la diffusion des cassettes auprès de

Dès lors que le preneur s'est trouvé dans l'impossibilité d'exercer dans les lieux loués l'activité prévue au bail qui se heurtait aux dispositions du plan d'occupation des sols, le bailleur a manqué à son obligation de délivrance, car il aurait dû vérifier si la chose louée pouvait être affectée à cet usage[677].

Le bailleur est présumé avoir rempli son obligation de délivrer une chose en bon état :

✓ lorsque le bail est verbal ;

✓ ou lorsque le preneur a signé le bail sans formuler de réserve quant à l'état des locaux.

Il s'agit cependant de la délivrance en bon état. Mais si c'est la délivrance qui est contestée, comme en matière de vente, la preuve devra incomber au bailleur. Le bailleur devra prouver la délivrance, par exemple par la remise des clés[678].

421.- Compte tenu de son importance dans le contrat de bail, l'obligation de délivrance ne peut être écartée. L'obligation de délivrance est, en effet, l'obligation essentielle du contrat pour le bailleur et son caractère d'ordre public ne fait pas de doute. Si un bailleur peut s'exonérer de l'obligation de délivrer la chose en bon état de réparation de toute espèce, il ne peut pas, en revanche, se dispenser purement et simplement de délivrer au preneur la chose louée, c'est-à-dire de mettre à la disposition de ce dernier le bien en état de servir à la destination contractuellement prévue. Si le bailleur n'exécute pas son obligation de délivrance, le contrat est privé d'objet et est donc nul[679].

Par ailleurs, l'impossibilité pour le bailleur de s'affranchir de son obligation de délivrance doit justifier l'annulation des clauses interdisant au preneur d'exercer contre lui un recours quelconque pour vices cachés ou apparents, défauts ou malfaçons. La liberté contractuelle perdrait sa raison d'être si elle permettait d'annihiler l'engagement essentiel du

---

la population, or, cette exploitation était vouée à l'échec. Pour la cour, « s'agissant de la location de cassettes vidéo pour l'exploitation d'un commerce, l'exécution du contrat selon l'économie voulue par les parties était impossible, la Cour d'appel en a exactement déduit que le contrat était dépourvu de cause, dès lors qu'était ainsi constaté le défaut de toute contrepartie réelle à l'obligation de payer le prix de location des cassettes… ». La cour fait référence à la cause de l'obligation mais il s'agit ici de la cause subjective, le but poursuivi par les parties.

677 Droit français, Cass. 3e civ., 2 juill. 1997, JCP 97, IV, 1865.

678 Civ. 3e, 25 juin 2008, Bull. III, n° 111.

679 Art. 74 COCC : « L'objet de l'obligation », voir aussi, Cass.com., 16 juill.1991, n°89-21.090, RJDA 1991, n° 940.

bailleur, à savoir délivrer au preneur un bien dont il pourra jouir paisiblement pendant la durée du bail.

B. L'obligation de réparation

422.- L'obligation de délivrance du bien a pour corollaire celle d'assurer la bonne marche de ce dernier. Ainsi, pendant la durée du contrat, le bailleur est tenu des grosses réparations devenues nécessaires et urgentes autres que celles de simple entretien[680]. Il fait procéder, à ses frais, dans les locaux donnés à bail, à toutes les grosses réparations devenues nécessaires et urgentes.

Le bailleur est tenu de prendre en charge tout ce qui relève de la structure de la chose ou des éléments d'équipement indispensables à la jouissance de son cocontractant. Devront être considérées comme de grosses réparations compte tenu de leur spécificité, celles des gros murs, voûtes, poutres, toitures, murs de soutènement, murs de clôture, fosses septiques et puisards. De même, le bailleur sera tenu des réparations concernant le ravalement de la façade de l'immeuble loué[681], de celles des toitures ou des murs, ou encore celles à la suite d'épandage des eaux sales du voisin[682]. L'obligation de réparation à la charge du bailleur couvre ainsi les éléments principaux du bien loué.

Cependant, la jurisprudence française a étendu le champ. Les réparations nécessaires devront comprendre la voie qui mène à l'immeuble. La Cour de cassation française en a jugé ainsi pour un couloir menant à l'appartement loué dont un carreau s'est descellé[683]. En effet, le défaut d'entretien peut être préjudiciable au locataire, et dans le cas d'un centre commercial par exemple, il peut amener à un manque de fréquentation des lieux.

Dans le respect des droits du preneur, le bailleur doit ainsi réparer le bien en veillant continuellement à ce qu'il réponde à l'usage convenu. L'appréciation du défaut de réparation est une question de fait qui relève du pouvoir d'appréciation des juges du fond. Et il est de vieille règle que

---

680 Art. 106 AUDCG.

681 Cass. 3e civ. 12 avr. 1995, n° 93-12.849, Bull. civ. III, n° 103.

682 Cass 3e civ. 25 févr. 2004, n° 02-10.085, Bull. civ. III, n° 36, AJDI 2004. 371, obs. Rouquet.

683 Cass. 3e civ. 22 mars 2005, n° 04-13.821, AJDI 2005. 649, note Zalewski.

le contrat de bail s'interprète contre le bailleur, à la fois parce qu'il est maître de la chose et, le plus souvent, rédacteur de l'acte[684].

La réparation doit ainsi se limiter à ce qui est nécessaire à la bonne marche du bien et conformément au contrat. Le bailleur ne peut, de son seul gré, ni apporter des changements à l'état des locaux donnés à bail ni en restreindre l'usage[685].

423.- L'obligation de grosses réparations ne pesant que sur le bailleur, le preneur ne doit s'adresser qu'à lui seul pour demander les réparations nécessaires, quand bien même il serait usufruitier et que la réparation pèserait sur le nu-propriétaire[686]. Ainsi, en l'absence d'autorisation préalable, le bailleur ne saurait être condamné à payer le montant des travaux effectués unilatéralement par le preneur[687].

Le bailleur est considéré comme ayant donné un consentement tacite au preneur pour la réalisation de grosses réparations si, pour le faire, un permis de bâtir, que le bailleur ne pouvait ignorer, a été obtenu.

CCJA, 1ère ch., Arr. n° 036/2013 du 02 mai 2013, S. De BAHAM et autres c/ Société La PLAZA SARL, cité dans OHADA – Code bleu, Juriafrica, 5e éd, p. 210.

Lorsque le bailleur refuse d'assumer les grosses réparations qui lui incombent, le preneur peut se faire autoriser par la juridiction compétente, statuant à bref délai, à les exécuter conformément aux règles de l'art, pour le compte du bailleur. Dans ce cas, la juridiction compétente, statuant à bref délai, fixe le montant de ces réparations et les modalités de leur remboursement[688].

Si le bailleur a failli dans son obligation de procéder à une grosse réparation, portant en l'occurrence sur la clôture, pour son étanchéité, le preneur n'est titulaire d'aucun droit de rétention du loyer même s'il est animé d'une intention de procéder aux réparations idoines. Seule une décision du juge peut l'autoriser à se substituer au bailleur et d'être remboursé selon les modalités fixées par le magistrat.

---

684 Aux termes de l'article 103 alinéa 2 COCC : « Si toute autre interprétation se révèle impossible, les stipulations du contrat sont réputées faites en faveur de celui qui s'oblige ».

685 Art. 108 AUDCG.

686 Cass. 3e civ. 28 juin 2006, n° 05-15.563, Bull. civ. III, n° 165, D. 2007, panor. 903, obs. Damas, AJDI 2006. 730, obs. Rouquet, RTD civ. 2006. 788, obs. Gautier

687 C.A Dakar n° 462 - 30 mai 1985 FERRARI c/Buhan Tesseire.

688 Art. 107 AUDCG.

CA de Dakar, ch. Commerciale, financière et économique, arrêt n° 17 du 11 janvier 2013, Société Alpha Distribution SARL c/C. SOUMBOUDOU, inédit.

424.- L'obligation du bailleur est une obligation de faire. Ainsi, lorsqu'il se refuse à assumer les réparations qui lui incombent, le preneur dispose, contre lui, des actions contractuelles ordinaires afin de le contraindre à exécuter son obligation[689] ou tirer les conséquences d'une telle abstention. Cependant, l'exception d'inexécution ne saurait être appliquée à raison. Le non-respect par le bailleur de son obligation ne peut justifier un non-paiement des loyers[690].

Néanmoins, le droit du preneur de voir le bien être réparé à la charge du bailleur doit avoir comme contrepartie son obligation de l'aviser afin de ne pas aggraver le dommage. Ainsi, s'il attend longtemps pour l'aviser, il commet une faute[691] ayant contribué à la réalisation du dommage et devra être condamné à supporter une partie du coût de la réparation[692].

425.- Le preneur doit supporter les inconvénients résultant de la réparation[693]. Cependant, le montant du loyer est alors diminué en proportion du temps et de l'usage pendant lequel il a été privé de la jouissance des locaux.

Si les réparations urgentes sont de telle nature qu'elles rendent impossible la jouissance du bail, le preneur peut en demander la

[689] Sur le fondement de l'article 105 du COCC, il pourra obtenir une exécution forcée. Aux termes de l'article 105 du COCC, dans les contrats synallagmatiques, « lorsque l'une des parties manque gravement à ses obligations en refusant de les exécuter, en tout ou en partie, l'autre peut, en dehors des dommages et intérêts qui lui sont dûs, demander en justice soit l'exécution forcée, soit la réduction de ses propres obligations, soit la résolution du contrat, soit sa résiliation s'il s'agit d'un contrat à exécution successive. Cette option reste ouverte au demandeur jusqu'au jugement définitif. Le défendeur peut exécuter le contrat en cours d'instance ».

[690] Art. 104 al. 2 COCC : « La convention admettant l'exécution successive des obligations, ou les usages donnant à l'une des parties un délai d'exécution, rendent l'exception temporairement inopposable » ; Droit français, Cass. 1re civ., 10 juin 1963, Gaz. Pal. 1963, 2, 441.

[691] Art. 119 du COCC ; « La faute est un manquement à une obligation préexistante de quelque nature qu'elle soit ». En outre, l'article 121 al. 3 du même Code dispose que tout acte peut obliger l'auteur du dommage à réparation ou être pris en compte pour une exonération partielle ou totale

[692] Pour un locataire ayant attendu huit ans : Cass. 3e civ. 9 févr. 2005, n° 03-19.609, Bull. civ. III, n° 32, Defrénois 2005. 1835, obs. Ruet.

[693] Art. 106 AUDCG.

suspension pendant la durée des travaux à la juridiction compétente statuant à bref délai. Il peut également en demander la résiliation judiciaire à la juridiction compétente.

C. La garantie contre les troubles

426.- Le bailleur doit éviter toute action pouvant être source de trouble. Il est responsable envers le preneur du trouble de jouissance survenu de son fait ou du fait de ses ayants droit ou préposés[694]. Il doit garantie des troubles de droit.

Est responsable, le bailleur qui ferme par moment les locaux loués et interdit l'accès aux preneurs afin de les contraindre à quitter les lieux.

CCJA, 3ème ch., Arr. n° 035/2017 du 09 mars 2017, Hounkarin K. C. et autre c/ Mme Ezan née Kouamé A.

Le bailleur n'est pas tenu de garantir le preneur du trouble que des tiers apportent par voie de fait à sa jouissance, sans prétendre d'ailleurs aucun droit sur la chose louée ; sauf au preneur à les poursuivre en son nom personnel. Il n'est donc pas responsable en cas de vol commis par un tiers au préjudice du locataire, sauf en cas de faute de sa part ou de la part de ses préposés. Le colocataire ne saurait toutefois être qualifié de tiers[695].

427.- Manque à son obligation d'assurer une jouissance paisible le bailleur qui ne s'est pas assuré que toutes les précautions relatives à la sécurité des locataires ont été prises en raison de l'installation, à des fins de ravalement du bâtiment, d'un échafaudage constituant un mode d'accès facile pour les voleurs[696]. En cas d'intrusion de tiers, la responsabilité du bailleur pourra être engagée s'il est apporté la preuve d'une carence de sa part. Il en est ainsi, par exemple, lorsqu'il n'a pas effectué les travaux de réfection de la porte d'entrée de l'immeuble loué.

Cause un trouble de jouissance le bailleur qui intègre les lieux loués et concède une partie de la jouissance à des tiers pour y exercer des activités commerciales concurrentes de celles du preneur[697].

428.- L'atteinte à la jouissance du preneur doit cependant être directe. En d'autres termes, elle doit être l'objet direct du trouble[698]. Le bailleur ne serait donc pas responsable du trouble causé par des infiltrations dues

---

[694] Art. 109 AUDCG.
[695] Droit français, Cass. soc., 25 oct. 1946, JCP 47, II, 3400, note Esmein.
[696] Droit français, Cass. 3e civ., 28 févr. 1990, JCP 90, IV, 163.
[697] CA Bobo-Dioulasso, ch. civ., arrêt n° 29/08 du 17 mars 2008, Ohadata J-10-113.
[698] Droit français, Cass. com., 23 janv. 1951, Bull. civ. II, n° 37, p. 24.

à la rupture d'une canalisation du réseau d'eaux pluviales. Il n'est pas non plus responsable de l'aboiement de chiens dans le voisinage.

PARAGRAPHE 2 : LES OBLIGATIONS DU PRENEUR

429.- Le preneur, dans un contrat de bail, supporte l'obligation de payer les loyers, d'entretien, mais aussi d'utilisation en bon père de famille du bien. Certaines obligations pèsent aussi sur le preneur s'il veut céder ou sous-louer le local.

A. L'obligation de payer les loyers

430.- L'exécution d'un contrat de bail s'entend, par rapport aux parties, entre autres, par le paiement d'un loyer en contrepartie d'une occupation des lieux loués par le preneur, ou tout au moins leur mise à sa disposition par le bailleur. Il faut alors relever que la disparition desdits lieux, objet du contrat, rend à l'évidence l'exécution du contrat en question impossible entre les parties[699]. En effet, aux termes de l'article 108 du COCC, dans les contrats synallagmatiques, lorsque l'une des parties est dans l'impossibilité d'exécuter sa propre prestation, l'autre est déliée du contrat. Le paiement de loyer est une obligation fondamentale du preneur qui doit s'en acquitter dès lors qu'il occupe les locaux[700].

431.- L'existence de loyer à payer est un élément essentiel de la qualification du contrat. Le contrat qui permet une occupation temporaire pendant une période d'essai, sans stipulation de loyer, ne saurait alors être qualifié de bail[701]. De même, le simple fait que l'occupant ait effectué des travaux de remise en état ne suffit pas à caractériser l'existence d'un bail[702]. Il en est aussi ainsi de l'hébergement d'amis de façon continue sans contrepartie[703].

432.- Le preneur doit payer le loyer au terme convenu. Le paiement doit être fait par le débiteur personnellement lorsqu'en raison de la nature de l'obligation, le créancier a intérêt à ce qu'elle soit exécutée par le débiteur lui-même ou lorsqu'il en a été ainsi expressément convenu[704].

---

699 CA Dakar, 25 mai 2012, H. GRANDIS c/ Maître I. NIANG, expert judiciaire, et la société Les Lodges des Almadies, arrêt n° 215, Bulletin des arrêts rendus par la Cour d'appel de Dakar en matière civile et commerciale, 2013, vol. 1, p. 73.

700 CA de Dakar, ch. Commerciale, financière et économique, arrêt n° 17 du 11 janvier 2013, Société Alpha Distribution SARL c/ C. SOUMBOUDOU, inédit.

701 Droit français, Cass. 3e civ., 16 déc. 1970, D. 1971, somm. P. 57.

702 Aix-en-Provence, 11e ch., 16 sept. 1999, JurisData n° 1999-107142.

703 Droit français, Cass. 3e civ., 5 mai 1999, JCP 99, IV, 2126.

704 Art. 163 et s. COCC.

Le paiement peut cependant être effectué par un tiers. Dans ce cas, le bailleur peut refuser l'exécution offerte par le tiers si le locataire lui a manifesté son opposition.

Le preneur est tenu de payer les loyers et d'en rapporter la preuve au besoin sans être obligé de remettre au bailleur en guise de paiement un chèque tiré sur son propre compte à moins que le contrat ne le prévoie[705].

Le loyer est quérable sauf stipulation contraire. Le preneur doit mettre le montant du loyer, aux termes convenus, entre les mains du bailleur ou de son représentant dûment mandaté[706].

« Les paiements effectués entre les mains de l'administration fiscale libèrent le débiteur à l'égard à son créancier ».

CCJA, arrêt n° 006/2003 du 24 avril 2003, Ohadata J-03-192. En d'autres termes, du fait de l'assimilation de l'avis à tiers détenteur à la saisie, un débiteur qui reçoit de l'administration fiscale un avis à tiers détenteur, il est libéré par le paiement qu'il effectue[707].

Le paiement du loyer peut être fait par correspondance ou par voie électronique[708].

433.- Le paiement fait au créancier n'est point valable s'il est incapable de le recevoir, à moins que le débiteur ne prouve que le paiement a tourné au profit du créancier.

Si le créancier refuse de recevoir le paiement, le débiteur peut se libérer en utilisant la procédure des offres réelles suivies de consignation. Si la créance est constatée par un titre à ordre, le débiteur peut, le lendemain de l'échéance, procéder directement à la consignation.

Le preneur doit se conformer aux dispositions des articles 566 et suivants du Code de procédure civile en se dessaisissant du montant des loyers et les consigner au lieu indiqué par la loi par la loi en l'occurrence la Caisse des Dépôts et Consignation, après une sommation signifiée au créancier contenant l'indication du jour, de l'heure et du lieu où les sommes offertes seront déposées, mais, également sommation de retirer lesdites sommes. Le dépôt de la

---

[705] CA de Dakar, ch. Commerciale, financière et économique, arrêt n° 111 du 21 février 2013, NGI-AO SARL c/ SDIH, inédit.

[706] Art. 112 AUDCG.

[707] A. KENMONGNE SIMO, Commentaire CCJA, arrêt n° 006/2003 du 24 avril 2003, K. Fatoumata c/ K. Augustin Joseph, P. G. POUGOUÉ et S. S. KUATE TAMEGHE (dir.), Les grandes décisions de la CCJA de l'OHADA, op. cit., p. 98.

[708] Art. 112 AUDCG. Sur le régime du paiement électronique, C. A. W. NDIAYE, Le transfert électronique de fonds, L'harmattan, 2018.

somme dans un compte bancaire n'est pas assimilable à un dessaisissement des sommes encore moins à leur mise à la disposition du créancier.

CA de Dakar, ch. Commerciale, financière et économique, arrêt n° 111 du 21 février 2013, NGI-AO SARL c/SDIH, inédit.

Le locataire qui conteste une augmentation unilatérale du loyer par le bailleur devra saisir le juge ou consigner la somme avant toute procédure. A défaut, il peut être poursuivi pour violation de son obligation de payer les loyers.

CCJA, 1ère ch., Arr. n° 011/2012, du 08 mars 2012, YAO NGUESSAN I. c/ OKOU GOUBO, cité dans OHADA – Code bleu, Juriafrica, 5e éd, p. 214.

434.- Obligation de somme d'argent, les loyers suivent le régime juridique de l'article 8 du COCC.

Sauf dispositions contraires, le preneur doit être mis en demeure de s'exécuter[709]. En outre, cette mise en demeure déclenche des intérêts moratoires[710]. En effet, en matière d'obligation de sommes d'argent, les dommages et intérêts moratoires sont dus, sans que le créancier ne soit tenu de justifier d'aucune perte, et n'excédant pas, sauf convention contraire, les intérêts légaux. Le fait que ces intérêts n'aient pas été alloués formellement n'a pas d'effet dirimant, car ils sont de droit et, à ce titre, ils n'ont pas à être réclamés ou octroyés[711].

Les intérêts échus pour une année entière produisent des intérêts dès lors qu'ils sont judiciairement réclamés, sous réserve des règles spéciales aux contrats commerciaux.

---

709 A été considérée comme constitutive de mise en demeure la lettre par laquelle le Conseil de la société demanderesse réclamait au débiteur le paiement de sa dette sous peine de poursuites, CA n° 525 du 10 août 1984, in Code des Obligations civiles et commerciales annoté, EDJA, 1991, p. 26.

710 CA n° 180 du 25 mars 1977, in Code des Obligations civiles et commerciales annoté, EDJA, 1991, p. 26. Les juges considèrent que les intérêts moratoires sont dus dès que le débiteur est mis en demeure. En conséquence, le débiteur doit être condamné au paiement des intérêts sur le principal depuis la date de l'assignation jusqu'au jour du paiement du principal et non à compter du prononcer du jugement ; CA n° 561 du 28 juin 1985 in Code des Obligations civiles et commerciales annoté, EDJA, 1991, p. 27 : « À défaut de mise en demeure ou sommation, la date de départ du cours des intérêts est celle de l'assignation introductive valant sommation ».

711 CA n° 229 du 20 sept. 1971, in Code des Obligations civiles et commerciales annoté, op. cit., p. 27.

435.- Fait juridique, le paiement se prouve par tous les moyens[712]. Celui qui paye peut cependant exiger une quittance du créancier et, en outre, si la dette est éteinte intégralement, la remise ou la destruction du titre. Si le paiement est partiel, il peut exiger qu'il en soit fait mention sur le titre conservé par le créancier.

La remise volontaire du titre original sous seing privé ou de la grosse du titre fait présumer la remise de dette ou le paiement, sans préjudice de la preuve contraire. En outre, la délivrance d'une quittance pour le principal fait présumer le paiement des intérêts.

Si le bailleur a failli dans son obligation de procéder à une grosse réparation, portant en l'occurrence sur la clôture, pour son étanchéité, le preneur n'est titulaire d'aucun droit de rétention du loyer même s'il est animé d'une intention de procéder aux réparations idoines. Seule une décision du juge peut l'autoriser à se substituer au bailleur et d'être remboursé selon les modalités fixées par le magistrat.

CA de Dakar, ch. Commerciale, financière et économique, arrêt n° 17 du 11 janvier 2013, Société Alpha Distribution SARL c/C. SOUMBOUDOU, inédit.

436.- À l'expiration du bail, le preneur qui, pour une cause autre que le paiement de l'indemnité d'éviction (infra **n° 474**), se maintient dans les lieux contre la volonté du bailleur, doit verser une indemnité d'occupation égale au montant du loyer fixé pendant la durée du bail, sans préjudice d'éventuels dommages et intérêts[713]. L'indemnité d'éviction autorise donc le preneur à continuer à occuper l'immeuble. Mais cette occupation ne saurait être gratuite.

B. L'obligation d'utiliser le bien en bon père de famille

437.- Le preneur n'a que la jouissance du bien ; le bien n'est pas sien[714]. L'absence de droit de propriété doit justifier qu'il s'environne dans son usage de tous les soins qu'un bon père de famille apporte à la conservation de son propre patrimoine[715]. La morale lui en fait un devoir, la loi écrite une obligation. Il doit exploiter les locaux donnés à bail en

---

712 C. Cass., chambre civile et commerciale, 1er fév. 1995, P. M. NDOYE c/ G. THOME, arrêt n° 25, Recueil des arrêts de la Cour de cassation, année 1993-1998, éditions GIRAF, 2001, p. 181.

713 Art. 115 AUDCG.

714 Sauf disposition légale contraire, le preneur ne peut sous-louer ou céder son bail à autrui sans l'accord du propriétaire.

715 Art. 113 AUDCG.

bon père de famille, et conformément à la destination prévue au bail ou, à défaut de convention écrite, suivant celle présumée d'après les circonstances. Le législateur a opté pour le standard du bon père de famille et celui-ci inspire les obligations du bon comportement utilisées en jurisprudence. Le législateur a imaginé ce « personnage abstrait » et laissé au juge le soin de lui donner corps ultérieurement.

Par définition, la mise en œuvre du standard est indiscutablement l'apanage du juge, car c'est un procédé qui lui permet de prendre en considération le type moyen de conduite sociale correcte pour une catégorie déterminée d'actes à apprécier. Ce n'est pas seulement le degré de bonne volonté d'un homme soigneux qui est requis, mais également l'adéquation de son comportement à celui d'un homme raisonnable. Le bon père de famille, c'est « le praticien consciencieux et averti »[716], prudent et diligent. En d'autres termes, le modèle du bon père de famille exige du preneur qu'il veille à la bonne conservation du bien, l'exploite dans des conditions normales, selon la nature du bien, et le maintienne dans l'état où il a été livré, compte tenu de l'usure consécutive à un usage normal[717]. Il ne peut alors modifier la destination donnée à la chose par le contrat.

Toutefois, il est possible, pour le preneur, d'adjoindre à l'activité prévue au contrat de bail des activités connexes ou complémentaires relevant d'un même domaine que celui envisagé lors de la conclusion du bail. Le preneur doit en aviser de manière expresse le bailleur. Le bailleur peut s'y opposer pour des motifs graves.

438.- En cas de changement de l'activité prévue au contrat, le preneur doit obtenir l'accord préalable et exprès du bailleur, qui peut s'y opposer pour des motifs sérieux. En cas de conflit entre le bailleur et le preneur, il appartient à la partie la plus diligente de saisir la juridiction compétente.

439.- Le comportement du preneur ne concerne pas seulement le comportement matériel à adopter pour exécuter l'obligation principale. Il vise aussi le comportement personnel dont il doit faire preuve pour le bon déroulement de la relation contractuelle. En droit français, les juges du fond considèrent que les injures écrites réitérées, adressées par le preneur au bailleur à l'occasion de leurs litiges locatifs, constituent, à elles seules, un manquement à l'obligation de jouissance paisible[718].

---

[716] CA Paris, 18 oct. 1949, Dalloz, 1949, p. 539.

[717] Art. 36 de la loi camerounaise 210/020 du 21 décembre 2010 portant organisation du crédit-bail au Cameroun.

[718] Cass. 3e civ., 3 juin 1992, Loyers et copr. 1992, 326.

440.- Le preneur est invité à prendre en considération les intérêts du bailleur, à ne pas être égoïste. La bonne foi sera le vecteur de cette prise en considération des intérêts du bailleur. La bonne foi peut être définie comme la « qualité de celui qui parle, agit avec une intention droite, avec la conviction d'obéir à sa conscience, d'être fidèle à ses obligations »[719]. La fidélité aux obligations qu'implique la bonne foi la rattache d'emblée au droit des contrats, dont la finalité première est sans doute d'assurer le respect de la parole donnée. En outre, la bonne foi dicte une conduite conforme à la conscience, conscience au sens de « jugement de valeur » sans doute, mais peut-être aussi dans le sens de « connaissance de son existence et du monde extérieur ». Étendue au contrat, cette conscience impliquerait alors la connaissance et la reconnaissance de l'autre, de sa présence, de ses attentes, de ses droits. Ne serait pas de bonne foi le père de famille qui veut imposer à autrui des arrangements que son seul intérêt avait déterminés. Ainsi, lorsque le preneur a fait subir à la chose des changements de forme que le bailleur n'approuve pas et a pu tolérer tant que le contrat a duré, il est de son devoir de les faire disparaître. Cependant, le bail peut prévoir que tous travaux et embellissements faits par le preneur, même avec l'autorisation du bailleur, resteront à la fin du bail la propriété de celui-ci, sans le versement d'une indemnité[720].

441.- Le preneur sans droit au renouvellement, quel qu'en soit le motif, peut être remboursé des constructions et aménagements qu'il a réalisés dans les locaux avec l'autorisation du bailleur. À défaut d'accord entre les parties, il peut saisir la juridiction compétente dès l'expiration du bail à durée déterminée non renouvelé, ou encore dès la notification du congé du bail à durée indéterminée[721].

442.- Par ailleurs, le preneur qui a reçu un bien en bon état de réparation a l'obligation de ne pas le rendre dégradé[722], au risque de voir sa responsabilité engagée. En effet, lorsque la dégradation n'est pas due à la vétusté ou à l'usage normal du bien loué, le preneur est, en principe, responsable. Il s'agit d'une responsabilité pour faute présumée qu'il peut renverser en prouvant l'absence d'une faute quelconque de sa part[723]. Il n'appartient donc pas au bailleur de prouver une faute du preneur qui

---

[719] Dictionnaire Petit Robert.

[720] CS de Côte d'Ivoire, ch. Judiciaire, formation civile, arrêt n° 447 du 8 juillet 2004, K A. L. c/ E. B. M, Ohadata J-05-354.

[721] Art. 131 AUDCG.

[722] Art. 555 al 1 COCC.

[723] Cass. civ. 3e, 16 déc. 1997, RD imm. 1998. 304, obs. Collart-Dutilleul et Derruppé.

aurait causé le préjudice[724]. Toutefois, ce dernier devra prouver que les dégradations ont été réalisées pendant le temps de jouissance du preneur[725].

C'est ordinairement à la fin du contrat de bail que le bailleur exige la remise en état des lieux et la réparation des fautes commises par le preneur pendant sa jouissance. La faute du preneur sera appréciée une fois que le bailleur sera en mesure de constater, à la restitution du bien, l'étendue des dégradations et le défaut d'entretien.

Le bailleur est présumé avoir livré le local en bon état en l'absence d'un état des lieux contradictoire établi par le preneur à l'entrée en jouissance. Il en résulte une obligation pour ce dernier d'assumer les frais de réfection, en cas de rupture du bail.

CA Ouest (Cameroun), Arr. n° 44/CIV, 22 juin 2011, Société générale de distribution boissons (GDB) c/ TCHOUMBA D., cité dans OHADA – Code bleu, Juriafrica, 5e éd, p. 208.

L'urgence peut, cependant, justifier que le bailleur puisse intervenir pendant la jouissance. Si la pérennité du bien est en danger, il pourra intervenir en cours d'exécution et mettre en jeu la responsabilité du preneur afin qu'il répare le préjudice immédiat. Des dégradations peuvent, en effet, être de telle nature qu'elles puissent, d'une manière grave, compromettre la conservation de la chose. Ainsi, le bailleur aurait intérêt à agir avant la fin du bail. C'est le cas notamment lorsque le preneur laisse les fenêtres sans carreaux, et que la pluie, pénétrant dans les appartements, étend l'humidité sur le plancher et le plafond.

La responsabilité du preneur s'étend aux dégradations et pertes qui arrivent par le fait de ses ayants droit ou des personnes dont il répond[726].

En cas d'incendie, la responsabilité du preneur est aggravée, car il ne peut se décharger par la simple preuve de l'absence de faute. Il ne sera exonéré que si l'incendie est dû à la force majeure, à un vice de construction ou à une communication d'incendie par un immeuble voisin[727]. Cette présomption est très lourde pour le preneur qui supporte le dommage s'il n'en prouve pas l'origine. « Pour écarter la présomption de responsabilité qui pèse sur le locataire en cas d'incendie des lieux loués, les juges du fond doivent caractériser l'existence d'une jouissance

[724] Cass. civ. 3e, 28 janv. 2004, n° 02-11.814, Bull. civ. III, n° 12, D. 2004, IR 537.

[725] Cass. civ.3e, 18 mars 1998, n° 96-11.624, Bull. civ. III, n° 62, RD imm. 1998. 426, obs. Collart-Dutilleul et Derruppé.

[726] Art. 555 al. 2 COCC.

[727] Art. 559 COCC.

effective par le bailleur de partie de l'immeuble incendié dans des conditions assimilables à celles d'un locataire »[728].

Aux termes de l'article 559 du COCC, la présomption s'applique à toutes les locations, y compris saisonnières. S'il y a plusieurs preneurs, ils sont tous responsables de l'incendie proportionnellement à la valeur locative de leur appartement à moins qu'ils ne prouvent que l'incendie a commencé dans l'immeuble de l'un d'eux, auquel cas celui-là seul est responsable. Le preneur sera ainsi responsable des dommages causés aux locaux qu'il loue, mais aussi aux locaux voisins loués à un autre locataire par le même propriétaire[729].

L'étendue de la responsabilité en cas d'incendie milite pour la signature, au moins, d'une assurance incendie. Et rien ne semble interdire pour le bailleur d'en faire une obligation.

C. L'obligation d'entretien

443.- Le preneur est tenu aux réparations d'entretien[730]. L'entretien normal du bien permet de prévenir certaines dégradations, de même que la surveillance permet de prévenir des pertes diverses. Ainsi, l'obligation du preneur s'entend, de manière générale, de l'entretien courant de la chose sans affecter la structure.

444.- Mais qu'en est-il des réparations qui seraient nécessitées par un cas de force majeure ou par la vétusté de la chose ? La question n'est pas anodine, car la force majeure, perturbatrice de l'équilibre des obligations, semble être, dans l'esprit du législateur, un risque devant peser principalement sur le bailleur. En effet, le preneur répond seulement des dégradations ou des pertes dues à un défaut d'entretien au cours du bail.[731] L'exonération du preneur renverse la charge de l'obligation. Le bailleur est tenu des réparations liées à la vétusté ou encore celles qui sont imposées par l'Administration.[732] En réalité, ce n'est pas la vétusté elle-même qui constitue le défaut d'entretien, mais le fait pour le bailleur d'avoir ignoré l'action néfaste du temps sur son bâtiment et de n'avoir pas pris les mesures propres pour y remédier.

---

[728] Cass. 3e civ., 1er oct. 2003, RJDA 1/04, n°17.
[729] Cass. civ. 3e, 27 nov.2002, RJDA 2/03, n°113, p. 96.
[730] Art. 114 AUDCG.
[731] Art. 114 al. 2 AUDCG.
[732] Cass.3 civ.19 déc.2001, n°1878 D, Hôtel du Louvre/Champonnier : 27 mars 2002, RJDA 6/02, n°601, p. 504.

D. *Obligations en cas de cession ou sous-location*

445.- La cession du bail. Si le preneur cède le bail et la totalité des éléments permettant l'activité dans les lieux loués, la cession s'impose au bailleur.

Lorsqu'il cède le bail seul ou avec une partie des éléments permettant l'activité dans les lieux loués, la cession est soumise à l'accord du bailleur.

Ces deux situations, nettement distinctes en théorie, pourraient cependant poser des problèmes en pratique. À quel moment peut-on dire que la cession porte seulement sur le bail ? Pour une partie de la doctrine, il y a cession du bail si le vendeur conserve sa clientèle et cession du fonds quand il le transmet[733]. La cession aussi mérite discussion.

Droit français. La réunion de toutes les parts sociales en une seule main s'analyse en une liquidation-confusion, laquelle emporte transmission universelle du patrimoine. Le droit au bail commercial est à ce titre transmis à l'associé unique, et cette transmission ne saurait s'analyser en une cession. La clause d'agrément intégrée dans le bail n'est donc pas opposable au preneur, dès lors qu'elle ne vise que le cas de cession de bail (Cass. 3e civ., 9 avril 2014, n° 13-11.640)734. Outre la dissolution-confusion, la transmission du bail aura également lieu dans les hypothèses de fusion ou de scission ou plus simplement de transmission universelle de patrimoine[735]*. La*

---

733 P. DIDIER, « À quoi sert le concept de clientèle ? », in Études de droit de la consommation : Liber amicorum Jean Calais-Auloy, op. cit., p. 343.

734 Le bailleur a assigné son locataire en résiliation du bail au motif que la transmission universelle du patrimoine de la société locataire à son associé unique constituerait une cession de droit au bail et, qu'à ce titre, la société locataire aurait dû solliciter l'accord du bailleur conformément aux clauses du bail. Le bailleur invoque donc la nullité de la cession intervenue faite en violation des clauses du bail. Les juges du fonds ont débouté le bailleur de sa demande considérant que par l'effet de la transmission universelle du patrimoine, qui inclut le droit au bail, l'associé unique se trouve substitué dans tous les droits et obligations de la société dissoute, sans que cela ne constitue une cession de bail. Par conséquent, la Cour d'appel en conclut que l'autorisation du bail n'était donc pas nécessaire.
La Cour de cassation partage la position des juges du fond et rejette le pourvoi du bailleur.

735 A. ALBARIAN, Ph. MOURON et B. BRIGNON, Droit commercial – Sociétés commerciales 2014, Un an de jurisprudence commentée, op. cit., p. 170 ; B. BRIGNON, Transmission universelle du patrimoine et bail commercial : transmission n'est pas cession !, JCP E 26 juin 2014, p. 42-46 ; B. DONDERO,

même solution mérite une application en droit OHADA. En effet, avec la transmission universelle, le patrimoine change seulement de titulaire, il n'y a nullement de cession[736].

Aux termes des dispositions de l'article 191 AUDSC-GIE, la fusion ou la scission entraîne la dissolution sans liquidation des sociétés qui disparaissent et la transmission universelle de leur patrimoine aux sociétés bénéficiaires, dans l'état où il se trouve à la date de réalisation définitive de l'opération[737].

La question de la transmission universelle de patrimoine peut aussi se poser en droit des sociétés OHADA. Si la dissolution de la société pluripersonnelle entraîne de plein droit sa mise en liquidation, celle d'une société dans laquelle tous les titres sont détenus par un seul associé entraîne la transmission universelle du patrimoine de la société à cet associé, sans qu'il y ait lieu à liquidation. Cependant, cette règle ne s'applique que si l'associé unique est une personne morale. En d'autres termes, elle n'est pas applicable aux sociétés dont l'associé unique est une personne physique. Dans ce cas, la dissolution de la société entraîne de plein droit sa mise en liquidation[738].

446.- Toute cession du bail doit être portée à la connaissance du bailleur par signification d'huissier de justice ou notification par tout moyen permettant d'établir la réception effective par le destinataire, mentionnant :

✓ l'identité complète du cessionnaire ;

✓ son adresse ;

✓ et, le cas échéant, son numéro d'immatriculation au Registre du Commerce et du Crédit Mobilier.

La transmission du bail commercial en cas de dissolution-confusion, D. 2013, p. 1432-1434.

736 A. ALBARIAN, Ph. MOURON et B. BRIGNON, Droit commercial – Sociétés commerciales 2014, Un an de jurisprudence commentée, op. cit., p. 169.

737 À noter que l'apport partiel d'actif est soumis au régime de la scission (Art. 195 AUDSC-GIE). Ainsi, réalisée sous le régime des scissions par apport partiel d'actifs, l'apport d'une activité emporte de plein droit « transmission universelle à la bénéficiaire de tous les droits, biens et obligations dépendant de la branche autonome d'activité qui fait l'objet de l'apport » (Com. 5 mars 1991, n° 88-19.629, Bull. civ. I n° 100).

738 Art. 201 AUDSC-GIE.

À défaut de signification ou de notification dans les conditions précitées, la cession est inopposable au bailleur.

Lorsque la cession s'impose au bailleur, celui-ci dispose d'un délai d'un (01) mois à compter de cette signification ou notification pour s'opposer, le cas échéant, à celle-ci et saisir la juridiction compétente statuant à bref délai, en justifiant des motifs sérieux et légitimes de s'opposer à cette cession.

La violation par le preneur des obligations du bail, et notamment le non-paiement du loyer, constitue un motif sérieux et légitime de s'opposer à la cession.

Pendant toute la durée de la procédure, le cédant reste dans les lieux et demeure tenu aux obligations du bail.

447.- La question de la survie des obligations du preneur-cédant envers le bailleur se pose dans l'hypothèse où ce dernier ne s'oppose pas à la cession. En d'autres termes, est-ce que les obligations nouvelles, exigibles ou nées postérieurement à la cession vont incomber au seul cessionnaire ? Si une réponse affirmative s'impose dans l'hypothèse d'une cession ayant recueilli l'accord du cocontractant cédé, l'hésitation est permise dans le cas où la cession lui est imposée. Pour la Cour de cassation française, en l'absence de clause contraire, le bailleur ne peut réclamer au cédant les impayés du cessionnaire[739]. Une telle solution devrait pouvoir être transposée en droit OHADA, car le législateur a donné au bailleur la possibilité de s'opposer à la cession pour non-paiement des loyers. Ne le faisant pas, il ne devrait plus bénéficier d'une autre protection.

448.- Lorsque la cession requiert l'accord du bailleur, celui-ci dispose d'un délai d'un (01) mois à compter de cette signification ou notification pour communiquer au preneur son acceptation ou son refus. Passé ce délai, le silence du bailleur vaut acceptation de la cession de bail.

449.- La sous-location. Sauf stipulation contraire du bail, toute sous-location totale ou partielle est interdite.

En cas de sous-location non autorisée, le juge saisi peut prononcer la résiliation du bail.

CA de Dakar, arrêt n° 237 du 13 avril 2001, Ohadata J -06-85

[739] Droit français, Cass. civ. 3e, 12 juillet 1988, Bull. civ. III, n° 125, RTD. Com. 1988, p. 217, obs. PEDAMON.

Cependant, le sous-locataire doit avoir fait l'objet d'une mise en demeure préalable conformément à l'article 133 de l'AUDCG.

CA de Dakar, arrêt n° 384 du 7 avril 2005, Ohadata J -06-187

La sous-location non autorisée par le bailleur et qui ne lui est pas notifiée par écrit lui est inopposable et justifie la résiliation du bail principal et l'expulsion du locataire et de tous occupants de son chef.

CCJA, ass. plén., Arr. n° 060/2014 du 23 avril 2014, Mensah T. et autres c/ Assiobo K.., cité dans OHADA – Code bleu, Juriafrica, 5e éd, p. 222.

En cas de sous-location autorisée, l'acte doit être porté à la connaissance du bailleur par tout moyen écrit. À défaut, la sous-location lui est inopposable.

Attendu que toute sous-location non autorisée par le bailleur et qui ne lui est pas notifiée par écrit viole les dispositions de l'article 89 (actuel article 121) de l'Acte uniforme relatif au droit commercial général, justifiant ainsi la résiliation du bail principal et l'expulsion du locataire et de tous occupants de son chef ; qu'il ressort des pièces du dossier de la procédure que les consorts MENSAH n'avaient pas autorisé la sous-location intervenue entre leur locataire TUNKARA et le sous-locataire ASSIOBO et que cette sous-location n'a pas été portée à leur connaissance par écrit.

CCJA, arrêt n° 060/2014 du 23 avril 2014, juricaf.org. Le sous-locataire considérait pourtant que même s'il n'existe aucun écrit le liant au bailleur principal, son comportement à son égard s'analyse à des relations entre bailleur et preneur ; qu'il percevait des loyers de lui et avait, de ce fait, entériné la sous-location intervenue entre lui et le preneur principal.

450.- Lorsque le loyer de la sous-location totale ou partielle est supérieur au prix du bail principal, le bailleur a la faculté d'exiger une augmentation correspondante du prix du bail principal, augmentation qui, à défaut d'accord entre les parties, est fixée par la juridiction compétente, statuant à bref délai, en tenant compte des éléments visés à l'article 117 AUDCG.

A défaut d'un accord express du bailleur, la fixation contractuelle du loyer ne peut empêcher sa révision si le preneur conclu une sous-location dont le montant du loyer est supérieur à celui du loyer principal.

CCJA, 2ème ch., Arr. n° 150/2016 du 27 octobre 2016, Société SADEC SARL c/ L'Archevêché de Conakry, cité dans OHADA – Code bleu, Juriafrica, 5e éd, p. 217.

451.- Lorsque le preneur d'un bail reconnaît devoir des loyers impayés, qu'il perçoit des loyers de sous-locataires dont il ne reverse rien au propriétaire, la résiliation du bail et l'expulsion doivent être prononcées et l'exécution provisoire ordonnée[740].

SECTION 3 : LA FIN DU BAIL

452.- Le bail à usage professionnel prend fin pour une faute ou sans faute de l'une des parties. Le bail ne prend pas fin par le décès de l'une ou l'autre des parties[741]. En cas de décès du preneur, personne physique, le bail se poursuit avec les conjoints, ascendants ou descendants en ligne directe, qui en ont fait la demande au bailleur par signification d'huissier de justice ou notification par tout moyen permettant d'établir la réception effective par le destinataire, dans un délai de trois (03) mois à compter du décès. En cas de pluralité des demandes, le bailleur peut saisir la juridiction compétente, statuant à bref délai, afin de voir désigné le successeur dans le bail. En l'absence de toute demande dans ce délai de trois (03) mois, le bail est résilié de plein droit.

453.- La dissolution de la personne morale preneuse n'entraîne pas, de plein droit, la résiliation du bail des immeubles affectés à l'activité du preneur. Le liquidateur est tenu d'exécuter les obligations du preneur dans les conditions fixées par les parties. Le bail est résilié de plein droit après une mise en demeure adressée au liquidateur, resté plus de soixante (60) jours sans effet.

454.- Le bail ne prend pas fin par la cessation des droits du bailleur sur les locaux donnés en bail. La continuation concerne alors toutes les hypothèses de cessation des droits du bailleur sur le bien loué. Il peut s'agir de vente, de donation, d'apport en société, d'expropriation, etc. Le nouveau bailleur est substitué de plein droit dans les obligations de l'ancien bailleur et doit poursuivre l'exécution du bail.

Il peut être stipulé qu'en cas de cession par le bailleur de son droit sur les locaux faisant objet du contrat, il devra proposer en priorité au preneur avant d'effectuer toute offre à un tiers, le terrain n'étant cessible, sous

[740] Tribunal de commerce de Bamako, jugement n° 116 du 29 mars 2000, Archevêché de Bamako c/ Ibrahima S., Ohadata J-02-42.
[741] Art. 111 AUDCG.

peine de nullité, à des tiers qu'en cas de désaccord entre le preneur et le bailleur sur le prix de cession.

Paragraphe 1 : La fin du bail en l'absence de faute d'une partie

455.- Cette situation renvoie à l'arrivée du terme dans le cadre du bail à durée déterminée, d'une part, et d'autre part, à la possibilité donnée aux parties dans un contrat à durée indéterminée de pouvoir unilatéralement y mettre fin. Mais dans les deux cas, le droit au renouvellement du preneur doit être respecté.

A. La fin du bail par arrivée du terme

456.- Lorsque le bail est à durée déterminée, il prend fin à l'arrivée du terme. En dehors d'une résiliation pour inexécution d'une obligation, les baux à durée déterminée ne peuvent prendre fin que par l'arrivée du terme.

457.- Le preneur qui a droit au renouvellement de son bail peut demander le renouvellement de celui-ci par signification d'huissier de justice ou notification par tout moyen permettant d'établir la réception effective par le destinataire, au plus tard trois (03) mois avant la date d'expiration du bail. Il est déchu de son droit s'il n'a pas formulé sa demande de renouvellement dans ce délai[742].

Attendu qu'ayant relevé que la société TOTAL FINA ELF BURKINA, s'agissant d'un bail à durée déterminée, n'avait demandé le renouvellement du bail commercial litigieux que le 16 mai 2002, alors que celui-ci expirait le 2 juin 2002, la Cour d'appel de Ouagadougou a exactement retenu que la société TOTAL FINA ELF BURKINA était déchue de son droit au renouvellement et de l'indemnité d'éviction pour n'avoir pas respecté le délai de trois mois prescrit par l'article 92 suscité (actuel article 124 AUDCG).

CCJA, arrêt n° 013/2011 du 29 novembre 2011, juricaf.org

Contrairement à l'article 92 de l'ancien AUDCG, l'article 124 AUDCG allège les conditions de la demande de renouvellement. En effet, le législateur de 1997 ne lui permettait que la demande de renouvellement par acte extrajudiciaire. Il avait ainsi pu être jugé qu'« attendu qu'aux termes de l'article 92 de l'Acte uniforme sus-indiqué, le recours à un acte d'huissier étant impératif à l'exclusion de toute autre modalité même prévue au bail, une lettre ordinaire ou

---

[742] Art. 124 al. 2 AUDCG.

recommandée avec accusé de réception, par laquelle le preneur sollicite le renouvellement du contrat de bail commercial, doit être déclarée nulle et non avenue »[743]. Désormais, une telle jurisprudence n'est plus d'actualité. La « notification par tout moyen permettant d'établir la réception effective par le destinataire » est validée par l'AUDCG.

458.- L'article 124 AUDCG étant d'ordre public[744], les parties ne peuvent y déroger. Ne peut donc produire d'effet la clause par laquelle les parties prévoient que le bail sera renouvelé par tacite reconduction, sauf préavis donné par l'une des parties[745]. La tacite reconduction comme moyen d'acquisition du droit au renouvellement est donc condamnée. Le respect de la procédure d'obtention du droit au renouvellement est impératif.

459.- Le preneur qui ne sollicite pas le renouvellement du bail trois (03) mois avant son terme et ne paie pas les loyers tout en se maintenant dans les locaux est un occupant sans droit ni titre.

460.- Après la demande du preneur, le bailleur qui n'a pas fait connaître sa réponse au plus tard un (01) mois avant l'expiration du bail est réputé avoir accepté le principe du renouvellement de ce bail.

461.- À la fin du bail, le preneur qui a réalisé des constructions et aménagements dans les locaux loués, avec l'autorisation du bailleur, peut se faire rembourser la valeur de ceux-ci. Toutefois, ce droit est un droit personnel de créance qui ne lui confère pas un droit au maintien dans les lieux loués[746].

B. La résiliation du bail à durée indéterminée

462.- Dans le cas d'un bail à durée indéterminée, chaque partie a la possibilité d'y mettre fin à tout moment. Cependant, elle devra donner congé par signification d'huissier de justice ou notification par tout moyen permettant d'établir la réception effective par le destinataire au moins six (06) mois à l'avance. Le congé ne peut être servi que dans le

[743] CCJA, arrêt n° 135/2014 du 11 novembre 2014, juricaf.org.

[744] Art. 134 AUDCG.

[745] CA Dakar, chambre civile et commerciale, 18 février 2010, M. MANGEOT c/ SCI Point de Rencontre, arrêt n° 189, Bulletin des arrêts rendus par la Cour d'appel de Dakar en matière civile et commerciale, 2011, vol. n° 1, p. 30.

[746] CA Dakar, chambre civile et commerciale, 18 février 2010, M. MANGEOT c/ SCI Point de Rencontre, arrêt n° 189, Bulletin des arrêts rendus par la Cour d'appel de Dakar en matière civile et commerciale, 2011, vol. n° 1, p. 30.

cadre d'un bail à durée indéterminée[747]. S'agissant d'un délai fixé en mois, la computation se fait de quantième à quantième, c'est-à-dire qu'il commence à courir au premier jour du délai et prend fin à l'expiration du jour qui, dans le dernier mois, porte le même chiffre que le jour de départ. « Qu'il s'y ajoute que l'Acte uniforme susvisé [AUDCG] ne dit pas que le délai prévu en l'espèce est un délai franc »[748]. Par ailleurs, le caractère d'ordre public de l'article 125 AUDCG interdit aux parties de fixer un autre délai.

L'indication dans un exploit de congé de textes autres que ceux applicables au bail à usage professionnel n'entraîne pas sa nullité dès lors que ledit congé a été donné pour le délai légal et en la forme requise par la loi[749].

463.- Lorsque le bail porte sur des locaux auxquels sont applicables à la fois les règles du bail à usage d'habitation et celles du bail à usage professionnel, l'acte portant congé doit comporter la reproduction de l'article 583 du COCC dans le corps dudit exploit pour le bail à usage d'habitation et celle de l'article 125 AUDCG pour le bail à usage professionnel[750].

464.- Si la rupture est à l'initiative du bailleur, le preneur, du fait du droit au renouvellement dont il bénéficie, peut s'opposer à ce congé. Il doit le faire au plus tard à la date d'effet de celui-ci en notifiant au bailleur par signification d'huissier de justice ou notification par tout moyen permettant d'établir la réception effective par le destinataire sa contestation de congé.

---

[747] CA Dakar, 20 janvier 2012, S. HOBALLAH c/ B. SOUMARE, arrêt n° 21, Bulletin des arrêts rendus par la Cour d'appel de Dakar en matière civile et commerciale, 2013, vol. 1, p. 303.

[748] CA de Dakar, ch. Commerciale, financière et économique 2, arrêt n° 56 du 31 janvier 2013, N. RAMAL c/ Société ORCA, inédit. « Qu'il s'y ajoute que l'acte uniforme susvisé ne dit pas que le délai prévu en l'espèce est un délai franc. »

[749] Le congé ne peut être servi que dans le cadre d'un bail à durée indéterminée ; CA Dakar, 20 janvier 2012, S. HOBALLAH c/ B. SOUMARE, arrêt n° 21, Bulletin des arrêts rendus par la Cour d'appel de Dakar en matière civile et commerciale, 2013, vol. 1, p. 303.

[750] CA Dakar, chambre civile et commerciale, 8 février 2010, Dame L. De SOUZA MENDES DIAS c/ S. BASSE, arrêt n° 126, Bulletin des arrêts rendus par la Cour d'appel de Dakar en matière civile et commerciale, 2011, vol. n° 1, p. 24.

Faute de contestation dans ce délai, le bail à durée indéterminée cesse à la date fixée par le congé.

Attendu qu'aux termes de l'article 93 (actuel article 125) de l'AUDCG,

« Dans le cas d'un bail à durée indéterminée, toute partie qui entend le résilié doit donner congé par acte extrajudiciaire au moins six mois à l'avance. Le preneur, bénéficiaire du droit au renouvellement en vertu de l'article 91 (actuel 123) ci-dessus, peut s'opposer à ce congé, au plus tard à la date d'effet de celui-ci, en notifiant au bailleur par acte extrajudiciaire sa contestation de congé. Faute de contestation dans ce délai, le bail à durée indéterminée cesse à la date fixée par le congé » ;

Que de son côté, l'article 94 (actuel article 126) dispose : « Le bailleur peut s'opposer au droit au renouvellement du bail à durée déterminée ou indéterminée, en réglant aux locataires une indemnité d'éviction. À défaut d'accord sur le montant de cette indemnité, celle-ci est fixée par la juridiction compétente en tenant compte notamment du montant du chiffre d'affaires, des investissements réalisés par le preneur et de la situation géographique du local » ;

Attendu qu'il ressort de l'analyse combinée de ces deux dispositions que le preneur qui s'oppose, comme en l'espèce, au congé à lui servi par le bailleur, doit intenter une action en contestation et formuler, sur la base d'éléments objectifs déterminés par l'article 94 alinéa 2, une demande chiffrée aux fins de l'obtention d'une indemnité d'éviction ; qu'il ne ressort nulle part des pièces du dossier de la procédure que le preneur Thaoul a formulé une telle demande, ne s'étant contenté que de demander l'annulation du congé à lui servi le 11 juin 2007 par le bailleur Moussa Kazem Sharara, annulation que ne prévoit aucune des dispositions sus-énoncées ; qu'en statuant comme elle l'a fait, la Cour d'appel de Dakar a fait une saine application de la loi et n'a donc pas violé les articles 93, 94 et 95 de l'Acte uniforme susindiqué ; qu'il s'ensuit que le pourvoi de Thaoul doit être rejeté comme non fondé.

CCJA, arrêt n° 074/2013 du14 novembre 2013, juricaf.org

C. Le droit au renouvellement du bail

465.- Le droit au renouvellement du bail à durée déterminée ou indéterminée est acquis au preneur qui justifie avoir exploité, conformément aux stipulations du bail, l'activité prévue à celui-ci, pendant une durée minimale de deux (02) ans[751]. L'exploitation du fonds doit donc être effective et régulière. L'exigence d'une exploitation effective est cependant à distinguer de l'exploitation continue. En effet, une exploitation saisonnière est une exploitation effective dès lors qu'elle correspond aux périodes d'activité du commerce entrepris[752].

Les articles 78 et 91 [respectivement devenus 110 et 123 de l'AUDCG] et suivants de l'AUDCG ne trouvent application que si le preneur a été diligent. Le preneur qui, au lieu de solliciter le renouvellement de son bail entre les mains du nouvel acquéreur, l'a fait plutôt entre celles de son ancien bailleur, qui n'avait plus la qualité de bailleur et dont les actes ne pouvaient nullement être opposables au nouveau propriétaire, ne peut se prévaloir de sa propre turpitude et soutenir que son bail a été renouvelé dans les formes et délais prescrits par la loi.

CCJA, arrêt n° 139/2014 du 11 novembre 2014, juricaf.org

Par rapport à la durée, la jurisprudence française considère, à raison, que lorsque la cession de bail est incluse dans une cession de fonds, le cessionnaire peut se prévaloir de la durée d'exploitation du cédant pour compléter la sienne et bénéficier du droit au renouvellement[753]. Une telle jurisprudence mérite d'être approuvée, car se trouvant en parfaite cohérence avec la volonté du législateur de préserver la stabilité du fonds[754].

Aucune stipulation du contrat ne peut faire échec au droit au renouvellement. C'est un droit d'ordre public.

466.- Dans le cas du bail à durée déterminée, le preneur qui a droit au renouvellement de son bail peut demander le renouvellement de celui-ci, par signification d'huissier de justice ou notification par tout moyen permettant d'établir la réception effective par le destinataire, au plus tard trois mois avant la date d'expiration du bail[755].

---

751 Art. 123 AUDCG.

752 Droit français. Cass. 3e civ., 16 avril 1973, Bull. civ. III, n° 288.

753 Droit français. Cass. 3e civ., 23 juillet 1986, Bull. civ. III, n° 131.

754 Lorsqu'il s'agit d'une cession du bail isolée, la jurisprudence française s'oppose à une jonction des durées d'exploitation car il ne s'agit pas du même fonds. Cette solution est maintenue même en présence d'une clause « tout commerce » ; Cass. 3e civ., 4 mai 1994, Bull. civ. III, n° 85.

755 Art. 124 AUDCG.

Le preneur qui n'a pas formé sa demande de renouvellement dans ce délai est déchu du droit au renouvellement du bail.

Le juge n'a pas à rechercher les motifs de la défaillance du preneur pour constater la déchéance de son droit au renouvellement.

CCJA, 2ème ch., Arr. n° 044/2017 du 23 mars 2017, OMVA ZUE J. c/ La succession HOUNDY P., cité dans OHADA – Code bleu, Juriafrica, 5e éd, p. 224. La décision parait sévère. En effet, une exception devrait pouvoir être trouvée pour le preneur qui prouve une impossibilité objective de respecter ses obligations.

Le bailleur qui n'a pas fait connaître sa réponse à la demande de renouvellement au plus tard un mois avant l'expiration du bail est réputé avoir accepté le principe du renouvellement de ce bail.

C'est une réponse qui est attendue du bailleur. En d'autres termes, il faut une demande préalable du preneur.

CCJA, 1ère ch., Arr. n° 030/2007 du 22 novembre 2007, SCI GOLFE de Guinée c/ Marina Atlantic SARL.

Considérant qu'en l'espèce, le bailleur n'a pas réagi à la demande de renouvellement en proposant le versement d'une indemnité d'éviction au preneur, que le bail est donc renouvelé implicitement pour une période de trois (03) ans conformément à l'AUDCG.

CA de Dakar, ch. Commerciale, économique et financière 2, arrêt n° 104 du 21 février 2013, IDEE Casamance c/A. TARRAF – 2 GEC du TR de Ziguinchor, inédit.

467.- Dans le cas d'un bail à durée indéterminée, le preneur, bénéficiaire du droit au renouvellement peut s'opposer au congé donné par le bailleur[756], au plus tard à la date d'effet de celui-ci, en lui notifiant par signification d'huissier de justice ou notification par tout moyen permettant d'établir la réception effective par le destinataire sa contestation de congé[757].

Faute de contestation dans ce délai, le bail à durée indéterminée cesse à la date fixée par le congé. Le parallélisme des formes devra être respecté. En d'autres termes, la contestation devra être notifiée dans le respect des formes de signification édictées.

---

[756] Il résulte, en effet, de l'article 125 AUDCG, que dans le cas d'un bail à durée indéterminée, toute partie qui entend le résilier doit donner congé par signification d'huissier de justice ou notification par tout moyen permettant d'établir la réception effective par le destinataire au moins six mois à l'avance.

[757] Art. 125 AUDCG.

468.- En cas de renouvellement exprès ou tacite, le bail est conclu pour une durée minimale de trois (03) ans. En cas de renouvellement pour une durée indéterminée, les parties doivent prévoir la durée du préavis de congé, qui ne peut être inférieure à six (06) mois.

Sur le moyen unique, pris en ses deux branches, tiré de la violation des articles 72 et 93 (devenus respectivement article 104 et 125) de l'Acte uniforme portant sur le droit commercial ; Attendu qu'il est fait grief à l'arrêt déféré d'avoir violé, d'une part, les dispositions de l'article 72, en ce qu'il a estimé que Monsieur TEJERIZO était lié à la succession CHABRIER Jean-Baptiste par un bail commercial à durée déterminée, alors, selon le moyen, qu'il est de principe que le renouvellement tacite a pour effet de nover le bail à durée déterminée en bail à durée indéterminée, et, d'autre part, celles de l'article 93, en ce qu'il a considéré le locataire déchu de son droit au renouvellement de son bail commercial pour n'avoir pas sollicité le renouvellement trois mois avant l'expiration du bail, alors qu'il s'agit d'un bail à durée indéterminée, lequel n'est pas soumis à cette formalité pour son renouvellement ;

Attendu en effet qu'aux termes de l'article 72, alinéa 3, « À défaut d'écrit ou de terme fixé, le bail est réputé conclu pour une durée indéterminée » ; qu'il est établi que le bail, initialement conclu pour une période d'une (01) année, expirait au 30 mars 1984 et, qu'à défaut de congé, le locataire a été maintenu dans les locaux plusieurs années durant sans qu'un autre bail écrit ne soit à nouveau conclu ; qu'il en résulte que le contrat de bail du 1er avril 1983 intervenu entre les sieurs CHABRIER et TEJERIZO est devenu, du fait de la tacite reconduction, un contrat non écrit et à durée indéterminée qui ne peut prendre fin que par un congé donné conformément aux dispositions de l'article 93 ; qu'en décidant que les parties n'ont jamais stipulé pour un contrat à durée indéterminée et que le bail est, dans ce cas, reconduit pour un an correspondant à la durée du bail initial, la Cour d'appel de Libreville a méconnu les dispositions susmentionnées et sa décision encourt cassation ; qu'il échet en conséquence de casser l'arrêt attaqué, d'évoquer et de statuer sur le fond.

CCJA, arrêt n° 132/2014 du 11 novembre 2014, juricaf.org

469.- Avec le renouvellement, le nouveau bail prend effet à compter de l'expiration du bail précédent si celui-ci est à durée déterminée, ou à compter de la date pour laquelle le congé a été donné si le bail précédent est à durée indéterminée.

470.- Le montant des loyers devra résulter d'une commune volonté des parties. À défaut d'accord écrit sur le nouveau montant du loyer, la juridiction compétente, statuant à bref délai, est saisie par la partie la plus diligente[758] (**n° 163**).

471.- Le sous-locataire peut demander le renouvellement de son bail au locataire principal dans la mesure des droits que celui-ci tient de la personne investie par la loi ou par une convention du droit de donner en location.

L'acte de renouvellement de la sous-location doit être porté à la connaissance du bailleur dans les mêmes conditions que la sous-location initialement autorisée.

472.- Le preneur sans droit au renouvellement, quel qu'en soit le motif, peut être remboursé des constructions et aménagements qu'il a réalisés dans les locaux avec l'autorisation du bailleur[759].

À défaut d'accord entre les parties, le preneur peut saisir la juridiction compétente dès l'expiration du bail à durée déterminée non renouvelé, ou encore dès la notification du congé du bail à durée indéterminée.

Le remboursement des constructions érigées par le preneur est subordonné à l'autorisation préalable du bailleur d'effectuer les travaux et à la fin du bail par l'arrivée de son terme ou par l'effet d'un congé ; qu'en l'espèce, les époux LOYE ayant abandonné le congé servi au GIE, le laissant ainsi continuer la jouissance des lieux, ce qu'il ne conteste pas, le remboursement des constructions effectuées ne pouvait intervenir que si son droit au renouvellement était remis en cause ; qu'en retenant que le bail entre les parties se poursuit, après avoir constaté que le tribunal a donné acte, le 11 octobre 2005, aux époux LOYE de leur renonciation au congé servi et décidé que le principe du remboursement n'est pas acquis, la cour d'appel n'a en rien violé l'article visé au moyen (article 99 AUDCG, actuel article 131 AUDCG).

CCJA, arrêt n° 077/2015 du 29 avril 2015, juricaf.org.

473.- ***Les limites au droit de renouvellement du preneur.*** Le bailleur a la possibilité de s'opposer au renouvellement du bail.

La notification d'un congé au preneur équivaut à un refus de renouvellement du bail de la part du bailleur.

---

758 Art. 117 AUDCG.

759 Art. 131 AUDCG.

CA Abidjan, arrêt n° 1205 du 29 novembre 2002, Ohadata J -03-307

La possibilité de s'opposer au renouvellement est accordée au bailleur dans deux situations.

1. L'opposition avec paiement d'une indemnité

474.- Le bailleur peut s'opposer au droit au renouvellement du bail à durée déterminée ou indéterminée en réglant au locataire une indemnité d'éviction[760].

Le preneur déchu du droit au renouvellement l'est, par ricochet, de celui de réclamer une indemnité d'éviction.

CCJA, 2ème ch., Arr. n° 032/2008 du 03 juillet 2008, Société METALUX SARL c/ C. BASSE, cité dans OHADA – Code bleu, Juriafrica, 5e éd, p. 230.

L'indemnité d'éviction vise à compenser les risques auxquels s'expose le preneur contraint de quitter les lieux loués. Elle est censée réparer le préjudice subi par le preneur qui ne peut demeurer dans les locaux loués[761]. Elle représente, pour lui, « la contrepartie financière exacte des avantages que lui aurait procuré le renouvellement »[762]. C'est donc seulement l'éviction qui est réparée et non une compensation de l'entier fonds de commerce installé dans les locaux repris[763].

475.- À défaut d'accord sur le montant de cette indemnité, celle-ci est fixée par la juridiction compétente en tenant compte notamment du montant du chiffre d'affaires, des investissements réalisés par le preneur, de la situation géographique du local et des frais de déménagement

---

760 Art. 126 AUDCG.

761 A. ALBARIAN, Ph. MOURON et B. BRIGNON, Droit commercial – Sociétés commerciales 2014. Un an de jurisprudence commentée, op. cit., p. 187. C'est donc « la contrepartie financière exacte des avantages qui lui aurait procuré le renouvellement », Y. REIHARD, Droit commercial – Acte de commerce, commerçants, fonds de commerce, Litec, 4e éd., 1996.

762 Y. REIHARD, Droit commercial – Actes de commerce, commerçants, fonds de commerce, Litec, 4e éd., 1996, cité par A. KENMONGNE SIMO, Commentaire CCJA, arrêt n° 017/2006 du 26 octobre 2006, SONATEL c/ Société d'exploitation de la clinique Sokhna ANTA, P. G. POUGOUÉ et S. S. KUATE TAMEGHE (dir.), Les grandes décisions de la CCJA de l'OHADA, op. cit., p. 63.

763 CA Dakar, 25 mai 2012, Y. SAFFIEDINE c/ Compagnie Commerciale Dia et Frères dite CDD Import-export, arrêt n° 211, Bulletin des arrêts rendus par la Cour d'appel de Dakar en matière civile et commerciale, 2013, vol. 1, p. 298.

imposés par le défaut de renouvellement[764]. L'utilisation de l'adverbe « notamment » montre que l'énumération n'est pas limitative.

Possède des éléments suffisants d'appréciation pour fixer l'indemnité d'éviction le juge qui, à défaut d'accord des parties ou de quitus fiscal attestant des investissements réalisés, tient compte de la situation géographique.

CA Dakar, chambre civile et commerciale, 08 février 2010, Dame L. De SOUZA MENDES DIAS c/S. BASSE, arrêt n° 126, Bulletin des arrêts rendus par la Cour d'appel de Dakar en matière civile et commerciale, 2011, vol. n° 1, p. 24

Sur les deux moyens réunis, tirés de la violation des articles 94, alinéa 2, et 102 [respectivement devenus 126 alinéas 2 et 134] de l'Acte uniforme portant sur le Droit commercial général ;

Attendu, par le premier moyen, qu'il est fait grief à l'arrêt attaqué d'avoir violé les dispositions de l'article 94, en ce que, d'une part, pour fixer l'indemnité d'éviction, il a recherché si le locataire réalisait des bénéfices, alors que, selon le moyen, le texte énonce clairement que la juridiction compétente doit tenir compte du chiffre d'affaires, et que, d'autre part, il a soumis les constructions et aménagements à l'autorisation du bailleur, alors que le texte ne dit pas expressément que les investissements, réalisés par le preneur, doivent être autorisés par le bailleur, pour être retenus comme critère de fixation de l'indemnité d'éviction ; qu'en énonçant comme elle l'a fait, la Cour d'appel a violé les dispositions de l'alinéa 2 de l'article 94 ;

Mais attendu que la cour, après avoir énoncé de manière précise les termes dudit texte, en a analysé chacun des éléments, en se référant à d'autres, pour parvenir à une fixation souveraine de l'indemnité ; qu'en statuant ainsi, la Cour d'appel n'a en rien violé les dispositions susmentionnées ; qu'il s'ensuit que le moyen n'est pas fondé et doit être rejeté ;

Attendu que, par un deuxième moyen, la requérante reproche à l'arrêt déféré d'avoir violé l'article 102 susvisé, lequel fait de l'article 94 une disposition d'ordre public, en ce qu'il a confondu chiffre d'affaires et bénéfice et a soumis la prise en compte des investissements à l'autorisation du bailleur, alors que, selon le moyen, les dispositions de l'article 94 sont d'ordre public, et donc d'interprétation stricte ;

---

[764] Art. 126 al. 2 AUDCG.

Mais attendu que, dans son analyse, la Cour d'appel de Dakar s'est parfaitement conformée aux dispositions de l'alinéa 2 de l'article 94, et n'a donc pu violer l'article 102.

CCJA, arrêt n° 066/2015 du 29 avril 2015, juricaf.org

Il n'est pas mis à la charge du juge une obligation de suivre, pour l'indemnisation, les estimations faites par le demandeur, même à dires d'expert. La loi lui laisse une liberté d'appréciation[765]. Cependant, l'indemnité d'éviction peut-elle être cumulée avec le remboursement des investissements réalisés ? Lorsqu'un élément a déjà été pris en compte pour la fixation du montant de l'indemnité d'éviction, il ne saurait faire encore l'objet d'une indemnisation à part[766].

Sollicitant un montant supérieur, le preneur peut accepter un paiement même partiel et poursuivre son action pour le surplus[767].

476.- Aux termes des dispositions de l'article 115 AUDCG, à l'expiration du bail, le preneur qui, pour une cause autre que le paiement de l'indemnité d'éviction, se maintient dans les lieux contre la volonté du bailleur, doit verser une indemnité d'occupation égale au montant du loyer fixé pendant la durée du bail, sans préjudice d'éventuels dommages et intérêts. Le preneur pouvant prétendre à une indemnité d'éviction ne peut ainsi être obligé de quitter les lieux avant d'avoir reçu le paiement de l'indemnité.

Droit français. Sauf clause contraire incluse dans l'acte, toute cession de fonds de commerce emporte cession de la créance d'indemnité d'éviction due au cédant et du droit au maintien dans les lieux et cette cession peut valablement intervenir jusqu'au paiement de l'indemnité d'éviction (Cass. 3e civ., 17 février 2010, Loyers et copr. 2010, comm. 105, obs. Brault).

---

765 CA Dakar, 25 mai 2012, Y. SAFFIEDINE c/ Compagnie Commerciale Dia et Frères dite CDD Import-export, arrêt n° 211, Bulletin des arrêts rendus par la Cour d'appel de Dakar en matière civile et commerciale, 2013, vol. 1, p. 298.

766 A. KENMONGNE SIMO, Commentaire CCJA, arrêt n° 017/2006 du 26 octobre 2006, SONATEL c/ Société d'exploitation de la clinique Sokhna ANTA, P. G. POUGOUÉ et S. S. KUATE TAMEGHE (dir.), Les grandes décisions de la CCJA de l'OHADA, op. cit., p. 68.

767 CA Dakar, 9 mars 2012, SARL Techniques Industries c/ SCI MARINAS, arrêt n° 89, Bulletin des arrêts rendus par la Cour d'appel de Dakar en matière civile et commerciale, 2013, vol. 1, p. 292.

2. L'opposition sans paiement d'une indemnité

477.- Aux termes des dispositions de articles 127 et 128 AUDCG, le bailleur peut s'opposer au droit au renouvellement du bail à durée déterminée ou indéterminée sans avoir à régler d'indemnité d'éviction, dans les cas suivants :

✓ ***S'il justifie d'un motif grave et légitime à l'encontre du preneur sortant.***

478.- Ce motif doit consister soit dans l'inexécution par le locataire d'une obligation substantielle du bail, soit encore dans la cessation de l'exploitation de l'activité[768].

Le non-paiement des loyers constitue à la fois une cause de résiliation et une cause d'exonération de l'indemnité d'éviction[769]. Cependant, en raison du caractère quérable des loyers, le non-paiement de ceux-ci n'est pas un manquement grave pouvant déchoir le locataire de son droit à l'indemnité d'éviction que lorsque le bailleur en avait requis le paiement[770]. Le bailleur qui invoque comme motif grave et légitime à l'encontre du preneur le cumul de plusieurs arriérés de loyers doit encore prouver qu'il a effectué des diligences pour quérir le loyer et qu'il a mis en demeure le preneur de devoir faire cesser le manquement aux obligations que le bail lui impose[771]. Et il faudra que les faits se poursuivent plus de deux mois après la mise en demeure. Comme le soulève un auteur, « il faut que le preneur ait fait preuve d'un minimum de témérité »[772]. En effet, le motif grave et légitime ne peut être invoqué que si les faits se sont poursuivis ou renouvelés plus de deux (02) mois après une mise en demeure du bailleur, par signification d'huissier de justice ou notification par tout moyen permettant d'établir la réception

---

768 Art. 127, 1° AUDCG.

769 CCJA, arrêt n° 062/2008 du 30 décembre 2008, Ohadata J-10-36.

770 CA Dakar, 9 mars 2012, SARL Techniques Industries c/ SCI MARINAS, arrêt n° 89, Bulletin des arrêts rendus par la Cour d'appel de Dakar en matière civile et commerciale, 2013, vol. 1, p. 292.

771 CA de Dakar, arrêt n°400 du 16 août 2002, Ohadata J-05-61.

772 A. KENMONGNE SIMO, Commentaire CCJA, arrêt n° 017/2006 du 26 octobre 2006, SONATEL c/ Société d'exploitation de la clinique Sokhna ANTA, P. G. POUGOUÉ et S. S. KUATE TAMEGHE (dir.), Les grandes décisions de la CCJA de l'OHADA, op. cit., p. 66.

effective par le destinataire d'avoir à les faire cesser[773]. Une certaine mansuétude à l'égard du preneur est ainsi notée de la part du législateur.

La signature du contrat de bail sans aucune référence à des travaux déjà effectués ne peut en aucune manière tenir lieu d'autorisation écrite pour le preneur de faire des aménagements, modifications ou transformations dans l'état des locaux loués. En l'absence de preuve de l'autorisation préalable et écrite du bailleur, le juge peut constater la résiliation du bail lorsqu'une clause résolutoire a été prévue dans le contrat[774].

Le bailleur qui justifie d'une faute contractuelle du locataire échappe ainsi au paiement de l'indemnité d'éviction. En outre, comme en dispose l'article 127 AUDCG, la cessation de l'exploitation de l'activité produit les mêmes conséquences. Cette solution trouve sa cohérence dans le fondement même du droit au renouvellement. L'activité étant arrêtée, le débat sur sa stabilité devient dépassé.

Le bailleur peut-il invoquer une faute extracontractuelle du locataire ? L'énoncé de l'article 127 n'autorise pas une telle extension.

Il importe pour le bailleur d'invoquer un motif suffisamment grave pour éviter de voir le preneur solliciter devant le juge le paiement de l'indemnité d'éviction. Mais dans ce cas, le preneur peut-il librement quitter les lieux avant même l'issue de l'action engagée ? L'article 115 AUDCG ayant prévu explicitement que le preneur pouvant prétendre à une indemnité d'éviction ne peut être obligé de quitter les lieux avant de l'avoir reçu, a contrario, il est libre de s'y maintenir ou de quitter sans perdre son droit.

Droit français. Le congé donné sans motif et sans offre d'indemnité d'éviction n'en est pas moins irrévocable à l'égard du preneur. Celui-ci peut donc quitter les lieux à tout moment sans perdre le bénéfice de l'action en nullité dudit congé et en paiement de l'indemnité d'éviction (Cass. 3e civ., 19 février 2014, n° 11-28.806).

---

[773] Le refus de renouvellement n'est pas justifié si la mise en demeure est irrégulière, CA Dakar, chambre civile et commerciale, 16 aout 2002, arrêt n° 400, I. Gueye c/ SCI Amine, Ohadata J-05-61.

[774] CA Dakar, chambre civile et commerciale, 8 février 2010, Société Alma City c/ Agence Almadies Immobilier, arrêt n° 136, Bulletin des arrêts rendus par la Cour d'appel de Dakar en matière civile et commerciale, 2011, vol. n° 1, p. 27 : « Le preneur a procédé à des modifications substantielles sur les locaux en y aménageant, entre autres, un four et un bar restaurant ».

✓ ***S'il envisage de démolir l'immeuble comprenant les lieux loués et de le reconstruire.***

479.- Le bailleur doit dans ce cas justifier de la nature et de la description des travaux projetés[775]. Ainsi, le congé servi pour démolition et reconstruction ne dispense du paiement de l'indemnité que s'il est justifié de la nature et de la description des travaux[776]. La simple indication des travaux dans l'exploit de congé, sans leur description et leur justification, même dans un document annexe, est alors insuffisante pour dispenser le bailleur du paiement.

Mais qui doit concrètement justifier les travaux ? Devant l'absence de réponse précise de l'article 127 AUDCG, la CCJA considère que le bailleur qui soulève sa volonté de « démolir le bâtiment qui existe actuellement pour le remplacer par un autre plus moderne répondant aux normes de sécurité » n'apporte pas une justification suffisante. La Cour précise que cette justification ne peut se faire que par un homme de l'art[777]. La volonté de protection du preneur semble fonder l'exclusion d'une lecture littérale de l'article qui aurait voulu que la justification soit l'affaire du bailleur. L'intervention d'un homme de l'art a le mérite de l'objectivité. En effet, l'expression renvoie à une personne expérimentée, un professionnel du métier possédant une aptitude et des connaissances spécifiques. Dans le cadre de la démolition-reconstruction, il pourrait s'agir de l'architecte, du géomètre, etc. La nature et la description des travaux envisagés doivent donc, désormais, être précisées par un architecte ou un expert en la matière. Une telle lecture de l'article 127 le rapproche du COCC. En matière de bail à usage d'habitation, lorsque le bailleur entend démolir pour reconstruire, les dispositions de l'article 574 du COCC exigent que l'exploit du préavis de congé mentionne la référence complète du permis de construire, le nom, le cas échéant, de l'architecte et celui de l'entreprise exécutante[778].

---

[775] Art. 127 AUDCG.

[776] CA Dakar, 25 mai 2012, Y. SAFFIEDINE c/ Compagnie Commerciale Dia et Frères dite CDD Import-export, arrêt n° 211, Bulletin des arrêts rendus par la Cour d'appel de Dakar en matière civile et commerciale, 2013, vol. 1, p. 298.

[777] CCJA, 2e ch. n° 111/2015 du 22 octobre 2015, Aff. DIALLO S. c/FALL I. et autres, Ohadata J-16-104.

[778] CA Dakar, chambre civile et commerciale, 19 juillet 2010, P. H. DIOUF c/ Héritiers de feu E. A. K. SECK, arrêt n° 562, Bulletin des arrêts rendus par la Cour d'appel de Dakar en matière civile et commerciale, 2011, vol. n° 1, p. 31.

Seule la démolition-reconstruction est prise en compte. Ainsi, la reprise des lieux en vue d'une rénovation n'est pas légitime[779]. Par ailleurs, pour la CCJA, il n'est pas nécessaire que la démolition soit totale. Elle peut être partielle dès lors qu'il est démontré que les travaux projetés ont nécessité la démolition des pans de mur et une saignée importante de la dalle du premier étage ayant entrainé des fissures importantes aux poteaux soutenant la dalle[780].

Le preneur a le droit de rester dans les lieux jusqu'au commencement des travaux de démolition, et il bénéficie d'un droit de priorité pour se voir attribuer un nouveau bail dans l'immeuble reconstruit.

Si les locaux reconstruits ont une destination différente de celle des locaux objets du bail, ou s'il n'est pas offert au preneur un bail dans les nouveaux locaux, le bailleur doit verser au preneur l'indemnité d'éviction. De même, en cas de reprise pour reconstruction, l'indemnité peut être due lorsque la construction projetée est incompatible avec l'activité du preneur[781]. Dans ces cas, le preneur est non seulement fondé à obtenir une indemnité d'éviction préalable à son expulsion, mais à demeurer dans les locaux jusqu'au début des travaux[782].

> *Le locataire est fondé à demander une indemnité d'éviction et à rester dans les locaux jusqu'au début des travaux si le bailleur modifie le plan initial en décidant d'édifier un immeuble à usage d'habitation.*
>
> *CCJA, 2ème ch., Arr. n° 033/2005 du 26 mai 2005, KOITA B. c/ F. OSCARADONE, cité dans OHADA – Code bleu, Juriafrica, 5e éd, p. 236.*

✓ ***S'il envisage d'habiter les locaux***

480.- Le bailleur peut, sans versement d'indemnité d'éviction, refuser le renouvellement du bail portant sur les locaux d'habitation accessoires des locaux principaux, pour les habiter lui-même ou les faire habiter par son conjoint ou ses ascendants, ses descendants ou ceux de son conjoint.

Cette reprise ne peut être exercée lorsque le preneur établit que la privation de jouissance des locaux d'habitation accessoires apporte un trouble grave à la jouissance du bail dans les locaux principaux, ou

---

779 Trib. Toumodi, n° 9 du 18 janvier 2001, Ohadata J-04-391.

780 CCJA, 3ème ch., Arr. n° 086/2016 du 28 avril 2016, KOUASSI K. N. et autres c/ SIDIBE S.

781 TR. Hors classe de Dakar, n° 1712 du 25 octobre 2000, Ohadata J-05-60.

782 CCJA, arrêt n° 33 du 26 mai 2005, juriscope.org.

lorsque les locaux principaux et les locaux d'habitation forment un tout indivisible.

La reprise pour habitation ne concerne que le bailleur personne physique. En droit sénégalais où la même règle est prévue pour la rupture du bail à usage d'habitation, est assimilée au bailleur personne physique, la société civile constituée exclusivement entre parents et alliés jusqu'au quatrième degré qui décide d'exercer le droit de reprise au profit de l'un des associés, de son conjoint, ses ascendants, ses descendants en ligne directe ou ceux de son conjoint[783]. En outre, le législateur sénégalais exige que le préavis délivré par le bailleur personne physique ou société civile assimilée indique, à peine de nullité, entre autres :

1°) l'identité complète de la personne au profit de laquelle le droit de reprise est exercé ;

2°) son lien de parenté avec le bailleur ;

3°) son adresse actuelle.

De telles mesures, même si elles ne sont pas prévues par l'Acte uniforme, semblent en parfaite cohérence avec ses exigences. Il est aussi à déplorer l'absence d'encadrement dans le temps de la reprise pour habitation de la part du droit OHADA. En d'autres termes, dans quel délai le bénéficiaire doit-il occuper les lieux ? Le législateur sénégalais ouvre une piste dans le bail à usage d'habitation. Aux termes des dispositions de l'article 583 du COCC, le propriétaire qui signifie son intention de reprise pour occupation personnelle doit installer le bénéficiaire désigné dans les lieux dans le délai de trois (03) mois suivant le jour de l'éviction du locataire. Le bénéficiaire du droit de reprise est, en outre, tenu d'habiter effectivement les lieux libérés pendant deux (02) années consécutives à compter de son habitation. Faute par lui de satisfaire à l'une de ces quelconques obligations, le bailleur qui a fait usage du droit de reprise pour occupation personnelle sera redevable, envers le locataire évincé ou de ses ayants droit, d'une indemnité forfaitaire égale à vingt-quatre (24) mensualités de loyer calculées au dernier taux payé par ledit locataire sans préjudice de tous autres dommages et intérêts. La preuve de la défaillance du bailleur à satisfaire l'une des conditions imposées pour user du droit de remise peut être rapportée par tous moyens.

[783] Art. 574 COCC.

Une évolution du droit OHADA sur l'encadrement de la reprise pour habitation est ainsi souhaitée et elle pourrait s'inspirer de ces dispositions du COCC en cela que les deux droits restent gouvernés par la protection du preneur.

PARAGRAPHE 2 : LA FIN DU BAIL POUR FAUTE D'UNE PARTIE

481.- Comme dans tous contrats synallagmatiques, le preneur et le bailleur sont tenus chacun en ce qui le concerne au respect de chacune des clauses et conditions du bail sous peine de résiliation.

Il ressort de l'article 9 alinéa 2 de l'AUPCAP que la suspension individuelle des poursuites n'empêche pas une action tendant à la reconnaissance d'un droit, mais s'applique aux voies d'exécutions et aux mesures conservatoires, qui constituent « toutes procédures légales qui permettent à un créancier impayé, soit de saisir les biens de son débiteur pour les vendre et se faire payer, soit de se faire délivrer ou restituer un bien mobilier corporel ».

Il en résulte que l'expulsion ne peut être considérée ou assimilée à une voie d'exécution forcée ou à une mesure conservatoire, comme l'a décidé la Cour d'appel ; et le règlement préventif dont a bénéficié la débitrice ne peut avoir aucune conséquence sur la demande en expulsion formulée par sa créancière à son encontre. C'est donc par une mauvaise interprétation de l'article 9 de l'AUPCAP qu'une cour d'appel a assimilé cette demande en expulsion à une voie d'exécution forcée ou à une mesure conservatoire pour ensuite la rejeter et son arrêt encourt la cassation.

Le jugement ayant prononcé l'expulsion du preneur doit être confirmé dès lors qu'aucune contestation n'est portée sur le non-paiement des loyers.

CCJA, 2ème ch., Arr. n° 025/2013 du 18 avril 2013, Société civile immobilière de Gandillac, dite SCI DE GANDILLAC c/ Clinique gynécologique obstétricale dite GOCI, Ohadata J-15-25.

En cas de défaillance, le créancier de l'obligation peut solliciter la résiliation du contrat[784]. Mais qui prononce une telle résiliation ?

---

[784] « L'exégèse du nouveau dispositif juridique permet de constater que les rédacteurs de l'Acte uniforme ont procédé à un véritable toilettage de l'instance en résiliation du bail professionnel, au point de donner un nouveau visage à cette procédure judiciaire » (P. A. TOURÉ, Le nouveau visage de l'action en résiliation du bail à usage professionnel dans l'Acte uniforme portant sur le droit commercial général adopté le 15 décembre 2010, op. cit., p. 315). En effet, l'article 101 de l'ancien

482.- Dans l'ancien AUDCG, le chapitre 7 était intitulé : « Résiliation judiciaire du bail ». La disparition du terme « judiciaire » autorise-t-elle la résiliation amiable ? La volonté législative de protection du preneur se concilie difficilement avec une réponse affirmative. La résiliation doit être prononcée par le juge[785] qui devra, par ailleurs, apprécier le bien-fondé du motif du congé et sa conformité à la loi[786]. Un tribunal a ainsi pu ordonner la réintégration d'un locataire expulsé par son bailleur (représenté par son fils) qui lui avait empêché l'accès au local pour non-paiement de loyers[787]. La pertinence de cette solution est à trouver dans la « survie » même du contrat de bail. « Mal rompu », il n'est pas résilié. Le comportement du bailleur pourra aussi justifier de sa part le paiement de dommage et intérêt pour préjudice causé mais aussi si la réintégration dévient impossible.

La possibilité d'une réintégration devra être discutée si, entre temps, le bailleur a donné l'immeuble en location. Le nouveau locataire mérite la protection si sa bonne foi n'est pas contestée. Dans cette hypothèse, la réintégration devra être déclarée impossible et, par rapport au locataire évincé, le bailleur sanctionné sur le terrain de la violation des contrats légalement formés.

La présence d'une clause résolutoire de plein droit ne saurait porter atteinte au régime de la résiliation du bail. L'efficacité de la clause de résiliation du bail est subordonnée à la stricte observation des formalités préalables imposées par le législateur[788]. La juridiction compétente statuant à bref délai constate la résiliation du bail et prononce, le cas

---

Acte uniforme, aujourd'hui remplacé par l'article 133, a été l'une des dispositions les plus controversées de l'Acte uniforme sur le droit commercial général. J. ISSA-SAYEGH, « Le bilan jurisprudentiel du droit uniforme OHADA (incertitudes législatives et turbulences jurisprudentielles) » : www.OHADA.com : « Ainsi, l'alinéa 5 de l'article 101 de l'Acte uniforme sur le droit commercial général, en utilisant (par inadvertance, semble-t-il) le mot jugement (plutôt que « décision ») a alimenté une divergence entre les juridictions dont certaines y voient une obligation de saisir le tribunal pour obtenir la résiliation du bail, d'autres estimant, au contraire, que ce terme n'empêche pas de recourir à la clause résolutoire du bail et à son application devant le juge des référés ou nécessairement devant les juges du fond ».

785 CA Abidjan, arrêt n° 209 du 6 avril 2000, Ohadata J-02-86.

786 CCJA, arrêt n° 006/2009 du 26 février 2009, Revue de jurisprudence n°13, janvier-juin 2009, p. 45.

787 Trib. com. Abidjan, ord. Réf. 14 août 2014, A. Elijah c/ Kamagate Ibrahim, RG. 2127/2014, inédit ; CA Abidjan, arrêt n° 361 du 27 mars 2001, N. c/ A, Ohadata J-03-118.

788 CA Yaoudé, arrêt n° 222/civ. du 14 mars 2003, juriscope.org.

échéant, l'expulsion du preneur et de tout occupant de son chef, en cas d'inexécution d'une clause ou d'une condition du bail après la mise en demeure[789]. Malgré l'absence de précision de la part du législateur, le juge conserve son pouvoir d'appréciation des conditions d'application de la clause.

483.- Des transformations effectuées par le preneur sur l'immeuble objet du bail peuvent justifier la fin du contrat s'il n'y a pas une autorisation préalable du bailleur ni la remise en état des lieux dans le délai fixé.

Considérant que BRUNETON a versé aux débats un constat d'huissier du 11 juin 2007, fait à sa requête, dans lequel il déclare que pour les besoins de l'auberge, il a effectué des transformations au niveau du garage et du salon, mais n'a pas transformé toute la maison ; que l'huissier instrumentaire a constaté, entre autres, une table de travail en mur carrelé du fast-food démolie par le requérant, la présence d'une murette supprimée et remise en place et la présence d'un mur non peint coupé par le requérant pour y loger un frigo ;

Considérant que les transformations litigieuses sont établies ; que toutefois, BRUNETON n'a pas justifié de l'autorisation préalable du bailleur ni de la remise en état des lieux dans le délai d'un mois qui lui a été imparti par le commandement du 19 avril 2007 ;

Qu'il s'ensuit que les conditions de la résiliation du bail sont réunies.

CA Dakar, 15 avril 2011, A. J. R. BRUNETON c/E. M. SECK, arrêt n° 305, Bulletin des arrêts rendus par la Cour d'appel de Dakar en matière civile et commerciale, 2013, vol. 1, p. 322.

484.- La demande en justice aux fins de résiliation du bail[790] doit être précédée d'une mise en demeure[791] d'avoir à respecter la ou les clauses ou conditions violées. La mise en demeure est faite par acte d'huissier ou notifiée par tout moyen permettant d'établir sa réception effective par le destinataire.

Attendu qu'il résulte des pièces de la procédure que par écrit en date du 1er juillet 1994, le sieur SIKAM Clément donnait en bail à la dame Diemo un local devant servir de boutique, pour un loyer mensuel de 240 000 francs ramené à 220 000 francs ; que suite à des

---

[789] Art. 133 al. 4 AUDCG.

[790] Par opposition à la résolution, la résiliation n'a pas un effet rétroactif sur la compétence.

[791] Art. 133 AUDCG ; CA Abidjan, arrêt n° 9859 du 31 octobre 2000, juriscope.org.

modifications et à l'intention de SIKAM d'augmenter le loyer, un contentieux éclatait entre les deux parties ; qu'aussi pour clarifier les relations, la dame Diemo saisissait le tribunal aux fins de renouvellement du bail et de fixation du loyer ; qu'elle sera déboutée le 12 avril 2000 par le Tribunal de Douala ; que la dame Diemo, qui a interjeté appel, abandonnait la procédure après avoir cédé son fonds de commerce le 26 mai 2003 au nommé FOKUI MEUDJE Jean, qui s'installa sans aviser le propriétaire ; qu'informé plus tard, SIKAM Clément s'opposait à la cession et sollicitait l'expulsion du nouvel occupant ; que le Jugement n° 118 du 4 juin 2008 qui y a fait droit a été confirmé par la Cour suivant arrêt dont pourvoi.

Sur le premier moyen tiré de la violation des articles 101 et 102 (devenus respectivement 133 et 134) de l'Acte uniforme portant sur le droit commercial général du 17 avril 1997 ;

Attendu qu'il est fait grief à l'arrêt attaqué d'avoir violé les articles 101 et 102 susvisés, en ce que l'expulsion a été prononcée alors qu'aux termes de ces dispositions qui sont d'ordre public, la résiliation du bail et l'expulsion du locataire ne peuvent être sollicitées qu'en cas de non-paiement du loyer ou de défaut d'exécution d'une clause du bail après mise en demeure ;

Mais attendu que toutes ces dispositions ne sont applicables qu'à l'occupant régulier ; qu'en l'occurrence le sieur FOKUI MEUDJE Jean n'étant ni preneur ni sous-locataire régulier ne peut s'en prévaloir ; que ce moyen ne peut prospérer.

(CCJA, arrêt n° 126/2014 du 11 novembre 2014, juricaf.org)

Si une procédure de résiliation s'est achevée par un procès-verbal de conciliation homologué qui constate le paiement des loyers impayés, une nouvelle mise en demeure est nécessaire pour toute nouvelle procédure.

CA Dakar, ch. civ. et com., arrêt n° 236 du 13 avril 2001, Définitif tamaris Mboup c/ STE communication 7 SA.

À peine de nullité, la mise en demeure doit indiquer la ou les clauses et conditions du bail non respectées et informer le destinataire qu'à défaut de s'exécuter dans un délai d'un mois à compter de sa réception, la juridiction compétente statuant à bref délai est saisie aux fins de résiliation du bail et d'expulsion, le cas échéant, du preneur et de tout occupant de son chef. L'article 133 AUDCG opéré ainsi est une évolution par rapport à l'ancien Acte uniforme. Aux termes des dispositions de l'article 101 ancien AUDCG, la mise en demeure doit reproduire, sous peine de nullité, les termes de l'article précité et informer le preneur qu'à défaut de paiement ou de respect des clauses et conditions du bail dans un délai d'un mois, la résiliation sera poursuivie. Sur le fondement de ce texte, sera jugé que :

Le locataire qui ne s'acquitte pas des loyers ne saurait invoquer la nullité de la mise en demeure à lui servie, motif pris de ce que ladite mise en demeure n'aurait pas précisé qu'à défaut de paiement des loyers le bail serait résilié dès lors que la reproduction intégrale dans la mise en demeure de l'article 101 de l'Acte uniforme sur le droit commercial général comporte déjà cet avertissement.

Le locataire poursuivi en expulsion ne peut invoquer le défaut de notification de la mise en demeure aux créanciers inscrits s'il ne prouve l'existence desdits créanciers.

CCJA, arrêt n° 60/2012 du 07 juin 2012, juricaf.org

L'absence de mise en demeure qui doit être pensée comme englobant la mise en demeure irrégulière, est sanctionnée par l'irrecevabilité de la demande de résiliation. Mieux, le caractère d'ordre public de l'article 133[792] autorise le juge à soulever d'office la violation.

La mise en demeure est une seconde chance accordée au locataire pour préserver la stabilité de son activité. Ce fondement semble même autoriser la régularisation après le délai. En effet, des juges ont pu considérer que le locataire peut encore se racheter, malgré l'expiration du délai de mise en demeure, si le bailleur n'a pas encore déclenché la procédure de résiliation[793]. Et si le locataire régularise sa situation après la saisine du juge ? La volonté de pérenniser la relation contractuelle ne doit pas pouvoir tout justifier. En pareille circonstance, le locataire devrait être sanctionné car ayant déjà profité du privilège que lui reconnait la loi. Une solution contraire va annihiler toute la pertinence de la mise en demeure et encourager la mauvaise foi chez les locataires.

Le paiement tardif de tout ou partie desdits arriérés par la recourante ne saurait produire un effet sur la demande d'expulsion introduite.

---

792 Art. 134 AUDCG.

793 CA Centre, 19 mars 2004, arrêt n° 124/De, Le Groupe Socopac/Fopup c/ La SCI des frères réunis, Ohadata J-04-207 : « il est établi que le Groupe Socopac/Fopup s'est intégralement acquitté des loyers échus avant l'introduction de l'instance en expulsion, faisant ainsi preuve de bonne foi ».

CCJA, 3ème ch., Arr. n° 128-2016 du 07 juillet 2016, SCI BORIJA c/ Société JEDEN-CI SARL. Cet arrêt casse la décision d'une Cour d'appel qui avait infirmé une ordonnance de référé expulsion au motif que les appelants se sont acquittés des loyers réclamés avant le prononcé.

485.- En plus de la mise en demeure, le locataire peut trouver son salut dans les pouvoirs du juge. En effet, « en dehors de la volonté du créancier et quelle que soit la nature de l'obligation, le débiteur peut bénéficier…d'un délai de grâce que lui accorde le juge »[794] même après la condamnation.

486.- La partie qui entend poursuivre la résiliation du bail doit notifier aux créanciers inscrits une copie de l'acte introductif d'instance. La décision prononçant ou constatant la résiliation du bail ne peut intervenir qu'après l'expiration d'un délai d'un mois suivant la notification de la demande aux créanciers inscrits[795]. Ce délai n'est pas figé. Par exemple, il est doublé dans le cadre de l'application de 176 de l'Acte uniforme portant organisation des sûretés. Il dispose que « le bailleur qui entend poursuivre la résiliation du bail de l'immeuble dans lequel est exploité un fonds de commerce grevé d'inscription doit notifier sa demande aux créanciers inscrits par acte extrajudiciaire. La décision judiciaire de résiliation ne peut intervenir, ni la résiliation amiable ou en vertu d'une clause résolutoire de plein droit produire effet, qu'après l'expiration du délai de deux mois suivant la notification ».

Le non-respect de cette exigence posée par l'article 135, *in fine,* doit être l'inopposabilité de la résiliation aux créanciers inscrits.

487.- Par ailleurs, comme a pu le souligner un auteur, « malgré l'option d'une réécriture des textes prise par l'OHADA, (…) des flottements terminologiques continuent d'habiter l'univers sémantique du nouvel Acte uniforme »[796]. La formule « juridiction compétente statuant à bref délai » à peine a-t-elle fait son apparition qu'elle a commencé à susciter des controverses. Si, pour certains, le texte consacre une compétence dérogatoire au juge des référés, pour d'autres, on assiste juste au maintien d'un renvoi aux règles de compétence des États parties pour déterminer la juridiction compétente en matière de résiliation de bail

---

794 Art. 173 COCC.

795 Art. 133 *in fine* AUDCG.

796 P. A. TOURÉ, Le nouveau visage de l'action en résiliation du bail à usage professionnel dans l'Acte uniforme portant sur le droit commercial général adopté le 15 décembre 2010, op. cit., p. 316.

professionnel[797]. Cette dernière position est cependant plus conforme à l'article 133. « Le législateur communautaire, par cette formule, s'est encore désintéressé de la question de la compétence juridictionnelle qu'il a entendu renvoyer aux législations des États parties »[798]. La compétence juridictionnelle en matière de résiliation du bail doit être recherchée dans les règles du droit interne de chaque État[799]. À noter que la question de l'identification de la juridiction compétente doit naturellement être soigneusement distinguée de celle des pouvoirs de la juridiction compétente en matière de résiliation du bail professionnel. Aux termes de l'article 133, une distinction s'opère entre la constatation et le prononcé de la résiliation du bail à usage professionnel.

Le contrat de bail peut prévoir une clause résolutoire de plein droit[800]. Dans ce cas, la juridiction compétente statuant à bref délai constate la résiliation du bail et prononce, le cas échéant, l'expulsion du preneur et de tout occupant de son chef, en cas d'inexécution d'une clause ou d'une condition du bail après la mise en demeure visée aux alinéas précédents.

Si la compétence du juge du fond est sans conteste pour la constatation[801], une « compétence » résiduelle doit aussi être reconnue au

---

[797] Idem, p. 318.

[798] Idem.

[799] CCJA, avis n° 1/2003/EP, 3-6-2003, ETOUNDI et al., p. 168 : « La détermination de la juridiction compétente, expression consacrée et souvent employée par le législateur communautaire OHADA, relève du droit interne et en particulier de l'organisation judiciaire de chaque État partie. (…) il incombe à la juridiction nationale, saisie d'une demande de résiliation du bail commercial, de rechercher dans les règles du droit interne de son État si elle est compétente ratione materiae pour connaître de ladite demande, étant précisé que le terme jugement est utilisé à l'alinéa 5 dudit article dans son sens générique et désigne toute décision de justice ».

[800] La possibilité donnée aux parties d'insérer dans le bail une clause résolutoire de plein droit constitue, pour le droit uniforme des affaires de l'OHADA, une consécration législative de la théorie proposée par feu le magistrat Lamine COULIBALY (L. COULIBALY, « De la juridiction compétente en matière de résiliation de bail commercial », La Balance, Journal de l'Union des Magistrats Sénégalais, édition spéciale, août 2002, pp. 31 et s.) ; P. A. TOURÉ, Le nouveau visage de l'action en résiliation du bail à usage professionnel dans l'Acte uniforme portant sur le droit commercial général adopté le 15 décembre 2010, op. cit., p. 325.

[801] Les tribunaux d'instance connaissent en premier ressort, quel que soit l'objet du litige, des actions relatives au bail à usage professionnel lorsque le montant du loyer mensuel est inférieur ou égal à cent mille (100 000) francs CFA (Art. 7 al. 2 du décret n° 2015-1145 du 3 août 2015 fixant la composition et la compétence des

juge des référés en la matière lorsqu'il y a une clause résolutoire de plein droit[802]. Cependant, contrairement à certains qui semblent exiger en plus le respect des critères pertinents de sa compétence[803], la présence de la clause doit suffire. En effet, l'article 133 AUDCG, qui est le siège exclusif de l'organisation de la résiliation du bail à usage professionnel, ne subordonne la décision de résiliation et d'expulsion qu'à « l'inexécution d'une clause ou d'une condition du bail ».

En l'absence d'écrit, le juge devra cependant se déclarer incompétent. Lorsque le contrat est verbal, le requérant ne produit pas « aux débats un contrat de bail pouvant permettre au juge des référés de vérifier sa compétence par l'existence d'une clause de résiliation expresse insérée audit contrat (…). Attendu que seule l'existence de cette clause insérée dans le contrat de bail peut justifier la compétence du juge des référés en matière de résiliation de bail commercial ; Qu'en l'absence d'un contrat de bail écrit, il échet de se déclarer incompétent »[804].

488.- En l'absence d'une clause résolutoire de plein droit, la juridiction des référés dispose d'un pouvoir de prononcer la résiliation du bail professionnel dès lors que cette mesure ne se heurte à aucune contestation sérieuse, au sens de l'article 247 du Code de procédure civile[805]. Il en est ainsi lorsque le preneur assigné pour défaut de paiement de loyers reconnaît à l'audience sa défaillance.

---

cours d'appel, des tribunaux de grande instance et des tribunaux d'instance, op. cit.). Dans le cas contraire, la compétence revient au Tribunal de grande instance.

802 CA Dakar, chambre civile et commerciale, 8 février 2010, Société Alma City c/ Agence Almadies Immobilier, arrêt n° 136, Bulletin des arrêts rendus par la Cour d'appel de Dakar en matière civile et commerciale, 2011, vol. n° 1, p. 27 : « Il est de jurisprudence constante que le juge des référés peut constater cette résiliation lorsqu'une clause résolutoire a été prévue dans le contrat ».

803 P. A. TOURÉ, Le nouveau visage de l'action en résiliation du bail à usage professionnel dans l'Acte uniforme portant sur le droit commercial général adopté le 15 décembre 2010, op. cit., p. 326.

804 TRHC Dakar, ord. réf, n° 4387 du 22 octobre 2007, inédite ; dans le même sens, TRHC Dakar, ord. réf, n° 4369 du 22 octobre 2007, inédite ; TRHC Dakar, ord. réf, n° 3950 du 17 septembre 2007, inédite. Cité par P. A. TOURÉ, Le nouveau visage de l'action en résiliation du bail à usage professionnel dans l'Acte uniforme portant sur le droit commercial général adopté le 15 décembre 2010, op. cit., p. 326.

805 Idem, p. 327 ; CA Dakar, 6 avril 2012, Société Europe Affaires SURL c/ M. DIARRA née A. DIA, arrêt n° 112, Bulletin des arrêts rendus par la Cour d'appel de Dakar en matière civile et commerciale, 2013, vol. 1, p. 318 ; CA Dakar, 5 avril 2011, A. GASSAMA c/ A. R. DIOP, arrêt n° 278, Bulletin des arrêts rendus par la Cour d'appel de Dakar en matière civile et commerciale, 2013, vol. 1, p. 320 :

489.- Avec l'avènement des tribunaux de commerce et des chambres commerciales d'appel, les fonctions de juge des référés sont exercées par le président du tribunal de commerce et le président de la chambre commerciale d'appel de la Cour d'appel[806]. En cas d'empêchement, lesdites fonctions sont dévolues au juge ou au conseiller qu'ils délèguent.

« Même en l'absence de clause résolutoire, le juge des référés peut prononcer la résolution du bail commercial si la mesure ne se heurte à aucune contestation sérieuse ».

[806] Art. 32 de la loi n° 2017-24 du 28 juin 2017 portant création, organisation et fonctionnement des tribunaux de commerce et des chambres commerciales d'appel, op. cit.

Chapitre 4

Le bail assorti d'une promesse de vente

490. Le bail assorti d'une promesse de vente résulte de la combinaison d'une promesse de vente et d'un bail. La promesse de vente est synallagmatique ou unilatérale.

491. En dehors des contrats soumis à publicité par les textes relatifs à l'immatriculation foncière, le bail assorti d'une promesse de vente doit faire l'objet d'une inscription au livre foncier pour être opposable aux tiers[807].

SECTION 1 : LE BAIL ASSORTI D'UNE PROMESSE SYNALLAGMATIQUE DE VENTE

492. La promesse synallagmatique est celle par laquelle les deux parties sont d'accord, le vendeur pour vendre, l'acheteur pour acheter une chose déterminée pour un prix fixé[808].

493. En droit sénégalais, le bail assorti d'une promesse synallagmatique de vente est qualifié de location-vente[809]. C'est un contrat dans lequel l'obligation de transfert est retardée dans l'intérêt du vendeur[810]. Le propriétaire s'engage à transférer à autrui la propriété de la chose, après une période de jouissance à titre onéreux. L'acquéreur du bien, considéré comme locataire pendant la durée des versements échelonnés, devient propriétaire lors du dernier versement. En effet, la vente est conclue lorsque le preneur a versé le dernier terme[811]. Cependant, il peut être prévu un prix résiduel que le locataire devra verser au moment de la constatation de la vente. Il n'y aura pas alors transfert automatique de la propriété à l'arrivée du terme.

Le propriétaire d'un immeuble qui a promis de le vendre et qui a reçu le prix convenu n'a plus qualité pour délivrer congé au bénéficiaire de la

[807] Art. 390 COCC.
[808] Art. 322 COCC.
[809] Art. 361 COCC.
[810] Art. 353 COCC.
[811] Art. 361 COCC.

promesse qui occupe les lieux. Il doit parfaire la vente et délivrer l'immeuble vendu[812].

Le bail assorti d'une promesse synallagmatique de vente doit être distingué d'avec certaines notions voisines.

494. Le bail assorti d'une promesse synallagmatique de vente n'est pas une vente à tempérament. La vente à tempérament est un contrat de vente dans lequel malgré la délivrance immédiate de la chose, les parties stipulent que le prix sera payable en plusieurs fractions à intervalles réguliers[813]. L'acheteur conserve le droit de se libérer en payant la totalité du prix qui reste dû, sauf si des effets de commerce ont été émis pour son règlement. S'il ne s'acquitte pas d'une échéance, le vendeur peut, à son choix, poursuivre le recouvrement de l'arriéré ou demander la résolution. Le juge, en prononçant la résolution, peut en subordonner les effets au paiement intégral de l'arriéré dans un délai déterminé, indépendamment du paiement des prestations restant dues. Toute clause de résolution de plein droit du contrat pour non-paiement d'une ou plusieurs échéances est réputée non écrite. Est toutefois applicable toute clause de cette nature contenue dans un contrat passé :

- par l'État ;
- par une collectivité publique autre que l'État ;
- par une entreprise de construction immobilière.

Dans ce dernier cas, la convention doit être conforme à un contrat-type approuvé par décret.

La vente à tempérament est avec ou sans réserve de propriété[814]. Dans la vente à tempérament avec clause de réserve de propriété le transfert de propriété des biens vendus ne se réalisera que lorsque le prix aura été intégralement payé. Cette clause n'a cependant pas une portée absolue. La clause de réserve de propriété ne peut être opposée aux tiers de bonne foi.

Ces considérations apportées, il est nécessaire s'interroger sur le régime juridique du contrat de location-vente.

PARAGRAPHE 1 : LA FORME DU CONTRAT

495. La location-vente est un contrat complexe parce qu'elle mêle indissociablement deux formes contractuelles classiques et distinctes : le bail

---

812 C. cass., ch. civ. et com., arrêt n° 114 du 24 août 2005, M. S. M. CISSE c/ O. FALL, disponible sur www.juricaf.org.

813 Art. 354 COCC.

814 Art. 359 COCC.

et la promesse synallagmatique de vente. Son régime juridique convoque alors impérativement celui de ces deux contrats qui le composent.

496. En ce qui concerne la forme juridique, le contrat de bail et la promesse synallagmatique obéissent aux mêmes règles. Ils sont tous les deux marqués par la liberté accordée aux parties par rapport à la forme de leur contrat. Le contrat de location-vente peut alors être verbal ou écrit (**supra n° 302 ; n° 129**).

Comme toute transaction immobilière, si le contrat a été fait dans une forme autre que la forme notariée, la constatation de la vente se fera par acte authentique.

497. Le bail assorti d'une promesse synallagmatique de vente qui se suffit des conditions de validité des contrats qui le composent risque cependant d'être inefficace. En effet, son opposabilité aux tiers reste tributaire de son inscription au livre foncier[815]. Or, pour une telle inscription, la forme authentique est obligatoire. En outre, les baux d'immeubles excédant trois années doivent, en vue de l'inscription, être constatés par acte authentique[816].

PARAGRAPHE 2 : LA DÉTERMINATION DU PRIX

498. Dans le contrat de location-vente, le locataire paye des loyers mais aussi le prix de vente de l'immeuble. Ainsi, la détermination du montant des loyers devra respecter la réglementation sur la question (**supra n° 373**).

499. Par ailleurs, les parties doivent préciser dans le contrat la part qui, dans chaque redevance, représente le loyer de la chose. À défaut de manifestation de leur volonté, le loyer est présumé représenter les deux tiers de chaque versement[817].

PARAGRAPHE 3 : LES OBLIGATIONS DES PARTIES

500. Contrat synallagmatique, la location-vente fait peser des obligations sur les deux parties au contrat.

501. Obligations de l'acquéreur. L'acquéreur est tenu des obligations du preneur pendant toute la durée du contrat (**supra n° 329 et s.**). Il doit payer le prix, jouir de la chose en bon père de famille et ne pas en changer la destination.

---

[815] Art. 390 COCC.

[816] Art. 47 de la loi de 2011 portant régime de la propriété foncière.

[817] Art. 362 COCC.

502. Obligations du vendeur. Le vendeur doit, conformément au droit commun du louage, fournir à l'acquéreur la jouissance de la chose. Il lui est interdit toutefois d'aliéner la chose pendant toute la durée du contrat.

503. Au moment de la constatation de la vente, il sera fait application des règles prévues pour la vente immobilière.

PARAGRAPHE 4 : LA FIN DU CONTRAT

504. La résiliation du bail peut être demandée dans les termes du droit commun. Elle peut aussi résulter d'une clause du contrat et se produire de plein droit et sans sommation.

505. Que la résiliation soit judiciaire ou conventionnelle, le vendeur doit restituer à l'acheteur la part de la redevance excédant le montant du loyer, diminuée, le cas échéant, d'une indemnité pour détérioration ou usure excessive de la chose.

Toute convention qui imposerait à l'acquéreur des obligations plus onéreuses est réputée non écrite.

SECTION 2 : LE BAIL ASSORTI D'UNE PROMESSE UNILATÉRALE DE VENTE OU LOCATION AVEC OPTION D'ACHAT

506. La promesse unilatérale de vente est le contrat par lequel une partie (le promettant) consent à l'autre (le bénéficiaire), qui accepte, la faculté d'acheter un bien à un certain prix, en levant l'option qui lui est offerte dans un certain délai[818].

L'originalité de la location avec option d'achat réside dans la combinaison de cette promesse et du louage qui doivent être liés indivisiblement[819]. Une telle combinaison permet de la distinguer de la location-vente qui ne mêle pas location et promesse unilatérale de vente mais location et promesse synallagmatique de vente. Cependant, en ce qui concerne la forme juridique, la location avec option d'achat épouse le régime juridique de la location-vente.

Opération résultant d'une combinaison de contrat, la location avec option d'achat se trouve soumise aux règles organisant le bail et la vente. Mais, prise dans son ensemble, elle a un régime juridique propre ; c'est une opération de banque.

---

[818] Art. 83 COCC

[819] Indivisiblement par opposition à juxtaposition

PARAGRAPHE 1 : LA LOCATION AVEC OPTION D'ACHAT, UNE OPÉRATION DE BANQUE

507. Aux termes de l'article 2 de la loi n° 2008-26 du 28 juillet 2008 portant règlement bancaire[820], constituent des opérations de banque, la réception de fonds du public, les opérations de crédit, ainsi que la mise à disposition de la clientèle et la gestion de moyens de paiement.

508. La loi consacre deux types d'opérations de crédit. On n'a d'une part les opérations de crédit par nature[821] et, d'autre part, les opérations de crédit par assimilation.

Aux termes des dispositions de l'article 6 *in fine* de la loi n° 2008-26 du 28 juillet 2008, les locations avec option d'achat sont des opérations de crédit par assimilation. Ce sont donc des actes de commerce par nature qui relèvent du monopole des établissements de crédit.

A. Un acte de commerce par nature

509. L'acte de commerce par nature est celui par lequel une personne s'entremet dans la circulation des biens qu'elle produit ou achète ou par lequel elle fournit des prestations de service avec l'intention d'en tirer un profit pécuniaire[822]. Ont, notamment, le caractère d'actes de commerce par nature :

- l'achat de biens, meubles ou immeubles, en vue de leur revente ;
- les opérations de banque, de bourse, de change, de courtage, d'assurance et de transit ;
- les contrats entre commerçants pour les besoins de leur commerce ;
- l'exploitation industrielle des mines, carrières et de tout gisement de ressources naturelles ;
- les opérations de location de meubles ;
- les opérations de manufacture, de transport et de télécommunication ;
- les opérations des intermédiaires de commerce, tels la commission, le courtage, l'agence, ainsi que les opérations d'intermédiaire pour l'achat, la

[820] J.O. N° 6437 du Samedi 8 novembre 2008.

[821] Selon l'article 6 de la loi n° 2008-26 du 28 juillet 2008, constitue une opération de crédit de nature, tout acte par lequel une personne, agissant à titre onéreux :
1) met ou promet de mettre des fonds à la disposition d'une autre personne ;
2) prend, dans l'intérêt de celle-ci, un engagement par signature tel qu'un aval, un cautionnement ou une garantie.

[822] Pour une étude, C. A. W. NDIAYE, Droit des entreprises individuelles (droit commercial général), L'Harmattan, 2020.

souscription, la vente ou la location d'immeubles, de fonds de commerce, d'actions ou de parts de société commerciale ou immobilière ;

- les actes effectués par les sociétés commerciales[823].

510. L'exercice de ces actes de commerce accorde la qualité de commerçant. En effet, est commerçant, celui qui fait de l'accomplissement d'actes de commerce par nature sa profession[824].

511. Nul ne peut accomplir des actes de commerce à titre de profession, s'il n'est juridiquement capable d'exercer le commerce. Le mineur, sauf s'il est émancipé, ne peut avoir la qualité de commerçant ni effectuer des actes de commerce. Le conjoint du commerçant n'a la qualité de commerçant que s'il accomplit les actes visés aux articles 3 et 4[825] de l'Acte uniforme OHADA, à titre de profession et séparément de ceux de l'autre conjoint.

Nul ne peut exercer une activité commerciale lorsqu'il est soumis à un statut particulier établissant une incompatibilité. Cependant, il n'y a pas d'incompatibilité sans texte. Il appartient à celui qui invoque l'incompatibilité d'en rapporter la preuve. Les actes accomplis par une personne en situation d'incompatibilité n'en restent pas moins valables à l'égard des tiers de bonne foi.

512. Les actes de commerce se prouvent par tous moyens même par voie électronique à l'égard des commerçants.

Tout commencement de preuve par écrit autorise le commerçant à prouver par tous moyens contre un non-commerçant.

Les livres de commerce et les états financiers de synthèse constituent des moyens de preuve. Dans le cours d'une contestation, la représentation des livres de commerce et des états financiers de synthèse peut être ordonnée par le juge, même d'office, à l'effet d'en extraire ce qui concerne le litige[826].

Acte de commerce par nature, la location avec option d'achat ne peut cependant être exercée à titre de profession par tous les commerçants.

---

823 Art. 3 de l'Acte uniforme OHADA du 15 décembre 2010 portant sur le droit commercial général.

824 Art. 2 de l'Acte uniforme OHADA du 15 décembre 2010 portant sur le droit commercial général.

825 Il s'agit de la lettre de change, le billet à ordre et le warrant.

826 Art. 5 de l'Acte uniforme OHADA du 15 décembre 2010 portant sur le droit commercial général.

B. Une activité de monopole

513. Seuls les établissements de crédit peuvent effectuer, à titre de profession, des opérations de banque[827]. Les systèmes financiers décentralisés (SFD) sont donc exclus.

1. Une activité réservée aux établissements de crédit

514. Les établissements de crédit se subdivisent en banque et en établissement financier à caractère bancaire. Les banques peuvent effectuer toutes les opérations de banques (les opérations de banque sont : la réception de fonds du public, les opérations de crédit, ainsi que la mise à disposition de la clientèle et la gestion de moyens de paiement). Alors que les établissements financiers à caractère bancaire sont habilités à effectuer les opérations de banque pour lesquelles ils sont agréés.

515. Les qualités de banque ou d'établissement financier à caractère bancaire résultent d'un agrément qui obéit à certaines conditions.

Pour accéder au statut de banque ou d'établissement financier à caractère bancaire, il faut :

a) Être une personne morale

516. Celui qui sollicite l'agrément en qualité de banque, doit prendre la forme d'une société anonyme à capital fixe. Mais, exceptionnellement, les banques peuvent revêtir la forme d'autres personnes morales sauf celle de société unipersonnelle. Par ailleurs, par autorisation spéciale du Ministre chargé des Finances donnée après avis conforme de la Commission bancaire, les banques peuvent revêtir la forme de sociétés coopératives ou mutualistes à capital variable[828].

Pour les établissements financiers à caractère bancaire, ils sont constitués sous forme de sociétés anonymes à capital fixe, de sociétés à responsabilité

[827] Art. 2 de la loi n° 2008-26 du 28 juillet 2008.

[828] La société coopérative est un groupement autonome de personnes volontairement réunies pour satisfaire leurs aspirations et besoins économiques, sociaux et culturels communs, au moyen d'une entreprise dont la propriété et la gestion sont collectives et où le pouvoir est exercé démocratiquement et selon les principes coopératifs. A l'opposé, l'institution mutualiste ou coopérative d'épargne et de crédit est un groupement de personnes, doté de la personnalité morale, sans but lucratif et à capital variable, fondé sur les principes d'union, de solidarité et d'entraide mutuelle et ayant principalement pour objet de collecter l'épargne de ses membres et de leur consentir du crédit.

limitée ou de sociétés coopératives ou mutualistes à capital variable. Comme pour les banques, ils ne peuvent revêtir la forme d'une société unipersonnelle.

517. Les banques et établissements financiers à caractère bancaire doivent avoir leur siège social sur le territoire d'un des États membres de l'UMOA et les actions émises revêtir la forme nominative.

518. Les établissements de crédit, de même que leurs agences, ne peuvent être dirigés, administrés ou gérés que par une personne qui, en plus d'une bonne moralité, a la nationalité sénégalaise ou celle d'un État membre de l'UMOA, à moins qu'elle ne jouisse, en vertu d'une convention d'établissement, d'une assimilation aux ressortissants sénégalais. Les titulaires d'au moins d'une maîtrise ou d'un diplôme équivalent et qui justifient d'une expérience professionnelle de cinq (5) ans dans le domaine bancaire, financier ou dans tout autre domaine de compétence jugé compatible avec les fonctions envisagées, peuvent bénéficier, de la part du Ministre chargé des Finances, sur avis conforme de la Commission bancaire, d'une dérogation à la condition de nationalité. La dérogation obtenue permet à ces dirigeants de ne pas solliciter une nouvelle dérogation, lorsqu'ils changent de fonction, d'établissement ou de pays dans l'espace UMOA.

519. Depuis 2007, le capital social de la personne morale qui souhaite être un établissement de crédit doit être au minimum 10 milliards pour les banques et 3 milliards pour les établissements financiers à caractère bancaire. Il doit être intégralement libéré au jour de l'agrément de l'établissement de crédit à concurrence du montant minimal exigé dans la décision d'agrément.

520. La volonté d'assurer une intermédiation financière saine et solide pousse, en outre, les Autorités de tutelle à attacher du prix à la qualité de l'actionnariat des banques et des établissements financiers. En effet, la Banque Centrale obtient tous renseignements sur la qualité des personnes ayant assuré l'apport des capitaux et, le cas échéant sur celle de leurs garants.

La configuration du capital (recomposition du capital social et éventuellement sur les nouveaux actionnaires), durant la vie de la société, fait aussi l'objet d'une attention particulière des autorités de tutelle. En effet, certaines actions nécessitent une autorisation préalable du Ministre chargé des Finances. Il en est ainsi :

- des cessions et acquisitions d'actions occasionnant le franchissement de certains seuils caractéristiques (minorité de blocage[829] ou majorité des droits de vote) ;
- des cessions par un établissement de crédit de plus de vingt pour cent (20 %) de son actif correspondant à ses opérations en République du Sénégal ;
- toute opération de fusion par absorption ou création d'une société nouvelle, ou de scission.

Article 26 loi bancaire : *Toute condamnation pour crime de droit commun, pour faux ou usage de faux en écriture publique, pour faux ou usage de faux en écriture privée, de commerce ou de banque, pour vol, pour escroquerie ou délits punis des peines de l'escroquerie, pour abus de confiance, pour banqueroute, pour détournement de deniers publics, pour soustraction par dépositaire public, pour extorsion de fonds ou valeurs, pour corruption, pour émission de chèques sans provision, pour infraction à la réglementation des relations financières extérieures, pour infraction à la législation contre le blanchiment de capitaux, pour atteinte au crédit de l'État ou pour recel de choses obtenues à l'aide de ces infractions, ou toute condamnation pour infraction assimilée par la loi à l'une de celles énumérées ci-dessus, emporte de plein droit interdiction : 1) de diriger, administrer ou gérer un établissement de crédit ou une de ses agences ; 2) d'exercer l'une des activités définies à l'article 2 ; 3) de proposer au public la création d'un établissement de crédit ; 4) de prendre des participations dans le capital d'un établissement de crédit. Toute condamnation pour tentative ou complicité dans la commission des infractions énumérées ci-dessus emporte les mêmes interdictions.*

(...)Les interdictions ci-dessus s'appliquent de plein droit lorsque la condamnation, la faillite, la destitution, la suspension ou la démission a été prononcée à l'étranger.

[829] Est considéré comme minorité de blocage le nombre de voix pouvant faire obstacle à une modification des statuts de l'établissement de crédit.

b) Solliciter l'agrément[830]

521. La personne morale constituée sollicite l'agrément par une demande adressée au Ministre chargé des Finances et déposée auprès de la Banque Centrale qui les instruit. La Banque Centrale instruit le dossier et le transmet à la Commission Bancaire. Le Ministre chargé des Finances du pays concerné prend l'arrêté d'agrément, après avis conforme favorable de la Commission bancaire.

> *Lorsque l'avis conforme de la Commission Bancaire est requis, les Autorités nationales, si elles sont en désaccord avec l'avis de celle-ci, soumettent la question à l'arbitrage du Conseil des Ministres de l'Union. Le Président de la Commission Bancaire présente les observations de la Commission au Conseil des Ministres.*
>
> *L'agrément est constaté par l'inscription sur la liste des banques ou sur celle des établissements financiers à caractère bancaire. Ces listes sont établies et tenues à jour par la Commission bancaire et sont publiées au Journal officiel de la République du Sénégal, à la diligence de la Commission bancaire. La publication concerne aussi les modifications dont elles font l'objet, ainsi que les radiations.*
>
> *Les établissements de crédit doivent, dans le mois qui suit leur inscription sur la liste des banques ou sur celle des établissements financiers à caractère bancaire, adhérer à l'Association professionnelle des Banques et Etablissements financiers.*

---

[830] Quiconque, exerce sans agrément, pour son compte ou celui d'un tiers, une activité de banque ou d'établissement financier est punie d'un emprisonnement d'un (1) mois à deux (2) ans et d'une amende de dix millions (10 000 000) à cent millions (100 000 000) de francs CFA, ou de l'une de ces deux peines seulement.
En cas de récidive, le maximum de la peine sera porté à cinq (5) ans d'emprisonnement et à trois cent millions (300 000 000) de francs CFA d'amende.
Il est tout de même à noter que cette mesure n'interdit pas à une entreprise :
1) dans l'exercice de son activité professionnelle, de consentir à ses contractants des délais ou avances de paiement ;
2) De conclure des contrats de location de logements assortis d'une option d'achat;
3) De procéder à des opérations de trésorerie avec des sociétés ayant avec elle, directement ou indirectement, des liens de capital conférant à l'une des entreprises liées, un pouvoir de contrôle effectif sur les autres ;
4) D'émettre des valeurs mobilières, ainsi que des titres de créances négociables, conformément aux dispositions législatives et réglementaires en vigueur ;
5) D'émettre des bons et cartes délivrés pour l'achat, auprès d'elle, d'un bien ou d'un service déterminé.

Il convient de noter que le silence gardé par le Ministre vaut décision de rejet. En effet, l'agrément est réputé avoir été refusé s'il n'est pas prononcé dans un délai de six (6) mois à compter de la réception de la demande par la Banque Centrale, sauf avis contraire donné au demandeur.

522. Afin de favoriser une plus grande intégration des marchés bancaires et financiers nationaux par la libre prestation de services sur l'ensemble du territoire de l'Union, l'agrément accordé aux établissements de crédit est un agrément unique.

Instauré depuis le 1er janvier 1999, l'agrément unique permet aux banques et établissements financiers déjà agréés et désireux de s'implanter dans un autre État membre de l'UMOA, d'être dispensés de toute autre procédure d'agrément pour exercer leur activité ou offrir en libre prestation leurs services. Tout de même l'établissement de crédit devra préalablement à l'ouverture des dites succursales et/ou filiales, notifier son intention sous forme de déclaration à la Commission Bancaire et être déposée auprès de la Banque Centrale[831].

La Banque Centrale adresse copie de la déclaration au Ministre chargé des Finances du pays d'accueil et à celui du pays d'origine, pour information.

L'autorisation ou le refus d'installation est notifié dans un délai de trois (3) mois à compter de la date de dépôt de la déclaration d'intention et du dossier complet de demande d'établissement auprès de la Banque Centrale.

L'autorisation d'installation est constatée par l'inscription sur la liste des banques ou sur celle des établissements financiers à caractère bancaire, dans les conditions définies pour l'agrément.

523. Le retrait agrément : Il est prononcé le retrait de l'agrément par arrêté du Ministre chargé des Finances, après avis conforme de la Commission bancaire :

- à la demande de l'établissement de crédit intéressé,
- lorsqu'il est constaté que ledit établissement de crédit n'exerce aucune activité depuis au moins un (1) an,

[831] Cf. Instruction n°018-04-2011 Établissant la liste des documents et informations constitutifs du dossier de déclaration d'intention d'installation dans le cadre de l'agreement unique.

- en cas de décision de transfert du siège social d'un établissement de crédit hors de l'UMOA,

- en cas d'opération de fusion par absorption, scission ou création d'une société nouvelle ayant pour résultat de transférer le siège social hors de l'UMOA ou sa disparition.

524. Lorsque l'avis conforme de la Commission Bancaire est requis, les Autorités nationales, si elles sont en désaccord avec l'avis de celle-ci, soumettent la question à l'arbitrage du Conseil des Ministres de l'Union. Le Président de la Commission Bancaire présente les observations de la Commission au Conseil des Ministres.

525. Lorsque la Commission Bancaire constate une infraction à la réglementation bancaire sur le territoire d'un État membre, elle en informe le Ministre des Finances de cet État et, sans préjudice des sanctions pénales ou autres encourues, peut prononcer le retrait d'agrément.

526. En cas d'ouverture ou de prononcé d'une procédure de liquidation des biens à l'égard d'un établissement de crédit, la Commission bancaire prend une décision pour le retrait d'agrément et la mise en liquidation dudit établissement. Elle notifie sa décision au Ministre chargé des Finances qui nomme un liquidateur.

Les décisions prises par la commission bancaire sont exécutoires dès leur notification aux intéressés.

527. La notification du retrait d'agrément est faite aux intéressés par le Ministre des Finances dans le délai d'un mois à compter de sa communication au Ministre ; ce délai est prorogé, en cas de saisine du Conseil des Ministres de l'Union par ledit Ministre, jusqu'à la décision du Conseil.

528. Les décisions de la Commission Bancaire (*l'avertissement ; le blâme ; la suspension ou l'interdiction de tout ou partie des opérations ; toutes autres limitations dans l'exercice de la profession ; la suspension des dirigeants responsables ; le retrait d'agrément*) ne peuvent être frappées de recours que devant le Conseil des Ministres de l'Union. Le recours doit être formé dans un délai de deux mois à compter de la notification de la décision de l'intéressé. Il peut être formé par l'intéressé ou par le Ministre des Finances de l'État sur le territoire duquel la décision est exécutoire. Toutefois, aucun recours ne peut être formé contre la décision de retrait d'agrément, après sa notification par le Ministre des Finances.

2. L'exclusion des systèmes financiers décentralisés (SFD).

529. Les SFD sont organisés par la loi 2008-47 du 03 septembre 2008 portant réglementation des systèmes financiers décentralisés[832] et son décret d'application[833].

Sous le vocable de Systèmes financiers décentralisés (SFD), le législateur entend les institutions, structures ou organisations « dont l'objet principal est d'offrir des services financiers à des personnes qui n'ont généralement pas accès aux opérations des banques et établissements financiers tels que définis par la loi portant réglementation bancaire et habilités aux termes de la présente loi à fournir ces prestations »[834]. Encore appelés microfinance, les SFD font allusion à « un ensemble d'organisations aux formes et aux statuts divers, pratiquant des opérations de prêt et/ou de collecte d'épargne de faibles montants, à une échelle décentralisée, et fondées sur la proximité»[835]. En effet, les SFD ont un champ d'action réduit comparé à celui des établissements de crédit. Les opérations des SFD sont :

- la collecte de dépôts ;
- les opérations de prêt ;
- l'engagement par signature.

530. La pratique, à titre de profession, de la location avec option d'achat n'est donc pas prise en compte dans les compétences des SFD. S'ils souhaitent alors l'exercer, ils devront se soumettre à la règlementation sur la question. En effet, les SFD qui envisagent d'exercer des activités ou professions régies par des dispositions spécifiques doivent solliciter les autorisations requises et se soumettre aux réglementations applicables aux opérations envisagées[836].

Paragraphe 2 : Le cas du crédit-bail immobilier

531. En raison de l'importance de la question, le chapitre 5 lui est consacré.

---

[832] J.O. n° 6452 du 31 janvier 2009.

[833] Décret n° 2008-1366 du 28 novembre 2008 portant application de la loi portant réglementation des systèmes financiers décentralisés, J.O. du 11 avril 2009.

[834] Art. 1 al. 21 de la Loi n° 2008-47 précitée.

[835] Jean Michel Servet, « Banquiers aux pieds nus. La microfinance », Éditions Odile Jacob, 2006, p. 511.

[836] Art. 6 *in fine* de la loi 2008-47 du 03 septembre 2008.

CHAPITRE 5

LE CRÉDIT-BAIL IMMOBILIER

532.- Le crédit-bail est un arrangement contractuel qui permet à une partie (le crédit-preneur[837]) d'utiliser un actif appartenant à une autre personne (le crédit-bailleur) moyennant le paiement périodique d'une somme convenue, avec une possibilité d'achat du bien. Il est donc une opération consistant à utiliser le bien de l'autre et avoir la possibilité de l'acheter sans au préalable débourser.

533.- Le financement des biens par la technique du crédit-bail ne saurait être considéré comme une pratique nouvelle dans la mesure où on fait remonter ses origines à 3000 ans avant J.-C, en pays Sumer[838]. En outre, le code d'Hammourabi[839], datant d'environ 1750 ans avant J.-C. consacrait déjà la légalité de cette pratique de financement avant son introduction dans l'ancienne Rome[840].

---

837 Le crédit-preneur désigne la personne qui acquiert le droit de détention et de jouissance du bien en vertu d'un contrat de bail ; art. 2 de la loi n° 2012-02 du 03 janvier 2012 sur le crédit-bail. Il n'a donc pas un droit réel mais un droit personnel. C'est toute personne physique ou morale qui utilise les meubles ou immeubles loués pour les besoins de son activité professionnelle en vertu d'un contrat de crédit-bail mobilier ou immobilier, art. 1-10 du projet de loi uniforme sur le crédit-bail.

838 P. PHILIPPOSSIAN, Le crédit-bail et le leasing, Montréal, Edition SEFI, 1998, p. 6. Voir aussi, M.-E. SAURAT, Le crédit-bail immobilier en droit Espagnol et en droit Français, Thèse Université Toulouse, 2008, p. 8 : « La première preuve matérielle se situe environ 3000 avant Jésus Christ, dans la région Sumer, située au nord de la Mésopotamie entre les fleuves Euphrate et Tigre, ce qui correspond aujourd'hui en grande partie à l'Irak. Nous devons également préciser que c'est à cette civilisation qu'est attribué l'art de l'écriture ».

839 Ce texte ne répond pas à l'acception légaliste du droit (Code civil français), mais correspond plutôt au droit jurisprudentiel (Common law) : il recense, sous une forme impersonnelle, les décisions de justice du roi.

840 La première société de leasing connue est la famille des banquiers Murashu, aux environs de 500 ans avant Jésus Christ, dans la cité de Nippur, aujourd'hui connue sous le nom de Nutter, à une centaine de kilomètres de Babylone, Voir, M.-E. SAURAT, Le crédit-bail immobilier en droit Espagnol et en droit Français, précité, p. 9. Les premières sociétés de crédit-bail à connotation moderne sont nées aux Etats-Unis au 20e siècle. L'histoire révèle que c'est à partir de 1900 que les secteurs industriels de fabrication de chaussures, de bouteilles et d'ordinateurs

D'origine anglo-saxonne, le crédit-bail sera francisé dans les années 1960[841]. « L'enfant de l'Amérique »[842] a, en effet, été introduit en droit français en 1966[843] avant que l'ordonnance n° 67-837 du 28 septembre 1967[844] relative aux opérations de crédit-bail et aux sociétés immobilières pour le commerce et l'industrie ne vienne opérer une distinction entre le crédit-bail mobilier et le crédit-bail immobilier[845].

vont utiliser la technique du crédit-bail pour la commercialisation de leurs productions. Par ailleurs, en raison des contraintes imposées par la crise boursière de 1929, les industriels américains, afin de limiter les risques d'invendus, vont relancer le crédit-bail en préférant louer leurs biens plutôt que de les vendre. Cependant, c'est beaucoup plus la deuxième guerre mondiale, avec son lot de désolation, qui servira de tremplin à la renaissance du crédit-bail. Cette guerre présentera le crédit-bail comme la technique de financement la mieux adaptée pour la reconstruction et la relance de l'économie américaine[840]. Ainsi, c'est au lendemain de la deuxième guerre mondiale que les Etats-Unis enregistreront leur première société de crédit-bail.

841 La première société de crédit-bail Locafrance promue par la Banque d'Indochine a été constituée en avril 1962, voir, M.-E. SAURAT, Le crédit-bail immobilier en droit Espagnol et en droit Français, précité, p. 15. Le crédit-bail y connaitra une évolution fulgurante[841]. Son vingtième anniversaire célébré à Paris le 25 novembre 1986 mettra en exergue la juste place de ce procédé financier : avec près de 61 milliards d'euros de financement de l'investissement[841] enregistrés.

842 C. CHAMPAUD, La loi du 2 juillet 1966 sur le crédit-bail, JCP G. 1966. I. 2021.

843 Loi n° 66-445 du 02 juil. 1966 relative aux entreprises pratiquant le crédit-bail, JO Fr. du 03 juillet 1966, p. 5652.
Au plan international, le crédit-bail est régi par la convention d'Ottawa du 28 mai 1988

844 JO 29 septembre 1967.

845 Le crédit-bail y est aujourd'hui défini par l'article L.313-7 du code monétaire et financier : « Les opérations de crédit-bail mentionnées par la présente sous-section sont :
1. Les opérations de location de biens d'équipement ou de matériel d'outillage achetés en vue de cette location par des entreprises qui en demeurent propriétaires, lorsque ces opérations, quelle que soit leur qualification, donnent au locataire la possibilité d'acquérir tout ou partie des biens loués, moyennant un prix convenu tenant compte, au moins pour partie, des versements effectués à titre de loyers ;
2. Les opérations par lesquelles une entreprise donne en location des biens immobiliers à usage professionnel, achetés par elle ou construits pour son compte, lorsque ces opérations, quelle que soit leur qualification, permettent aux locataires de devenir propriétaires de tout ou partie des biens loués, au plus tard à l'expiration du bail, soit par cession en exécution d'une promesse unilatérale de vente, soit par acquisition directe ou indirecte des droits de propriété du terrain sur lequel ont été édifiés le ou les immeubles loués, soit par transfert de plein droit de la propriété des constructions édifiées sur le terrain appartenant audit locataire.

Il faudra attendre cinq années après son introduction dans le droit français, pour voir le crédit-bail intégrer l'ordonnancement juridique sénégalais. En effet, le crédit-bail, connu également sous le nom de leasing, a été introduit dans la législation sénégalaise en 1971[846].

Cette réglementation sera complétée par un décret de 1984[847] relatif au classement, à la forme juridique et aux opérations des établissements financiers, décret qui va considérer le crédit-bail comme une opération relevant de l'activité des établissements de crédit[848].

Mais, dans un contexte sous-régional marqué par d'importantes mutations institutionnelles traduites notamment par la création de l'Union Monétaire

---

En cas d'opération de crédit-bail sur le droit au renouvellement d'un bail, ce droit ne peut être invoqué que par le crédit-bailleur, par dérogation aux dispositions de l'article L. 145-8 du code de commerce. Les autres droits et obligations que le locataire tient des dispositions du décret précité sont répartis par contrat entre le propriétaire, le crédit-bailleur et le crédit-preneur.
3. Les opérations de location de fonds de commerce, d'établissement artisanal ou de l'un de leurs éléments incorporels, assorties d'une promesse unilatérale de vente moyennant un prix convenu tenant compte, au moins pour partie, des versements effectués à titre de loyers, à l'exclusion de toute opération de location à l'ancien propriétaire du fonds de commerce ou de l'établissement artisanal.
4. Les opérations de location de parts sociales ou d'actions prévues aux articles L. 239-1 à L. 239-5 du code de commerce, assorties d'une promesse unilatérale de vente moyennant un prix convenu tenant compte, au moins pour partie, des versements effectués à titre de loyers. »

[846] Décret n° 71-458 du 22 avril 1971 fixant les conditions dans lesquelles les sociétés de leasing ou de crédit-bail sont habilitées à exercer leur activité, JO du 17 juillet 1971, p. 695. Le décret de 1971, en son article 1er, définissait le crédit-bail comme une « opération de location d'immeubles à usage professionnel ou d'habitation, de matériel d'outillage ou de biens d'équipement, spécialement achetés par le bailleur en vue de cette location et dont ledit bailleur demeure propriétaire lorsque l'opération, quelle que soit sa dénomination, donne au locataire la faculté d'acquérir, au plus tard à l'expiration du bail, tout ou partie des biens loués , moyennant un prix convenu, tenant en compte, au moins pour partie, des versements effectués à titre de loyers ». Aux termes de l'article 2 du même décret, les entreprises qui pratiquent le crédit-bail à titre de profession habituelle sont considérées comme des établissements financiers et sont soumises, à ce titre, aux dispositions de la loi n° 64-49 du 10 juillet 1964, des décrets n° 64-716 du 15 octobre 1964, 65-614 du 06 septembre 1965, n° 65-612 du 08 septembre 1965 qui réglementent les conditions d'activités des établissements financiers.

[847] Décret n° 84-289 du 15 mars 1984 relatif au classement, à la forme juridique et aux opérations des établissements financiers.

[848] Art. 2 du décret n° 84-289.

Ouest Africaine (UMOA)[849], la réglementation du crédit-bail relèvera du droit communautaire[850]. L'UMOA se caractérise par la reconnaissance d'une unité monétaire dont l'émission est confiée à un institut d'émission commun prêtant son concours aux économies nationales, sous le contrôle des Gouvernements.

Le Conseil des Ministres de l'Union a mis en place une réglementation uniforme « concernant notamment : l'exécution et le contrôle de leurs relations financières avec les pays n'appartenant pas à l'Union, l'organisation générale de la distribution et du contrôle du crédit, les règles générales d'exercice de la profession bancaire et des activités s'y rattachant, les effets de commerce, la répression de la falsification des signes monétaires et de l'usage des signes falsifiés »[851]. Dès lors, la loi bancaire, droit communautaire dérivé, s'applique aux établissements de crédit exerçant leur activité sur le territoire de la République du Sénégal, quels que soient leur statut juridique, le lieu de leur siège social ou de leur principal établissement dans l'UMOA et la nationalité des propriétaires de leur capital social ou de leurs dirigeants[852]. La loi bancaire de 2008[853] de l'UMOA apparaît, en effet, comme le point d'orgue d'une volonté politique tendant à mieux réglementer l'activité bancaire sous-régionale et, par-là, le crédit-bail.

Contrairement à la loi bancaire de 1990 qui se limitait à considérer le crédit-bail comme opération de crédit[854], la loi bancaire de 2008, outre le crédit-bail, assimile de manière générale toute opération de location assortie d'une option d'achat à une opération de crédit[855]. En outre, elle définit

[849] Traité du 12 mai 1962 instituant l'Union Monétaire Ouest Africaine (UMOA), entré en vigueur le 1er novembre 1962. Le nouveau traité sera signé le 14 novembre 1973 à Paris.

[850] Le Traité constituant l'UMOA est complété par le Traité de l'Union Economique et Monétaire Ouest Africaine (UEMOA), entré en vigueur le 13 janvier 1994. Alors que l'UMOA ne vise à harmoniser que les législations monétaire et bancaire, l'UEMOA qui s'est fixée un objectif plus ambitieux, celui de créer entre les Etats membres un marché commun basé sur la libre circulation des personnes, des services, des capitaux, vise à harmoniser toutes les législations économiques en vue de réaliser cet objectif.

[851] Art. 22 du Traité de l'UMOA.

[852] Art. 1 de la Loi n° 2008-26 du 28 juillet 2008 portant réglementation bancaire, J.O. N° 6437 du Samedi 8 novembre 2008. Elle abroge et remplace la Loi bancaire n°90-06 du 26 juin 1990.

[853] Loi n° 2008-26 précité.

[854] Art. 5 de la loi bancaire de 1990 précitée.

[855] Art. 6 de la loi bancaire de 2008.

doublement le crédit-bail en tenant compte de la nature juridique du bien crédit-baillé[856] :

- D'abord, dans le domaine mobilier, le crédit-bail est une opération de location de biens d'équipement, de matériel ou d'outillage qui, quelle que soit sa qualification, donne au locataire la possibilité d'acquérir, à une date convenue avec le propriétaire, tout ou partie des biens loués, moyennant un prix arrêté d'accord parties et prenant en compte les paiements effectués à titre de loyer.

- Ensuite, dans le domaine immobilier, le crédit-bail est l'opération par laquelle une entreprise finance, pour son compte, l'achat et/ou la construction de biens immobiliers à usage professionnel afin de les donner en location à des personnes à la demande desquelles elle a agi et qui pourront en devenir propriétaire de tout ou partie, au plus tard à l'expiration du bail.

A travers ces deux définitions légales du crédit-bail, il apparaît que les opérations de crédit-bail visées sont respectivement le crédit-bail mobilier et le crédit-bail immobilier. Le législateur n'opère donc pas de distinction entre le leasing financier et le leasing opérationnel[857]. Le législateur sénégalais n'a malheureusement pas suivi la clarté définitionnelle optée par l'UMOA. Aux termes des dispositions de l'article 2 de la loi n° 2012-02 du 03 janvier 2012 sur le crédit-bail au Sénégal[858], le crédit-bail ou leasing désigne toute

---

[856] Art. 8 de la loi bancaire de 2008.

[857] Pour distinguer le leasing financier du leasing opérationnel, il faut rechercher sur quelle partie pèsent les risques économiques (qui correspondent à la propriété économique, distincte de la propriété légale). Si les risques économiques pèsent sur le locataire, celui-ci devient titulaire de la propriété économique ; il s'agit alors d'un leasing financier. S'ils pèsent sur le crédit-bailleur, celui-ci conserve la propriété économique et la propriété légale ; on parle alors de « leasing opérationnel ». Aux termes de l'art. 2 de l'ordonnance algérienne n°96-09 du 10 janvier 1996 relative au crédit-bail, « Les opérations de crédit-bail sont dites « leasing financier » si le contrat de crédit-bail prévoit le transfert au locataire de tous les droits, obligations, avantages, inconvénients et risques liés à la propriété du bien financé par le crédit-bail, si le contrat de crédit-bail ne peut être résilié et s'il garantit au bailleur le droit de recouvrer ses dépenses en capital et se faire rémunérer les capitaux investis.
Les opérations de crédit-bail sont dites « leasing opérationnel » si la totalité ou la quasi-totalité des droits, obligations, avantages, inconvénients et risques inhérents au droit de propriété du bien financé n'est pas transférée au locataire et reste au profit ou à la charge du bailleur. »

[858] J.O. N° 6663 du samedi 12 mai 2012. Cette loi a pour ambition de compléter, dans le respect de la loi bancaire et des autres normes supérieures, le régime juridique du crédit-bail au Sénégal ; cf. exposé des motifs de la loi.

opération de location de biens meubles ou immeubles, corporels ou incorporels à usage professionnel, spécialement acquis en vertu de cette location par des entreprises qui en demeurent propriétaires, lorsque cette opération, quelle que soit sa dénomination, prévoit à terme la faculté pour le locataire d'acquérir tout ou partie des biens loués, moyennant un prix convenu tenant compte, au moins pour partie, des versements effectués à titre de loyers.

La même définition est adoptée par le droit UMOA en matière de crédit-bail[859]. En effet, le Conseil des Ministres de l'UEMOA, en session ordinaire, les 24 et 25 juin 2016 a adopté un projet de loi uniforme sur le crédit-bail dans les Etats membres de l'Union Monétaire Ouest Africaine. Il a été recommandé, aux Etats membres de l'Union, de procéder à l'insertion de ces textes dans leurs ordres juridiques internes dans un délai de six (6) mois. Malheureusement, contrairement à certains pays de la région, le Sénégal n'a toujours pas transposé cette loi. Peut-être parce qu'à bien des égards, elle est la copie de la loi de 2012. La question de la valeur de cette loi, si elle est adoptée, soulève des interrogations surtout qu'elle organise, comme la loi sénégalaise, les procédures collectives. Si la loi sénégalaise ne peut pas concurrencer l'OHADA, la méthode adoptée par l'UMOA peut cependant susciter le débat[860]. En effet, ce sont des lois uniformes, annexées à des

[859] Art. 1-6 du projet de loi uniforme sur le crédit-bail.

[860] Comme les autres lois votées par l'Assemblée Nationale, la loi sur le crédit-bail devrait avoir la valeur d'une loi nationale. Un tel rang aura la conséquence d'en faire une loi inférieure au droit OHADA, donc devant s'éclipser en cas de concurrence. Si la méthode de l'UEMOA, adoptée aussi pour la réglementation des établissements de crédit et des SFD, est « bizarre », la cohérence d'ensemble du Traité invite à une autre lecture.
La primauté du droit communautaire sur les droits nationaux ressort de ce que son insertion dans le Droit interne invalide toute norme nationale contraire existante ou postérieure. S'il en allait autrement, l'intégration resterait un vœu pieux, car, malgré les déclarations de bonnes intentions, la tentation de faire prévaloir les nécessités nationales reste présence forte dans les Administrations. Cette supériorité du droit communautaire sur le droit national est une condition existentielle pour le droit communautaire qui ne peut être qu'un droit commun, uniforme dans son application, ce que seule sa primauté garantit vraiment. Elle bénéficie à l'ensemble des actes de droit communautaire, ce qui implique les sources de droit primaire, de droit dérivé, toutes les catégories décisoires de ce droit dérivé (règlement, directive, décisions), et les accords externes conclus par les Communautés. En outre, si l'on considère que les normes communautaires créent les mêmes droits et obligations, au bénéfice ou à la charge de l'ensemble des personnes de l'espace communautaire, la défaillance d'un Etat crée un déséquilibre entre les personnes résidant sur son territoire et celles des autres. Enfin, reconnaitre le rang de loi nationale à ces « lois » de l'UMOA votées par

décisions du Conseil des Ministres et qui devront être votées par les Assemblées Nationales des différents Etats membres.

La recommandation du projet de loi UEMOA sur le crédit-bail étant faite, même si sa ressemblance avec la loi sénégalaise de 2012 ne fait l'ombre du doute, dans le cadre de ce travail elle servira de support d'analyse. En effet, outre les points de convergences, adopté, le projet n'abrogera que les dispositions antérieures contraires[861].

534.- La loi bancaire n'a défini que le contrat de crédit-bail proprement dit c'est-à-dire les relations juridiques entre le crédit-bailleur et le crédit-preneur, ainsi que les droits et obligations qui pèsent sur chacun des acteurs. En revanche, elle ne s'intéresse pas directement à l'opération de crédit-bail, c'est-à-dire au groupe de contrats sur lequel repose forcément cette technique de financement. Le crédit-bail a pu être défini comme « un ensemble de contrats à dépendance unilatérale et à structure complexe »[862]. Dans ce type de groupe de contrats, il existe un contrat principal et des contrats accessoires qui y sont greffés. Le contrat principal est constitué du contrat de crédit-bail lui-même autour duquel s'agglomèrent des contrats parfois indispensables, parfois simplement utiles, à l'opération. L'opération de crédit-bail englobe l'ensemble des liens juridiques et contractuels entre les principaux acteurs du crédit, à savoir le fournisseur du bien à louer, la société qui concède le crédit, dénommée le crédit-bailleur et le bénéficiaire du crédit qu'est le crédit-preneur.

En l'absence de réglementation relative aux particularités du crédit-bail ainsi qu'aux autres aspects de l'opération tels que les droits, obligations et responsabilités des parties, la réglementation du crédit-bail au Sénégal résulte d'une combinaison de dispositions d'origine communautaire et internes.

---

l'Assemblée Nationale installe une hégémonie du droit OHADA qui, pourtant, de plus en plus s'emploie à reconnaitre la possible application de lois spéciales en cas de conflit en cela qu'il se déclare droit commun. Or, la loi votée par l'Assemblée ne saurait être qualifiée de loi spéciale car elle n'est pas de même valeur juridique. Les actes uniformes de l'OHADA sont directement applicables et obligatoires dans les Etats-Parties, nonobstant toute disposition contraire de droit interne, antérieure ou postérieure.

Par rapport aux autres lois nationales, la source communautaire de la loi bancaire devra justifier sa valeur supérieure.

861 Art. 59 du projet de loi uniforme sur le crédit-bail.

862 TEYSSIE, Les groupes de contrats, LGDJ, 1975, Bibliothèque de droit privé, t. 139, n° 62

535.- Opération de crédit[863], le crédit-bail fait l'objet d'un monopole des établissements de crédit. Ces derniers sont les seuls habilités à pratiquer, à titre de profession, l'activité de crédit-bail[864]. Ainsi, si juridiquement le contrat de crédit-bail se présente comme un louage obligatoirement assorti d'une option d'achat, il réalise, sur un plan économique, une véritable opération de crédit.

536.- Dans le contrat de crédit-bail, le louage permet au crédit-preneur de jouir immédiatement du bien en contrepartie de loyers. Par ailleurs, le crédit-bail est une opération de crédit dans laquelle les loyers couvrent le paiement du prix et la rémunération de l'avance « de fonds » consentie par le crédit-bailleur. Pour ce dernier, le recours au louage est uniquement un moyen de conserver la propriété et de revendiquer le bien loué en cas de non-paiement des loyers. Pour ce qui est du crédit-preneur, le crédit-bail fait plus que l'associer à la jouissance attachée à la propriété ; il lui permet d'accéder à celle-ci.

537.- L'apport fondamental du crédit-bail consiste en la distinction de la propriété du bien, qui est conservée par le crédit-bailleur, et l'usage qui est fait de ce bien par le crédit-preneur. Le droit de propriété est dissocié du droit d'usage économique. La propriété juridique est dissociée de la « propriété économique »[865].

---

[863] La loi bancaire de 2008 en son article 6 assimile le crédit-bail à une opération de crédit.

[864] Art. 2 de la loi bancaire de 2008 ; art. 3 al. 3 de la loi n° 2012 précitée. En droit français, depuis l'entrée en vigueur de la loi du 2 juillet 1966, seules les entreprises commerciales agréées en qualité d'établissement de crédit peuvent faire à titre habituel des opérations de crédit-bail (art. 2, al. 1er et 2, devenu C. mon. et fin., art. L. 515-2). Par la suite, la loi du 24 janvier 1984 relative à l'activité et au contrôle des établissements de crédit a expressément assimilé le crédit-bail et la location avec option d'achat à des opérations de crédit relevant du monopole des établissements de crédit (L. 24 janv. 1984, art. 3, devenu C. mon. et fin., art. L. 313-1, al. 2).

[865] Il s'agit d'une application du système dit « corpore alieno », le corpus du bien étant entre les mains d'une personne, le crédit-preneur, alors que l'animus est entre les mains d'une autre, le crédit-bailleur. Mais, il faut relever que cette appréciation de la situation du droit réel est à relativiser en ce sens que le crédit-preneur, pendant l'exécution du contrat de crédit-bail, se comporte, dans une moindre mesure, comme le véritable propriétaire ou, à tout le moins, comme le propriétaire futur du bien crédit-baillé qu'il deviendra par la levée de l'option. Il peut donc être analysé comme un possesseur, qualité à confirmer par la levée de l'option. Le cas contraire, il aura été un simple détenteur précaire pendant toute la durée du crédit-bail.

Le bien appartenant au crédit-bailleur est ainsi loué au crédit-preneur. Cependant, comme le précise la loi, cette location doit être assortie d'une option d'achat. Le crédit-preneur doit pouvoir devenir propriétaire de « tout ou partie des biens loués, moyennant un prix arrêté d'accord parties et prenant en compte les paiements effectués à titre de loyers »[866] et cela, au plus tard à la fin du contrat.

A l'issue du contrat de crédit-bail, le crédit-preneur a ainsi le choix entre trois options :

- Soit il rachète le bien pour un prix résiduel prévu au départ dans le contrat ;

- Soit il le loue pour une nouvelle période, mais en versant un loyer moins élevé puisqu'il ne comprend plus le prix fractionné de la vente ;

- Soit il rend le bien au crédit-bailleur.

La faculté offerte au crédit-preneur d'acquérir le bien loué implique, à la charge du crédit-bailleur, une promesse unilatérale de vente au profit de ce dernier et constitue une des particularités du crédit-bail qui le distingue de certaines notions voisines[867].

538.- Le crédit-bail ou leasing a souvent été considéré à tort comme une vente locative par beaucoup de locataires de biens mobiliers. En réalité, il s'agit d'un contrat différent de la location-vente[868] dans la mesure où la location-vente crée une obligation d'achat pour le bénéficiaire au terme du contrat. Si le locataire n'achète pas le bien, il doit être en mesure de le restituer au bailleur. Par contre, dans le crédit-bail, le locataire a le choix entre la conservation du bien à titre de propriété, la conclusion d'un nouveau contrat de crédit-bail sur le même bien et la restitution du bien.

Le crédit-bail se distingue également du louage[869] en ce que ce dernier ne comporte ni promesse de vente, ni option au profit du locataire.

---

[866] Art. 8 de la loi bancaire de 2008.

[867] Art. 4 de la loi n° 2012-02 sur le crédit-bail, précitée.

[868] Aux termes de l'article 361 du COCC, la location-vente « est un bail assorti d'une promesse synallagmatique de vente. La vente est conclue lorsque le preneur a versé le dernier terme ».

[869] Art. 544 COCC « Le louage est le contrat par lequel le bailleur s'oblige à fournir au preneur pendant un certain temps la jouissance d'une chose contre paiement d'un loyer ».

Il se distingue également de la vente à tempérament[870] dans laquelle le transfert de propriété a lieu dès la formation du contrat, seul le paiement étant effectué en plusieurs fractions à intervalles réguliers.

Il se distingue enfin de la vente avec clause de réserve de propriété[871] dans laquelle le transfert de propriété est différé jusqu'au paiement intégral du prix. En effet, dans le crédit-bail, le transfert de propriété du bien n'intervient qu'après la levée de l'option par le crédit-preneur.

Sur le plan économique, le contrat de crédit-bail a souvent été comparé au contrat de « renting », contrat par lequel un bénéficiaire de crédit, dit « crédit-renting » prend en location un bien pour rendre son travail plus facile. Le renting se définit, en effet, comme une location de matériel mobilier, avec obligation d'entretien à la charge du bailleur[872].

Dans le renting, la prise en location n'aboutit pas à l'acquisition de la propriété du bien par le crédit-renting, le bien devant être réintégré dans le patrimoine de son bailleur en fin de contrat. Le bien n'est loué qu'à titre temporaire. En revanche, dans le contrat de crédit-bail, le crédit-preneur bénéficie de la possibilité de disposer en permanence du bien et pourra même en devenir propriétaire par la levée de l'option.

539.- Loin de devoir être réduit à une simple mise à disposition d'un bien moyennant paiement de loyers successifs, le crédit-bail est, en réalité, un « procédé de financement des investissements productifs moulé dans une opération juridique complexe »[873] qui est, par « la symbiose »[874] d'un contrat de louage de chose et d'une promesse unilatérale de vente, une technique particulière[875].

---

[870] Art. 354 COCC « La vente à tempérament, malgré la délivrance immédiate de la chose, stipule que le prix sera payable en plusieurs fractions à intervalles réguliers ».

[871] Art. 359 COCC « La vente à tempérament peut être faite sous la condition expresse que le transfert de propriété des biens vendus ne se réalisera que lorsque le prix aura été intégralement payé ».

[872] F. TERRE, Ph. SIMLER et Y. LEQUETTE, Droit civil, Les obligations, Dalloz, 10e éd., p. 638, n° 626.

[873] C. CHAMPAUD, La loi du 2 juillet 1966 sur le crédit-bail, JCP G 1966.I.2021

[874] E.-M. BEY, De la symbiotique dans les leasing et crédit-bail mobilier, Paris, Dalloz, 1970, p. 13, « Est symbiose, toute association de deux ou plusieurs organismes vivants en symbiotes, agissant en parfaite complémentarité biologique. »

[875] E.-M. BEY, La location financière dans la réforme bancaire, Semaine juridique Entreprise 1985, première partie, p. 14630.

540.- Dans un contexte sénégalais marqué par un accès au crédit bancaire qui demeure extrêmement problématique, surtout pour les PME, du fait d'un système inadapté – des prêts octroyés à des conditions qui ne sont pas financièrement supportables - le crédit-bail peut être la lueur d'espoir pour satisfaire le souci majeur des chefs d'entreprise : le financement. En effet, recevoir un bien mobilier ou immobilier et le payer avec le produit de ses activités sur le bien est une opportunité offrant des possibilités d'essor économique considérable ; or, c'est ce qu'offre le crédit-bail.

541.- La volonté de faire du crédit-bail un tremplin pour l'essor économique se justifie par les avantages économiques de l'opération qui existent aussi bien pour le crédit-preneur que pour le crédit-bailleur.

Les entreprises, très jeunes, de petite ou moyenne taille, manquant d'autofinancement ou de garanties suffisantes pour avoir accès aux financements bancaires traditionnels, trouvent une solution grâce au crédit-bail.

Le crédit-bail permet aux chefs d'entreprise d'adapter plus rapidement leurs possibilités à celles du marché. Ils peuvent, sans délai et sans capitaux abondants, mieux s'équiper en acquérant en temps utile l'équipement technique le plus moderne et le plus performant[876]. Par exemple, la vendeuse de jus de « bissap » qui, avec un réfrigérateur petit modèle, vendait dix sachets par jour pourra, en période de canicule et grâce au crédit-bail portant sur un congélateur, performer son activité par une augmentation de sa capacité de production. Le crédit-bail donne donc la possibilité d'obtenir, pour d'importants marchés, le bien approprié.

L'investissement par crédit-bail s'autofinance de manière dynamique. En effet, le remboursement des capitaux avancés par le crédit-bailleur, c'est-à-dire le paiement des redevances ou loyers, est matériellement assuré par les ressources retirées de l'exploitation des investissements réalisés grâce au crédit-bail. Le bien crédit-baillé génère les revenus nécessaires à son remboursement à travers la valeur ajoutée qu'il produit.

Le crédit-bail offre la possibilité de calquer la durée du contrat sur la durée de vie économique du bien et, par suite, d'adapter son utilisation à son efficacité. De ce fait, le crédit-preneur a constamment à sa disposition le

[876] S. PRADO, Le Risque de Valeur Résiduelle, Trois études quantitatives, Thèse Université Paris ouest – Nanterre la défense, 2010, Introduction générale, p. xiii.

meilleur outil technologique pour assurer sa compétitivité dans quelque secteur que ce soit.

Par ailleurs, pour développer son activité, le chef d'entreprise a besoin d'infrastructures répondant à ses besoins. Cependant, il n'est pas évident qu'il trouve sur le marché un immeuble correspondant exactement à ses besoins ou, disposant d'un terrain, ait les moyens pour sa mise en valeur. Il en est ainsi du commerçant qui veut édifier un entrepôt sans dépenser ses quelques ressources financières disponibles. S'il dispose déjà d'un terrain, il peut demander au crédit-bailleur d'y édifier les constructions dont il a besoin et de les lui louer dans le cadre du leasing. Dans le cas contraire, il pourra demander à la société de crédit-bail de financer pour son compte, l'achat et/ou la construction du bien immobilier et de le lui donner en location avec option d'achat[877]. Le crédit-bail permet ainsi à l'entreprise d'obtenir un crédit de longue durée garanti par un droit de propriété. Le crédit-preneur bénéficie de loyers fixes et non indexés sur le taux du marché monétaire. Il échappe ainsi aux fluctuations monétaires.

Avantageux pour le crédit-preneur, le crédit-bail l'est aussi pour le crédit-bailleur. Il est un mode de financement à moyen ou long terme accessible aux micro-entreprises pour l'acquisition d'immobilisation. En effet, le crédit-bail offre aux établissements de crédit la possibilité de « toucher » de nouveaux « emprunteurs » et d'étendre leur marché. C'est donc un moyen de croissance du secteur bancaire.

En outre, en tant que propriétaire du bien, la société de leasing est mieux armée en cas d'interruption des versements ou de difficultés d'exécution de la part du crédit-preneur. La réserve de propriété dont peut se prévaloir le crédit-bailleur est opposable aux tiers. Elle permet au crédit-bailleur d'obtenir la restitution de son bien pour le vendre ou le louer une seconde fois.

Le crédit-bail permet de faire du profit en transformant une épargne oisive (l'argent des banques) en un investissement tangible. Ainsi, il réalise une nouvelle forme de liaison entre l'épargne et la production.

542.- Technique avantageuse pour les parties prenantes car pouvant servir de levier au financement, le crédit-bail trouve un terreau fertile dans la sociologie sénégalaise. Une telle technique, aussi noble soit-elle, ne peut se développer que si elle est épousée par ses destinataires. Il semble en être ainsi, vu la conformité de la pratique du crédit-bail avec les réalités sénégalaises.

---

[877] Art. 8 de la Loi bancaire de 2008.

Le Sénégal est un pays avec une population en majorité de confession musulmane[878]. Il est ainsi un berceau favorable pour le développement du crédit-bail. En effet, le crédit-bail est une technique qui répond aux préceptes de l'Islam ; c'est un contrat « religieusement compatible »[879]. Le consensus des juristes musulmans, les « fouqahas », ainsi que celui des spécialistes en économie islamique est que l'intérêt est assimilé au « riba »[880] proscrit par la « shariah »[881]. La prohibition du « riba » signifie essentiellement que la fixation à l'avance d'un revenu positif sur une avance de fonds en récompense de l'attente n'est pas permise dans la « shariah »[882]. En conformité avec ce

---

[878] Le Sénégal compte une population composée de 95% de musulmans, 4% de catholiques et 1% d'animistes. Voir, Résultats des derniers recensements, Présidence de la République, Secrétariat général, Direction de la Prévision et de la Statistique, décembre 1989, p. 11. Voir aussi, I. Y. NDIAYE, Le mariage à l'épreuve du droit traditionnel, Revue sénégalaise de droit, n° 36, semestrielle janvier-juin 2011, p. 22.

[879] I. RIASSETTO, Le « faith-based », un concept en droit bancaire et de marchés financiers, in Les concepts émergents en droit des affaires, sous la direction de E. LE DOLLEY, LGDJ 2010, p. 163.

[880] Le Coran n'a pas donné de définition au « riba » mais, littéralement, « riba » signifie augmentation, croissance, surplus. En outre, il est à noter que l'islam n'est pas la première religion révélée à avoir interdit le « riba », d'autres religions et d'autres civilisations l'ont fait avant lui. Voir en ce sens, M. D. Bakar, Riba and Islamic Banking and Finance.

[881] La « shariah » peut être définie comme étant l'ensemble de ce qui a été révélé et descendu sur le Prophète Mouhamed (psl) comme commandements, ou lois prescrites par le Coran et la « Sunnah », concernant les dogmes, les activités et les actions des personnes légalement responsables, que ce soit de façon péremptoire ou conjecturale.
La première interdiction explicite du « riba » est intervenue avec les versets dans sourate Ali-Imran, où Allah (SWT) dit:
« 130. ô les croyants ! Ne pratiquez pas l'usure en multipliant démesurément votre capital. Et craignez Allah afin que vous réussissiez ! ».
Ce verset est souvent utilisé comme argument pour prétendre que seul les taux « excessifs » sont concernés par l'interdiction. Cependant, les versets de la Sourate Al-Baqarah, révélés plus tard, déclarent illicite tout surplus sur le principal et condamnent de manière très sévère le « riba » et ceux qui le pratiquent.

[882] A noter que l'Islam n'est pas isolé dans la condamnation de l'intérêt. Au nom de la loi naturelle, Saint Thomas condamne le négoce où la monnaie n'est plus un instrument de crédit, mais le commencement et la fin de l'échange. « Recevoir un intérêt pour l'usage de l'argent prêté, est, de soi, injuste, car c'est faire payer ce qui n'existe pas, ce qui constitue évidemment une inégalité contraire à la justice ». Pour s'en convaincre, il faut se rappeler que l'usage de certains objets se confond avec leur consommation ; ainsi nous consommons le vin dont nous nous servons comme boisson, et le blé dont nous nous servons pour notre nourriture. « Dans les échanges de cette nature, on ne devra pas compter l'usage de cet objet à part de sa

consensus, l'Académie de Fiqh islamique a confirmé le consensus historique sur la prohibition de l'intérêt[883]. Par ailleurs, l'Académie ne fait pas de différence selon que l'avance de fonds est destinée à des fins de consommation ou d'investissement ou s'il est octroyé par une banque commerciale, un gouvernement, une entreprise ou un individu.

L'Académie a, en outre, invité les gouvernements des pays musulmans à encourager la création d'institutions financières qui opèrent en conformité avec les principes de la shariah afin qu'elles répondent aux besoins des citoyens musulmans et leur permettent ainsi de vivre conformément aux exigences de leur foi.

Pratiqué par les banques islamiques[884], le crédit-bail offre ainsi la possibilité à l'Etat du Sénégal, membre de l'OCI, de satisfaire aux recommandations de l'Académie. Le crédit-bail est considéré comme conforme aux préceptes du droit musulman. En effet, il ne peut pas être comparé au prêt d'argent dans la mesure où le crédit-bailleur transmet un bien et non une somme d'argent. Lorsqu'on loue de l'argent, le « loyer » est considéré comme un intérêt prohibé, alors que la location d'un bien en nature,

réalité même, mais du fait même que l'on en concède l'usage à autrui, on lui cède l'objet même. Voilà pourquoi, pour des prêts de ce genre, le prêt transfère la propriété.

Si donc quelqu'un voulait vendre d'une part du vin, et d'autre part son usage, il vendrait deux fois la même chose ou, mieux, vendrait ce qui n'existe pas. Il commettrait donc une injustice. Pour la même raison, celui-là pécherait contre la justice qui, prêtant du vin ou du blé, exigerait deux compensations, l'une à titre de restitution équivalente à la chose elle-même, l'autre pour prix de son usage (usus) d'où le nom d'usure (usura). « Quant à l'argent monnayé, Aristote remarque qu'il a été principalement inventé pour faciliter les échanges ; donc, son usage propre et principal est d'être consommé, c'est-à-dire dépensé, puisque tel est son emploi dans les achats et les ventes. En conséquence, il est injuste en soi de se faire payer pour l'usage de l'argent prêté ; c'est en quoi consiste l'usure. » Voir, Ch. CARDAHI, Le prêt à intérêt et l'usure au regard des législations antiques, de la morale catholique, du droit moderne et de la loi islamique, in Revue internationale de droit comparé. Vol. 7 N°3, Juillet-septembre 1955. p. 506.

[883] Académie de Fiqh islamique (2000), Résolution n° 10/2

[884] La Banque Islamique de Développement (BID) a financé la première opération de crédit-bail en Turquie. Et, depuis 1981, ce mode de financement est devenu d'un usage courant au sein de la BID. Voir, A. KHOUILDI, Le leasing (Ijara wa Iqtina), Introduction aux techniques islamiques de financement, Recueil des communications dans le cadre du séminaire conjointement organisé par l'Institut islamique de recherches et de formation et de la banque Al-Baraka mauritanienne islamique, Nouakchott, 5-9 décembre 1992.

permet légitimement la perception d'un loyer qui correspond à la jouissance du bien par le crédit-preneur.

Le crédit-bail peut ainsi être considéré comme un « faith-based »[885], c'est-à-dire un instrument financier et un contrat soumis à la loi étatique tout en étant conforme à la loi religieuse. Il doit alors pouvoir « bourgeonner » sur le sol sénégalais.

543.- Accepté par la religion dominante au Sénégal, le crédit-bail se retrouve déjà, avec quelques nuances certes, dans les pratiques sénégalaises.

Devant l'inaccessibilité du crédit, les populations sénégalaises, les femmes en majorité, ont recours à la pratique des tontines[886]. La tontine, qui a précédé l'usage de la monnaie, permettait autrefois de constituer une communauté de travail pour rentabiliser les travaux agricoles et pour réparer le toit des maisons quand la tempête s'était abattue sur le village[887].

Dans la pratique sénégalaise, le mécanisme de la tontine consiste, pour un groupe de personnes, à se cotiser pour financer un des leurs. L'objet du financement peut consister en la remise d'une somme d'argent ou en l'octroi d'un bien (généralement mobilier). La personne financée rembourse par traites les sommes reçues ou la valeur du bien reçu dont elle pourra devenir propriétaire après paiement intégral des mensualités. La tontine renvoie ainsi à un groupe d'individus qui s'accordent pour constituer, selon une périodicité fixée conventionnellement, un fond commun qui sera remis (en totalité ou en partie) à chacun des participants à tour de rôle[888].

La tontine s'opère ainsi au Sénégal sous forme d'associations plutôt que de placements[889]. Les participants à la tontine s'engagent à verser une somme

---

885 I. RIASSETTO, Le « faith-based », un concept en droit bancaire et de marchés financiers, précité, p. 163.
Le concept de « faith-based » désigne des instruments financiers et des contrats soumis à une loi étatique tout en étant conformes à une loi religieuse.

886 A. KANE, Tontines, caisses de solidarité et banques ambulants. Univers des pratiques financières informelles en Afrique et en milieu immigré africain en France, L'Harmattan 2010, p. 9.

887 M. LELART, L'épargne informelle en Afrique, Revue des Etudes comparatives, n° 14, 2e trimestre, p. 53.

888 Pour une étude détaillée de la tontine, voir A. KANE, Tontines, caisses de solidarité et banques ambulants. Univers des pratiques financières informelles en Afrique et en milieu immigré africain en France, précité, p. 145.

889 On distingue les « placements tontiniers » des « associations tontinières », qui sont des sortes de sociétés mutuelles ayant cours en Afrique. Juridiquement, le placement tontinier, dite aussi « clause d'accroissement » ou, plus justement,

prédéterminée à une fréquence donnée. Pour chaque tour de versement, un des participants est désigné pour être le bénéficiaire des fonds des autres participants ou des biens achetés. Deux modes de désignation du bénéficiaire existent : soit par tirage au sort avant chaque versement, soit par tirage au sort au début du cycle qui détermine l'ordre de passage des participants. Pour le premier bénéficiaire, la tontine s'apparente à un crédit ; pour le dernier participant, elle s'apparente à une épargne.

La conception sénégalaise de la tontine reflète ainsi une mutualisation d'efforts pour procurer de l'argent ou un bien à une personne qui devra payer selon une périodicité fixée, généralement mensuellement. Le financement d'un bien par le mécanisme de la tontine se rapproche ainsi du crédit-bail et devrait fortement contribuer à la consécration du crédit-bail comme un véritable mécanisme de financement des entreprises sénégalaises.

544.- Mais, bien qu'il soit adapté à la sociologie sénégalaise et avantageux pour les entreprises sénégalaises, le crédit-bail est peu utilisé. En effet, la pratique révèle une faible utilisation du crédit-bail au Sénégal.

L'analyse de l'évolution de l'activité de crédit-bail au cours des dernières années montre que ce produit est très marginalisé, même si son existence au

---

« clause relative à la condition de survie », est une clause insérée dans le contrat par lequel plusieurs personnes achètent un même bien, meuble ou immeuble, en commun. Elle prévoit que ce bien reviendra en pleine propriété au dernier des survivants, après le décès de tous les autres coacquéreurs.
Ce n'est pas une copropriété qui est ainsi organisée car chaque acheteur est supposé seul propriétaire du bien sous la condition qu'il soit le seul survivant. Par conséquent, lorsque tous les coacheteurs sont décédés sauf un, le survivant est réputé avoir été seul propriétaire du bien depuis le jour de l'acquisition et ses coacquéreurs, décédés avant lui, sont supposés n'avoir jamais rien possédé. Pour R. SAVATIER (RTD civ. 1928, 458 et 1971, 400), l'acquisition doit être faite, non pas indivisément, mais au nom du survivant, le mécanisme fondé exclusivement sur la condition, qui éteint rétroactivement les droits du prémourant, étant exclusif de toute indivision. Comme l'a écrit M. DAGOT, « des deux acquéreurs, l'un est propriétaire de l'immeuble tout entier et l'autre ne l'est pas du tout : seulement, jusqu'au décès du prémourant, on ne sait pas lequel est propriétaire et lequel ne l'est pas ; contrairement à ce qui se passe dans une indivision, les droits des intéressés s'excluent l'un l'autre (sauf en ce qui concerne la jouissance) ; l'indivision suppose, au contraire par essence, des droits concurrents, parallèles et de même nature, mais non incompatibles ni contradictoires » (V., M. DAGOT, L'acquisition faite au profit du survivant des acquéreurs, JCP 1972, I, 2442, n° 8). Ce que va confirmer la cour de cassation française (Cass. civ., 1ère ch., 27 mai 1986, Bull. civ. I, n° 140 ; D. 1987, p. 139 note M. DAGOT).

Sénégal date des années 1970[890]. Le total des encours de crédit-bail à la fin de l'année 2006 s'élevait à 7 223 millions FCFA contre 8 061 millions FCFA à la fin de 2005, soit une baisse de 10,4%. Les encours de crédit-bail représentent moins de 0,6% du total des concours financiers nets accordés par l'ensemble du secteur en 2006, contre 0,7% un an auparavant. Aussi, représentaient-ils 1,4% de l'ensemble des crédits à moyen et long termes accordés par le secteur financier en 2006, contre 1,9% un an plus tôt.

Les encours de crédit-bail accordés par les établissements spécialisés, en l'occurrence LOCAFRIQUE, représentaient 15,2% du total des encours de crédit-bail accordés au Sénégal à fin 2006, contre 13,2% uniquement à la clôture de 2005[891].

En 2009, le marché du crédit-bail au Sénégal était évalué à cinq milliards de FCFA et le crédit-bail et les opérations assimilées représentaient moins de 1% des actifs des établissements de crédit. En termes de financement des investissements privés, l'activité n'a participé qu'à hauteur de 0,2% alors que dans des pays comme la Tunisie et les Iles Maurice, cette participation s'établit respectivement à 11% et 25%, soit 400 milliards de FCFA et 250 milliards de FCFA[892].

C'est alors un truisme de dire que la situation du crédit-bail au Sénégal relève du paradoxe : c'est un mécanisme de financement avantageux mais sous exploité.

Le crédit-bail étant régi par le droit bancaire, son développement est fortement tributaire de l'environnement bancaire. En effet, le développement du crédit-bail nécessite une prise en compte du « climat de l'investissement »[893] et des « tendances politiques, économiques, législatives et sociales prévisibles qui, ensemble ou séparément, favorisent ou contrecarrent les aspirations à des bénéfices à long terme satisfaisants et un recouvrement équitable des capitaux à risques initiaux et réinvestis »[894].

---

[890] Après le décret, c'est en 1977 que la première société de crédit-bail a été constituée. V., FINEOR, Rapport de l'Etude sur le secteur du crédit-bail au Sénégal, IFC « Etude sur le secteur du leasing au Sénégal » Mai 2008, p.3.

[891] V., Société Financière Internationale (IFC), Rapport précité, p. 71.

[892] Voir exposé des motifs de la loi n° 2012-02 sur le crédit-bail, précité.

[893] B. NIANE, Le régime juridique et fiscal du code des investissements au Sénégal, NEA, 1976, p. 25.

[894] Climat de l'investissement en Afrique. Documentation Commission Économique pour l'Afrique, E/CN/14/INR, Nations Unies, 1970.

Dès lors, réfléchir sur le développement du crédit-bail au Sénégal revient à rechercher les moyens d'amélioration, non seulement de son régime juridique, mais également de son environnement global.

545.- Tant souhaité, ce développement du crédit-bail nécessite de mettre le droit au service de l'économie. En effet, « le contenu du droit n'est jamais gratuit, jamais accidentel, jamais insignifiant »[895]. Sans conteste, le droit doit toujours répondre à un but[896] ; mais lequel ? La divergence des écoles de pensée sur la finalité du droit ne date pas d'aujourd'hui. Au gré des courants, elle oscille entre la justice[897], une fin individuelle[898] ou un intérêt collectif[899]. L'extrême diversité des fins possibles du droit révèle une constance : il doit satisfaire un objectif.

« Dans l'Afrique émancipée, droit et politique ne peuvent être dissociés »[900]. Il serait ainsi imprudent et peu réaliste de négliger le rôle important que peut jouer le droit dans le développement de l'Afrique, du Sénégal. En effet, comme le souligne Lanciné SYLLA, « dans des sociétés désireuses de former une société nouvelle – une société développée pour parler le langage consacré – le droit nous apparaît comme un élément essentiel de changement social »[901] car, de par sa nature et sa mission, il assure la stabilité et le progrès des sociétés qu'il régit[902].

Le droit ne devrait ainsi être considéré comme quelque chose d'immuable et quasi-sacré. Son élaboration ne doit pas consister à imiter servilement les systèmes juridiques étrangers. « Une nation qui cherche à fixer les conditions de sa vie et de son développement est appelée nécessairement à constituer un droit nouveau ou, en tout cas, un droit en parfaite harmonie avec ses

---

895 J.-L. AUBERT, Introduction au droit, Que sais-je, PUF, 1ère éd., 1979, p.16.

896 V., B. OPPETIT, Philosophie du droit, Précis Dalloz, 1ère éd., 1999, p. 28.

897 Le droit c'est la recherche de la justice.

898 Le droit est perçu comme correspondant à un ensemble de règles de conduite.

899 Pour une présentation et une synthèse du débat doctrinal, V., B. OPPETIT, Philosophie du droit, précité, p. 28 et s.

900 G. CONAC, La vie du droit en Afrique, in « Dynamiques et finalités des droits africains », acte du colloque de la Sorbonne « La vie du droit en Afrique », Economica 1980, Introduction, p. XVI.

901 L. SYLLA, Le droit : élément essentiel du changement social en Afrique (étude de cas), in « Dynamiques et finalités des droits africains », acte du colloque de la Sorbonne « La vie du droit en Afrique », Economica 1980, p. 314

902 R. GRANGER, Pour un droit du développement dans le pays sous-développés, in 10 ans de conférence d'agrégation. Etudes de droit commercial offertes à Joseph HAMEL, Paris, Dalloz 1961, p. 47.

aspirations profondes »[903]. Le droit doit ainsi « être étroitement lié à la programmation du développement »[904].

Il faut néanmoins se garder de confondre le droit du développement (qui nous intéresse dans ce travail) avec le droit au développement.

« Le droit au développement envisage la qualité de vie de chaque homme dans sa globalité, pour une promotion tenant compte des choix et des moyens de chaque nation, soutenue par la solidarité universelle »[905]. « C'est un droit inaliénable de l'homme en vertu duquel toute personne humaine et tous les peuples ont le droit de participer et de contribuer à un développement économique, social, culturel et politique dans lequel tous les droits de l'homme et toutes les libertés fondamentales peuvent être pleinement réalisés, et de bénéficier de ce développement »[906].

Par contre, le droit du développement est une technique juridique et un ensemble de méthodes de législation propres à sous-tendre le développement économique et social[907] ; c'est « l'ensemble des instruments juridiques permettant de provoquer les changements socioculturels favorables au développement »[908]. C'est un droit qui « tire et qui pousse » vers le développement économique et social.

546.- Bien qu'avantageux, le droit du développement n'échappe pas aux critiques. L'aptitude du droit à être un vecteur de développement est, en effet, fortement remise en cause par certains auteurs[909]. Ces derniers considèrent que le droit, dont l'objet est de régir les rapports entre les individus, doit être en harmonie avec le degré de développement économique, social et culturel du groupe concerné. Par ailleurs, ils soulèvent le problème même de l'adaptation

---

[903] L. SYLLA, Le droit : élément essentiel du changement social en Afrique, précité, p. 326.

[904] E. LE ROY, Droit et développement en Afrique noire francophone après dix années d'indépendance politique, Revue de l'A.S.E.R.J., Mars 1971, n° 9, p.70

[905] K. MBAYE, Le droit au développement, Ethiopiques numéro 21, Revue socialiste de culture négro-africaine, janvier 1980, p. 4.

[906] Art.1er de la Déclaration sur le droit au développement adoptée par l'Assemblée générale des Nations Unies dans sa résolution 41/128 du 4 décembre 1986.

[907] K. MBAYE, Le droit au développement, précité, p. 1.

[908] A. SOW SIDIBE, Le pluralisme juridique en droit sénégalais des successions ab intestat, Thèse Paris II, 1987, p. 413.

[909] Voir notamment M. BENCHIKH, Le droit international du sous-développement, Paris, Berger-Levrault, 1978 ; Serge SUR, Jean COMBACAU, H. THIERY ET Ch. VALLEE « Droit international public » Chap. IX, Coll. Montchrestien Précis Domat, Paris 1986.

du droit à la société à laquelle il s'applique et considèrent que, lorsque les règles sont trop étrangères aux données sociales, elles demeurent des « lois de fantaisie ».

L'argumentation, quoique belle, n'est pas convaincante[910] en ce sens que « le droit peut promouvoir le développement, mais, celui-là, loin d'être totalement importé, doit, au contraire, émaner principalement de l'ordre social qu'il doit régir »[911]. Le développement du crédit-bail au Sénégal est ainsi intimement lié à l'existence d'un droit qui le favorise, d'un système juridique favorable.

547.- L'implantation d'une institution financière de crédit-bail dans un pays donné requiert au préalable l'existence d'un secteur bancaire solide et capable d'être un terreau fertile pour l'essor de celle-ci. Dès lors, la promotion du crédit-bail est subordonnée à l'instauration d'un climat d'investissement sain[912], le crédit-bailleur voulant se prémunir contre deux risques : le risque de valeur résiduelle qui est relatif au matériel, et le risque de crédit qui est lié à l'utilisateur.

Le risque de valeur résiduelle s'appréhende à partir des fluctuations de la valeur résiduelle du bien sur le marché résultant de l'usure physique, d'une obsolescence imprévue ou de variations non anticipées des taux d'intérêt et du niveau général des prix.

Quant au risque de crédit, il peut être défini comme le risque lié à l'insolvabilité ou à la mauvaise foi du crédit-preneur ou encore, au besoin pressant de liquidités du crédit-bailleur avant les termes convenus.

Etant entendu que le sentiment d'insécurité est un obstacle à l'investissement, le crédit-bail a besoin, pour son développement, de la sécurisation de l'engagement du crédit-bailleur; ce qui implique la suppression ou, à défaut, la réduction considérable des risques qu'il prend.

---

910 V., A. SOW SIDIBE, Le pluralisme juridique en droit sénégalais des successions ab intestat, précité, p. 416 à 420. L'auteur montre que la critique est beaucoup plus fondée sur le caractère inadapté du droit. La base de la critique est ainsi une base erronée car le droit du développement ne saurait être un droit d'emprunt compte tenu des spécificités de chaque peuple, de chaque pays.

911 A. SOW SIDIBE, Le pluralisme juridique en droit sénégalais des successions ab intestat, précité, p. 420.

912 P. T. FALL, Normes communautaires et sécurité juridique, in Nouvelles Annales Africaines, n° 1-2007, p. 200. Un environnement juridique sécurisé est nécessaire pour un développement économique et social.

Même si le risque zéro semble relever de l'utopie, il faut tout au moins le minimiser.

Les préoccupations du crédit-bailleur recoupent ainsi celles de tous les investisseurs mais aussi des Etats parties de l'Organisation pour l'Harmonisation en Afrique du Droit des Affaires (OHADA). Ces derniers, conscients des exigences de sécurité, se sont fixés pour objectif « d'établir un courant de confiance en faveur de leurs économies, en vue de créer un nouveau pôle de développement en Afrique »[913]. La sécurisation des investissements est ainsi au cœur des préoccupations du législateur OHADA[914], mais reste à apprécier son efficacité.

548.- Même si elle constitue l'un des piliers les plus importants pour le développement du crédit-bail, la sécurité n'est qu'un des éléments du problème. Il ne suffit pas de garantir à l'investisseur la sécurité, il faut aussi lui garantir la rentabilité de son investissement. Ce sont là deux objectifs à atteindre pour un développement du crédit-bail.

549.- Pour des raisons de sécurité financière et de nécessité de contrôle[915], la pratique professionnelle du crédit-bail est réservée aux établissements de crédit afin de « protéger les entreprises faisant appel au crédit-bail en leur évitant notamment d'être à la merci de sociétés ne présentant pas des garanties suffisantes »[916]. Bien que noble, la volonté du législateur pourrait constituer un handicap pour le développement du crédit-bail[917].

---

913 Préambule du Traité de l'OHADA.

914 F. DIENG, L'Harmonisation en questions, in Nouvelles annales africaines, Revue de la FSJP, n° 1-2007, p. 82. « La sécurisation juridique résultant de l'harmonisation du droit des affaires est un moyen d'attirer les investissements sans lesquels aucun développement économique durable ne peut se réaliser ». Cette sécurité juridique s'entend comme « une qualité du droit qui permet aux personnes de réaliser de façon durable et effective leurs projets parce que protégeant ceux-ci contre les effets secondaires pervers du droit (…) Qu'elle que soit l'origine des normes, les citoyens doivent pouvoir compter sur un droit compréhensible, accessible et stable » V., P. T. FALL, Normes communautaires et sécurité juridique, précitée, p. 200.

915 M. SAMB, Le droit du crédit-bail dans l'espace OHADA : Etude comparative des lois camerounaise et sénégalaise, Revue de l'ERSUMA, n° 1, juin 2012, p. 363

916 P. ARMENGAUD, Rapport fait au nom de la commission (française) des finances, du contrôle budgétaire et des comptes économiques de la nation sur le projet de loi relatif aux entreprises pratiquant le crédit-bail, séance du 22 juin 1966, n° 244, p. 8.

917 La « surliquidité » des établissements de crédit de l'UMOA est un tremplin pour le développement du crédit-bail. Malheureusement, la pratique révèle que le crédit

SECTION 1: LA FORMATION DU CONTRAT DE CRÉDIT-BAIL

550.- Le contrat légalement formé crée entre les parties un lien irrévocable[918]. L'effet de loi qui est attaché aux contrats reste ainsi tributaire de son respect des conditions de validité.

Comme tous les autres contrats, le crédit-bail s'organise autour d'un ensemble de règles.

PARAGRAPHE 1: LES CONDITIONS DE FORME

551.- Certaines exigences sont posées par rapport à la forme du contrat de crédit-bail. La première de ces exigences concerne le support. Le contrat de crédit-bail est un contrat écrit. Par ailleurs, il devra faire l'objet d'une publicité.

A. La nécessité d'un écrit dans la formation du contrat

552.- Une lecture des dispositions de la loi de 2008 portant réglementation bancaire n'offre pas une réponse sur le support du contrat de crédit-bail. Un certain silence est noté de la part du législateur bancaire sur une telle question. Cependant, tel n'est pas le cas de la loi sénégalaise de 2012. Elle exige le respect d'un écrit[919] sans malheureusement préciser sa finalité.

1. L'écrit, une exigence imprécise dans sa nature

553.- Aux termes des dispositions de l'article 11 de la loi n° 2012-02 sur le crédit-bail, le contrat de crédit-bail doit, indépendamment de sa durée, être matérialisé par un écrit entre le crédit-bailleur et le crédit-preneur. De quel écrit s'agit-il ? En d'autres termes, le contrat obéit-il à l'exigence d'un acte

---

est inaccessible pour la majorité des populations de l'Union. En outre, dans des pays comme le Sénégal, voir un établissement de crédit relève du luxe dans certaines zones. L'essentiel des établissements de crédit sont concentrés à Dakar et dans les grandes villes et certaines localités n'en abritent pas.

Le monopole des établissements de crédit offre ainsi un relief accidenté qu'il faudra impérativement maîtriser pour aboutir au développement du crédit-bail au Sénégal.

Par ailleurs, prenant appui sur les établissements de crédit, le développement du crédit-bail est paralysé par l'absence de culture bancaire de la majorité de la population sénégalaise. La « religion de la thésaurisation » est encore largement pratiquée par les populations. Le taux de bancarisation se situait à 18,5% en 2016.

[918] Art. 96 COCC.

[919] C'est aussi le cas avec le projet de loi uniforme sur le crédit-bail ; cf. art. 4 du projet de loi.

authentique ? La question trouve son importance dans le crédit-bail portant sur les immeubles.

554.- En droit sénégalais, les transactions portant sur des immeubles immatriculés doivent être passées devant notaire (**supra n° 167**). Cependant, depuis 2012, « aucune forme particulière n'est exigée pour la validité de la promesse synallagmatique de contrat ou avant contrat qu'il faut distinguer du contrat »[920] (**supra n° 129).**

Conjugaison d'une location et d'une promesse unilatérale de vente, le crédit-bail ne semble donc pas supporter l'obligation de la forme notariée pour sa validité[921]. En d'autres termes, l'écrit, support de l'opération, doit pouvoir être un acte authentique ou un acte sous seing privé. Cependant, cette règle est à nuancer. En effet, pour être opposable, le contrat de crédit-bail immobilier doit être publié au livre foncier d'où la nécessité d'être passé par acte authentique[922] (**infra n° 564).**

555.- L'acte sous seing privé rédigé par un avocat peut cependant présenter une certaine particularité. Aux termes des dispositions de l'article 4 du Règlement n° 05/CM/UEMOA relatif à l'harmonisation des règles régissant la profession d'avocat dans l'espace UEMOA, l'acte sous seing privé contresigné par un avocat est appelé « acte d'avocat ». En contresignant l'acte, l'avocat atteste avoir éclairé pleinement la ou les parties qu'il conseil sur les conséquences juridiques de cet acte.

---

920 CS, ch. Réunies, arrêt n° 11 du 19 juin 2012, CBAO c/La SET (inédit). Sur la jurisprudence avant le revirement ; CS, 2ème civ. et com., 04 juin 1993, Arrêt n° 107, EDJA n° 24, janv. - mars 1995, note A. Cissé. CS, civ. et com., 16 janvier 2008, arrêt n° 21, Youssou Seck c/SNR, Bull n° 16. Dans le même sens, CS, civ. et com., 05 déc. 2007, arrêt n° 121, Amadou Lamine Kébé c/Mayoro Mbaye, Bull n° 15, année judiciaire 2006-2007 : « … tant la promesse de vente que le contrat définitif ayant pour objet la vente d'un immeuble immatriculé au livre foncier doivent être établis obligatoirement par un notaire ». V., A. Faye, « Le transfert de propriété dans la vente de l'immeuble en droit sénégalais », PUSS, Droit sénégalais, n° 8/2009. V. aussi B. DIALLO, Promesse sous seings privés de vente d'immeuble immatriculé ne vaut ?, Observations sur C.S. Sénégal n° 79 du 16 juillet 2008, Aliou Bathily c/ Abdoul Diallo, Revue Droit et Ville, n° 71, 2011, p. 175-197.

921 C'est au moment de la levée de l'option que l'acte notarié sera obligatoire.

922 Nos développements sur la publicité du crédit-bail immobilier au livre foncier. L'article 4 du projet de loi uniforme sur le crédit-bail considère que « tout contrat de crédit-bail immobilier doit être établi par acte authentique ».

Les actes d'avocat font pleine foi de l'écriture et de la signature des parties tant à leur égard qu'à celui de leurs héritiers et ayants droit.

L'acte d'avocat est soumis à la procédure de faux. Il emprunte ainsi une conséquence de l'authentique et se présente comme un acte hybride.

556.- Outre la nature de l'écrit, se pose son support. En effet, avec le développement des réseaux informatiques, le nombre de transactions électroniques est en constante augmentation. A titre indicatif, les transactions électroniques portent sur la production, la promotion, la vente, la distribution de produits et les échanges par des réseaux de télécommunication ou informatiques (interrogation à distance, envoi d'une facture, etc.). Fort de cela, le législateur sénégalais adopte une approche neutre face à la technologie en appuyant les transactions électroniques et en précisant les exigences en matière de preuve et de signature[923]. D'une part, il fait du recours à l'électronique une exception. En d'autres termes, à défaut de dispositions légales contraires, nul ne peut être contraint de poser un acte juridique par voie électronique[924]. Cependant, ce principe ne vaut que dans les rapports entre l'administration et les particuliers mais ne s'applique pas aux rapports entre particuliers[925].

D'autre part, afin d'éliminer les contraintes juridiques qui bloquent le recours aux transactions électroniques, il consacre l'équivalence entre dossiers électroniques et documents papiers. La voie électronique peut être utilisée pour mettre à disposition des conditions contractuelles ou des informations sur des biens ou services[926]. Les informations qui sont demandées en vue de la conclusion d'un contrat ou celles qui sont adressées au cours de son exécution peuvent être transmises par courrier électronique si leur destinataire a accepté l'usage de ce moyen.

Lorsque l'écrit sur papier est soumis à des conditions particulières de lisibilité ou de présentation, l'écrit sous forme électronique doit répondre à des exigences équivalentes.

---

923 Aux termes des dispositions de l'article 19 de la loi n° 2008-08 sur les transactions électroniques, lorsqu'un écrit est exigé pour la validité d'un acte juridique, il peut être établi et conservé sous forme électronique.

924 Art. 18 de la loi n° 2008 – 08 sur les transactions électroniques.

925 Art. 33 du décret n° 2008-718 du 30 juin 2008 relatif au commerce électronique pris pour l'application de la loi n° 2008-08 sur les transactions électroniques.

926 Art. 21 et s. de la loi n° 2008 – 08 sur les transactions électroniques.

La signature nécessaire à la perfection d'un acte juridique identifie celui qui l'appose. Elle manifeste le consentement des parties aux obligations qui découlent de cet acte[927]. Quand elle est apposée par un officier public, elle confère l'authenticité à l'acte. Lorsqu'elle est électronique, elle consiste en l'usage d'un procédé fiable d'identification garantissant son lien avec l'acte auquel elle s'attache. La fiabilité de ce procédé est présumée, jusqu'à preuve contraire, lorsque la signature électronique est créée.

L'acte authentique peut être dressé sur support électronique s'il est établi et conservé dans des conditions fixées par décret.

2. L'écrit, une condition de validité du contrat ?

557.- La formalité de l'écrit n'a pas toujours la même finalité en droit des contrats. Elle est, parfois, une condition de validité et, d'autres fois, une condition d'opposabilité. Si, dans la première situation nous sommes devant un contrat solennel, l'opposabilité témoigne d'un écrit condition d'efficacité. En d'autres termes, si les cocontractants ne le respectent pas, le contrat reste valable mais risquerait de connaître des difficultés d'exécutions de la part de la partie de mauvaise foi ou de tiers qui, de bonne foi, ne sont pas informés de son existence. Le formalisme existe alors dès qu'un élément de forme extérieure déterminé par le droit conditionne tant soit peu l'effet juridique produit, ou dès que l'efficacité juridique d'un acte est en quoi que ce soit altérée, faute de respecter les prescriptions de forme édictées par le droit. Devant l'absence de précision du législateur sénégalais, la question de son choix se pose.

558.- L'écrit, condition d'efficacité, est présent en matière de preuve. Aux termes de l'article 14 COCC, il doit être passé acte devant notaire ou sous signatures privées de toute convention dont l'objet excède 20.000 francs. Cet article pose la règle de la préconstitution de la preuve écrite. Toutefois, il reçoit exception toutes les fois qu'il n'a pas été possible au créancier de se procurer ou de produire une preuve écrite de la convention ; c'est l'hypothèse de l'impossibilité matérielle ou morale de se préconstituer un écrit[928]. Outre ces situations d'impossibilité, les témoignages et présomptions sont également recevables, lorsqu'il existe un commencement de preuve par écrit.

---

[927] Art. 41 de la loi n° 2008 – 08 sur les transactions électroniques. A noter que nul ne peut être contraint de signer électroniquement ; art. 42 *in fine* de la loi n° 2008 – 08 sur les transactions électroniques.

[928] Sur la question, voir A. A. DIOUF, Etude critique de l'impossibilité morale dans la preuve des actes juridiques en Afrique noire francophone, R.I.D.C. 2-2013.

On appelle commencement de preuve par écrit tout écrit qui rend vraisemblable le fait allégué et qui émane de celui auquel on l'oppose, de son auteur ou de son représentant. Sont assimilées au commencement de preuve par écrit les déclarations faites au cours d'une comparution personnelle ordonnée par le juge.

559.- L'écrit sous forme électronique est admis en preuve au même titre que l'écrit sur support papier et a la même force probante que celui-ci, sous réserve que puisse être dûment identifiée la personne dont il émane et qu'il soit établi et conservé dans des conditions de nature à en garantir l'intégrité[929]. Lorsque le contrat est conclu par voie électronique et qu'il porte sur une somme égale ou supérieure à un montant fixé à 20.000 francs, le contractant professionnel assure la conservation de l'écrit qui le constate pendant un délai de dix (10) ans et en garantit à tout moment l'accès à son cocontractant si celui-ci en fait la demande.

560.- En disposant que le contrat de crédit-bail doit contenir au moins les mentions suivantes :

- ✓ la description des biens objets du contrat, avec toutes les caractéristiques qui pourraient permettre leur parfaite identification ;
- ✓ la partie ayant choisi le bien et le fournisseur ;
- ✓ la durée de la location ;
- ✓ le montant des loyers, leurs échéances et la procédure de leur règlement ;
- ✓ les conditions d'exercice de l'option d'achat et le montant à payer par le crédit-preneur dans ce cas,

l'article 11[930] nous semble beaucoup plus faire de l'écrit une condition de validité de la convention[931]. L'écrit semble plus ici permettre la protection d'un intérêt jugé nécessaire par le législateur. La particularité du formalisme direct (formalité de validité par opposition à la formalité indirect qui est d'efficacité) est qu'elle incite à la réflexion ; elle évite que le contrat soit

---

929 Art. 37 de la loi n° 2008 – 08 sur les transactions électroniques.

930 Son pendant est l'article 5 du projet de loi uniforme sur le crédit-bail qui pose la même règle. Mieux, conformément à cet article, la sanction du défaut des mentions est la nullité du contrat.

931 En considérant que : « la modification du contrat de crédit-bail est permise sous réserve du consentement écrit des parties, sauf si la présente loi en dispose autrement », l'article 14 de la loi de 2012 semble aussi confirmer une telle position.

conclu sous une pression, une manœuvre frauduleuse ; elle force à préciser la déclaration de volonté des parties ; elle assure la preuve du contrat.

B. La publicité du contrat

561.- Le contrat de crédit-bail est soumis à la règle de la publicité. En d'autres termes, il doit être porté à la connaissance du public. En matière de crédit-bail immobilier, la publicité se fait au Registre du Commerce et du Crédit Mobilier (RCCM) et au livre foncier.

1. La publicité au RCCM

562.- Aux termes des dispositions de l'article 16 de la loi n° 2012-02 sur le crédit-bail[932], le crédit-bailleur peut procéder aux formalités de publicités prévues par l'article 35 de l'Acte uniforme OHADA relatif au droit commercial général. En effet, le droit commercial général dispose que le RCCM reçoit également l'inscription des contrats de crédit-bail[933].

La demande d'inscription au RCCM pour le contrat de crédit-bail est faite par le crédit-bailleur ou le crédit-preneur. Le RCCM compétent pour recevoir l'inscription du crédit-bail est celui dans le ressort duquel est immatriculé ou s'est déclaré le crédit-preneur et, dans les autres cas, dans le ressort du domicile du crédit-preneur.

La date de l'inscription d'un contrat de crédit-bail est celle mentionnée au registre chronologique des dépôts.

563.- La publicité du contrat de crédit-bail protège le crédit-bailleur des prétentions des tiers surtout lorsque l'opération porte sur un meuble. En effet, en matière mobilière, l'acquéreur de la chose d'autrui en devient propriétaire lorsqu'il l'a reçue de bonne foi[934]. Le débat de la pertinence de la mesure peut cependant être posé par rapport au crédit-bail immobilier surtout lorsqu'il est publié au livre foncier. En effet, outre le RCCM, le crédit-bail immobilier doit, comme condition d'efficacité, être publié au livre foncier.

2. La publicité au livre foncier

564.- En dehors des contrats soumis à publicité par les textes relatifs à l'immatriculation foncière, le bail assorti d'une promesse de vente doit faire l'objet d'une inscription au livre foncier pour être opposable aux tiers[935].

---

[932] Règle aussi posée par l'article 6-1 du projet de loi uniforme sur le crédit-bail. Cependant, l'article limite la publicité pour opposabilité au matériel roulant.

[933] Art. 34 et 35-6 AUDCG.

[934] Art. 262 COCC.

[935] Art. 390 COCC.

Devant l'absence de précision, la règle concerne aussi bien le bail assorti d'une promesse de vente synallagmatique que celui avec la promesse de vente unilatérale. Le contrat de crédit-bail est donc concerné par la règle de la publicité au livre foncier[936].

565.- Dans un souci d'organisation de la publicité foncière et donc de la sécurité juridique, la loi subordonne l'inscription à la Conservation de la propriété et des droits fonciers à l'intervention du notaire dans l'établissement de la convention. En effet, tous faits, conventions ou sentences, ayant pour objet de constituer, transmettre, déclarer, modifier ou éteindre un droit réel immobilier, d'en changer le titulaire ou les conditions d'existence, tous baux d'immeubles excédant trois années, toute quittance ou cession d'une somme équivalente à plus d'une année de loyer ou fermages non échus doivent, en vue de l'inscription, être constatés par acte authentique sauf dérogations législatives[937].

566.- L'inscription du contrat de crédit-bail au livre foncier aura la même finalité que celle au RCCM. Elle permet une opposabilité de l'opération.

PARAGRAPHE 2: LES CONDITIONS DE FONDS

567.- La validité du contrat de crédit-bail reste tributaire du respect des conditions de fonds. Par rapport à ces dernières, comme tout contrat, il devra respecter le droit commun en la matière, le COCC. Libres de contracter ou de ne pas contracter, d'adopter toute espèce de clauses de modalités, les parties ne peuvent cependant porter atteinte par conventions particulières à l'ordre public ou aux bonnes mœurs[938]. Elles devront alors respecter les conditions de validité des contrats. La spécificité du contrat de crédit-bail lui fait aussi supporter d'autres conditions qui retiennent notre attention.

A. Les conditions tenant aux parties

568.- L'intérêt d'une étude des conditions tenant aux parties, par rapport au contrat de crédit-bail, s'apprécie au niveau des crédit-bailleurs. En effet, aucune singularité n'entoure la personne du crédit-preneur.

Opération de banque, le crédit-bail est un acte de commerce par nature dont la pratique à titre de profession est réservée à une certaines catégories de commerçants. En effet, il est l'affaire des établissements de crédit et des SFD.

---

936 Règle aussi posée par l'article 6-2 du projet de loi uniforme sur le crédit-bail.
937 Art. 47 de la loi n° 2011-07 du 30 mars 2011, précitée.
938 Art. 42 COCC.

1. L'impératif d'être un établissement de crédit

569.- En droit UMOA, les établissements de crédit sont organisés par la loi n° 2008-26 du 28 juillet 2008 portant réglementation bancaire[939]. Ils se subdivisent en banque et en établissement financier à caractère bancaire.

570.- Les banques peuvent effectuer toutes les opérations de banques (les opérations de banque sont : la réception de fonds du public, les opérations de crédit, ainsi que la mise à disposition de la clientèle et la gestion de moyens de paiement). Alors que les établissements financiers à caractère bancaire sont habilités à effectuer les opérations de banque pour lesquelles ils sont agréés.

571.- Aux termes de l'instruction n° 11-12/2010/RB relative au classement, aux opérations et à la forme juridique des établissements financiers à caractère bancaire, les établissements financiers à caractère bancaire sont classés en cinq catégories selon la nature des opérations qu'ils sont autorisés à effectuer :

- ✓ Catégorie 1 : établissements financiers de prêts ;
- ✓ Catégorie 2 : établissements financiers de crédit-bail ou de location avec option d'achat ;
- ✓ Catégorie 3 : établissements financiers d'affacturage ;
- ✓ Catégorie 4 : établissements financiers de cautionnement ;
- ✓ Catégorie 5 : établissements financiers de paiement.

Aux termes des dispositions de l'article 5 de l'instruction n° 11-12/2010/RB, les établissements financiers de crédit-bail ou de location avec option d'achat sont spécialisés dans les opérations suivantes :

- opération de location de biens d'équipement, de matériel ou d'outillage qui, quelle que soit leur qualification, donnent au locataire la possibilité d'acquérir, à une date convenue avec le propriétaire, tout ou partie des biens loués, moyennant un prix arrêté d'accord parties et prenant en compte les paiements effectués à titre de loyer ;
- opérations, quelle que soit leur qualification, par lesquelles une entreprise finance, pour son compte, l'achat et/ou la construction de biens immobiliers à usage professionnel, afin de les donner en location à des personnes à la demande desquelles elle a agi et qui

[939] J.O. N° 6437 du Samedi 8 novembre 2008. Elle abroge et remplace la Loi bancaire n°90-06 du 26 juin 1990.

pourront devenir propriétaire de tout ou partie, au plus tard à l'expiration du bail ;

- opérations de location de fonds de commerce ou de l'un de ses éléments incorporels qui, quelle que soit leur qualification, donnent au locataire la possibilité d'acquérir, à une date fixée avec le propriétaire, le fonds de commerce ou l'un de ses éléments incorporels, moyennant un prix convenu tenant compte, au moins pour partie, des versements effectués à titre de loyers, à l'exclusion de toute opération de cession bail, à l'ancien propriétaire, du fonds de commerce ou de l'un de ses éléments incorporels.

La cession bail est l'acte par lequel une entreprise utilisatrice vend un bien à une personne qui le lui donne aussitôt en crédit-bail.

572.- Les qualités de banque ou d'établissement financier à caractère bancaire résultent d'un agrément qui obéit à certaines conditions prévues par le droit bancaire (**supra n° 514 et s.**).

2. La nécessité d'une autorisation pour les SFD

573.- Les SFD sont organisés par la Loi 2008-47 du 03 septembre 2008 portant réglementation des systèmes financiers décentralisés[940] et son décret d'application[941].

Sous le vocable de Systèmes financiers décentralisés (SFD), le législateur entend les institutions, structures ou organisations « dont l'objet principal est d'offrir des services financiers à des personnes qui n'ont généralement pas accès aux opérations des banques et établissements financiers tels que définis par la loi portant réglementation bancaire et habilités aux termes de la présente loi à fournir ces prestations »[942].

Encore appelés microfinance, les SFD font allusion à « un ensemble d'organisations aux formes et aux statuts divers, pratiquant des opérations de prêt et/ou de collecte d'épargne de faible montants, à une échelle décentralisée, et fondées sur la proximité»[943]. En effet, les SFD ont un champ d'action réduit comparé à celui des établissements de crédit.

---

940 J.O. n° 6452 du 31 janvier 2009.

941 Décret n° 2008-1366 du 28 novembre 2008 portant application de la loi portant réglementation des systèmes financiers décentralisés, J.O. du 11 avril 2009.

942 Art. 1 al. 21 de la Loi n° 2008-47 précitée.

943 Jean Michel Servet, « Banquiers aux pieds nus. La microfinance » Editions Odile Jacob, 2006, p. 511.

574.- Les opérations des SFD[944] consistent d'abord à la collecte de dépôts, les opérations de prêt et, enfin, l'engagement par signature. En conséquence de la délimitation de leur champ de compétence, les SFD ne peuvent pratiquer l'opération de crédit-bail défini par la loi bancaire de 2008[945]. Les SFD qui envisagent d'exercer des activités ou professions régies par des dispositions spécifiques doivent solliciter les autorisations requises et se soumettre aux réglementations applicables aux opérations envisagées.

> **Nb :** Pendant la durée du contrat de crédit-bail, le crédit-bailleur ne peut céder totalement ou partiellement ses droits, en vertu du contrat, qu'à une entreprise exerçant des activités de crédit-bail ou de recouvrement de créances. Il est tenu d'aviser le crédit-preneur, par acte ayant une date certaine, de la transaction. Le consentement du crédit-preneur à la cession n'est donc pas une exigence. La cession effectuée, le cessionnaire est tenu de respecter le contrat conclu par le cédant[946].

B. Les conditions tenant à l'objet

575.- L'objet détermine la nature du crédit-bail. En effet, selon le bien sur lequel il porte, le crédit-bail est mobilier ou immobilier. Le législateur use de la traditionnelle distinction meuble-immeuble[947] pour définir l'opération de crédit-bail.

L'assiette du crédit-bail immobilier est légalement limitée dans son contenu et dans sa destination. Les immeubles pouvant faire l'objet de crédit-bail sont, en effet, spécifiés dans leur consistance.

576.- L'immeuble est un bien qui se singularise traditionnellement par sa fixité. En définissant le crédit-bail immobilier, le législateur a observé un silence par rapport à la nature de l'immeuble objet de l'opération. S'agit-il d'un oubli en lieu et place d'une volonté de limiter le crédit-bail immobilier aux seuls immeubles par nature ou d'un vœu du législateur d'étendre

---

[944] Art. 4 de la Loi n° 2008-47 précitée.

[945] Art. 11 al. 5 de la loi bancaire de 2008 ; art. 6 de la Loi n° 2008-47 précitée.

[946] Art. 21 de la loi de 2012 sur le crédit-bail. Règle aussi posée par l'article 12-1 de loi uniforme sur le crédit-bail.

[947] A.-M. PATAULT, Introduction historique au droit des biens, PUF, 1989, p. 88. La distinction des meubles et des immeubles, incontestable *summa divisio* des biens dans le code civil, ne plonge pas des racines bien profondes dans l'histoire. Elle n'est certes pas une création pure du code civil, puisque l'Ancien droit se l'était peu à peu approprié à coup de tentatives et d'approximations ; mais il n'y est parvenu que deux ou trois siècles avant le code civil, ce qui donne une faible profondeur du champ.

l'opération à tous les immeubles ? Une lecture de l'article 8 de la loi de 2008 nous fait militer pour la deuxième thèse. En outre, la destination de l'immeuble est pour le législateur un élément déterminant dans la qualification de l'opération ; l'immeuble doit être affecté à un usage professionnel.

Outre sa consistance, l'immeuble à donner en crédit-bail l'est sur demande. En d'autres termes, il est acheté et/ou construit sur demande du crédit-preneur.

a) Le périmètre foncier du crédit-bail

577.- Le contrat de crédit-bail doit permettre au crédit-preneur de pouvoir devenir propriétaire du bien. Il est alors impératif que le crédit-bailleur puisse transférer un tel droit. Ainsi, l'immeuble qui fait l'objet de l'opération doit donc être immatriculé. L'immatriculation est nécessaire pour faire entrer l'immeuble dans le commerce (**supra n° 7 et s.**) mais aussi supporter des réels (**supra n° 14**). Le contrat de crédit-bail ne peut donc pas porter sur des terres du domaine national (**supra n° 78**).

b) La consistance de l'immeuble à donner en crédit-bail

578.- L'étude de la consistance de l'immeuble pouvant faire l'objet d'un contrat de crédit se fera autour de la nature et de la destination de ce dernier.

1) La nature de l'immeuble objet du crédit-bail

579.- Les biens sont immeubles par leur nature, par leur destination ou par l'objet auquel ils s'appliquent[948]. La loi distingue trois catégories de biens immobiliers : les deux premières (immeubles par nature et par destination) comprennent les choses immobilières et la troisième (immeubles par l'objet auquel ils s'appliquent) comprend les droits qui portent sur les immeubles[949].

580.- L'opération de crédit-bail immobilier peut porter sur l'immeuble par nature pris séparément ou accompagné de ses accessoires.

- L'immeuble par nature pris séparément

581.- En application de la théorie classique de définition des immeubles, le critère physique s'applique facilement aux choses avec plus d'artifices qu'aux droits. En règle générale, sont immeubles par nature, le sol et tout ce qui s'y attache ou s'y incorpore[950].

---

948 Art. 517 Code civil.

949 Art. 19 de la loi n° 2011-07 du 30 mars 2011 portant régime de la Propriété foncière, J.O. N° 6607 du samedi 13 août 2011.

950 La question de l'incorporation se rapporte à une question de fait relevant en tant que telle de l'appréciation souveraine des juges du fond. Deux conditions sont

Le crédit-bail s'applique à l'immeuble par excellence qu'est le sol mais aussi aux biens qui sont incorporés au sol.

L'application du crédit-bail au sol ou terrain non bâti. Sont immeubles par nature, selon le critère de fixité, les seuls immeubles au sens propre du terme. Ce sont des choses qui ne sont pas susceptibles d'être déplacées. L'immeuble par nature peut être défini comme une portion de terre, c'est-à-dire une « surface » donnée, enfermée dans des limites[951]. Ainsi, considéré en tant que surface, l'immeuble par nature serait une portion du globe terrestre, invariable, susceptible d'une individualisation géodésique[952], de reproduction cartographique et cadastrale. C'est un élément durable et perpétuel ; il ne disparaît ni par l'usage répété ni par la non-utilisation.

La réglementation bancaire se limitant à la notion de « biens immeubles », le crédit-bail peut porter sur l'immeuble par excellence qu'est le sol. Des immeubles non bâtis peuvent ainsi être donnés en crédit-bail. La solution n'est cependant pas partagée par beaucoup de législations. En droit français, a priori, cette extension du crédit-bail à une activité reposant sur l'exploitation de terres non bâties est contraire à l'esprit et à la lettre du crédit-bail. En effet, depuis l'ordonnance de 1967, il y est exigé qu'un contrat de crédit-bail porte sur un immeuble bâti ou destiné à être construit en vue de sa location. Cependant, cette conception du crédit-bail nous semble trop étriquée. Le crédit-bail doit être un instrument pour la satisfaction des besoins des entrepreneurs, besoins qui, du reste, varient d'un entrepreneur à un autre, d'une activité à une autre. L'opération de crédit-bail immobilier doit ainsi pouvoir porter sur l'immeuble par excellence qu'est le sol, également appelé « fonds de terre », cela compte tenu de l'approche généraliste retenue dans la définition du crédit-bail[953]. L'opération de crédit-bail doit ainsi concerner les immeubles non bâtis mais aussi les immeubles bâtis.

L'application du crédit-bail aux biens incorporés, les immeubles bâtis. Naturellement, l'opération de crédit-bail peut porter sur les immeubles bâtis. Le mot « bâtiment » doit être entendu dans son sens large. En effet, il englobe non seulement toutes les constructions qui, par leur incorporation au sol, en font, en quelque sorte, partie intégrante, mais aussi, toutes espèces d'ouvrages

---

retenues : un lien indissociable à l'immeuble et le fait que les choses visées ne puissent être enlevées sans porter atteinte à l'intégrité de l'immeuble.

951 Art. 518 Code civil.

952 J. CARBONNIER, Droit civil, vol. II, PUF 2004, p. 1599.

953 Art. 8 al 2 de la loi de 2008 précitée qui parle juste de biens immeubles. De même que l'art. 2 de la loi 2012-02 précitée.

fixes ou posés sur maçonnerie ou sur piliers comme les moulins à vent ou à eau[954] et les poteaux électriques[955]. L'attachement au sol étant la condition retenue[956], il importe peu que la construction soit temporaire[957] ou démontable[958]. Le même régime devra également être appliqué aux moteurs d'un type plus moderne : scieries, usines, machines hydrauliques et autres ouvrages fixes qui sont incorporés au sol par l'intermédiaire de piliers ou de fondations. Seront qualifiés de meubles, « les moulins... sur bateau et généralement toutes usines non fixées par ses piliers et ne faisant pas partie de la maison »[959].

La condition tenant à l'attachement au sol justifie que les constructions simplement posées sur un terrain ne puissent faire l'objet de crédit-bail immobilier. Sont ainsi exclus du périmètre du crédit-bail immobilier les baraques de foire, tente d'un cirque de passage, bâtiments de chantier posés sur le sol, même si on leur donne une certaine adhérence à l'aide de cordes et de piquets afin qu'ils résistent au vent[960].

L'incorporation permet ainsi de donner en crédit-bail immobilier une usine clé en main. De manière générale, la construction est qualifiée d'immeuble par nature, en raison de son adhérence au sol, toutes les parties qui la composent et qui forment avec le bâtiment « un tout indivisible »[961] sont immeubles par nature. Ainsi, les établissements de crédit peuvent financer l'achat et l'installation de centrales photovoltaïques intégrées au bâtiment. Pour considérer la centrale comme un immeuble par nature du fait de son incorporation, le crédit-bailleur devra, s'il n'est pas propriétaire du bâtiment, détenir directement sur ce dernier des droits d'une nature au moins équivalente lui servant de titre d'occupation du bâtiment, c'est-à-dire des droits réels au titre d'un bail emphytéotique.

---

954 Art. 519 Code civil.

955 Cass. civ., 4 mai 1937 : DH 1937, p. 471.

956 Art. 518 et 519 Code civil.

957 Cass. com., 1er juin 1974 : D. 1974, inf. rap. p. 209. – 10 juill. 1974 : Bull. civ. IV, n° 183 : « un baraquement a un caractère immobilier, bien qu'il soit construit de façon temporaire, si le dispositif de liaison d'ancrage ou de fondation révèle qu'il ne repose pas simplement sur le sol ».

958 CA Angers, 1re ch., 9 déc. 1981: Juris-Data n° 041588.

959 Art. 531 Code civil.

960 Cass. req., 27 oct. 1931: DH 1931, p. 537. – Planiol et Ripert, op. cit., t. III, n° 73.

961 Cass. 1er civ, 19 mars 1963, Bull. civ. 1963, I, n°171. Il en est ainsi d'une chambre froide construite en briques, pierres et moellons incorporés au sol : Angers, 1er déc. 1964, JCP 1965, II, 14258.

En plus de pouvoir porter sur une propriété immobilière individuelle, le crédit-bail immobilier peut aussi s'ouvrir à la copropriété.

Malgré l'imprécision de la notion de « biens immeubles », donner en crédit-bail des immeubles par nature nous semble cohérent. Néanmoins, nous pensons que, pour mieux répondre aux besoins du crédit-preneur, une combinaison immeuble par nature et immeuble par destination doit pouvoir être aménagée.

- **L'immeuble par nature accompagné de ses accessoires**

582.- L'immeuble assiette du crédit-bail immobilier peut être un immeuble par nature mais peut aussi résulter de la combinaison d'un immeuble par nature et d'un immeuble par destination.

Si en matière d'immobilisation par incorporation, la loi ne fait que s'adapter à la réalité matérielle des choses, l'immobilisation par destination est une fiction qui prend en compte la volonté du propriétaire: «l'incorporation est une opération matérielle, la destination une opération intellectuelle »[962].

L'immobilisation par destination doit répondre à deux conditions : une unité de la propriété des deux biens et l'établissement par ce propriétaire d'un rapport de destination entre les biens[963]. Les immeubles par destination sont des meubles par nature affectés, à titre d'accessoires, à l'exploitation ou au service d'un immeuble par nature avec lequel ils constituent une même entité économique[964]. Par cette destination, la loi soumet les meubles en cause au même régime que l'immeuble par nature, afin que ne soit pas compromise la valeur de celui-ci. En regroupant les biens affectés à une exploitation, la loi évite leur dispersion à l'occasion d'actes translatifs de droits réels[965]. Les biens immobilisés par destination restent physiquement des meubles ; ce n'est que par le jeu d'une fiction légale qu'ils sont considérés comme immeubles[966].

---

[962] A. COLIN et H. CAPITANT, Cours élémentaire de droit civil français, 7e éd., t. 1er, Dalloz, 1931, n° 662-1.

[963] Cass. civ. 1ère, 5 mars 1991, Bull. civ. I, n° 81 ; B. Mallet-Bricout, N. Reboul-Maupin, Droit des biens : panorama 2005, Rec. Dal. 2005, p. 2352.

[964] Art. 524 CC

[965] Despax, L'entreprise et le droit, thèse Toulouse, 1956, p. 81

[966] Cass. com. 30 juin 1966, Bull. civ. III, n° 334 : la location du fonds de commerce ne peut faire perdre au matériel d'exploitation son caractère immobilier. Voir aussi Cass. civ. 27 juin 1944, DC 1944. 93, note A.C : la seule volonté du propriétaire, impuissante à créer arbitrairement des immeubles par destination, ne saurait non plus suffire à leur faire perdre cette qualité, s'il n'y a pas eu soit séparation

Ainsi, dans le cadre de l'opération de crédit-bail, lorsque le crédit-bailleur est propriétaire de l'immeuble par nature et du meuble il doit pouvoir les donner ensemble à un crédit-preneur. En effet, il est impératif que « l'objet mobilier fasse partie du même patrimoine que l'immeuble par nature »[967]. Une seule et même convention de crédit-bail pourra concerner un bien immobilier et les biens mobiliers nécessaires à l'activité professionnelle. Dès lors, l'établissement de crédit-bail peut financer l'immeuble ainsi que le mobilier ou matériel nécessaire à son exploitation. Cependant, s'il consent à donner seulement les biens mobiliers, ceux-ci retrouvent leur qualification initiale de meuble et ne sauraient être passibles que d'un crédit-bail mobilier. En outre, comme toute immobilisation par destination, la volonté du crédit-bailleur est nécessaire pour que l'opération se produise. Ce dernier doit avoir eu l'intention de créer un lien entre l'objet mobilier et l'immeuble par nature[968] et, pour la jurisprudence, cette volonté ne doit pas être équivoque[969]. Elle doit être suffisamment précise pour exprimer sans ambigüité la volonté de son auteur. Il doit exister un rapport de destination entre l'objet mobilier et l'immeuble auquel il est rattaché ou affecté[970].

Par ailleurs, le législateur exige une destination professionnelle du bien à donner en crédit-bail.

2) Un bien immeuble affecté à un usage professionnel

583.- Le crédit-bail immobilier est exclusivement limité aux seuls immeubles à usage professionnel. Cette exigence légale[971] peu précise[972] ne manquera pas de soulever des difficultés d'autant que la jurisprudence ne s'est pas encore prononcée à ce propos. Qu'est-ce qu'un immeuble à usage professionnel ? Qu'en est-il des immeubles à usage mixte ?

584.- La notion d'immeuble à usage professionnel. Le caractère professionnel des immeubles assiettes du crédit-bail immobilier est le berceau de vives controverses. Pour certains auteurs[973], le caractère professionnel de

---

effective entre l'immeuble par nature et l'immeuble par destination, soit aliénation de l'un ou de l'autre.

967 V., A. WEILL, note ss T. civ. Limoges, 18 oct. 1946 : D. 1947, p. 440

968 F. TERRE, op. cit., n° 73. – Cass. req., 21 avr. 1885 : DP 1885, 1, p. 292

969 Cass. civ., 18 oct. 1950 : D. 1950, p. 773. – CA Paris, 27 mars 1963 : D. 1964, p. 27

970 T. Paix Nérac, 4 sept. 1936 : DH 1936, p. 520

971 Art. 8 de la loi bancaire.

972 La notion d'immeuble à usage professionnel n'a pas fait l'objet de définition.

973 Lamy droit du financement, p. 1487

l'immeuble assiette du crédit-bail doit être déterminé en tenant compte de la nature commerciale ou industrielle de l'activité mais également de la qualité de celui qui l'exerce (commerçant, artisan, etc.). Cependant, l'usage professionnel légalement exigé semble faire référence à l'activité réelle de celui qui prend le bien en crédit-bail. Cette personne physique ou morale doit, à titre habituel et principal, y exercer une activité économique déterminée. La prise en considération de la destination ne doit donc pas porter sur la qualité du crédit-preneur, mais plutôt sur la profession effectivement exercée dans les lieux objet du crédit-bail.

Le recours au vocable professionnel autorise d'inclure, mais également de dépasser, les activités commerciales ou industrielles pour étendre le bénéfice à tous les utilisateurs professionnels.

Il est impératif que l'activité professionnelle s'exerce dans l'immeuble ainsi financé. Ce n'est pas, en effet, la destination de l'immeuble qui conditionne sa qualification mais la finalité de l'opération envisagée, c'est-à-dire l'emploi des biens immobiliers à usage professionnel achetés ou construits pour le compte du crédit-bailleur, dans l'exercice effectif de l'activité du crédit-preneur[974]. Ainsi, la licéité d'un contrat de crédit-bail portant sur un terrain nu devrait être reconnue dès lors que celui-ci serait destiné à être aménagé pour servir à une activité professionnelle (aire de stockage, parking de supermarché, vente de véhicules automobiles...)[975].

La question des bâtiments agricoles a cependant provoqué une controverse doctrinale car si certains auteurs sont favorables à ce qu'ils donnent lieu à une opération de crédit-bail, d'autres considèrent qu'il s'agit d'une extension abusive[976]. La solution doit être trouvée dans une distinction opérée entre l'agriculteur, qui est un professionnel, et le consommateur. Le crédit-bail est ainsi également ouvert aux bâtiments agricoles des agriculteurs.

---

[974] Circ. DGI française 30 sept. 1968, BOCD 1968, II, p. 4228

[975] Le même critère est utilisé par l'AUDCG. Aux termes de l'article 103 AUDCG, « Est réputé bail à usage professionnel toute convention, écrite ou non, entre une personne investie par la loi ou une convention du droit de donner en location tout ou partie d'un immeuble compris dans le champ d'application du présent Titre, et une autre personne physique ou morale, permettant à celle-ci, le preneur, d'exercer dans les lieux avec l'accord de celle-là, le bailleur, une activité commerciale, industrielle, artisanale ou toute autre activité professionnelle. » Il en résulte que c'est la nature de l'activité exercée qui fait présumer le caractère professionnel du bail.

[976] Sur la controverse, V. notamment J. VIATTE, Le crédit-bail immobilier et le décret du 30 septembre 1953, Rev. Loyers 1974, p. 483

L'usage du bien peut soulever cependant, dans certaines situations, quelques difficultés. En effet, il arrive que le bien fasse l'objet d'un usage mixte : un usage professionnel et d'habitation.

585.- Le cas des immeubles à usage mixte. En droit sénégalais, le régime juridique du bail est hybride s'il est à la fois professionnel et à usage d'habitation[977]. En effet, lorsque le bail porte sur des locaux à usage mixte, il est fait application de la règle de la distributivité, chaque partie du local étant soumise à la règle relative aux actes qui y sont accomplis[978].

Le raisonnement par analogie nous aurait permis d'estimer qu'en matière de crédit-bail, lorsque le bien est à usage mixte, il est fait application de la règle de la distributivité. Cependant, la spécificité du crédit-bail nous fait militer pour le critère de l'accessoire afin de soumettre l'ensemble de l'opération à une réglementation unique. Ce qui aura le mérite de la simplicité du régime juridique. Ainsi, pour les immeubles mixtes servant à l'exercice d'activité professionnelle et à l'habitation, en vertu de l'adage « l'accessoire suit le principal », la destination subséquente de l'immeuble va justifier le régime juridique applicable : ce qui crée une homogénéité structurelle et juridique de l'ensemble. Sur ce point, un arrêt rendu par la Cour de Cassation française à propos d'un prêt destiné à financer l'acquisition d'une exploitation agricole laisse apparaître que ce qui est essentiel pour cette cour, ce n'est pas tant la nature de l'activité professionnelle exercée dans l'immeuble à usage mixte que le caractère accessoire ou non des bâtiments d'habitation. En l'espèce, la Cour écarte l'application des dispositions relatives au crédit immobilier au visa de l'article 2 de la loi du 13 juillet 1979[979], au motif essentiel que les bâtiments d'habitation sont accessoires à l'exploitation agricole[980]. Ainsi, soit l'usage professionnel prédomine et la réglementation bancaire s'applique sans distinction, soit l'usage d'habitation représente la part la plus importante et cette réglementation ne s'applique pas.

3) Un immeuble sur demande

586.- Dans le cadre du crédit-bail immobilier, le crédit-bailleur « finance, pour son compte, l'achat et/ou la construction de biens immobiliers à usage

---

[977] Art. 570 COCC, Location mixte (Loi n° 98-21 du 26 Mars 1998)

[978] CA Dakar, arrêt n° 126 08 février 2010, Bulletin des arrêts de la Cour d'Appel de Dakar

[979] Devenu code de la consommation, article L. 312-3

[980] Cass. 1er civ. 7 oct. 1992, Bull. civ. I, n° 244, D. 1992, IR 252

professionnel, afin de les donner en location à des personnes à la demande desquelles elle a agi»[981]. Trois hypothèses sont donc possibles :

- le crédit-bailleur achète un immeuble bâti ou non et le donne en crédit-bail,
- il achète un terrain, y construit, avant de le donner en crédit-bail ou,
- il construit sur un terrain dont il est propriétaire et donne le tout en crédit-bail.

Le législateur manifeste ainsi une volonté de permettre, par l'opération de crédit-bail, de mettre à la disposition du crédit-preneur un bien adapté. Il est assez peu fréquent que l'opération soit relative à un immeuble construit. La raison est que l'utilisateur souhaite un bâtiment qui correspond le plus exactement possible aux nécessités de son exploitation. Afin d'avoir un bien immobilier qui répondra à ses attentes, le crédit-preneur pourra demander au crédit-bailleur d'acheter et/ou de construire l'immeuble en considération de l'opération projetée.

- **L'achat d'immeuble**

587.- Le crédit-bailleur, sur demande du crédit-preneur[982], peut acheter un immeuble pour l'opération de crédit-bail. L'intérêt de l'opération réside dans les modalités de l'achat de l'immeuble. L'immeuble, objet du crédit-bail, doit avoir été acheté en vue de l'opération et son choix laissé au crédit-preneur.

588.- Un immeuble acheté pour l'opération de crédit-bail. L'immeuble, objet du crédit-bail doit avoir été acheté pour l'opération. La loi bancaire est formelle sur la question[983]. La destination de l'immeuble doit impérativement être l'opération de crédit-bail. Ainsi, la cause du contrat de vente doit impérativement être la signature du contrat de crédit-bail. L'impératif d'un achat en vue de l'opération spécifie ainsi le crédit-bail. Cela explique que la location assortie d'une promesse de vente consentie par un propriétaire ne soit pas soumise à la réglementation du crédit-bail, même si les loyers permettent

[981] Art. 8 de la loi bancaire.

[982] Art. 8 de la loi bancaire de 2008 précitée

[983] La loi sénégalaise de 2012 semble cependant accorder plus de liberté en son article 8. Toutefois, c'est cette article peut s'appliquer en matière de crédit-bail mobilier du fait du silence de la loi bancaire sur la question de l'origine et du fondement de la propriété du crédit-bail, tel ne semble pas être le cas pour le crédit-bail immobilier. En effet, cela risquerait de fausser l'uniformité qui gouverne le droit UMOA.

de rembourser, au moins pour partie, le prix de vente. En outre, l'établissement de crédit ne pourra pas donner, en l'état, en crédit-bail un immeuble qui faisait déjà partie de son patrimoine.

Cette limitation, en plus de montrer l'étroitesse du périmètre légal du crédit-bail immobilier, ne se justifie pas. Le crédit-preneur peut être intéressé par un immeuble acheté par l'établissement de crédit mais dans un but autre que l'opération de crédit-bail envisagée. De même, un immeuble récupéré d'une opération de crédit-bail antérieure ne pourra pas faire l'objet d'une nouvelle opération. Ces raisons semblent avoir convaincu le législateur sénégalais. En effet, sur le fondement de l'article 8 de la loi de 2012, le bien objet du contrat de crédit-bail peut lui appartenir à la suite d'une précédente opération de crédit-bail et avant l'établissement du contrat de crédit-bail avec un autre crédit-preneur. Il peut aussi être acheté par crédit-bailleur auprès du crédit-preneur en vue de l'opération de crédit-bail ; c'est la technique de la cession-bail ou lease-back[984].

La cession-bail est une technique de crédit par laquelle le propriétaire d'un bien, meuble ou immeuble, transfère à un établissement de crédit la propriété qu'il rachète progressivement par le biais d'une location assortie d'une promesse de vente. Elle constitue un moyen pour l'entreprise de se procurer des fonds, le transfert de propriété d'un de ses biens à l'établissement de crédit jouant le rôle d'une garantie[985]. Du fait de l'achat du bien par le crédit-bailleur, en vue de sa location, avec promesse unilatérale de vente moyennant un prix tenant compte des loyers déjà reçus, la réglementation du crédit-bail devra s'appliquer à la cession-bail[986]. La seule différence avec le crédit-bail immobilier classique réside dans le fait que le vendeur initial du bien objet du crédit-bail se trouve être le crédit-preneur.

589.- Le choix de l'immeuble. Le crédit-preneur qui ne dispose pas d'immeuble peut être intéressé par un immeuble existant et déterminé. Il

[984] Art. 8 al. 1 de la loi n° 2012-02 sur le crédit-bail, précité.

[985] Le crédit-bailleur doit néanmoins refuser, sous peine d'engager sa responsabilité, de soutenir une entreprise par le biais de la cession-bail lorsqu'il connait sa mauvaise situation financière, voire sa cessation des paiements. En effet, aux termes de l'article 118 alinéa 1 de l'AUPCAP, « les tiers, créanciers ou non, qui, par leurs agissements, ont contribué à retarder la cessation de paiement où à diminuer l'actif où à aggraver le passif du débiteur peuvent être condamnés à réparer le préjudice subi par la masse sur action du syndic agissant dans l'intérêt collectif des créanciers. »

[986] Cass. Française 3e civ. 19 mai 1999, Bull. civ. III, n° 117

pourra ainsi demander à l'établissement de crédit de l'acheter et de le lui donner en location dans le cadre d'un contrat de crédit-bail. Pour cela, il pourra recevoir mandat de la part de l'établissement de crédit aux fins de négocier l'achat de l'immeuble. La technique du crédit-bail permettra ainsi au crédit-preneur d'entrer en possession d'un immeuble qui va répondre à ses attentes car acheté sur sa demande.

- **La construction d'immeuble**

590.- Les juristes ont repoussé les frontières de la matière contractuelle, imaginé des montages afin de répondre au besoin de plus en plus présent et pressent d'un local adapté à l'activité de l'entreprise.

L'expansion du phénomène contractuel dans le domaine de l'immobilier est non seulement d'ordre quantitatif, mais également prend aujourd'hui une dimension qualitative avec la diversification et la spécialisation des contrats. Ceux-ci vont des plus banals aux plus élaborés.

Comme en dispose la loi bancaire, le crédit-bailleur peut, sur demande du crédit-preneur, faire construire le bâtiment qui va servir d'assiette à l'opération de crédit-bail. Les modalités du crédit-bail sur immeuble à construire varient selon que le crédit-preneur est ou non propriétaire du terrain. En outre, la technique de la vente en l'état futur d'achèvement nous semble une technique appropriée pour le développement du crédit-bail.

591.- La propriété de l'immeuble à construire. Le crédit-bailleur peut acheter un terrain pour y édifier les constructions. Cependant, il lui est aussi possible de construire sur un terrain du crédit-preneur. Lorsque le crédit-preneur est propriétaire du terrain, il peut conclure avec le crédit-bailleur un bail emphytéotique. Le contrat de crédit-bail portera uniquement sur les bâtiments à construire. Ainsi, durant toute la durée du bail emphytéotique, le crédit-bailleur est propriétaire ou titulaire d'un droit réel immobilier sur les constructions. A la fin du bail, le crédit-preneur, propriétaire du terrain, deviendra automatiquement propriétaire des bâtiments par voie d'accession[987]. Ce montage juridique peut se révéler dangereux en cas de défaillance du crédit-preneur puisque, même si les loyers n'ont pas été totalement payés, le crédit-preneur deviendra, par le biais de l'accession, propriétaire des bâtiments. Pour limiter ce risque, la loi sénégalaise de 2012 sur le crédit-bail invite à ce qu'il soit prévu dans le contrat de crédit-bail

---

[987] Art. 10 al. 4 de la loi 2012-02 précitée.

l'accord des deux parties en ce qui concerne leurs droits respectifs sur le terrain pendant la durée de la location[988].

592.- La technique de la vente en l'état futur d'achèvement pour un développement du crédit-bail. (Supra n° 246) La VEFA présente des intérêts indéniables. Pour le promoteur, la mobilisation des sommes pourra servir au préfinancement des travaux ou à solder par anticipation le crédit promoteur.

Pour le crédit-preneur dans l'urgence, du fait du transfert immédiat de la propriété par le promoteur au crédit-bailleur acquéreur, il pourra aménager dans les locaux, commencer son activité concomitamment aux constructions. En outre, il bénéficie de la garantie d'achèvement incombant au maître d'ouvrage[989]. Pour mieux encadrer cette garantie, il peut être demandé au moment de la formation du contrat de VEFA, qu'un tiers garantisse l'achèvement des travaux soit par une obligation de moyen, c'est-à-dire garantir qu'il va fournir l'argent nécessaire à qui de droit pour permettre la poursuite des travaux jusqu'à l'achèvement de l'immeuble ; soit prendre l'opération en main en qualité de maître d'ouvrage et solliciter les services d'un entrepreneur pour effectuer les travaux. Le crédit-bailleur pourra signer une garantie de remboursement pour défaut d'achèvement. La garantie va revêtir la forme d'une convention de cautionnement aux termes de laquelle la caution s'oblige envers l'acquéreur, solidairement avec le vendeur, à rembourser les versements effectués en cas de résolution amiable ou judiciaire de la vente pour cause de défaut d'achèvement.

Pour le crédit-bailleur, il a l'avantage de bénéficier d'un paiement fractionné du prix qu'il pourra payer avec les loyers versés par le crédit-preneur.

593.- La réglementation du crédit-bail répond à un souci de procurer au crédit-preneur un bien adapté à ses besoins. Cependant, comme toute œuvre humaine, elle est perfectible. Les parties peuvent, compte tenu des circonstances, aménager l'opération pour mieux satisfaire les besoins en présence.

---

[988] L'article 10 al. 4 de la loi n° 2012-02 sur le crédit-bail, précité.

[989] En outre, l'article L126 du code dispose que le vendeur ne peut être déchargé, ni avant la réception des travaux, ni avant l'expiration d'un délai d'un mois après la prise de possession par l'acquéreur, des vices de construction alors apparents.

594.- Responsabilité du crédit-bailleur. Il est à noter que, par rapport à la construction, le crédit-bailleur supportera des obligations sur le fondement du Code de la construction.

C. La nécessité d'une promesse unilatérale de vente

595.- Pour recevoir la qualification de crédit-bail, il est impératif que le contrat accorde au crédit-preneur la possibilité d'acquérir tout ou partie des biens loués moyennant un prix convenu tenant compte, au moins pour partie, des versements effectués à titre de loyers. Cette faculté laissée au crédit-preneur correspond à l'option d'achat. Elle résulte d'une promesse unilatérale de vente (**supra n° 122).**

La promesse unilatérale de vente revêt une certaine spécificité en matière de crédit-bail. En effet, sa combinaison avec un contrat de location pour donner naissance au crédit-bail lui ôte son autonomie. Elle contribue à particulariser le crédit-bail mais aussi, dans sa cohérence, à conserver le caractère financier de l'opération.

1) La promesse unilatérale de vente en matière de crédit-bail

596.- La promesse unilatérale de vente est le contrat par lequel une partie (le promettant) consent à l'autre (le bénéficiaire), qui accepte, la faculté d'acheter un bien à un certain prix, en levant l'option qui lui est offerte dans un certain délai[990].

597.- Le crédit-bail singularise la promesse mais aussi se singularise du fait de la promesse.

Elément substantiel dans la qualification de l'opération, la promesse unilatérale de vente se doit d'être faite à titre gratuit. Dans le contrat à titre gratuit, l'un des contractants entend procurer un avantage à l'autre sans rien recevoir en échange, alors que, dans le contrat à titre onéreux, chacune des parties n'entend fournir une prestation qu'en échange d'un avantage qu'elle considère comme équivalent[991]. Ainsi, le contrat de crédit-bail ne doit pas prévoir, au profit du crédit-bailleur, une contrepartie au droit d'option du crédit-preneur. Il en est ainsi si ladite promesse est assortie d'une « indemnité d'immobilisation ».

598.- L'originalité du crédit-bail réside dans la combinaison de la promesse de vente et du louage qui doivent être liés indivisiblement[992]. Une telle

---

[990] Art. 83 COCC.

[991] Art. 44 COCC.

[992] Indivisiblement par opposition à juxtaposition

combinaison permet de distinguer le crédit-bail de la location-vente. La location-vente est la contraction d'une location et d'une vente[993]. Le propriétaire s'engage à transférer à autrui la propriété de la chose, après une période de jouissance à titre onéreux. L'acquéreur du bien, considéré comme locataire pendant la durée des versements échelonnés, devient propriétaire lors du dernier versement. Il y a transfert automatique de la propriété en fin de contrat : l'opération ne mêle pas location et promesse unilatérale de vente mais location et promesse synallagmatique de vente[994].

599.- De plus en plus fréquemment, l'utilisateur se contente de l'usage de la chose. L'acquisition de la propriété n'est plus recherchée en elle-même dans la distribution de biens qui deviennent rapidement obsolètes. Cela explique que l'on propose des locations financières qui ne confèrent plus de faculté d'achat au locataire se distinguant ainsi du crédit-bail. Elles prennent essentiellement deux formes : la location pure et simple ou louage[995] et la location-service. La pratique désigne encore parfois la seconde forme par le terme « renting », même si ce terme anglo-américain désigne toute forme de location. La location-service est une convention qui mêle les contrats de louage et d'entreprise. Le bailleur ne se contente pas de conférer la jouissance du bien loué, mais il s'engage en outre à en assurer l'entretien et le fonctionnement et à prodiguer conseils et assistance technique.

La promesse unilatérale de vente permet ainsi de distinguer le crédit-bail des autres financements locatifs mais subit aussi la particularité de l'opération.

2) Le prix du bien

600.- Le contrat de crédit-bail offre au crédit-preneur, à l'arrivée du terme, la faculté de renouvellement mais aussi de mettre fin au contrat. Le maintien du bien dans le patrimoine du crédit-bailleur n'étant pas une issue conforme aux objectifs de ce dernier, la troisième possibilité du crédit-preneur consiste à acheter le bien à un prix stipulé dans le contrat. En effet, malgré sa nature locative, le crédit-bail, par la présence de la promesse unilatérale de vente, peut aboutir à un transfert de la propriété du bien au crédit-preneur d'où la nécessité d'une stipulation du prix. Cependant, au moment de lever l'option, soustraction sera faite des montants déjà versés au titre des loyers. En d'autres

---

993 Art. 361 COCC.

994 Aux termes de l'article 322 COCC, « la promesse synallagmatique est celle par laquelle les deux parties sont d'accord, le vendeur peut vendre, l'acheteur pour acheter une chose déterminée pour un prix fixé. »

995 Art. 544 COCC.

termes, il s'agira pour le crédit-preneur de payer la valeur résiduelle. Elle désigne le prix de cession du bien loué au terme de la période de location, fixé d'avance au contrat de crédit-bail et qui tient compte des loyers régulièrement acquittés[996].

601.- La levée de l'option sera le résultat d'un calcul économique et financier. Le crédit-preneur va s'interroger sur l'intérêt qu'il a à acquérir la propriété du bien devenu probablement obsolète dont il a déjà profité et qui, pour des raisons de compétitivité, devrait être remplacé. Cependant, le critère de choix ne devrait se limiter à l'obsolescence du matériel qui peut rester utilisable.

602.- L'option doit être levée au plus tard à la fin du contrat de crédit-bail par lettre recommandée adressée au crédit-bailleur au moins trente (30) jours avant la date convenue[997]. Le crédit-bail doit donc être à durée déterminée. La nature du crédit-bail[998] ne nous semble pas pouvoir être conciliée avec une indétermination du terme. En effet, si le crédit-bail est à durée indéterminée, chaque contractant pourra y mettre fin à tout moment en respectant un préavis or, la présence d'une promesse unilatérale de vente enlève cette possibilité. En plus, la loi portant règlementation bancaire, en exigeant que l'option d'achat soit levée au plus tard à l'expiration du terme, retient implicitement que le crédit-bail est un contrat à durée déterminée[999]. Les baux perpétuels sont ainsi interdits. Or, comme le souligne la Cour de Cassation française, le bail dont le terme dépend de la volonté du preneur est perpétuel[1000].

603.- L'option levée, les parties sont tenues de procéder à l'acte translatif du droit de propriété et d'accomplir les formalités légales de vente et de publicité prévue par la législation en vigueur[1001]. Par la levée de l'option, les rapports entre le crédit-bailleur et le crédit-preneur sont substitués par des rapports d'acquéreur et vendeur et seront régis par les dispositions légales

---

996 Art. 1 de la loi n° 2012 sur le crédit-bail, précité.

997 Art. 25 al. 1 de la loi n° 2012 sur le crédit-bail, précité : l'option doit être levée à la date convenue soit à l'expiration de la période d'irrévocabilité, soit à l'expiration de la durée prévue au contrat, par lettre recommandée adressée au crédit-bailleur, au moins 30 jours avant cette date.

998 Un contrat qui met un bien appartenant au crédit-bailleur à la disposition du crédit-preneur qui pourra en devenir propriétaire.

999 La loi sénégalaise est plus précise sur la question. Parmi les mentions qui doivent figurer obligatoirement au contrat, il y a la durée de la location ; art. 11 de la loi n° 2012-02 sur le crédit-bail.

1000 Cass.3 civ. 13 mars 2002, RJDA 6/02, n°599

1001 Art. 25 al. 1 de la loi n° 2012 sur le crédit-bail, précité.

afférentes aux contrats de vente à l'exception de celles relatives à la garantie d'éviction et la garantie des vices apparents ou cachés qui ne s'applique pas sur la cession entre crédit-bailleur et crédit-preneur[1002].

D. La présence d'une clause de réserve de propriété ?

604.- L'art d'être tantôt audacieux, tantôt prudent, étant l'art de réussir, le créancier doit préserver sa dette, doit encadrer le risque. En effet, il est bien connu que la sécurité juridique – qualifiée de plus « impérieuse » des valeurs sociales par P. ROUBIER[1003] – est une nécessité qui ne pourrait être assurée sans l'existence d'une confiance dans les affaires. Ainsi, il est fréquent que des créanciers s'entourent de garanties.

605.- Le développement des activités économiques dans l'espace OHADA ne pouvant être sérieusement envisagé que si le climat général des investissements répond aux principales attentes des opérateurs économiques tant locaux qu'étrangers, le droit, et particulièrement le droit du crédit, devait s'atteler à permettre au créancier (d'une obligation à terme de somme d'argent ou d'une obligation en nature susceptible de se transformer en dommages-intérêts) de faire confiance au débiteur, en lui donnant l'assurance qu'il sera payé à l'échéance[1004].

Le droit de gage général s'avérant, en pratique, insuffisant pour préserver le crédit-bailleur, créancier chirographaire, de l'impécuniosité future du crédit-preneur, les crédit-bailleurs ont l'habitude de s'armer de garanties soit en obtenant d'un autre débiteur un droit de créance garantissant l'exécution de l'obligation du crédit-preneur de payer les loyers, soit en se faisant consentir une priorité sur des biens de son crédit-preneur[1005].

[1002] Art. 25 *in fine* de la loi de 2012 sur le crédit-bail.

[1003] P. ROUBIER, Théorie générale du droit, 1ère édition, Sirey, 1946, spéc. p. 72 : « ...le besoin de sécurité (...) commande tout l'ordre social... » et il est « ...le premier et le plus impérieux de tous ».

[1004] L. AYNES et P. CROCQ, Les sûretés – La publicité foncière, Defrénois, éd. 2004, n° 1, p. 1. Ces auteurs font opportunément remarquer que le verbe latin « credere », qui signifie « se fier », est la racine commune des notions de « crédit », de « créancier » et de « confiance ».

[1005] Par ex. CA de Dakar, Ch. civ. et com., 5 février 2008, arrêt n° 61 (inédit). Suivant contrat de crédit-bail du 21 novembre 1997, une société a loué un véhicule pour une durée de 36 mois moyennant une redevance mensuelle déterminée. En guise de garantie, un nantissement avait été inscrit sur ce véhicule ; CA de Dakar, Ch. civ. et com., 18 février 2008, arrêt n° 97 FPE C/CBAO-SARL EL hadji Kébé-Etat du Sénégal (inédit). La CBAO est créancière de la société EL HADJI KEBE pour un montant de 63.283.500 FCFA en principal sous réserve des intérêts légaux

606.- Dans la liste des garanties, il y a la réserve de propriété qui, en matière mobilière, est une sûreté[1006]. Aux termes des dispositions de l'article 72 AUS, la propriété d'un bien mobilier peut être retenue en garantie par l'effet d'une clause de réserve de propriété qui suspend l'effet translatif d'un contrat jusqu'au complet paiement de l'obligation qui en constitue la contrepartie.

La réserve de propriété a pour finalité de retarder le moment du transfert de la propriété. Elle se révèle alors inopportune dans le cadre du crédit-bail. Conjugaison d'une location et d'une promesse unilatérale de vente, ce contrat ne génère d'obligation de transférer la propriété qu'à la levée de l'option. En cours d'exécution, ce sont les règles du louage qui s'appliquent. Le crédit-bailleur reste ainsi le propriétaire de son bien[1007].

607.- Insérer une clause de réserve de propriété dans un contrat de crédit-bail est donc superfétatoire et incohérente. Cette clause trouve son terrain de prédilection dans la vente, plus particulièrement dans la vente à tempérament.

La volonté de rendre opposable le contrat de crédit-bail par sa publicité du fait de la présence d'une clause de réserve de propriété ne saurait aussi résister

---

correspondant au financement du projet relatif à l'installation d'un atelier de prêt à porter. En guise de garantie, un nantissement avait été inscrit sur ce fonds de commerce ; TR de Kaolack, jugement n°155 du 12 Décembre 2006 INSTITUT ISLAMIQUE AGRICOLE C/ AMADOU NICOLAS MBAYE (inédit). Créancier d'une somme de 5.00.000 FCFA au titre de loyers échus et impayés d'une durée de dix mois à compter de février 1994, AMADOU NICOLAS MBAYE a sollicité et obtenu suivant ordonnance n° 258/05 du 15 mars 2005 une autorisation à inscrire une hypothèque conservatoire sur le titre foncier N°4372/SS en sureté de sa créance.

[1006] Art. 1er AUS « Les sûretés sont les moyens accordés au créancier par la loi de chaque Etat partie ou la convention des parties pour garantir l'exécution des obligations, quelle que soit la nature juridique de celle-ci. ». Toute sûreté est ainsi une garantie mais l'inverse n'est pas toujours vrai puisque la garantie est plus large. La notion de garantie englobe, au-delà des sûretés *stricto sensu*, certains mécanismes ou règles consubstantiels à tout rapport d'obligation : les sanctions classiques de la défaillance contractuelle du débiteur (l'exception d'inexécution, la résolution ou résiliation du contrat pour inexécution, la responsabilité contractuelle, l'exécution forcée, etc.) ou encore la compensation (paiement indirect), la solidarité passive, l'obligation *in solidum*, l'action directe, l'action oblique, l'action paulienne etc.

[1007] L'article 3 al. 1 de la loi de 2012 sur le crédit-bail le rappel, même s'il exige, en plus, une mention superfétatoire : « un contrat écrit qui précise que le crédit-bailleur demeure propriétaire du bien pendant la durée du crédit-bail ».

à la critique. Certes, il n'est pas une sûreté mais le crédit-bail est publié au RCCM[1008].

SECTION 2: L'EXÉCUTION DU CONTRAT DE CRÉDIT-BAIL

608.- L'effet normal d'un contrat est son exécution. Les parties doivent exécuter les obligations résultant du contrat légalement formé. Selon qu'elle est synallagmatique ou unilatérale, la convention génère des obligations à géométrie variable. Dans l'hypothèse où elle est synallagmatique, comme pour le crédit-bail, chacun des cocontractants supporte une charge.

Se départir de son bien n'est pas chose aisée. Il est donc difficile d'imaginer une personne s'en départir de manière altruiste, surtout dans le cadre d'une activité économique. Le rapport devient plus étroit lorsque le propriétaire se dépossède pour un certain temps ; se pose alors la question de sa restitution.

Du côté de l'usager, la disponibilité du bien n'est pas le seul souci. Au-delà, le bien doit être adapté à ses besoins et résister au temps

De part et d'autre, l'interrogation, le doute !

609.- Le contrat de crédit-bail, par la combinaison originale qu'il fait du louage et de la promesse unilatérale de vente, permet au crédit-bailleur de rester propriétaire du bien tant que l'investissement fourni n'a pas été totalement amorti. C'est un contrat de financement spécifique qui ne peut être juridiquement assimilé à un simple contrat de prêt assorti d'une sûreté. Comme l'a dit Ph. JESTAZ, « le crédit-bail, quoi qu'on en pense, a tout de même quelque chose d'un bail. À force d'y voir un simple contrat de financement déguisé en bail, on finit par oublier que le crédit-preneur verse un prix en contrepartie d'une jouissance. Or, le fait que ce prix dépasse la contre-valeur de la jouissance et corresponde *de facto* à l'amortissement ne suffit pas à gommer cette réalité, mais indique seulement que le bail est déjà gros d'une vente »[1009]. La propriété joue ici un rôle de garantie. Cependant, ce rôle résulte, non de la constitution d'une véritable sûreté, mais de la nature des liens contractuels qui unissent le crédit-bailleur et le crédit-preneur.

610.- A partir du moment où la loi fait reposer le crédit-bail sur un contrat de louage et une promesse de vente, certaines obligations en découlent pour les parties. En effet, l'opération de crédit-bail nécessitant un transfert

---

[1008] Nos développements sur la publicité du contrat de crédit-bail.

[1009] V. Ph. JESTAZ, La réserve de propriété ou la vente éclatée, in Mélanges dédiés à D. HOLLEAUX, 1990, Litec, p. 234

momentané[1010] de la jouissance du bien, en plus de la réglementation du louage[1011], des droits et obligations aussi bien pour le crédit-bailleur que pour le crédit-preneur sont prévus par la loi de 2012. Les obligations des parties deviennent irrévocables et indépendantes dès lors que le bien, objet du contrat de crédit-bail, a été livré et accepté par le crédit-preneur[1012].

PARAGRAPHE 1 : LES DROITS ET OBLIGATIONS DU CRÉDIT-BAILLEUR

611.- Le contrat de crédit-bail fait supporter au crédit-bailleur un ensemble d'obligations même s'il lui reconnait des droits.

A. Les droits du crédit-bailleur

612.- Le crédit-bailleur a le droit de propriété sur le bien loué. Ce droit ne souffre d'aucune restriction, ni limitation d'aucune sorte par le fait que le bien soit utilisé par le crédit-preneur ou par le fait que le contrat permettre au crédit-preneur d'agir comme mandataire du propriétaire dans des opérations juridiques ou commerciales avec des tiers, connexes à l'opération de crédit-bail. La cohérence de cette mesure se retrouve la conjugaison de la location et de la promesse unilatérale de vente pour construire le contrat.

Ainsi, aux termes des dispositions de l'article 30 de la loi de 2012, le crédit-bailleur a notamment le droit de :

[1010] Le transfert ne devient définitif et complet (transfert du droit de propriété) qu'à la levée de l'option d'achat par le crédit-preneur.

[1011] La complexité du contrat de crédit-bail qui combine louage et promesse unilatérale de vente, exclue l'application de la réglementation afférente aux baux commerciaux. En effet, nonobstant la mise à disposition d'un immeuble au profit d'un crédit-preneur, la nature purement financière du contrat de crédit-bail immobilier le particularise. Le contrat de crédit-bail immobilier est un contrat financier et non point immobilier et simplement ou purement locatif. C'est une opération financière dont tous les éléments sont indivisibles mais qui, comportant un louage d'immeuble, tend essentiellement à la réalisation d'un investissement sans apport de fonds propres par leur bénéficiaire et destiné à lui offrir la possibilité de devenir propriétaire à l'expiration du contrat. Et depuis huit arrêts rendus par la Cour de cassation le 10 juin 1980, rédigés en termes d'arrêts de principe, la jurisprudence constante écarte toute application du statut des baux commerciaux en matière de contrat de crédit-bail immobilier (Cass. 3e civ. 10 juin 1980, Bull. civ. III, no 85, D. 1980.566, note Y. Guyon). La doctrine actuelle aussi insiste sur la nature financière du contrat de crédit-bail immobilier (MALAURIE et AYNES, Droit civil. Les contrats spéciaux, 13e éd., par Gauthier, 1999, Cujas, no 814).

[1012] Art. 13 de la loi de 2012 sur le crédit-bail.

✓ récupérer le bien en cas de résiliation du contrat de crédit-bail ou à son expiration lorsque le crédit-preneur n'exerce par l'option d'achat ;

✓ de contrôler le respect par le crédit-preneur des termes et des conditions du contrat de crédit-bail et des autres contrats, qui peuvent avoir une incidence sur l'exécution des obligations du crédit-preneur stipulées dans le contrat de crédit-bail. Les parties au contrat du crédit-bail doivent préciser les modalités de contrôle sur l'exécution des conditions du contrat ;

✓ de demander par écrit auprès du crédit-preneur toute information écrite jugée nécessaire pour contrôler sa situation financière.

✓ d'inspecter ou de faire inspecter le bien loué pour vérifier qu'il est toujours en la possession du crédit-preneur et d'examiner les conditions de son utilisation et de son entretien par ce dernier conformément au contrat de fourniture, au contrat de crédit-bail et aux exigences législatives, à condition que cela n'entraîne aucun dommage au crédit-preneur ;

✓ de percevoir, avant tous autres créanciers du crédit-preneur, le produit de la réalisation de toutes sûretés réelles constituées à son profil et les sommes payées par les cautions personnelles et solidaires du crédit-preneur, à concurrence des sommes dont ce dernier sera redevable à tout moment dans le cadre du contrat de crédit-bail ;

✓ de recevoir directement les indemnités d'assurance portant sur le bien loué, en cas de perte partielle ou totale de celui-ci, nonobstant la prise en charge par le crédit-preneur des primes d'assurances souscrites et sans qu'il soit besoin d'une délégation spéciale à cet effet.

B. Les obligations du crédit-bailleur

613.- Dans le cadre du contrat de crédit-bailleur, le crédit-bailleur supporte les mêmes obligations qu'un bailleur simple. Mais, eu égard à la nature financière du contrat, il a particulièrement l'obligation :

✓ d'acquérir le bien conformément au contrat de crédit-bail et d'en transférer la jouissance et l'utilisation au crédit-preneur. Au cas où le bien livré ne respecte pas les stipulations du contrat de crédit-bail à cause d'une faute du crédit bailleur, ce dernier, avec le consentement du crédit preneur peut y remédier en proposant un autre bien au crédit preneur.

✓ d'informer le fournisseur[1013] par écrit, au moment de l'acquisition du bien, que ce bien est acheté en vue de sa location dans le cadre d'un contrat de crédit-bail au profil d'un crédit-preneur spécifique ;

✓ de s'abstenir de troubler le crédit-preneur dans la jouissance du bien loué, de ne pas apporter à ce bien ou à ses dépendances un changement en diminuant la jouissance et de garantir le crédit-preneur contre tout dommage ou trouble de droit du crédit-bailleur à l'exclusion de tout trouble du fait de tiers n'invoquant aucun droit sur le bien loué. Le crédit-bailleur a aussi l'obligation de s'abstenir de tout fait susceptible de générer la prise d'un acte par l'autorité administrative compétente ayant pour effet d'amoindrir ou de supprimer la jouissance du crédit-preneur sur le bien loué.

614.- Pendant la durée du contrat de crédit-bail, le crédit-bailleur ne peut céder totalement ou partiellement ses droits en vertu du contrat de crédit-bail qu'à une autre entreprise exerçant des activités de crédit-bail ou des activités du recouvrement de créances. Le crédit-bailleur est tenu d'aviser le crédit-preneur par un acte ayant une date certaine de la transaction. Le cessionnaire est tenu de respecter le contrat conclu par le cédant[1014].

PARAGRAPHE 2 : LES DROITS ET OBLIGATIONS DU CRÉDIT-PRENEUR

615.- « Locataire », le crédit-preneur supporte certaines obligations. Mais, comme le crédit-bailleur, il a aussi des droits dans le cadre de l'exécution du contrat.

A. Les droits du crédit-preneur

616.- Il résulte de l'article 28 de la loi de 2012 que le crédit-preneur a le droit :

✓ de négocier directement avec le fournisseur, avant la conclusion du contrat de crédit-bail, sur les caractéristiques du bien

[1013] Le fournisseur désigne la personne auprès de laquelle le crédit-bailleur acquiert le bien à une fin de location en vertu d'un contrat de crédit-bail ; cf. art. 2 de la loi de 2012. Il a les droits et les obligations prévus par les textes relatifs au contrat de vente (art. 32 de la loi de 2012).

[1014] Art. 21 de la loi de 2012.

objet du contrat de crédit-bail ou la méthode de fabrication ou de construction de ce bien ainsi que les conditions de vente du bien.

✓ d'exercer une action oblique contre le fournisseur, conformément aux dispositions du Code des Obligations civiles et commerciales, pour toutes les actions en justice que le crédit-bailleur aurait pu intenter en vertu de son contrat de fourniture avec le fournisseur, à l'exception de l'action pour la résiliation du contrat de fourniture, sans préjudice des droits du crédit-bailleur au recours contre le fournisseur à cet égard.

Les obligations du fournisseur qui résultent du contrat de fourniture peuvent être invoquées par le crédit-preneur comme s'il était lui-même partie à ce contrat et comme si le bien devait lui être délivré directement[1015].

✓ de jouissance sur le bien loué à compter de la date de délivrance de ce bien par le crédit-bailleur. La jouissance du bien objet d'un contrat de crédit-bail peut profiter à d'autres personnes que le crédit preneur, si elles concluent un contrat entre elles pour réaliser un investissement ou pour une utilisation commune mais sans toutefois que ce contrat soit opposable au crédit-bailleur[1016].

Le crédit-preneur ne peut céder son droit de jouissance contractuelle et ne peut sous-louer le bien loué, sans l'accord écrit du crédit bailleur.

Le cédant a l'obligation de garantir au crédit-bailleur l'exécution par le cessionnaire de ses obligations, telles que disposées dans la présente loi et stipulées dans le contrat de crédit-bail.

La durée du contrat de sous-location ne doit pas dépasser la durée du contrat de crédit-bail.

✓ de préemption grâce à l'option d'achat qu'il détient, sur l'acquisition du bien à la fin du contrat de location.

617.- Le crédit-preneur n'a pas le droit de vendre ou d'hypothéquer le bien. Le bien immobilier ne peut pas faire, non plus, durant la durée du contrat, l'objet d'une constitution d'un fonds de commerce[1017]. Il ne peut pas déplacer,

---

[1015] Art. 35 de la loi de 2012.
[1016] Art. 23 de la loi de 2012.
[1017] Art. 24 de la loi de 2012.

sans l'accord écrit et préalable du crédit-bailleur, les biens meubles de l'endroit indiqué dans le contrat de crédit-bail.

618.- Les dispositions relatives à l'extension juridique du contrat de location immobilière et à la détermination des loyers prévus par les textes régissant la relation entre le propriétaire et le locataire ne s'appliquent pas aux baux immobiliers conclus conformément aux dispositions de la présente loi.

619.- Par rapport au contrat de fourniture. Sauf stipulations contraires dans le contrat de crédit-bail ou le contrat de fourniture, les droits et les responsabilités du fournisseur envers le crédit-preneur sont les mêmes qu'envers le crédit-bailleur, particulièrement en matière de qualité et quantité des biens vendus et des conditions de leur livraison. Réciproquement, les droits et responsabilités du crédit-preneur envers le fournisseur sont identiques à ceux du crédit-bailleur, à l'exception de l'obligation de payer le prix du bien acheté et le droit de résilier le contrat de fourniture avec le fournisseur sans le consentement du crédit-bailleur[1018].

Il ne peut être porté atteinte aux droits du crédit-preneur par une modification d'un terme quelconque du contrat de fourniture approuvé par le crédit-preneur, à moins qu'il n'ait consenti à cette modification, le crédit-bailleur est considéré comme devant assumer les obligations dont le fournisseur répond à l'égard du crédit-preneur qui ont été ainsi modifiées et dans la mesure de la modification. Cependant, le crédit-preneur le droit de négocier la modification, la résiliation ou l'annulation du contrat de fourniture sans le consentement du crédit-bailleur[1019].

Le crédit-preneur peut réclamer du crédit-bailleur, sans assignation, tous les droits découlant du contrat de fourniture. Le crédit-bailleur est dispensé des responsabilités de livraison et des garanties de la dépossession et des vices apparents ou cachés dès lors que le choix du matériel et du fournisseur incombe exclusivement au crédit-preneur[1020].

Dans le cas où le crédit-bailleur est le propriétaire du bien loué, il ne peut être libéré de l'obligation de livraison et la garantie d'éviction et des vices apparents ou cachés. Sauf stipulations contraires au contrat de crédit- bail.

[1018] Art. 32 de la loi de 2012.
[1019] Art. 36 de la loi de 2012.
[1020] Art. 39 de la loi de 2012.

Dans le cas où le crédit-bailleur achète le bien loué auprès du crédit-preneur, il ne sera pas responsable pour la livraison ou la garantie d'éviction ou des vices apparents ou cachés.

B. Les obligations du crédit-preneur

620.- En contrepartie de son droit de jouissance prévu dans le contrat de crédit-bail et sauf accord contraire des parties, le crédit-preneur est réputé tenu des obligations mises à la charge du locataire par le COCC[1021].

Le crédit-preneur a particulièrement l'obligation :

✓ d'accepter le bien livré par le fournisseur[1022], s'il est conforme aux modalités, conditions, garanties et spécifications précisées dans le contrat de fourniture. Mais la réception doit être autorisée par le crédit-bailleur. Dans cette situation, la livraison doit être conforme aux conditions et caractéristiques convenues dans le contrat de fourniture et un bon de réception décrivant l'état du bien livré et précisant éventuellement les défauts doit être établi.

En cas de défaut de livraison du bien loué, de livraison partielle, tardive ou non-conforme au contrat de fourniture arrêté par le crédit-preneur et au contrat de crédit-bail, le crédit-preneur dispose du droit d'exiger du fournisseur la livraison d'un bien conforme et de mettre en œuvre toutes autres mesures prévues par la loi.

✓ de payer au crédit-bailleur, au lieu et dates convenus, les sommes fixées au contrat de crédit-bail, à titre de loyer ;

✓ de conserver le bien loué, l'exploiter dans des conditions d'usage normales pour des biens de cette nature et le maintenir dans l'état où il a été livré, compte tenu de l'usure consécutive à un usage normal. Le crédit-preneur ne peut faire subir au bien loué, et pour

[1021] Art. 29 de la loi de 2012.

[1022] Il y a acceptation du bien lorsque le crédit-preneur signe le bon de réception. Bien que le crédit-preneur ait accepté le bien en l'état, il peut réclamer au fournisseur des dommages-intérêts en raison de la non-conformité du bien au contrat de fourniture.
Lorsque le bien loué subit un dommage avant sa livraison au crédit-preneur en dehors de toute faute du crédit-bailleur ou du crédit-preneur, le crédit-preneur doit exiger l'inspection du bien et peut, soit accepter le bien avec une indemnisation du fournisseur basée sur sa dépréciation, soit exercer les recours dont il dispose conformément au droit commun.

quelque motif que ce soit, une quelconque modification ou installation sans l'accord préalable du crédit-bailleur.

Dans le cas où le crédit-preneur apporte des améliorations au bien loué, à ses propres frais et sans le consentement écrit du crédit-bailleur, et si ces améliorations sont inséparables du bien loué sans l'endommager, le crédit-preneur n'a pas le droit d'être indemnisé pour le coût de ces améliorations après la résiliation du contrat de crédit-bail.

Toute amélioration du bien loué réalisée par le crédit-preneur et qui peut être séparée du bien sans l'endommager reste la propriété du crédit-preneur, sauf stipulation contraire dans le contrat de crédit-bail.

✓ d'entretenir et réparer les biens loués conformément aux fins pour lesquelles ils ont été conçus, en respectant les instructions fournies par le contrat de fourniture et le contrat de crédit-bail.

✓ de garantir le crédit-bailleur contre les risques de perte, de vol, de détérioration et/ou de destruction partielle ou totale du bien loué quelle qu'en soit la cause et de s'assure contre de tels risques pour la durée du contrat du crédit-bail et auprès d'une compagnie d'assurance notoirement solvable.

Les risques de dommages ou de perte sont transférés au crédit-preneur à la date de conclusion du contrat de crédit-bail. En cas de non livraison du bien, de livraison partielle, tardive ou non conforme au contrat de crédit-bail, les risques demeurent à la charge du fournisseur[1023].

Le crédit-preneur répond de toute dégradation ou de toute perte du bien loué sauf si la dégradation ou la perte est due à un cas fortuit ou à une force majeure.

Si la destruction du bien loué est due à une faute du crédit-preneur, il doit continuer à payer les loyers ou le prix pour les échéances précédemment fixées dans le contrat de crédit-bail. Si la destruction du bien loué est due à la faute d'une tierce personne, aussi bien le crédit-bailleur que le crédit-preneur a le droit d'être dédommagé, si nécessaire, par le tiers fautif.

[1023] Art. 41 de la loi de 2012.

✓ de restituer le bien au bailleur en cas de résiliation du contrat de crédit-bail et à l'expiration du contrat, à moins qu'il n'exerce son droit d'acheter le bien ou de proroger la durée du contrat ;

✓ de permettre pendant la durée du crédit-bail, au crédit-bailleur d'accéder, aux locaux dans lesquels le bien loué est installé, afin de le mettre dans la possibilité d'exercer son droit de vérification de l'état du bien ;

✓ d'aviser le crédit-bailleur, conformément aux procédures stipulées dans le contrat de crédit-bail, des changements subis par le bien loué empêchant totalement ou partiellement sont utilisation ;

✓ d'apposer sur le bien loué une inscription qui stipule que le bien loué est la propriété du crédit-bailleur et qu'il est utilisé par le crédit-preneur en vertu d'un contrat de crédit-bail ;

✓ de notifier au crédit-bailleur, dans un délai de 5 jours, toute entrave ou tout trouble de jouissance commis par un tiers se prévalant d'un droit sur le bien loué. Si le crédit-preneur s'abstient ou tarde à informer le crédit-bailleur de cette entrave ou ce trouble, il est tenu responsable de toute altération ou détérioration du bien loué.

SECTION 3 : LA SANCTION DE L'INEXÉCUTION DU CONTRAT

621.- Loi des parties, le contrat doit être exécuté. Il y a inexécution lorsqu'une partie n'exécute pas une obligation découlant du contrat ou de la loi. Les parties peuvent convenir dans le contrat de crédit-bail des circonstances qui constituent une inexécution[1024].

622.- Sur le fondement de l'article 42 alinéa 2 de la loi de 2012, en cas d'inexécution, le créancier doit donner notification écrite par lettre recommandée ou par exploit d'huissier de justice à son cocontractant de son inexécution, de l'exercice des recours ou de la résiliation et lui accorder un délai de trente (30) jours lui permettant de remédier à la situation.

623.- Selon la volonté des parties, le contrat de crédit-bail peut être résilié conformément au droit commun des contrats, à l'Acte uniforme sur le droit commercial général en son article 133 pris en matière de bail commercial,

[1024] Art. 42 de la loi de 2012 sur le crédit-bail.

d'un commun accord, ou par l'un des cocontractants en raison de l'inexécution d'une obligation essentielle de l'autre[1025].

624.- Sauf disposition légale contraire, les droits et les recours des parties au contrat de crédit-bail l'emportent sur le droit d'un créancier du crédit-preneur et du titulaire d'un droit portant sur le bien meuble ou immeuble auquel le bien loué est fixé. Le créancier, ou le titulaire de ce droit, ne peut porter atteinte à un droit du crédit-bailleur. Les droits et les recours des parties au contrat de crédit-bail l'emportent aussi sur le droit d'un créancier du crédit-bailleur[1026].

PARAGRAPHE 1: LA RÉSILIATION JUDICIAIRE DU CONTRAT DE CRÉDIT-BAIL

625.- Comme en dispose l'article 48 de la loi de 2012 sur le crédit-bail, une alternative est laissée aux parties au contrat de crédit-bail pour la résiliation judiciaire. Elles ont le choix entre une résiliation fondée sur le droit commun des contrats (**supra n° 359 et s.**), ou une rupture organisée par les règles du droit commercial (**supra n° 481 et s.**). Mais, d'abord, qui provoque la rupture ?

A. Les conditions de la demande de résiliation

626.- La résiliation judiciaire résulte d'une action du crédit-bailleur ou du crédit-preneur. Cependant, le contractant créancier qui décide de demander en justice soit l'exécution forcée, la réduction de ces propres obligations, ou la résiliation du contrat, doit donner notification à l'autre partie par exploit d'huissier lui faisant sommation de remédier à sa défaillance dans un délai de 30 jours[1027].

1. La résiliation sollicitée par le crédit-bailleur

627.- A la demande du crédit-bailleur, un contrat de crédit-bail peut être résilié avant terme par le juge des référés et le bien loué lui être restitué aux frais du crédit-preneur dans les cas suivants :

- le crédit-preneur ne paie pas un nombre d'échéances de loyer dues, fixé librement par les parties et à compter duquel le droit de reprise est exercé suite à une mise en demeure, par voie de lettre recommandée ou exploit d'un huissier de justice, demeurée infructueuse après un délai de trente (30) jours ;

[1025] Art. 48 al. 1 de la loi de 2012 sur le crédit-bail.
[1026] Art. 47 de la loi de 2012 sur le crédit-bail.
[1027] Art. 44 de la loi de 2012 sur le crédit-bail.

- le crédit-preneur utilise le bien loué en violation des termes du contrat de crédit-bail, malgré une lettre recommandée avec avis de réception du crédit-bailleur, exigeant la cessation de cette violation ;
- le crédit-preneur détériore totalement ou considérablement le bien loué ;
- le crédit-preneur ne répare pas ou n'entretient pas le bien loué dans les conditions fixées par l'usage de l'activité et par le contrat de crédit-bail[1028].

628.- En cas de résiliation, et si le crédit-preneur ne restitue pas le bien dans le délai convenu, dans le mois qui suit sa saisine, le président du tribunal statuera en référé sur la restitution des biens meubles ou l'expulsion de l'immeuble donné en crédit-bail[1029].

2. La résiliation sollicitée par le crédit-preneur

629.- A la demande du crédit-preneur, un contrat de crédit-bail peut être résilié avant terme par voie judiciaire après une mise en demeure, par voie de lettre recommandée ou exploit d'un huissier de justice, demeurée infructueuse après un délai de trente (30) jours, et le bien loué pouvoir être restitué au crédit-bailleur à sa charge dans les cas suivants :

- le crédit-bailleur ne fournit pas, par sa faute, le bien loué ou il est à l'origine d'un retard de livraison de plus de quinze (15) jours de la date convenue. Le crédit-preneur est en droit de demander remboursement des pertes, y compris le remboursement des paiements versés au crédit-bailleur avant une telle situation ;
- le crédit-bailleur crée des obstacles à l'utilisation du bien conformément aux clauses du contrat ;
- le fournisseur viole les clauses du contrat de fourniture s'il a été choisi par le crédit-bailleur.

630.- La résolution du contrat de crédit-bail peut être prononcée dans le cas où le crédit-bailleur ne fournit pas, par sa faute, le bien loué ou s'il est l'origine d'un retard de livraison de plus de 15 jours de la date convenue. Le crédit-preneur est alors en droit de demander le remboursement des pertes, y compris le remboursement des paiements reçus par le crédit-bailleur.

[1028] Art. 48 de la loi de 2012 sur le crédit-bail.
[1029] Art. 53 al. 2 de la loi de 2012 sur le crédit-bail.

B. Les pouvoirs du juge

631.- Que la résiliation résulte du droit commun ou du droit commercial général, certains pouvoirs sont reconnus au juge. En dehors de la volonté du créancier et quelle que soit la nature de l'obligation, le débiteur peut bénéficier de délais de paiement par suite d'un moratoire légal ou d'un délai de grâce que lui accorde le juge[1030]. Sauf dispositions contraires de la loi, les juges peuvent, en considération de la situation du débiteur, en usant de ce pouvoir avec une grande réserve, accorder des délais modérés ne pouvant jamais excéder une année, pour le paiement de n'importe quelle obligation et surseoir à la continuation des poursuites. Le délai de grâce peut être accordé par le juge lorsqu'il prononce la condamnation, et par le juge des référés même après la condamnation.

> **Nb :** *Aux termes des dispositions de l'article 49 du projet de loi uniforme UEMOA sur le crédit-bail, le crédit-preneur défaillant ne peut bénéficier d'aucun délai de grâce pour l'exécution de son obligation de restitution des biens loués, laquelle ne constitue pas une obligation de paiement au sens de l'Acte uniforme de l'OHADA portant organisation des procédures simplifiées de recouvrement et des voies d'exécution.*

632.- Il peut arriver que les contractants, par une clause pénale écrite, s'engagent à payer une somme déterminée dans le cas d'inexécution totale, partielle, tardive ou défectueuse[1031]. Aux termes des dispositions de l'article 46 de la loi de 2012 sur le crédit-bail, la somme peut être réduite par le juge à un montant raisonnable si elle est manifestement excessive par rapport au préjudice découlant de l'inexécution. S'il est vrai que ce pouvoir modérateur peut attenter à la règle du contrat « affaire des parties », il reste un moyen de protection de la partie faible.

Le paiement de la clause pénale stipulée pour le retard dans l'exécution ou l'exécution défectueuse ne dispense pas d'exécuter l'obligation[1032].

[1030] Art. 173 al. 1 COCC.
[1031] Art. 153 COCC.
[1032] Art. 153 *in fine* COCC.

PARAGRAPHE 2: LA SANCTION INDIVIDUELLE EN CAS D'INEXÉCUTION DU CONTRAT DE CRÉDIT-BAIL

633.- Un pouvoir individuel est reconnu par la loi de 2012 sur le crédit-bail pour sanctionner l'inexécution du contrat. Cette sanction peut être une exception d'inexécution mais aussi une rupture du contrat.

A. L'exception d'inexécution

634.- Lorsque l'un des contractants manque à une de ses obligations essentielles, l'autre partie peut refuser d'exécuter sa propre obligation qui en est la contrepartie[1033].

Sur l'exception d'inexécution, **v. supra n° 211.**

B. La rupture unilatérale

635.- Aux termes des dispositions de l'article 48 de la loi de 2012 sur le crédit-bail, le contrat peut être résilié par l'un des cocontractants en raison de l'inexécution d'une obligation essentielle de l'autre.

636.- En plus des actions de droit commun de recouvrement des créances, le crédit-bailleur peut, pendant toute la durée du contrat, après mise en demeure de 30 jours francs, mettre fin au droit de jouissance du crédit-preneur sur le bien loué et le récupérer à l'amiable ou par simple ordonnance non susceptible d'appel, rendue à pied de requête par le président du tribunal de son lieu de domicile, en cas de non-paiement par le crédit-preneur[1034]. Le non-paiement d'un seul terme de loyer constitue une cause légitime de résiliation du contrat de crédit-bail.

La demande en vue de l'obtention de l'ordonnance est introduite selon les procédures prévues par les dispositions des articles 20 à 27 en matière de délivrance ou de restitution des biens corporels de l'Acte uniforme portant Organisation des procédures simplifiées de recouvrement. L'opposition pouvant être formée contre l'ordonnance autorisant la reprise du bien obéit à la procédure décrite par les mêmes dispositions. Dans ce cas, le crédit-bailleur peut disposer de son bien récupéré, par location ou par vente ou par nantissement ou par tout autre moyen légal d'aliénation, toute clause contraire du contrat de crédit-bail étant réputée non écrite.

Sauf accord exprès du crédit-bailleur, le crédit-preneur ne peut plus se prévaloir du contrat de crédit-bail pour bénéficier de la poursuite de la location

---

[1033] Art. 43 de la loi de 2012 sur le crédit-bail.

[1034] Art. 48 de la loi de 2012 sur le crédit-bail.

aux conditions initialement convenues, si le crédit-bailleur a exercé son droit de reprise sur le bien loué.

637.- Les contrats de crédit-bail peuvent prévoir une clause de reprise de plein droit, lorsqu'à son échéance, le loyer n'a pas été acquitté[1035]. Elles déterminent librement le nombre d'échéances dues, à compter duquel, le droit de reprise est exercé.

[1035] Art. 49 al. 1 de la loi de 2012 sur le crédit-bail.

CHAPITRE 6

LE BAIL ORDINAIRE ACCORDÉ PAR L'ÉTAT

638. L'État peut accorder un bail ordinaire sur les immeubles situés dans son domaine privé non affecté. Le bail ordinaire confère au preneur un droit de jouissance pour une durée ne pouvant excéder dix-huit (18) ans. Pour sa validité, il obéit à un ensemble de conditions et produit certains effets.

SECTION 1 : LES CONDITIONS DE VALIDITÉ DU BAIL ORDINAIRE

639. Le bail ordinaire est un contrat à titre onéreux conclu sous condition.

PARAGRAPHE 1 : LE BAIL ORDINAIRE, UN CONTRAT CONCLU SOUS CONDITION RÉSOLUTOIRE

640. Le bail ordinaire est un contrat conclu sous la condition résolutoire de mise en valeur. L'obligation de mise en valeur est mentionnée au Livre foncier lors de l'inscription de l'acte de bail. La radiation se fait sur réquisition du preneur accompagnée de l'ampliation de l'arrêté du Ministre chargé des Finances. La mise en valeur doit être constatée dans un délai déterminé. Elle est constatée, à la demande du preneur et en sa présence, par une commission dont la composition est fixée par décret. Ladite commission est composée comme suit :

- ✓ Président : le préfet ou son représentant ;
- ✓ Membres : un représentant du Service de l'urbanisme ou du Service de l'Agriculture ou les deux s'il y a lieu ;
- ✓ L'inspecteur régional des Domaines ou son représentant.

La commission se réunit sur la convocation de son président à la demande du receveur de l'Enregistrement, des Domaines et du Timbre. Elle dresse procès-verbal de ses opérations. Ce procès-verbal contient la description des aménagements, constructions, installations et cultures réalisés conformément aux dispositions du contrat passé avec l'État, l'indication de la valeur approximative et l'avis de la Commission sur le degré d'exécution des obligations imposées au preneur.

Si la mise en valeur imposée consiste en constructions soumises à autorisation, le procès-verbal indique également le numéro et la date de l'autorisation de construire et du certificat de conformité ou, le cas contraire, la non production de ces pièces.

PARAGRAPHE 2 : LE BAIL ORDINAIRE, UN CONTRAT À TITRE ONÉREUX

641. Le bail ordinaire est un contrat à titre onéreux. En contrepartie de l'occupation de l'immeuble, le preneur doit payer des loyers. Les loyers sont payables d'avance et peuvent être révisés.

642. Par ailleurs, le preneur supporte toutes les charges relatives à l'immeuble et notamment les contributions foncières et les taxes accessoires.

Les agents de l'État habilités à cet effet ont la possibilité de visiter l'immeuble pour contrôler l'exécution, par le preneur, de ses obligations.

SECTION 2 : LES EFFETS DU BAIL ORDINAIRE

643. Le bail ordinaire accorde au preneur un droit encadré et lui ouvre la possibilité d'une indemnisation.

PARAGRAPHE 1 : UN DROIT ENCADRÉ POUR LE PRENEUR

644. Titulaire d'un droit de jouissance, le preneur ne peut en user comme il le souhaite. En effet, le contrat de bail ordinaire emporte pour lui interdiction de céder son droit au bail ou de consentir une sous-location sans autorisation.

645. Les conventions passées par le preneur en violation de cette interdiction sont nulles de plein droit et entrainent la résiliation immédiate et sans indemnité du bail. Il est procédé, le cas échéant, à l'expulsion du preneur ou de tous occupants de son chef.

646. Avec la loi n° 2017-31 du 15 juillet 2017 autorisant la cession définitive et à titre gratuit de terrains domaniaux à usage d'habitation, le preneur qui utilise l'immeuble pour un usage d'habitation peut obtenir la mutation à titre gratuite de son emphytéose en droit de propriété.

PARAGRAPHE 2 : UN CONTRAT POUVANT DONNER LIEU À INDEMNISATION

647. L'État peut reprendre le terrain donné en bail ordinaire avant l'expiration du délai pour cause d'utilité publique. Cette reprise, totale ou partielle, a lieu dans les formes déterminées en matière d'expropriation moyennant une indemnité établie en tenant compte exclusivement de la valeur des constructions et aménagements existants réalisés conformément aux dispositions du contrat passé avec l'État et du Code de l'Urbanisme (**supra n°65**).

648. Le bail peut être résilié par l'État, sans indemnité, pour inexécution par le preneur de ses obligations. La résiliation est prononcée par arrêté du Ministre chargé des Finances trois mois après une mise en demeure par lettre recommandée restée sans effet.

649. Le preneur est tenu de libérer l'immeuble en le laissant dans l'état où il se trouve, à moins que la remise en état des lieux ne soit imposée. Dans ce cas elle devra intervenir dans un délai d'un mois à compter du jour où la résiliation lui est notifiée. Passé ce délai, il peut être procédé à l'expulsion du preneur en vertu d'une simple ordonnance de référé.

Lorsque la remise en état des lieux est imposée, l'État peut, en cas de carence du preneur, exécuter les travaux nécessaires aux frais de celui-ci. Le recouvrement de ces frais est poursuivi contre le preneur comme en matière d'enregistrement.

CHAPITRE 7

LE BAIL EMPHYTÉOTIQUE

650. Le bail emphytéotique est un contrat par lequel le bailleur confère au preneur, appelé emphytéote, un droit réel immobilier nommé emphytéose. Il peut avoir pour support les immeubles des particuliers mais aussi ceux du domaine privé de l'État.

651. En ce qui concerne les particuliers, le Sénégal ne connait pas une réglementation spécifique sur la question. Cela n'installe cependant pas un *no man's land* juridique. Le bail emphytéotique étant avant tout un contrat, il se verra appliquer les règles en la matière. En outre, le silence législatif milite pour une durée pouvant aller jusqu'à 99 ans considérés en droit comme le seuil de « perpétuité ». Mais, contrairement au bail emphytéotique accordé par l'État, entre particuliers il ne doit pas suffire qu'un bail soit à longue durée pour qu'on le considère comme un bail emphytéotique. Il faudrait, en plus, une volonté du bailleur et du preneur de conférer un droit réel à celui-ci, de le qualifier de bail emphytéotique ou que les caractéristiques de l'emphytéose existent dans le contrat[1036].

652. Lorsqu'il est consenti par l'État par contre (sur son domaine privé non affecté), le bail emphytéotique est organisé par le Code du domaine de l'État.

653. Le bail emphytéotique est un contrat synallagmatique qui fait supporter au preneur les mêmes obligations que dans le bail de droit commun (**supra n° 329 et s.**). Cependant, accordé par l'État, il se singularise de par son contenu et de par les règles organisant sa rupture.

SECTION 1 : LE CONTENU DU CONTRAT DE BAIL EMPHYTÉOTIQUE ACCORDÉ PAR L'ÉTAT

654. Le bail emphytéotique est encadré par rapport à sa durée mais aussi par rapport aux droits des parties.

[1036] Le contrat devra faire l'objet d'une inscription au livre foncier pour la constitution du droit réel (art. 381 COCC) et, au préalable, être passé devant notaire (art. 47 de la loi 2011 portant régime de la propriété foncière).

PARAGRAPHE 1 : LA DURÉE DU CONTRAT

655. Le bail emphytéotique accordé par l'État est pour une durée de 18 ans au moins et 50 ans au plus avec possibilité de prorogation dans la limite de 50 ans, et possibilité de renouvellement.

656. La demande de prorogation ou de renouvellement doit être formulée par l'emphytéote un (01) an au moins avant la date d'expiration du bail par lettre adressée, sous pli recommandé, au Directeur de l'Enregistrement, des Domaines et du Timbre. A défaut, l'emphytéote perd son droit à une indemnité éventuelle.

657. La décision du Ministre chargé des Domaines, prise sur la proposition du Directeur de l'Enregistrement, des Domaines et du Timbre, après avis de la Commission de Contrôle des Opérations Domaniale, doit être notifiée à l'emphytéote six (06) mois au moins avant la même date. Le défaut de réponse dans ce délai vaut décision de rejet.

658. En cas de rejet de la demande de prorogation ou de renouvellement, l'emphytéote doit, sous peine de déchéance dans le délai de deux (02) mois à compter de la date de notification du rejet, adresser au Directeur de l'Enregistrement des Domaines et du Timbre une demande d'indemnité correspondant au coût non amorti des aménagements, constructions et installations remplissant les conditions exigées par l'article 39-6° du code du Domaine de l'État. Cette demande doit être accompagnée de toutes justifications utiles et, notamment, des pièces suivantes :

✓ autorisations de construire ;

✓ plans et devis des travaux ayant fait l'objet de la demande d'autorisation de construire ;

✓ factures des entreprises ayant exécuté les travaux ;

✓ certificat de conformité des travaux ;

✓ le cas échéant, un extrait des documents comptables faisant apparaître la valeur résiduelle comptable des aménagements, constructions et installations concernés.

659. La commission des opérations domaniales se rend sur les lieux pour constater l'existence des aménagements, construction et installations ayant fait l'objet de la demande d'indemnité et apprécier leur état d'entretien. Trois exemplaires du procès-verbal des opérations de la commission sont transmis au Directeur de l'Enregistrement, des Domaines et du Timbre.

660. Le montant de l'indemnité fixé par le Ministre chargé des Domaines après avis de la Commission sur la proposition du Directeur des Domaines est notifié à l'emphytéote qui dans le délai d'un mois à compter de cette notification doit faire connaitre s'il accepte l'indemnité offerte. En cas d'accord, la Direction de l'Enregistrement, des Domaines et du timbre établit un acte constatant cet accord. Cet acte approuvé par le Ministre chargé des Domaines, constitue la pièce justificative du paiement de l'indemnité.

À défaut d'accord ou de réponse de l'emphytéote à l'expiration le délai, le juge des expropriations dans le ressort duquel l'immeuble est situé, est saisi par le Directeur de l'Enregistrement, des Domaines et du Timbre qui, dans l'assignation, énonce le montant de l'indemnité offerte. Par une ordonnance non sujette à opposition mais susceptible d'appel dans les formes et délais applicables aux ordonnances de référé, le juge des expropriations fixe le montant de l'indemnité. Il ne peut ordonner d'autres mesures d'instruction que l'audition des parties. Toutefois, si l'une des parties le demande, le juge peut, avant de statuer, ordonner un transport sur les lieux au cours duquel il dresse un procès-verbal constatant l'existence de l'état des aménagements, constructions et installations concernés et contenant en outre les dires des parties et les explications orales des experts pouvant les assister.

En cas de rejet de la demande d'indemnité, le juge des expropriations est saisi éventuellement par l'emphytéote qui, dans l'assignation, énonce le montant de l'indemnité réclamée. Le juge statue sur cette demande dans les formes et conditions fixées à l'article précédent. Il ordonne s'il y a lieu le paiement de l'indemnité.

661. Le montant de l'indemnité fixé à l'amiable ou judiciairement ne peut être payé à l'emphytéote avant la reprise effective par l'État de l'immeuble franc et quitte de toute autre dette ou charge et, le cas échéant remise en état des lieux, les frais de remise en état des lieux, lorsque celle-ci a été imposée, peuvent, en cas de carence de l'emphytéote être imputés sur le montant de l'indemnité.

662. À défaut de demande de prorogation ou de renouvellement, l'État reprend l'immeuble dans l'état où il se trouve, à moins que la remise en état des lieux ne soit imposée, franc et quitte de toute dette ou charge, notamment hypothécaire, et sans indemnité.

663. En cas de rejet de la demande de prorogation ou de renouvellement formulée par l'emphytéote, que la remise en état des lieux soit ou non imposée, la reprise par l'État de l'immeuble se fera franc et quitte de toute charge, notamment hypothécaire, moyennant paiement le cas échéant, d'une indemnité correspondant au coût non amorti des aménagements, constructions et installations existants, réalisés conformément aux dispositions du contrat de bail et du Code de l'urbanisme.

664. L'indemnité due par l'État à l'emphytéote est égale à la valeur résiduelle des aménagements, constructions et installations existant à l'expiration du bail.

Pour des aménagements, constructions et réalisations en bon état d'entretien, celle de la valeur résiduelle est, soit la valeur comptable telle qu'elle apparaît dans la comptabilité commerciale de l'emphytéote tenue suivant les règles admises par les services fiscaux, soit en l'absence de comptabilité commerciale ou à défaut de valeur comptable remplissant les conditions requises, une valeur correspondant au coût non amorti des aménagements, constructions et installations concernés, l'amortissement étant calculé d'après le taux habituellement pratiqué. Un abattement pour mauvais entretien est appliqué, le cas échéant, à l'indemnité ainsi déterminée.

PARAGRAPHE 2 : LES DROITS DU PRENEUR

665. Le bail emphytéotique confère à son titulaire un droit réel ; l'emphytéose[1037]. Il doit alors respecter le régime de la publication au livre foncier[1038].

666. En considération des prérogatives accordées par les droits réels, la qualification de bail emphytéotique devrait être exclue en cas de restriction du droit accordé. La jurisprudence française offre beaucoup d'exemples sur ce point (pour l'interdiction de sous-louer sans autorisation Civ. 3e, 3 oct. 1991, Bull. III., n° 222 ; ou de céder Civ. ; 3e, 15 mars 1983, Bull. III., n° 74 ; ou d'aménager Civ. 3e, 3 oct. 1991 précité. Même une clause résolutoire pour faute y est interdite Civ. 3e, 14 nov. 2002, Bull. III, n° 223). Cependant, en droit sénégalais, le Code du domaine de l'État apporte des atténuations à cette mesure. L'Etat peut insérer dans le contrat une disposition soumettant à autorisation la constitution d'hypothèque, la réalisation de nouveaux investissements ainsi que la cession du droit au bail ou la location de tout ou partie de l'immeuble. Toutes conventions passées par le preneur en violation d'une telle clause « sont nulles de plein droit et entrainent la résiliation

[1037] Art. 19 de la loi de 2011 portant régime de la propriété foncière.

[1038] Aux termes de l'article 20 de la loi de 2011 portant régime de la propriété foncière, comme pour les autres droits réels, l'emphytéose n'existe, ne se conserve et ne produit effet à l'égard des tiers qu'avec son inscription au livre foncier.

immédiate et sans indemnité du bail. Il est procédé, le cas échéant, à l'expulsion du preneur ou de tous occupants de son chef »[1039]. Cette nullité s'analyse alors comme une nullité absolue qui peut être invoquée par tout intéressé[1040].

667.- Avec la loi n° 2017-31 du 15 juillet 2017 autorisant la cession définitive et à titre gratuit de terrains domaniaux à usage d'habitation, le preneur qui utilise l'immeuble pour un usage d'habitation peut obtenir la mutation à titre gratuite de son emphytéose en droit de propriété.

SECTION 2 : LA FIN DU BAIL EMPHYTÉOTIQUE

668. Le bail emphytéotique prend fin par l'arrivée de son terme. Sa fin peut aussi être anticipée. La fin anticipée du bail renvoie à la résiliation et est une prérogative reconnue au preneur et à l'État.

PARAGRAPHE 1 : LA RÉSILIATION À LA DEMANDE DU PRENEUR

669. Malgré qu'il soit un contrat à durée déterminée, le bail emphytéotique peut être résilié par le preneur. Cette résiliation intervient après règlement des loyers échus et radiation, le cas échéant, des charges inscrites moyennant un préavis de six (06) mois en délaissant l'immeuble dans l'état où il se trouve, à moins que la remise en état des lieux ne soit imposée.

[1039] Art 39 al 5 du Code du domaine de l'État.

[1040] Cs., ch. civ. et com., arrêt n° 50 du 16 mai 2007, S. THIAM c/ Mb. L. NDIAYE Ès-nom et ès-qualité de ses enfants, disponible sur www.juricaf.org : « Les actes de bail emphytéotique peuvent contenir une disposition soumettant à autorisation la constitution d'hypothèques, la réalisation de nouveaux investissements ainsi que la cession du droit au bail et la location de tout ou partie de l'immeuble » et, d'autre part : « Les conventions passées par le preneur en infraction aux dispositions éventuellement insérées à l'acte de bail en application du deuxième alinéa du présent article, sont nulles de plein droit... La nullité prescrite par le texte précité s'analyse en une nullité absolue qui peut être invoquée par tout intéressé. C'est à bon droit qu'une Cour d'appel a énoncé que « la cession dont se prévaut (une partie), incompatible avec les principes de domanialité publique comme avec les nécessités des procédures administratives et celles de faire observer la loi, notamment les dispositions insérées à l'acte du bail en application de deuxième alinéa de l'article 39 de la loi n° 76-66 précité, doit être regardée comme nulle. Ne peut être accueilli le moyen pris d'une violation du principe général de droit selon lequel nul ne peut se prévaloir de sa propre turpitude, la nullité encourue étant absolue en cas de cession d'un bail sans l'autorisation administrative préalable prévue par l'article 39 alinéa 5 du code du domaine de l'État. »

PARAGRAPHE 2 : LA RÉSILIATION À LA DEMANDE DE L'ÉTAT

670. Le bail emphytéotique peut être résilié par l'État sans indemnité pour inexécution par le preneur de ses obligations. La résiliation est prononcée par arrêté du ministre chargé des Finances trois (03) mois après une mise en demeure par lettre recommandée restée sans effet. Cependant, si l'immeuble a été grevé du fait du preneur, de charges quelconques, le bail ne peut être résilié sans que les bénéficiaires des dites charges aient été préalablement informés des intentions de l'administration. Ces bénéficiaires ont alors la faculté de se substituer au preneur défaillant dans l'exécution de ses obligations. A défaut, l'acte de résiliation éteint à la date de sa publication les hypothèques inscrites ainsi que, le cas échéant, les autres droits consentis par le preneur. Ce dernier est tenu de libérer l'immeuble dans l'état où il se trouve, à moins que la remise en état des lieux ne soit imposée, dans un délai d'un mois à compter du jour où la résiliation lui est notifiée. Passé ce délai, il peut être procédé à son expulsion en vertu d'une simple ordonnance de référé.

671. A la fin du bail, le bien est retourné au bailleur avec les améliorations et constructions en application de la règle de l'accession immobilière. Sauf convention contraire, aucune indemnité n'est due à l'emphytéote. Ce dernier y aura droit cependant lorsque la durée du contrat est écourtée par le bailleur qui encourt dans ce cas une résiliation à ses torts.

Chapitre 8

Le contrat d'hôtellerie

672. Le contrat d'hôtellerie est un contrat entre un hôtel et son client[1041]. C'est un contrat à titre onéreux qui oblige l'hôtelier, suivant les stipulations de la convention et les usages locaux, à fournir à son client le gîte, éventuellement la subsistance pendant le séjour à l'hôtel et le transport[1042].

673. Le contrat d'hôtellerie est un contrat d'entreprise qui génère une obligation de faire[1043]. Il est alors à distinguer du contrat de bail. Le particularisme des obligations des parties dans le cadre du contrat d'hôtellerie exclut toute qualification en bail. Les prestations fournies par l'hôtelier consistant dans le nettoyage de la chambre, la blanchisserie et la restauration excluent la qualification de bail[1044]. Ne saurait alors être qualifiée de contrat d'hôtellerie, la location d'une villa meublée pendant plusieurs semaines, moyennant un prix fixé par jour et variant d'un mois à l'autre si pendant ce temps, le bailleur n'avait pas la charge d'entretenir et de surveiller la villa et n'en avait pas conservé la clé pour en faire le service. De même, la qualification de location de locaux meublés devra être retenue, en l'absence de prestations de services caractéristiques du contrat d'hôtellerie, dès lors que certains des occupants justifient avoir, par exemple, installé des lignes téléphoniques personnelles, que les lieux sont équipés d'une cuisine collective, etc.[1045]. N'est pas non plus un contrat d'hôtellerie, le contrat qui exige de la part du preneur le versement d'une caution à la remise des clés, et qui stipule qu'un inventaire doit être dressé et que l'entretien comme le nettoyage des locaux de l'appartement meublé sont mis à la charge du preneur[1046].

[1041] Sont considérés comme hôtels les établissements d'hébergement qualifiés tels par la législation.

[1042] Art. 454 COCC.

[1043] Art 433 et s. COCC.

[1044] CA de Grenoble, Chambre civile 1, 29 Mars 2016 n° 13/04416.

[1045] Droit français, Cass. 3e civ., 26 juin 1996, JCP 96, IV, 1929.

[1046] Droit français, Cass. 3e civ., 19 oct. 1999, Bull. civ. I, n° 278, p. 181.

A contrario, l'hébergement d'une personne, dans un studio entièrement équipé, loué habituellement à la clientèle de passage, constitue un contrat d'hôtellerie[1047].

674. Comme tout contractant, l'hôtelier doit exécuter le contrat conformément à ses stipulations. Par ailleurs, il est tenu d'une obligation de sécurité[1048] qui justifie sa responsabilité pour les dommages subis par les clients.

SECTION 1 : RESPONSABILITÉ DE L'HÔTELIER POUR LES DOMMAGES CORPORELS

675. L'hôtelier est responsable des dommages corporels que ses clients peuvent subir durant l'exécution du contrat. Il n'est pas nécessaire que ce dommage soit son œuvre. L'essentiel est qu'il soit intervenu pendant que le client se trouvait couvert par le contrat. C'est alors dans l'hôtel ou tout autre lieu prévu par le contrat.

676. Le est générateur de responsabilité s'il porte atteinte à un droit[1049]. Il peut être actuel ou futur mais doit toujours être certain et direct. Le dommage est certain lorsque, bien que n'étant pas réalisé sur le champ, il se produira nécessairement dans l'avenir. Il est par contre direct lorsqu'il découle de la faute, sans qu'aucun fait postérieur ait encouru à sa réalisation.

677. Il n'y a pas de responsabilité si le fait dommageable est la conséquence d'une force majeure ou d'un cas fortuit, c'est-à-dire d'un événement extérieur, insurmontable et qu'il était impossible de prévoir.

La faute de l'auteur du dommage annule l'effet exonératoire du cas fortuit ou de force majeure s'il est établi que sans elle cet évènement aurait été sans effet.

La faute de la victime atténue la responsabilité de l'auteur du dommage dans la mesure où elle a concouru à le causer. Elle peut la faire disparaître si elle présente, pour le fautif, les caractères d'un cas fortuit ou de force majeure.

678. L'hôtelier peut, par convention, prendre à sa charge les cas fortuits et de force majeure. Il peut être convenu à l'inverse que la survenance d'un événement déterminé sera considérée comme créant le cas fortuit ou la force majeure[1050] et exclue de sa responsabilité.

[1047] Droit français, Cass. 1re civ., 26 févr. 1991, Bull. civ. I, n° 78, p. 50.
[1048] Art. 455 COCC.
[1049] Art. 124 COCC.
[1050] Art. 132 COCC.

SECTION 2 : RESPONSABILITÉ DE L'HÔTELIER POUR LES DOMMAGES MATÉRIELS

679. L'hôtelier répond de la disparition et des détériorations des effets apportés par le client qui loge dans l'établissement. La responsabilité de l'hôtelier ne peut être engagée que dans le cadre du contrat d'hôtellerie qui implique nécessairement que le client soit logé. Celle-ci ne peut donc être étendue à la location de salle pour l'organisation d'un séminaire[1051].

680. L'hôtelier répond, comme dépositaires, des vêtements, bagages et objets divers apportés dans son établissement par le client qui loge chez lui. Le dépôt de ces effets est regardé comme un dépôt nécessaire[1052]. En réalité, il n'y a pas véritablement un contrat de dépôt entre l'hôtelier et le client. Comme a pu le souligner un auteur, « d'une part, l'hôtelier ne se voit pas confier la garde des effets du client qui en conserve au contraire la maîtrise, ce qui exclut le dépôt ; d'autre part, le contrat liant les parties est un contrat d'hôtellerie qui forme un tout et constitue un contrat d'entreprise. Les obligations de surveillance de l'hôtelier à l'égard de son client ne peuvent donc être que des obligations accessoires de ce contrat »[1053]. Les règles de droit commun du dépôt ne sauraient alors s'appliquer.

681. La responsabilité de l'hôtelier est engagée pour le vol ou la détérioration des effets du client, soit que le vol ait été commis ou que le dommage ait été causé par ses préposés, ou par des étrangers allant et venant dans l'hôtel. Le fait que le dommage ait été causé par un tiers n'exonère l'hôtelier de sa responsabilité que dans l'hypothèse d'un cas de force majeure[1054]. Si l'irrésistibilité de l'événement est, à elle seule, constitutive de la force majeure lorsque la prévision ne saurait permettre d'en empêcher les

---

[1051] CA Dakar, chambre civile et commerciale, 22 avril 2010, Hôtel NOVOTEL c/ J. RUNHOLM et autres, arrêt n° 351, Bulletin des arrêts rendus par la Cour d'Appel de Dakar en matière civile et commerciale, 2011, vol. n° 1, p. 63.

[1052] Article 1949 Code civil « Le dépôt nécessaire est celui qui a été forcé par quelque accident, tel qu'un incendie, une ruine, un pillage, un naufrage ou autre événement imprévu » ; Article 1952 Code civil « Les aubergistes ou hôteliers répondent, comme dépositaires, des vêtements, bagages et objets divers apportés dans leur établissement par le voyageur qui loge chez eux ; le dépôt de ces sortes d'effets doit être regardé comme un dépôt nécessaire » ; Article 1950 Code civil « La preuve par témoins peut être reçue pour le dépôt nécessaire, même quand il s'agit d'une valeur supérieure au chiffre prévu à l'article 1341. »

[1053] A. BENABENT, Droit des contrats spéciaux civils et commerciaux, 10e éd., LGDJ, 2013, p. 530.

[1054] Art. 456 COCC.

effets, encore faut-il que le débiteur ait pris toutes les mesures requises pour éviter la réalisation de cet événement. Tel n'est pas le cas pour un vol à main armée dans un hôtel lorsque l'hôtelier ou ses préposés n'ont pas effectué un contrôle strict des entrées, le veilleur de nuit ayant lui-même ouvert la porte d'entrée à l'un des malfaiteurs[1055].

La faute prévisible du client, qui laisse dans son véhicule fermé à clef des objets tels qu'un appareil photographique ou des vêtements, ne doit pas faire obstacle à l'indemnisation[1056].

682. La rédaction de l'article 456 COCC permet d'étendre la responsabilité de l'hôtelier aux objets laissés dans les véhicules de ses clients et stationnés sur les lieux dont il a la jouissance privative[1057]. En effet, il « répond de la disparition et des détériorations des effets apportés par le client qui loge dans l'établissement ».

L'hôtelier n'a pas la jouissance privative d'un parking non clôturé, utilisable par n'importe quel automobiliste[1058]. Il en va autrement lorsqu'il est propriétaire du terrain[1059].

683. Pour les effets précieux de toute nature que le client a apportés dans l'hôtel sans les déposer entre les mains de l'hôtelier, la responsabilité de celui-ci est limitée à 20.000 francs. Ne sanctionnant par la nullité que les clauses contraires à cette limitation légale de responsabilité, l'article 456 semble permettre des clauses d'exonération pour les effets de moindres valeurs. Cependant, l'hôtelier qui entend s'exonérer de sa responsabilité devra rapporter la preuve que la clause dont il se prévaut a été connue et acceptée par son client. En effet, puisque c'est un contrat, le silence du client ne saurait valoir consentement. Ainsi, le seul fait de faire figurer une telle clause sur une carte de bienvenue et sur une affiche placée dans la chambre ne saurait suffire

[1055] Droit français, Cass. 1re civ., 9 mars 1994, Bull. civ.,I, n° 91, p. 70.
[1056] Droit français, Cass. 1re civ., 18 janvier 1989, Bull. civ. I , n° 20, p. 14.
[1057] Droit français, Cass. 1re civ., 18 janvier 1989, Bull. civ. I , n° 20, p. 14 : les juges du fond qui ont constaté que le vol du véhicule automobile a été commis sur le parc de stationnement de l'hôtel qui a la jouissance privative de ce bien réservé à la clientèle ont ainsi suffisamment caractérisé le lieu de commission du vol de nature à engager la responsabilité de l'hôtelier. L'hôtelier ne peut s'exonérer par l'apposition d'un panneau « parking non gardé » ; Cass. 1re civ., 22 février 2000, RTD civ. 2000, 579, obs. Jourdain.
[1058] Droit français, Cass. 1re civ., 15 octobre 1996, JCP 96, IV, 2382.
[1059] Droit français, Cass. 1re civ., 22 février 2000, RTD civ. 2000, 579, obs. Jourdain.

à établir que le client, à supposer qu'il en ait eu connaissance, l'ait acceptée[1060].

684. Concernant les objets confiés à l'hôtelier, les parties sont dans un véritable contrat de dépôt[1061]. Dans l'hypothèse où l'hôtel met un coffre-fort à la disposition du client, des juges retiennent la qualification de dépôt[1062]. L'esprit de contrat d'entreprise qui innerve le contrat d'hôtellerie milite pour une telle extension. Cependant, la responsabilité de l'hôtelier devra être limitée en cas de vol de bien de trop grande valeur placé par les clients dans le coffre-fort individuel de leur chambre d'hôtel au mépris des consignes de sécurité[1063].

685. En cas de dépôt, l'hôtelier s'oblige à assurer la conservation de la chose suivant les stipulations du contrat et les usages ; il doit, dans tous les cas, apporter à la garde de la chose déposée les soins d'un bon père de famille. Lorsque le dépôt est gratuit ou lorsque le dépositaire s'est offert lui-même pour recevoir la chose déposée, la responsabilité du dépositaire s'apprécie en tenant compte de la diligence qu'il apporte à ses propres affaires[1064]. Le dépôt dans le contrat d'hôtellerie ne devrait cependant pas entrer dans cette catégorie en cela qu'il est l'accessoire du contrat qui du reste est à titre onéreux.

La preuve de la remise de la chose s'établit par tous moyens[1065].

L'hôtelier dépositaire ne peut se servir de la chose sans l'autorisation du déposant.

Sauf cas de force majeure, il ne peut chercher à connaître les choses déposées lorsqu'elles lui ont été remises dans un coffre ou une enveloppe cachetée.

Il doit rendre la chose même qu'il a reçue, dans l'état où elle se trouve lors de la restitution, mais avec ses accroissements, ses produits et les fruits qu'il a perçus. Il répond de la destruction de la chose, sauf cas de force majeure et, reste comptable envers le déposant de toute indemnité représentant la valeur du bien détruit ou endommagé.

[1060] Paris, 5 janvier 1996, JCP 96, II, 22679, 1re esp., note Hassler.

[1061] Art. 497 COCC « Le dépôt est le contrat par lequel un déposant remet une chose mobilière à un dépositaire qui accepte d'en assurer la garde. »

[1062] Droit français, Civ. 1re, 14 février 1990, Bull. IV, n° 44, p. 33.

[1063] Droit français, Cass. 1re civ., 12 juin 2012, n° 11-18.450.

[1064] Art. 501 COCC.

[1065] Art. 498 COCC.

Au moment de la restitution, il peut demander au déposant de justifier de son identité mais ne peut exiger de lui la preuve qu'il est propriétaire de la chose[1066].

Si le déposant a mandaté un tiers pour la restitution de la chose déposée, le dépositaire doit respecter le mandat. Cependant, en cas de décès du déposant, la chose déposée ne peut être restituée qu'aux héritiers du déposant.

[1066] Art. 506 COCC

CHAPITRE 9

LE BAIL À CONSTRUCTION

686. Le bail à construction est le contrat par lequel le preneur s'engage, à titre principal, à édifier des constructions sur le terrain du bailleur et à les conserver en bon état d'entretien pendant toute la durée du bail[1067]. Il est consenti par celui ou ceux qui ont le droit d'aliéner et dans les mêmes conditions et formes. Deux exigences à titre de validité de l'opération peuvent alors être notées. D'une part, le bailleur doit disposer d'un droit réel immobilier et, d'autre part, le contrat impérativement passé devant notaire et publié au livre foncier.

687. L'analyse de la réglementation du bail à construction en droit sénégalais permet de constater la coexistence entre un régime de droit commun et un régime dérogatoire applicable à l'État. En effet, l'État peut accorder sur son domaine privé non affecté et sur son domaine public des baux à construction (**infra n° 729**).

688. Le bail à construction accorde des droits au preneur, en plus de lui faire supporter des obligations. Sa particularité peut aussi être appréciée par rapport aux effets de la fin contrat.

SECTION 1 : LES DROITS ET OBLIGATIONS DU PRENEUR

689. Il sera question de voir successivement les droits et les obligations supportés par le preneur dans l'exécution du contrat.

PARAGRAPHE 1 : LES DROITS DU PRENEUR

690. Le bail à construction confère au preneur un droit réel immobilier[1068] qui dure toute la durée du contrat.

[1067] Art. L113 du Code de la construction.
[1068] Art. L 115 du Code de la construction.

691. Le bail à construction accorde au preneur un droit de superficie[1069]. Le preneur a un droit de propriété sur les constructions édifiées pendant toute la durée du contrat[1070]. Ce qui entraine alors une dissociation entre, d'une part, le droit de superficie et, d'autre part, le droit sur le tréfonds qui reste dans le patrimoine du bailleur. Cependant, comme le souligne un auteur[1071], le droit de superficie n'a pas pour objet le volume au-dessus de la surface. En d'autres termes, il n'est pas possible de dissocier la propriété du sol de celle du dessus en l'absence de construction ou de plantation.

692. En plus de son droit de superficie, le preneur a un droit de jouissance du sol, accessoire de son premier droit. Comme en matière de bail emphytéotique, ce droit de jouissance est aussi qualifié de droit réel par le législateur sénégalais.

693. Droit réel, le droit du preneur doit être publié au livre foncier[1072]. En effet, en droit sénégalais, un droit réel immobilier n'existe et ne se conserve que par son inscription à la conservation foncière.

694. Le droit du preneur peut être hypothéqué, de même que les constructions édifiées sur le terrain loué, il peut être saisi dans les formes prescrites pour la saisie immobilière.

Le preneur peut céder tout ou partie de ses droits ou les apporter en société. Les cessionnaires ou la société sont tenus des mêmes obligations que le cédant qui en reste garant jusqu'à l'achèvement de l'ensemble des constructions que le preneur s'est engagé à édifier en application des dispositions du contrat du bail à construction.

[1069] Le droit de superficie est une variété de la propriété immobilière, en ce sens qu'il s'agit d'une propriété de ce qui s'élève sur le sol (construction ou plantations), à l'exclusion de la propriété du sol lui-même ou du sous-sol ; C. LARROUMET, Droit civil – Les biens – Droits réels principaux, précité, p. 435.

[1070] « L'emphytéose, le bail à construction, la concession immobilière (...) constituent, à l'heure actuelle, les applications les plus vivantes du droit de superficie » ; C. LARROUMET, Droit civil – Les biens – Droits réels principaux, précité, p. 444.

[1071] C. LARROUMET, Droit civil – Les biens – Droits réels principaux, précité, p. 435.

[1072] Art. L 113 du Code de la construction : le bail à construction est consenti par celui ou ceux qui ont le droit d'aliéner et dans les mêmes conditions et formes. Le contrat devra faire l'objet d'une inscription au livre foncier pour la constitution du droit réel (art. 381 COCC) et, au préalable, être passé devant notaire (art. 47 de la loi 2011 portant régime de la propriété foncière).

695. Le preneur peut consentir les servitudes passives indispensables à la réalisation des constructions prévues au bail.

Droit réel, *la servitude est une charge imposée sur un héritage (immeuble) pour l'usage et l'utilité d'un héritage appartenant à un autre propriétaire*[1073]. C'est une charge pesant sur un immeuble au profit d'un autre immeuble. Elle a pour objet de restreindre les prérogatives d'un propriétaire sur son immeuble dans l'intérêt et pour l'utilité d'un autre immeuble[1074]. La servitude est alors un droit réel immobilier accessoire à un autre droit réel immobilier[1075]. Elle met en relation un fonds servant (l'immeuble débiteur de la servitude) et un fonds dominant (l'immeuble créancier de la servitude). La servitude est donc attachée à un immeuble et non au propriétaire d'un immeuble. Chaque propriétaire devra la respecter. Il pourra en profiter (servitude active) ou en supporter les conséquences (servitude passive). La servitude passive est celle que notre terrain supporte. Exemple : il est grevé d'un droit de passage.

Parmi les servitudes passives indispensables à la réalisation des constructions prévues par le bail, devront pouvoir figurer :

Servitudes de mitoyenneté. Un propriétaire peut faire bâtir contre un mur mitoyen et y faire placer des poutres ou solives jusqu'à l'axe du mur[1076].

Servitudes de vue[1077]**.** L'un des voisins ne peut, sans le consentement de l'autre, réaliser dans le mur mitoyen, une fenêtre ou procéder à une ouverture, même à verre dormant.

Le propriétaire d'un mur non mitoyen joignant immédiatement l'immeuble d'autrui peut pratiquer dans ce mur des jours ou ouvertures telles que claustras ou impostes à fer maillé et à verre dormant.

1073 Art. 637 Code civil.

1074 C. LARROUMET, Droit civil – Les biens – Droits réels principaux, précité, p. 472.

1075 A noter que cela n'empêche en rien la considération de la servitude comme droit réel principal. « La notion de droit réel accessoire implique qu'un droit réel est affecté à la garantie du paiement d'une créance, ce qui, bien évidemment, n'est pas l'objet de la servitude, dont le caractère accessoire apparait à un autre point de vue », C. LARROUMET, Droit civil – Les biens – Droits réels principaux, précité, p. 448.

1076 Art. L 46 du Code de la construction.

1077 Art. L 47 et s. du Code de la construction.

Ces ouvertures doivent être garnies d'un treillis de fer dont les mailles auront un décimètre d'ouverture au plus et d'un châssis à verre dormant.

Les ouvertures telles que claustras, impostes ou jours ne peuvent être aménagées qu'à deux mètres dix au-dessus du plancher ou du sol de la chambre à éclairer, si c'est à rez-de-chaussée, et à un mètre quatre-vingt-dix au-dessus du plancher, pour les étages supérieurs.

PARAGRAPHE 2 : LES OBLIGATIONS DU PRENEUR

696. Dans le cadre du bail à construction, le preneur supporte des obligations pouvant être classées en 4 groupes.

A. L'obligation de construire

697. La première obligation du preneur dans le cadre d'un bail à construction consiste à construire. C'est même un critère de la qualification du contrat.

698. L'article L113 du Code de la construction n'impose pas que le contrat de bail à construction détermine, avec précision les constructions, ni le délai ou les modalités de la garantie d'exécution de l'obligation du preneur. Cependant, la sécurité contractuelle en fait une exigence. La validité du contrat aussi devrait en rester tributaire. En effet, contrat synallagmatique, les obligations des parties doivent être déterminées avec précision. La prestation promise doit être déterminée ou déterminable quant à son espèce et à sa quotité[1078]. Il serait aussi souhaitable que le contrat précise si le preneur a la possibilité d'édifier librement ou non d'autres constructions supplémentaires et quel sera le sort qui leur est réservé en fin de contrat.

699. La destination des immeubles édifiés n'est pas une condition de la qualification du contrat. Le bail à construction peut porter aussi bien sur des immeubles à usage d'habitation que sur des immeubles à usage professionnel, commercial ou industriel. Mais, dans tous les cas, l'obligation de construire devra être l'obligation principale du preneur[1079].

B. L'obligation de payer des loyers

700. Le bail à construction est, avant tout, un contrat de bail. Il obéit alors au régime de droit commun du bail en la matière. Pour cette raison, le preneur a l'obligation de payer périodiquement les loyers. Cependant, ne faisant pas partie des contrats listés par l'article 568 COCC, il échappe aux dispositions d'ordre

[1078] Art. 74 COCC.

[1079] Art. L 113 du Code de la construction.

public de l'article 572 COCC relatives à la fixation du montant des loyers (**supra n° 373**).

701. Dans le bail à construction, le montant des loyers est librement déterminé par les parties. Tout de même, cette liberté qui leur est reconnue n'est pas totale. L'obligation de payer des loyers reste une obligation secondaire par rapport à l'obligation principale de construire. Ainsi, la qualification de bail à construction devra être écartée si, malgré la présence de l'obligation de construire, le contrat prévoit le versement de loyer correspondant à la « valeur locative équitable de l'immeuble »[1080]. Toute mesure contraire ôterait à l'obligation de construire son caractère d'obligation principale dans le contrat.

702. Sauf stipulations contraires des parties, le revenu servant à la détermination du coefficient de révision du loyer est le revenu moyen au mètre carré. Il est obtenu en divisant le revenu brut global par la surface utile, exprimée en mètres carrés, des locaux, aménagements ou installations ayant produit des revenus locatifs au cours de l'année civile de référence. Pour les locaux à usage d'habitation, la surface utile est la surface habitable du logement[1081] c'est-à-dire la surface de plancher construite, après déduction des surfaces occupées par les murs, cloisons, marches et cages d'escaliers, gaines, ébrasements de portes et de fenêtres ; le volume habitable correspond au total des surfaces habitables ainsi définies multipliées par les hauteurs sous plafond[1082].

C. L'obligation de payer les charges

703. Durant l'exécution du contrat, le preneur est tenu de tous les charges, taxes et impôts relatifs tant aux constructions qu'au terrain.

D. L'obligation d'entretien

704. Comme tout locataire, le preneur est tenu du maintien des constructions en bon état d'entretien et des réparations de toute nature. Il n'est pas obligé de reconstruire les bâtiments s'ils ont péri par cas fortuit ou force majeure ou, s'agissant des bâtiments existant au moment de la passation du bail, par un vice de construction antérieur audit bail. Il répond de l'incendie des bâtiments existants et de ceux qu'il a édifiés.

[1080] Droit français, CA Lyon, 20 novembre 1986, Gaz. Pal. 1987,I, somm. 10.

[1081] Art. R 168 du décret n° 2010-99 du 27 janvier 2010 portant partie réglementaire du Code de la construction.

[1082] Art. R 3 du décret n° 2010-99 du 27 janvier 2010 portant partie réglementaire du Code de la construction.

705. Sauf stipulation contraire du bail, il peut démolir, en vue de les reconstruire, les bâtiments existants.

SECTION 2 : LA FIN DU CONTRAT DE BAIL

706. Le bail prend fin par l'arrivée de son terme. Cependant, par la résiliation, sa fin peut-être anticipée.

PARAGRAPHE 1 : L'ARRIVÉE DU TERME

707. Le bail prend fin par l'arrivée de son terme. Toutefois, une question se posera par rapport au sort des constructions mais aussi des droits inscrits.

708. Par rapport aux constructions, les parties à un contrat de bail à construction doivent, au moment de la conclusion du contrat, convenir de leurs droits respectifs de propriété sur les constructions existantes et sur les constructions édifiées. Il leur est permis, par exemple, de stipuler :

- ✓ que les constructions deviendront la propriété du bailleur par accession et sans indemnité ;
- ✓ que le bailleur devra payer tout ou partie de la valeur des constructions à la fin du contrat ;
- ✓ qu'une copropriété sera installée entre le bailleur et le preneur à la fin du contrat, etc.

À défaut d'une telle convention, le bailleur en devient propriétaire en fin de bail et profite des améliorations[1083]. C'est une application de la théorie de l'accession immobilière.

709. En ce qui concerne les droits inscrits, ils ne suivent pas les immeubles. Les servitudes passives, autres que celles nécessaires à la réalisation des constructions prévues au contrat, les privilèges, hypothèques ou autres charges nés du chef du preneur et, notamment, les baux et titres d'occupation de toute nature portant sur les constructions, s'éteignent à l'expiration du bail[1084]. Les locataires du preneur ne peuvent donc pas opposer leur droit au renouvellement au propriétaire du terrain à la fin du contrat de bail à construction. Ils ne peuvent non plus invoquer avoir été victimes de l'apparence et avoir voulu contracter avec le véritable propriétaire du terrain pour lui opposer leur droit. En effet, ayant fait l'objet d'une publicité au livre foncier, le contrat entre le bailleur et le preneur est censé être connu de tous.

[1083] Art. L114 du Code de la construction.

[1084] Art. L 117 al. 1 du Code de la construction.

PARAGRAPHE 2 : LA RÉSILIATION DU CONTRAT

710. La fin du bail peut être anticipée avec sa résiliation. En effet, si pendant la durée du bail, les constructions sont détruites par cas fortuit ou force majeure, la résiliation peut, à la demande de l'une ou l'autre partie, être prononcée par décision judiciaire, qui statue également sur les indemnités qui pourraient être dues.

711. Contrairement à la fin du bail par arrivée du terme, en cas de résiliation judiciaire ou amiable, les privilèges et hypothèques inscrits, suivant le cas, avant la publication de la demande en justice tendant à obtenir cette résiliation ou avant la publication de l'acte ou de la convention la constatant, ne s'éteignent qu'à la date primitivement convenue pour l'expiration du bail[1085].

[1085] Art. L117 al. 2 du Code de la construction.

CHAPITRE 10

LE BAIL À RÉHABILITATION

712. Le bail à réhabilitation traduit une politique du logement. En effet, il a pour but d'étendre ce secteur comme, du reste, le souligne son régime juridique.

713. Le bail à réhabilitation est le contrat par lequel, soit un organisme d'habitations à loyer modéré (HLM), soit une société d'économie mixte dont l'objet est de construire ou de donner à bail des logements, soit une collectivité locale, soit un organisme dont l'un des objets est de contribuer au logement des personnes défavorisées et agréé à cette fin par le Ministre chargé de l'Habitat, s'engage à réaliser, dans un délai déterminé, des travaux d'amélioration sur l'immeuble du bailleur et à le conserver en bon état d'entretien et de réparations de toute nature en vue de louer cet immeuble à usage d'habitation ou à usage professionnel ou de service pendant la durée du bail[1086]. Contrairement au droit français qui assigne au bail à réhabilitation une vocation spécifiquement sociale qui se traduit dans son objet qui ne peut être que la réhabilitation en vue de la location à usage d'habitation[1087], le législateur vise tous les secteurs.

714. La réglementation du bail à réhabilitation traduit une ambition législative de sauver les bâtiments menacés de ruine et, par la même, de renforcer l'offre immobilière. En effet, deux obligations essentielles sont à la charge du preneur. D'une part, il doit réaliser des travaux d'amélioration de l'immeuble et le maintenir en bon état pour toute la durée du contrat. D'autre part, il doit, pendant la même durée, louer l'immeuble. Cependant, cette dernière obligation est une obligation de moyen et pas de résultat.

715. Le bail à réhabilitation peut porter sur des immeubles de l'Etat mais aussi sur ceux de particuliers.

SECTION 1 : LA FORMATION DU CONTRAT

716. Le contrat de bail à réhabilitation obéit des règles de forme et de fond par rapport à sa formation.

[1086] Art. L 119 du Code de la construction.

[1087] Art. L 252-1 Code français de la Code de la construction et de l'habitation.

PARAGRAPHE 1 : LA FORME DU CONTRAT

717. Comme pour le bail à construction, le bail à réhabilitation est consenti par celui ou ceux qui ont le droit d'aliéner et dans les mêmes conditions et formes que l'aliénation[1088]. Il doit donc être passé devant notaire et faire l'objet d'une inscription au livre foncier.

PARAGRAPHE 2 : LE CONTENU DU CONTRAT

718. Le contrat indique la nature des travaux, leurs caractéristiques techniques et le délai de leur exécution.

719. Que cela est été indiqué ou non, en fin de bail, les améliorations réalisées bénéficient au bailleur sans indemnisation[1089]. Il ne relève donc pas de la liberté des parties d'écarter une telle règle. En effet, les dispositions des articles 119 et suivants du Code de la construction qui organisent le bail à réhabilitation sont d'ordre public[1090].

SECTION 2 : LES DROITS DU PRENEUR

720. Le preneur qui jouit d'un droit réel[1091] s'engage à réhabiliter les bâtiments en contrepartie des revenus locatifs du bien pour une durée déterminée. Le droit du preneur peut être cédé nonobstant toute convention contraire. L'article L 120 précise cependant qu'il faudra l'accord du bailleur. N'y a-t-il pas une contradiction entre cette exigence et la possibilité de céder malgré une convention contraire ? Ou bien l'accord du bailleur n'est pas une condition de validité mais d'opposabilité ? Nous militons pour cette dernière lecture car, comme le souligne l'article 244 al. 2 COCC, la cession de contrat est opposable au contractant cédé et lui profite, du jour où son consentement a été constaté par écrit. Le consentement du bailleur est exigé à titre d'opposabilité. Ainsi, le preneur qui cède le contrat n'est libéré à son égard, et remplacer par le cessionnaire, que s'il a donné son consentement[1092]. La cession peut être valable entre les parties, mais elle reste privée d'efficacité à l'égard du bailleur qui ne donne pas son consentement.

721. La cession du contrat produit certains effets[1093]. Dans les rapports du cessionnaire et du bailleur cédé, en cas de consentement donné par ce dernier,

---

[1088] Art. L 119 du Code de la construction.
[1089] Art. L 119 al. 3 du Code de la construction.
[1090] Art. 119 al. 1 du Code de la construction.
[1091] Art. L120 du Code de la construction.
[1092] J. P. TOSI, Le droit des obligations au Sénégal, LGDJ Paris - NEA, 1981, n° 958, p. 349.
[1093] Art. 245 et 246 COCC.

il pourra opposer toutes les exceptions dont il bénéficiait contre le preneur. Il devient, en outre et dans les mêmes conditions, créancier du cessionnaire pour les dettes résultant du contrat et qui incombaient au preneur.

Dans les rapports du cessionnaire et du preneur cédant au contrat, la garantie due par ce dernier porte sur l'existence du contrat, sa validité et les sûretés qui l'accompagnent.

722. La cession de contrat devra porter sur la totalité de l'immeuble loué et ne peut être consentie qu'à l'un des organismes remplissant les critères pour être preneur dans un contrat de bail à réhabilitation. La volonté législative de limiter la possibilité pour être preneur dans un bail à réhabilitation est donc manifeste. Néanmoins, elle est à nuancer. Le droit du preneur peut être hypothéqué avec les conséquences qui peuvent en découler. Il peut être saisi dans les formes prescrites pour la saisie immobilière[1094].

SECTION 3 : LA FIN DU CONTRAT

723. Le contrat prend fin par l'arrivée du terme ou par décision du juge.

PARAGRAPHE 1 : L'ARRIVÉE DU TERME

724. Six mois avant la date d'expiration du bail à réhabilitation, le bailleur peut proposer aux occupants un contrat de location prenant effet à cette date. A défaut, le preneur est tenu, au plus tard trois mois avant l'expiration du bail à réhabilitation, d'offrir aux occupants un logement correspondant à leurs besoins et à leurs possibilités. L'occupant qui n'a pas conclu de contrat de location ou accepté l'offre de relogement est déchu de tout titre d'occupation sur le logement à l'expiration du bail à réhabilitation. Au terme du bail à réhabilitation, le preneur est tenu de restituer l'immeuble au bailleur libre de location et d'occupation. Les améliorations réalisées bénéficient au bailleur sans indemnisation.

725. Le bail à réhabilitation ne peut se prolonger par tacite reconduction. L'article 121 du Code de la construction qui organise le sort des contrats de location en cours est une mesure impérative.

PARAGRAPHE 2 : LA FIN JUDICIAIRE

726. Il est à constater un vide législatif sur la réglementation de la fin anticipée du bail à réhabilitation de la part du Code de la construction. Il devra alors être fait application des règles du droit commun sur la question.

[1094] Art. 120 al. 1 du Code de la construction.

727. Aux termes des dispositions de l'article 563 COCC, chacune des parties à un contrat de bail peut demander la résiliation du contrat pour inexécution de toute obligation de l'autre. La résiliation conventionnelle du bail ne peut intervenir pour inexécution des obligations, charges ou conditions qu'après sommation.

728. Une question demeure cependant : quel devra être le sort des droits des occupants ? Par analogie avec le régime juridique du bail à construction, il est permis de penser que ces baux s'éteignent.

Chapitre 11

Les contrats de partenariat public-privé

729. *L'atteinte des objectifs de croissance élevée, voire de développement, passe par la mise en œuvre d'importants projets d'infrastructures structurantes nécessitant la mobilisation de moyens financiers considérables.*

Face à l'importance des investissements à réaliser, une baisse de l'aide au développement et une croissance insuffisante, le budget de l'État comme principale source de financement des infrastructures, semble montrer ses limites. Dans ce contexte, un changement de paradigme dans la satisfaction des besoins de financement de l'économie nationale[1095] s'imposait. Il s'agit pour l'État de trouver des mécanismes de financement qui soulagent son budget. À cet égard, la loi n° 2014-09 du 20 février 2014 relative aux contrats de partenariat[1096] manifeste la volonté étatique de s'approprier les avantages qu'offrent les financements innovants.

Cette loi s'applique aux contrats de partenariat conclus par l'État, une collectivité locale, un établissement public, une agence, une société à participation publique majoritaire, une société nationale et tout autre organisme ou personne morale de droit public, ainsi que les associations formées par ces personnes morales[1097]. Son champ de compétence s'étend à tous les secteurs de la vie économique et sociale, à l'exception des secteurs soumis à une réglementation particulière, notamment les secteurs de l'énergie, des mines et des télécommunications. Elle ne s'applique pas non plus aux contrats passés par une autorité contractante avec une personne morale de

---

[1095] Exposé des motifs de la loi n° 2014-09 du 20 février 2014 relative aux contrats de partenariat, JO n° 6781 du 25 mars 2014, p. 293.

[1096] Par son article 41, cette loi abroge la loi 2004-13 du 1er mars 2004 relative aux contrats de Construction-Exploitation-Transfert d'infrastructures, dite loi CET, modifiée par les lois 2009-21 du 4 mai 2009 et 2011-11 du 28 avril 2011, les dispositions de l'alinéa 2 de l'article 10 de la loi 65-51 du 19 juillet 1965 portant Code des obligations de l'Administration modifiée par la loi 2006-16 du 30 juin 2006, visant les articles 30 à 32 de ladite loi et relatives aux contrats de partenariat, ainsi que toutes les dispositions législatives contraires.

[1097] Art. 2 de la loi n° 2014-09 du 20 février 2014.

droit public ou avec une société à participation publique majoritaire de l'État du Sénégal.

730. Le contrat de partenariat, objet de la loi, est le contrat par lequel une autorité contractante confie à un opérateur économique, personne morale de droit privé, pour une période déterminée, en fonction de la durée d'amortissement des investissements ou des modalités de financement retenues, une mission globale ayant pour objet la construction ou la transformation, l'entretien, la maintenance, l'exploitation ou la gestion d'ouvrages, d'équipements ou de biens immatériels nécessaires au service public dont l'autorité contractante a la charge, ainsi que tout ou partie de leur financement[1098].

Il peut également avoir pour objet tout ou partie de la conception de ces ouvrages, équipements ou biens immatériels ainsi que des prestations de services concourant à l'exercice, par l'autorité contractante, de la mission de service public dont elle est chargée.

731. Le cocontractant de la personne publique assure la maîtrise d'ouvrage des travaux à réaliser.

732. Le contrat de partenariat peut porter sur le domaine privé non affecté de l'État ou sur son domaine public. Lorsqu'il emporte occupation du domaine public, il vaut autorisation d'occupation de ce domaine pour sa durée. Sauf stipulation contraire du contrat, le titulaire a des droits réels sur les ouvrages et équipements qu'il réalise. Ces droits lui confèrent les prérogatives et obligations du propriétaire, dans les conditions et limites prévues par des clauses du contrat ayant pour objet de garantir l'intégrité et l'affectation du domaine public[1099].

SECTION 1 : LA FORMATION DU CONTRAT DE PARTENARIAT

733. Le contrat de partenariat obéit à une procédure particulière pour sa formation et doit connaître un certain contenu.

PARAGRAPHE 1 : LA PROCÉDURE DE FORMATION DU CONTRAT

734. Cette phase est divisée en deux étapes. Il y a, d'une part, la procédure de passation du contrat et, d'autre part, la sélection de l'opérateur.

[1098] Art. 1re de la loi n° 2014-09 du 20 février 2014.
[1099] Art. 6 *in fine* de la loi n° 2014-09 du 20 février 2014.

A. La procédure de passation des contrats de partenariat

735. La procédure de passation des contrats de partenariat est divisée en deux (2) phases.

736. Avant de conclure le contrat de partenariat, certaines conditions préalables sont exigées[1100].

1. L'évaluation préalable des contrats de partenariat

737. Les contrats de partenariat donnent lieu à une évaluation préalable réalisée par l'autorité contractante avec le concours du Comité national d'Appui aux Partenariats Public-Privé. Cette évaluation fait apparaître les motifs de caractère économique, financier, juridique et administratif qui conduisent l'autorité contractante à engager la procédure de passation d'un tel contrat.

738. Le Comité national d'Appui aux Partenariats Public-Privé élabore, dans son domaine de compétences, une méthodologie déterminant les critères d'élaboration de cette évaluation dans les conditions fixées par arrêté du Ministre chargé des partenariats.

Cette évaluation comporte une analyse comparative de différentes options, notamment en termes de coût global, de partage des risques et de performance, ainsi qu'au regard des préoccupations de développement durable.

Lorsqu'il s'agit de faire face à une situation d'urgence, cette évaluation peut être succincte.

2. Le constat de la présence d'une nécessité

739. Les contrats de partenariat ne peuvent être conclus que si, au terme de l'évaluation préalable, au moins l'une des conditions suivantes est remplie :

a. compte tenu de la complexité du projet, la personne publique n'est pas objectivement en mesure de définir seule et à l'avance les moyens techniques répondant à ses besoins ou d'établir le montage financier ou juridique du projet ;

b. le projet présente un caractère d'urgence, lorsqu'il s'agit de rattraper un retard préjudiciable à l'intérêt général affectant la réalisation d'équipements collectifs ou l'exercice d'une mission de service public, quelles que soient les causes de ce retard, ou de faire face à une situation imprévisible ;

[1100] Art. 8 et s. de la loi n° 2014-09 du 20 février 2014.

c. compte tenu soit des caractéristiques du projet, soit des exigences du service public dont la personne publique est chargée, soit des insuffisances et difficultés observées dans la réalisation de projets comparables, le recours à un tel contrat présente un bilan entre les avantages et les inconvénients plus favorable que ceux d'autres contrats de la commande publique. Le critère du paiement différé ne saurait à lui seul être déterminant.

3. L'avis et les autorisations préalables au lancement des contrats de partenariat

740. La procédure de passation des contrats de partenariat ne peut être engagée qu'après avis favorable du Conseil des Infrastructures, avis favorable du Ministre chargé des Finances et autorisation donnée par le Premier Ministre sur la saisine du Comité national d'Appui aux Partenariats Public-Privé si l'autorité contractante est l'État ou par l'organe délibérant pour les autres personnes morales.

741. L'avis du Conseil des Infrastructures porte notamment sur l'évaluation de la conformité du projet à la stratégie globale de développement des infrastructures, aux normes environnementales et d'aménagement du territoire.

742. L'avis du Ministre chargé des Finances porte sur :

- la conformité du projet avec les objectifs de la politique budgétaire globale ;
- l'évaluation des implications budgétaires du projet et l'analyse de sa soutenabilité à long terme sur les finances publiques ;
- l'assiette foncière du projet d'investissement, le cas échéant.

B. La sélection de l'opérateur

743. La passation d'un contrat de partenariat est soumise aux principes de liberté d'accès, d'égalité de traitement des candidats et de transparence des procédures. Ces principes permettent d'assurer l'efficacité de la commande publique et la bonne utilisation des deniers publics.

744. Elle est précédée d'une publicité permettant la présentation de plusieurs offres concurrentes[1101]. Cependant, ne peuvent soumissionner à un contrat de partenariat :

[1101] Art. 11 et s. de la loi n° 2014-09 du 20 février 2014.

a. Les personnes morales candidates qui ont fait l'objet d'une condamnation définitive pour une infraction liée à leurs activités professionnelles ou consistant en des déclarations fausses ou fallacieuses quant aux qualifications exigées d'eux pour l'exécution d'un des contrats relatifs à la commande publique ;

b. Les personnes morales frappées d'une mesure temporaire d'interdiction d'obtenir des commandes publiques résultant d'une décision d'organe administratif habilité à cet effet, d'une juridiction ou d'une disposition législative ;

c. les personnes en état de règlement préventif, de redressement judiciaire, de liquidation de biens ou ayant fait l'objet de procédures équivalentes régies par un droit étranger ;

d. Les personnes qui, au 31 décembre de l'année précédant celle au cours de laquelle a lieu le lancement de la consultation, n'ont pas souscrit les déclarations leur incombant en matière fiscale et sociale ou n'ont pas acquitté les impôts et cotisations exigibles à cette date.

Cette interdiction s'applique aux personnes morales qui se portent candidates ainsi qu'à celles qui sont membres d'un groupement candidat et aux tiers opérateurs sur lesquels le candidat s'appuie pour justifier de ses capacités et ce quel que soit le lien juridique.

745. Les contrats de partenariat peuvent être passés, soit par appel d'offres, soit par entente directe, soit en procédure négociée.

1. L'appel d'offres

746. Le contrat est attribué au candidat dont l'offre est évaluée la mieux-disante compte tenu des critères de sélection énoncés dans le dossier d'appel d'offres.

747. Plusieurs entreprises peuvent se regrouper au sein d'un groupement pour présenter une offre. Toutefois, une même entreprise ne peut être membre que d'un seul groupement candidat.

748. Les contrats de partenariat ne peuvent être conclus qu'avec un candidat ayant les capacités techniques et financières suffisantes.

749. La pré-qualification des candidats[1102] s'effectue exclusivement en fonction de leur capacité à exécuter le contrat et selon les critères suivants :

[1102] La procédure de pré-qualification est conduite par l'autorité contractante assistée par la commission d'appel d'offres.

- expérience technique spécifique ;

- moyens matériels et humains dont les candidats disposent pour exécuter le contrat ;

- capacités financières.

Lorsque plusieurs entreprises se présentent en groupement candidat, les conditions de pré-qualification s'appliquent en considération des capacités de chacun des membres du groupement en vue de déterminer si la combinaison de leurs qualifications permet de répondre aux besoins de toutes les phases du projet.

750. Après la procédure de pré-qualification, l'autorité contractante invite les candidats dont elle retient la demande de pré-qualification, à présenter une offre. L'offre est en une (a) ou en deux (b) étapes.

a) La procédure d'appel d'offres en une étape

751. L'autorité contractante qui opte pour un appel d'offres en une (1) étape avec pré- qualification doit recueillir l'avis du Conseil des Infrastructures sur la base d'une note justifiant le choix d'une telle procédure. Elle indique le choix de la procédure dans l'avis de publicité.

752. Après la pré-qualification, l'autorité contractante transmet à chaque candidat pré-qualifié le dossier d'appel d'offres.

Les candidats pré-qualifiés disposent, pour déposer leur offre, d'un délai qui est fixé par le dossier d'appel d'offres et qui ne peut être inférieur à 45 jours.

753. Le dossier d'appel d'offres comporte un projet de contrat et les documents annexes qui indiquent au moins :

- le règlement de l'appel d'offres ;

- le cahier des charges ou les modèles d'annexes au contrat ;

- les modèles de garanties et de lettres à fournir ;

- le programme fonctionnel détaillé ;

- le lieu et la date limite de dépôt des offres ainsi que le calendrier de l'examen des offres.

754. Les offres déposées doivent être signées par les candidats ou par leurs mandataires dûment habilités.

b) La procédure d'appel d'offres en deux (2) étapes

755. L'examen des offres s'effectue en 2 étapes.

756. Dans une 1re étape, les candidats remettent à l'autorité contractante leurs propositions techniques, incluant leurs observations éventuelles sur le projet de contrat et le ou les cahiers des charges. Dans le cadre de cette 1re étape, l'autorité contractante examine les propositions techniques et a la possibilité de demander aux candidats toutes informations ou précisions complémentaires sur leur contenu.

Des discussions peuvent s'engager entre l'autorité contractante et chacun des candidats. Le résultat des échanges est communiqué par l'autorité contractante à l'ensemble des candidats.

L'autorité contractante assure l'égalité de traitement de tous les candidats. En particulier, elle s'abstient de fournir de manière discriminatoire des informations susceptibles d'avantager des candidats par rapport à d'autres ou de révéler les solutions proposées ou des informations confidentielles d'un candidat sans l'accord de celui-ci.

La commission d'appel d'offres est tenue informée par l'autorité contractante du déroulement de cette 1re étape.

757. A l'issue de cette 1re étape, l'autorité contractante peut apporter des modifications aux spécifications initialement énoncées en ajustant les termes du dossier d'appel d'offres, du projet de contrat et de cahier(s) des charges.

Le dossier d'appel d'offres ajusté est remis aux candidats qui disposent d'un délai ne pouvant être inférieur à 45 jours pour déposer, auprès de la commission d'appel d'offres, une offre complète comprenant des propositions techniques détaillées, une offre financière ainsi qu'un projet de contrat définitif.

Dans le cas d'un appel d'offres en une (1) étape, les candidats qui disposent d'un délai ne pouvant être inférieur à 45 jours, déposent, auprès de la commission d'appel d'offres, une offre complète comprenant des propositions techniques détaillées, une offre financière ainsi qu'un projet de contrat.

Les offres sont évaluées par la commission d'appel d'offres[1103].

Dans tous les cas (offres en une étape ou en deux étapes), l'offre contient l'ensemble des éléments constituant la réponse d'un candidat à un appel d'offres.

[1103] Art. 20 de la loi n° 2014-09 du 20 février 2014.

Elle comporte obligatoirement un acte écrit aux termes duquel le candidat s'engage à respecter le contrat ainsi que le ou les cahiers des charges. Si le candidat est retenu, cet acte écrit devient une pièce constitutive du contrat.

758. Les offres complètes des candidats sont placées sous pli cacheté portant l'indication de l'appel d'offres auquel elles se rapportent et contenant 2 enveloppes distinctes comportant, selon le cas, la mention « propositions techniques » et « offre financière » ainsi que le nom du candidat.

Les plis contenant les propositions techniques ou l'offre financière sont transmis, soit par la poste par pli recommandé, soit par porteur contre récépissé permettant de déterminer de façon certaine la date et l'heure de leur réception et de garantir leur confidentialité et leur authenticité. A leur réception, les plis sont enregistrés dans leur ordre d'arrivée sur un registre spécial.

Seuls sont ouverts les plis qui ont été reçus au plus tard à la date et à l'heure limite indiquées dans le dossier d'appel d'offres.

Dans la 1re étape, les propositions techniques sont ouvertes en séance publique par une personne désignée par l'autorité contractante, en présence de cette autorité et des candidats ou de leurs représentants dûment mandatés à cet effet.

Dans la seconde étape, les offres financières sont ouvertes, en séance publique, par la commission d'appel d'offres en présence de l'autorité contractante et des candidats ou de leurs représentants invités à cet effet.

759. A l'issue de chaque ouverture de plis, il est établi un procès-verbal signé, pour la 1re étape, par la personne désignée par l'autorité contractante et, pour la seconde étape, par les membres de la commission d'appel d'offres[1104].

[1104] Dans le cadre de l'évaluation des offres complètes, la commission d'appel d'offres prend en compte les incitations suivantes sauf incitations plus avantageuses prévues par des textes législatifs ou réglementaires :

- une marge de préférence aux *opérateurs ressortissants de l'espace UEMOA comprise entre 5 et 10 %;*
- une marge de préférence qui ne peut dépasser 10 % aux *groupements* candidats comptant en leur sein *un opérateur ressortissant de l'espace UEMOA;*
- un traitement préférentiel de 5% minimum et de 10% au maximum cumulable avec les marges de préférence visées aux paragraphes précédents à tout candidat s'étant engagé fermement sous la forme d'une déclaration irrévocable, à sous-traiter au moins 30 % de la valeur globale des marchés de fourniture et de travaux passés au titre de la mise en œuvre du contrat de partenariat aux entreprises communautaires.

L'autorité contractante, après avoir reçu le classement effectué par la commission d'appel d'offres ainsi que le procès-verbal de ses travaux, procède à la mise au point du contrat de partenariat avec le candidat classé 1re en vue d'en arrêter les termes définitifs.

Cette mise au point ne peut avoir pour effet de modifier les éléments fondamentaux de l'offre ou des caractéristiques essentielles du contrat de partenariat, dont la variation est susceptible de fausser la concurrence ou d'avoir un effet discriminatoire.

En cas d'échec de la mise au point, l'autorité contractante se réserve le droit de désigner le candidat suivant, après avis du Conseil des Infrastructures et d'engager une mise au point avec ce dernier.

760. La fin de la procédure de mise au point est sanctionnée par un procès-verbal établi par les soins de l'autorité contractante. Le contrat de partenariat définitif, accompagné du procès-verbal de clôture de la mise au point et de l'annexe fiscale, le cas échéant, est transmis pour approbation au Ministre chargé des Finances, après avis du Comité national d'Appui aux Partenariats Public-Privé.

761. L'autorité contractante peut, à tout moment, mettre fin à la procédure d'appel d'offres. Cette décision ne peut faire l'objet de recours de la part des candidats ; ces derniers peuvent néanmoins, le cas échéant, bénéficier d'une compensation financière. Le montant de cette compensation est déterminé par le Conseil des Infrastructures, sur la base d'une expertise indépendante.

2. L'offre spontanée

762. Un opérateur privé a la possibilité d'adresser à une autorité contractante une offre spontanée. Dans ce cas, ledit opérateur réalise les études préalables de manière à présenter un projet cohérent comportant des propositions techniques adéquates, ainsi que les solutions de financement correspondantes.

763. Une offre spontanée peut aussi porter sur la réalisation d'un projet dont les études ont été menées par l'autorité contractante lorsque ces études

---

Une marge de préférence qui ne peut dépasser 2% peut être accordée à tout candidat qui s'engage à favoriser la *contractualisation avec des petites et moyennes entreprises de l'espace UEMOA* ou avec des associations de petits opérateurs communautaires.

Les 2 premières marges de préférences ne sont pas cumulables.

sont manifestement caduques ou lorsqu'elles ont été réalisées au moins 60 mois avant la date de dépôt de l'offre spontanée.

764. Les offres spontanées font l'objet d'une procédure négociée sur autorisation donnée par le Premier Ministre ou par l'organe délibérant des autres personnes morales visées à l'article 2 de la loi n° 2014-09 du 20 février 2014, sur la base des avis du Comité national d'Appui aux Partenariats Public-Privé et du ministre chargé des Finances.

Toutefois, il ne peut être accepté d'offre spontanée portant sur des projets pour lesquels une procédure d'appel d'offres est en cours.

765. Les offres spontanées doivent porter sur un projet dont le coût estimatif global est supérieur à un montant précisé par décret[1105] et remplir au moins 2 des conditions suivantes[1106] :

- la part de financement privé du projet représente au moins 70% des coûts d'investissements initiaux du projet. Dans ce cas, le porteur de l'offre spontanée doit donner des preuves concrètes que le projet est financièrement viable pendant toute sa durée de vie;
- le projet est compétitif par rapport aux conditions générales du marché;
- le projet constitue une innovation technologique ou technique de pointe et fournit des solutions économiques et écologiques viables indispensables à l'autorité contractante.

766. Dans tous les cas, le porteur du projet doit s'engager à réserver une part significative à l'emploi de la main d'œuvre locale, à favoriser le transfert de technologie et la sous-traitance aux opérateurs économiques nationaux.

[1105] Art. 13 Décret 2015-386 du 20 mars 2015 portant application de la loi 2014-09 du 20 février 2014 : une offre spontanée soumise à une autorité contractante peut faire l'objet d'une procédure négociée si, en plus de réunir au moins 2 des conditions visées à l'article 25 de ladite loi, le coût estimatif global de l'offre est supérieur ou égal à 50 milliards de FCFA pour les projets dont l'autorité contractante est l'État.

[1106] Art. 25 de la loi 2014-09 du 20 février 2014. Les offres spontanées ne remplissant pas les conditions énumérées à l'article 25 font l'objet d'une *mise en concurrence* dans les conditions prévues à la section 3 du chapitre 4 (*Pré-qualification, Appel d'offres en 2 ou 1 étapes, Analyse et évaluation des offres (avec marges de préférences), Mise au point du contrat*) si l'autorité contractante entend leur donner suite.
Le porteur de l'offre spontanée participe à l'appel d'offres dans les mêmes conditions que les autres candidats.

767. L'offre spontanée est accompagnée de documents attestant des capacités financières et techniques de l'opérateur à réaliser le projet proposé.

768. Après examen de l'offre spontanée, notamment, en ce qui concerne la compétitivité du projet proposé ainsi que sa viabilité financière, l'autorité contractante peut demander des informations complémentaires, classer l'offre sans suite, ou décider de lui donner une suite favorable.

769. En cas d'acceptation de l'offre spontanée, l'autorité contractante saisit le Comité National d'Appui aux Partenariats Public-Privé et le ministre chargé des Finances, pour examen et avis sur la base du dossier soumis par le porteur de l'offre spontanée.

Les avis du Comité national d'Appui aux Partenariats Public-Privé et du Ministre chargé des Finances interviennent au plus tard dans les 90 jours ouvrables suivants la réception de la demande.

Sur la base des avis obtenus, l'autorité contractante saisit le Premier Ministre ou l'organe délibérant de la collectivité publique d'une demande d'autorisation de procéder à la négociation du contrat avec le porteur de l'offre spontanée.

Lorsque l'autorité contractante obtient ladite autorisation, elle entame des négociations avec le porteur de l'offre spontanée en vue de la signature du contrat définitif.

Le projet de contrat négocié accompagné de ses annexes et du procès-verbal de clôture des négociations est transmis au Comité national d'Appui aux Partenariats Public-Privé et au ministre chargé des Finances qui disposent d'un délai de 15 jours pour émettre des avis ou observations.

En cas d'avis favorables, les contrats sont soumis, après signature par les parties, à l'approbation du Premier Ministre.

770. Lorsqu'une offre spontanée fait l'objet de négociation, il ne peut être accepté aucune autre offre portant sur le projet en question que dans le cas où l'échec des négociations entamées est sanctionné par un procès-verbal de clôture signé par les parties.

3. L'entente directe

771. Le contrat de partenariat peut être passé par entente directe par une autorité contractante, après avis du Conseil des Infrastructures sur saisine du Comité national d'Appui aux Partenariats Public-Privé dans les hypothèses exceptionnelles suivantes :

- lorsque la réalisation ou l'exploitation d'un ouvrage ou d'installations se rapportant à un ouvrage doivent être réalisées dans des conditions présentant les caractères d'une urgence impérieuse, afin d'assurer la continuité du service public, dans des conditions de délais incompatibles avec la mise en œuvre de la procédure d'appel d'offres prévue par la présente loi, et que l'autorité contractante ne peut assurer elle-même le service.

L'urgence impérieuse doit être motivée par des circonstances indépendantes de l'autorité contractante. Dans ce cas, le contrat a une durée qui ne peut être supérieure à 2 ans ;

- lorsque l'infrastructure ne peut être réalisée ou exploitée, pour des considérations techniques ou des raisons tenant à la protection de droits d'exclusivité, que par un seul opérateur économique.

PARAGRAPHE 2 : LE CONTENU DU CONTRAT

772. Un contrat de partenariat comporte nécessairement des clauses relatives :

1. à sa durée ;

2. aux conditions dans lesquelles est établi le partage des risques entre l'autorité contractante et l'opérateur de projet ;

3. aux objectifs de performance assignés à l'opérateur de projet, notamment en ce qui concerne la qualité des prestations de services, la qualité des ouvrages, équipements ou biens immatériels, les conditions dans lesquelles ils sont mis à la disposition de l'autorité contractante, et, le cas échéant, leur niveau de fréquentation ;

4. à la rémunération de l'opérateur de projet, et aux conditions dans lesquelles sont pris en compte et distingués, pour son calcul, les coûts d'investissement comprenant en particulier les coûts d'étude et de conception, les coûts annexes à la construction et les frais financiers intercalaires, les coûts de fonctionnement et les coûts de financement et, le cas échéant, les recettes que l'opérateur de projet peut être autorisé à se procurer en exploitant le domaine, les ouvrages, équipements ou biens immatériels, à l'occasion d'activités étrangères aux missions de service public de la personne publique et qui ne leur porte pas préjudice, aux motifs et modalités de ses variations pendant la durée du contrat et aux modalités de paiement, notamment aux conditions dans lesquelles, chaque année, les sommes dues par la personne publique à l'opérateur de projet et celles dont

celui-ci est redevable au titre de pénalités ou sanctions font l'objet d'une compensation.

La rémunération du cocontractant, au titre d'un contrat de partenariat, provient essentiellement de versements par la personne publique pendant toute la durée du contrat. Elle est liée à des objectifs de performance assignés au cocontractant ou à la disponibilité des ouvrages et / ou équipements.

Le contrat de partenariat peut prévoir la possibilité pour le cocontractant de percevoir des revenus sur la base d'activités annexes.

Le contrat de partenariat peut prévoir un mandat de l'autorité contractante au cocontractant pour encaisser, au nom et pour le compte de la personne publique, le paiement par l'usager final de prestations revenant à cette dernière.

5. le cas échéant, à l'annexe fiscale précisant les facilités accordées pour la réalisation du projet d'investissement ;

6. aux conditions dans lesquelles l'autorité contractante constate que les investissements ont été réalisés conformément aux prescriptions du contrat de partenariat ;

7. aux obligations de l'opérateur du projet ayant pour objet de garantir le respect de l'affectation des ouvrages, équipements ou biens immatériels au service public dont la personne publique contractante est chargée et le respect des exigences du service public ;

8. aux modalités de contrôle par la personne publique de l'exécution du contrat de partenariat, notamment du respect des objectifs de performance particulièrement en matière de développement durable, ainsi que des conditions dans lesquelles l'opérateur de projet fait appel à d'autres entreprises pour l'exécution du contrat; et notamment des conditions dans lesquelles il respecte son engagement d'attribuer une partie du contrat à des petites et moyennes entreprises et à des artisans ;

9. aux sanctions et pénalités applicables à l'opérateur de projet en cas de manquement à ses obligations, notamment en cas de non-respect des objectifs de performance ;

10. aux conditions dans lesquelles il peut être procédé à la modification de certains aspects du contrat, par avenant ou par une décision unilatérale de l'autorité contractante pour motif d'intérêt général, ou à sa résiliation, notamment pour tenir compte de l'évolution des besoins de la personne

publique, d'innovations technologiques ou de modifications dans les conditions de financement obtenues par l'opérateur de projet ;

11. au contrôle qu'exerce l'autorité contractante sur le transfert direct ou indirect, partiel ou total du contrat de partenariat ;

12. aux conditions dans lesquelles, en cas de défaillance de l'opérateur de projet, la continuité du service public est assurée, notamment lorsque la résiliation du contrat de partenariat est prononcée ;

13. aux conséquences de la fin, anticipée ou non, du contrat de partenariat, notamment en ce qui concerne la propriété des ouvrages, équipements ou biens immatériels ;

14. aux modalités de prévention et de règlement des litiges et aux conditions dans lesquelles il peut, le cas échéant, être fait recours à l'arbitrage, avec application de la loi sénégalaise ;

15. aux conditions dans lesquelles l'autorité contractante peut être amenée à demander à l'opérateur privé, en plus de l'objet principal du contrat de partenariat, la réalisation de travaux et services connexes d'intérêt général.

773. Le contrat doit obligatoirement comporter une annexe budgétaire retraçant l'ensemble des engagements au titre du contrat de partenariat. Cette annexe doit faire apparaître, en particulier, les composantes de la rémunération versée au titulaire sur la durée du contrat.

774. Le titulaire du contrat de partenariat constitue, à la demande de tout prestataire auquel il est fait appel pour l'exécution du contrat, un cautionnement auprès d'un organisme financier afin de garantir au prestataire qui en fait la demande le paiement des sommes dues.

SECTION 2 : L'EXÉCUTION DU CONTRAT

775. L'opérateur du projet ou le titulaire du contrat de partenariat, sélectionné à l'issue de la procédure de passation, est responsable personnellement de son exécution. Il peut néanmoins confier la réalisation de certaines de ses obligations à des tiers placés sous sa responsabilité.

L'autorité contractante peut établir des relations contractuelles directes avec les institutions ayant financé tout ou partie du projet.

776. L'opérateur du projet ne peut transférer le contrat de partenariat à un tiers qu'avec l'accord préalable de l'autorité publique, et dans les conditions prévues par le contrat. Le contrat de partenariat peut notamment prévoir un transfert soit au profit des institutions ayant financé tout ou partie du projet soit au profit d'un tiers proposé par ces institutions.

Le tiers, auquel le contrat de partenariat est transféré, doit présenter des garanties financières, techniques et juridiques suffisantes et être, selon le contrat en cause, capable d'assurer la continuité du service et l'égalité des usagers devant le service public.

L'exécution du contrat peut enregistrer la conclusion d'un contrat complémentaire ou d'un avenant.

777. Un contrat complémentaire à un contrat de partenariat peut être passé par entente directe par une autorité contractante lorsqu'un projet en cours d'exécution a fait l'objet d'un contrat de partenariat et que pour des raisons de nécessité économique, sociale ou culturelle ou bien pour des motifs liés à des exigences de cohérence dans la gestion technique et financière du projet, l'autorité contractante décide de son extension.

L'autorisation de passation du contrat complémentaire par entente directe est donnée par le Premier Ministre, sur la saisine du Comité national d'Appui aux Partenariats Public-Privé, après avis du Conseil des Infrastructures et du Ministre chargé des Finances.

Les prestations complémentaires ne changent pas la nature globale du contrat.

Les avis et autorisation préalables doivent être sollicités sur présentation d'un rapport justifiant de l'opportunité des travaux, fournitures ou prestations, objets de l'extension ainsi que de leur lien avec le projet initial.

Les modalités particulières de passation de contrat complémentaire par les collectivités locales sont précisées par décret.

778. Conditions de passation des avenants. Toutes les modifications des travaux, fournitures, prestations ou délais du contrat initial à l'initiative du titulaire ou de l'autorité contractante doivent faire l'objet d'un accord préalable entre les parties par un avenant au contrat de partenariat.

Les modifications ne peuvent être substantielles. A défaut une nouvelle procédure d'attribution est nécessaire. Une modification est considérée comme substantielle :

- lorsqu'elle introduit des conditions qui, si elles avaient été incluses dans la procédure initiale d'attribution, auraient permis la sélection d'un autre candidat que celui initialement retenu ;

- lorsqu'elle modifie l'équilibre économique du contrat de partenariat en faveur du partenaire pour un coût supérieur ou égal à 30% du montant initial de l'offre financière retenue ;

- lorsqu'elle modifie considérablement le champ d'application du contrat de partenariat. Tel est notamment le cas, lorsque l'avenant a pour effet ou pour objet de substituer un autre contrat au contrat initial soit en bouleversant l'économie, soit en changeant l'objet.

Tout avenant doit être préalablement autorisé par le Conseil des Infrastructures.

SECTION 3 : LA RÉSILIATION DU CONTRAT

779. Le contrat de partenariat peut prévoir des motifs de résiliation, notamment pour :

- des manquements graves de l'autorité contractante : la résiliation est prononcée par le juge à la demande de l'opérateur du projet, dans les conditions prévues au chapitre 7 de la loi 2014-09 du 20 février 2014[1107]. L'opérateur du projet peut alors réclamer des dommages et intérêts à l'autorité contractante ;
- une faute grave de l'opérateur du projet : l'autorité contractante prononce elle-même la résiliation du contrat de partenariat. L'autorité contractante peut rechercher devant le juge la responsabilité de l'opérateur du projet en raison des fautes qu'il a commises. Le contrat de partenariat peut néanmoins prévoir que, dans ce cas, l'autorité contractante verse une compensation financière liée à la récupération des infrastructures ;
- un motif d'intérêt général : la résiliation est alors prononcée par l'autorité contractante. L'opérateur du projet a, dans ce cas, droit à une indemnité couvrant les charges exposées et le manque à gagner ;
- en cas de force majeure : à l'initiative de chacune des parties, dans les conditions prévues par le contrat ;
- en cas de remise en cause de l'équilibre financier du projet résultant d'une action ou décision de l'autorité contractante. La résiliation est prononcée par le juge à la demande de l'opérateur du projet dans les conditions prévues au chapitre 7 de la loi 2014-09 du 20 février 2014. L'opérateur du projet peut alors réclamer des dommages et intérêts à l'autorité contractante.

780. L'opérateur du projet a la possibilité de contester, devant une instance arbitrale ou les juridictions nationales, dans les conditions prévues au chapitre

[1107] Art. 37 de la loi 2014-09 du 20 février 2014, les litiges liés à l'exécution ou à l'interprétation des contrats de partenariat sont de la compétence des tribunaux judiciaires sénégalais ou des instances arbitrales, à défaut de règlement amiable.

7 de la loi 2014-09 du 20 février 2014, la résiliation du contrat de partenariat ainsi que le montant de l'indemnité qui lui est due par l'autorité contractante. Toutefois le juge n'a pas le pouvoir d'annuler une décision de résiliation prise par l'autorité contractante; il peut seulement accorder une indemnité à l'opérateur du projet.

INDEX

TABLE DES MATIÈRES

Chapitre 4

Chapitre 5

Chapitre 6

Structures éditoriales du groupe L'Harmattan

L'Harmattan Italie
Via degli Artisti, 15
10124 Torino
harmattan.italia@gmail.com

L'Harmattan Hongrie
Kossuth l. u. 14-16.
1053 Budapest
harmattan@harmattan.hu

L'Harmattan Sénégal
10 VDN en face Mermoz
BP 45034 Dakar-Fann
senharmattan@gmail.com

L'Harmattan Cameroun
TSINGA/FECAFOOT
BP 11486 Yaoundé
inkoukam@gmail.com

L'Harmattan Burkina Faso
Achille Somé – tengnule@hotmail.fr

L'Harmattan Guinée
Almamya, rue KA 028 OKB Agency
BP 3470 Conakry
harmattanguinee@yahoo.fr

L'Harmattan RDC
185, avenue Nyangwe
Commune de Lingwala – Kinshasa
matangilamusadila@yahoo.fr

L'Harmattan Congo
67, boulevard Denis-Sassou-N'Guesso
BP 2874 Brazzaville
harmattan.congo@yahoo.fr

L'Harmattan Mali
Sirakoro-Meguetana V31
Bamako
syllaka@yahoo.fr

L'Harmattan Togo
Djidjole – Lomé
Maison Amela
face EPP BATOME
ddamela@aol.com

L'Harmattan Côte d'Ivoire
Résidence Karl – Cité des Arts
Abidjan-Cocody
03 BP 1588 Abidjan
espace_harmattan.ci@hotmail.fr

L'Harmattan Algérie
22, rue Moulay-Mohamed
31000 Oran
info2@harmattan-algerie.com

L'Harmattan Maroc
5, rue Ferrane-Kouicha, Talaâ-Elkbira
Chrableyine, Fès-Médine
30000 Fès
harmattan.maroc@gmail.com

Nos librairies en France

Librairie internationale
16, rue des Écoles – 75005 Paris
librairie.internationale@harmattan.fr
01 40 46 79 11
www.librairieharmattan.com

Lib. sciences humaines & histoire
21, rue des Écoles – 75005 paris
librairie.sh@harmattan.fr
01 46 34 13 71
www.librairieharmattansh.com

Librairie l'Espace Harmattan
21 bis, rue des Écoles – 75005 paris
librairie.espace@harmattan.fr
01 43 29 49 42

Lib. Méditerranée & Moyen-Orient
7, rue des Carmes – 75005 Paris
librairie.mediterranee@harmattan.fr
01 43 29 71 15

Librairie Le Lucernaire
53, rue Notre-Dame-des-Champs – 75006 Paris
librairie@lucernaire.fr
01 42 22 67 13

www.ingramcontent.com/pod-product-compliance
Lightning Source LLC
LaVergne TN
LVHW011138061026
849535LV00003B/532
* 9 7 8 2 3 4 3 2 0 7 0 3 2 *